Am Schlusse dieses Bandes befindet sich ein **„Nachweis wichtiger Gesetzesausgaben"**, in dem die meisten Bände der jetzt über 250 Nummern umfassenden

Guttentagschen Sammlung Deutscher Reichs- und Preußischer Gesetze

sowie größere und kleinere Kommentare, Lehrbücher, Sammelwerke, Entscheidungssammlungen und Zeitschriften verzeichnet sind.

Guttentagsche Sammlung
von
Textausgaben ohne Anmerkungen mit Sachregister.

Die Strafprozeßordnung

in der ab 1. Januar 1934
geltenden Fassung
nebst

Gerichtsverfassungsgesetz

und den wichtigsten Nebengesetzen

Textausgabe mit Einleitung, Verweisungen und ausführlichem Sachregister, unter Berücksichtigung sämtlicher Notverordnungen

Herausgegeben von
Dr. iur. Karl Doerner
Landgerichtsrat
Hilfsreferent im Reichsjustizministerium

Berlin und Leipzig 1934
Walter de Gruyter & Co.
vormals G. J. Göschen'sche Verlagshandlung — J. Guttentag, Verlagsbuchhandlung — Georg Reimer — Karl J. Trübner — Veit & Comp.

Archiv-Nr. 21 4 008.

Vorwort.

Den unmittelbaren Anlaß zur Herausgabe der vorliegenden Textausgabe bildet das am 1. Januar 1934 in Kraft tretende Gesetz gegen gefährliche Gewohnheitsverbrecher und über Maßregeln der Sicherung und Besserung vom 24. November 1933 (RGBl. I, 995). In Ausführung dieses Gesetzes haben das Gerichtsverfassungsgesetz und die Strafprozeßordnung zahlreiche und einschneidende Änderungen erfahren (Ausführungsgesetz vom 24. November 1933, RGBl. I, 1000). Schon vorher waren die Bestimmungen über die Gerichtsverfassung und das Strafverfahren, wie die nachstehende Einleitung zeigt, mannigfach geändert worden. Von besonderer Bedeutung ist in dieser Hinsicht die Notgesetzgebung der Jahre 1931 und 1932, die in das Gefüge des GVG. und der StPO. tief eingegriffen hat.

Bei dieser Sachlage besteht für jeden an der Strafrechtspflege Beteiligten und für die angehenden Juristen ein Bedürfnis, den ab 1. Januar 1934 geltenden Text des GVG., der StPO. sowie der wichtigsten strafprozessualen Nebengesetze in geschlossener Form zur Verfügung zu haben. Diesem Bedürfnis will die vorliegende Textausgabe abhelfen. Sie verzichtet bewußt auf alles Beiwerk. Sie begnügt sich mit den notwendigen Verweisungen. Zu Rechtsfragen Stellung zu nehmen, kann nicht ihre Aufgabe sein. Rechtsfragen sind daher nur vereinzelt gestreift worden.

Erst vor wenigen Wochen hat der Reichsminister der Justiz eine Kommission zur Reform der Strafprozeßordnung berufen. Damit ist die Grundlage für eine Neugestaltung der deutschen Gerichtsverfassung und des deutschen Strafverfahrens gelegt worden. Gleichwohl kann das Erscheinen dieses Büchleins nicht als kühnes Wagnis bezeichnet werden. Der Öffentlichkeit ist bekannt, daß die heute eingeleitete Strafprozeßreform nur ein Ausschnitt aus der großen Strafrechtsreform ist. Die Neuordnung des Verfahrensrechtes geht Hand in Hand mit der Reform des materiellen Strafrechts und der Neuregelung des Strafvollzugsrechts. Soweit sich bis jetzt übersehen läßt, wird die Bewältigung dieser Aufgaben trotz größter Beschleunigung noch einige Zeit in Anspruch nehmen. Sind die Arbeiten abgeschlossen, so wird das Inkrafttreten der neuen Gesetze auch nicht sofort erfolgen können. Endlich wird für eine beschränkte Übergangszeit das alte Recht noch eine gewisse Bedeutung haben.

Um die Benutzung des Buches zu erleichtern, sind alle Änderungen der Gesetzestexte selbst, soweit sie im Jahre 1933 erfolgt sind, in **Fettdruck** wiedergegeben. Bestimmungen der Notgesetzgebung, die den Text der Gesetze nicht ausdrücklich, sondern nur inhaltlich abändern, sind in der Form von **Ergänzungen** der betreffenden Vorschriften in die Texte eingefügt. Auf gesetzliche Vorschriften, die mit Bestimmungen der Hauptgesetze im Zusammenhang stehen, ohne sie abzuändern, ist im Rahmen der Ergänzungen oder in Anmerkungen verwiesen.

Der Text des GVG. ist mit Ausnahme der die Strafrechtspflege betreffenden Teile aus der soeben im gleichen

Verlag erschienenen Textausgabe der neuen Zivilprozeßordnung entnommen worden. Meinem Amtskollegen, Herrn Regierungsrat Dr. Ludwig Zimmerle, der in freundlicher Weise hierzu seine Zustimmung gegeben hat, möchte ich auch an dieser Stelle danken.

Berlin, 15. Dezember 1933.

Dr. Karl Doerner.

Inhaltsverzeichnis.

IV. Strafprozeßordnung.

Erstes Buch.

Allgemeine Bestimmungen.

Zweites Buch.

Verfahren in erster Instanz.

Drittes Buch.
Rechtsmittel.

Viertes Buch.

Fünftes Buch.
Beteiligung des Verletzten bei dem Verfahren.

Sechstes Buch.
Besondere Arten des Verfahrens.

Einleitung.

Geschichtlicher Überblick über die Änderungen des Gerichtsverfassungsgesetzes und der Strafprozeßordnung.

I. Schon bald nach Inkrafttreten des **Gerichtsverfassungsgesetzes vom 27. Januar 1877** (RGBl. S. 41) und der **Strafprozeßordnung vom 1. Februar 1877** (RGBl. S. 253) wurden Wünsche nach einer Reform beider Gesetze laut. Diesen Forderungen hat der Gesetzgeber — von unwesentlichen Änderungen abgesehen — in der Zeit vor dem Weltkriege nicht entsprochen. Dagegen ist eine Gesamtreform des GVG. und der StPO. in den Jahren 1905 bis 1909 ernstlich in Angriff genommen worden. Sie führte zur Aufstellung des **Regierungsentwurfs von 1909.** Der Entwurf wurde vom Reichstag nicht verabschiedet. Auch die nach dem Kriege aufgestellten drei Entwürfe, der **Entwurf Schiffer von 1920,** der **Entwurf Radbruch von 1922** und der **Entwurf Heinze von 1923,** erlangten nicht Gesetzeskraft. Erst das Ermächtigungsgesetz vom 8. Dezember 1923 (RGBl. I, 1179) gab die Möglichkeit zur Durchführung einer Gesetzesreform, die allerdings durch die wirtschaftliche Not der Nachkriegszeit maßgeblich beeinflußt wurde. Durch die **V. über Gerichtsverfassung und Strafrechtspflege vom 4. Januar 1924** (RGBl. I, 15), die sog. lex Emminger, die auf Grund des Ermächtigungsgesetzes erlassen wurde, wurden Gerichtsverfassung und Strafverfahren einschneidend geändert. Die Strafkammern wurden als Gerichte erster Instanz beseitigt. An die Stelle der Strafkammern wurden das kleine und das sog. erweiterte Schöffengericht gesetzt.

Damit wurde zugleich die Berufung gegen Urteile in allen erstinstanzlichen Sachen — mit Ausnahme der Schwurgerichtssachen — zugelassen. Die Strafkammer als Berufungsgericht wurde auch mit Laienrichtern besetzt. Ferner wurde der Einzelrichter beim Amtsgericht für die früher zur Zuständigkeit der Schöffengerichte gehörenden Sachen eingeführt. Die bedeutsamste Änderung war die Abschaffung des alten Schwurgerichts, das durch ein großes Schöffengericht mit drei Berufsrichtern und sechs Laienrichtern ersetzt wurde, in dem sämtliche Richter die Schuld- und Straffrage gemeinsam entscheiden. Weiter wurde die Zuständigkeit der Oberlandesgerichte als Revisionsinstanz in Strafsachen erweitert. Endlich wurde in den §§ 153 und 154 StPO. das Legalitätsprinzip in weitem Umfange durchbrochen.

Diese Änderungen bedingten eine **Neufassung des GVG. und der StPO.**, die am 22. März 1924 (RGBl. I, 299; I, 322) erfolgte.

II. In den folgenden Jahren haben das GVG. und die StPO. eine Reihe zum Teil nicht unbedeutender Änderungen erfahren.

1. Zunächst wurde durch das **Gesetz zur Abänderung der StPO. vom 22. Dezember 1925** (RGBl. I, 475) dem § 245 Abs. 2 StPO. die Fassung gegeben, die er formell auch heute noch hat. Während bis zu diesem Gesetz das Recht des Gerichts, den Umfang der Beweisaufnahme zu bestimmen, sich auf sämtliche Verhandlungen vor dem Amtsrichter und den Schöffengerichten bezog, hat das Gesetz dieses Recht beschränkt — ebenso wie bisher schon bei den Landgerichten — auf diejenigen Verhandlungen vor dem Amtsrichter und den Schöffengerichten, die eine Übertretung betreffen oder auf erhobene Privatklage erfolgen. In dieser

Fassung ist § 245 Abs. 2 StPO. durch die V. vom 14. Juni 1932 (RGBl. I, 285), Erster Teil Kapitel I Art. 3, gegenstandslos geworden.

Ferner hat das Gesetz durch eine Änderung des § 313 StPO. die in Privatklageverfahren ergehenden Urteile, durch die der Angeklagte entweder freigesprochen oder ausschließlich zu Geldstrafe verurteilt worden ist, wieder berufungsfähig gemacht.

2. Das **Gesetz zur Änderung des GVG. vom 13. Februar 1926** (RGBl. I, 99) hat durch Streichung des § 33 Nr. 3 GVG. die Schöffenunfähigkeit wegen Bezugs von Armenunterstützung beseitigt.

3. Das **Gesetz zur Abänderung des Gesetzes zum Schutze der Republik vom 31. März 1926** (RGBl. I, 190) brachte Änderungen der §§ 134, 139 GVG. und die Aufhebung des § 137 GVG. Das Gesetz betrifft die erstinstanzliche Spruchtätigkeit des Reichsgerichts.

4. Durch das **Gesetz zur Vereinfachung des Militärstrafrechts vom 30. April 1926** (RGBl. I, 197) wurden die §§ 435, 444 Abs. 2 Satz 3 StPO. aufgehoben. Sie betreffen die disziplinarische Ahndung militärischer Straftaten.

5. Einschneidende Änderungen der StPO. brachte das **Gesetz zur Abänderung der StPO. vom 27. Dezember 1926** (RGBl. I, 529). Es regelte neu das Zeugnisverweigerungsrecht der Redakteure, Verleger und Drucker sowie der bei ihnen beschäftigten Personen (§ 53 Abs. 1 Nr. 4 StPO.) und den Verkehr des Verteidigers mit dem verhafteten Beschuldigten (§ 148 Abs. 3 StPO.), änderte die § 200 Abs. 2, § 201 Abs. 1 StPO. (betreffen Inhalt der Anklageschrift und ihre Mitteilung an den Angeschuldigten) und schrieb die Einhaltung der Ladungsfrist auch gegenüber

dem Verteidiger vor (§ 218 StPO.). Die Bestimmung über den Umfang der Beweisaufnahme (§ 245 Abs. 1 StPO.) wurde einerseits eingeschränkt, anderseits erweitert. Ist die Beweiserhebung zum Zwecke der Prozeßverschleppung beantragt worden, so besteht die Beweiserhebungspflicht des Gerichts nicht mehr. Anderseits ist das Gericht auch dann zur Beweiserhebung verpflichtet, wenn die Herbeischaffung der Beweismittel erst während der Hauptverhandlung erfolgt ist, es sei denn, daß Prozeßverschleppungsabsicht vorliegt. Ferner brachte das Gesetz Änderungen der §§ 269, 340 StPO. (betreffen Urteilsverkündung, Wahlrevision). Am wichtigsten ist die Neugestaltung der Untersuchungshaft (Neufassung der §§ 114, 114a—d, 115, 115a bis d, 124, 126, 131 StPO.) durch Einführung der mündlichen Verhandlung über den Haftbefehl auf Antrag des Verhafteten und der innerhalb bestimmter Fristen vorzunehmenden Haftprüfung durch das Gericht.

6. Das **Deutsche Auslieferungsgesetz** vom 23. Dezember 1929 (RGBl. 1929 I, 239; 1930 I, 28) sah eine weitere Durchbrechung des Legalitätsprinzips vor, falls der Beschuldigte wegen der ihm zur Last gelegten Tat oder wegen einer anderen Tat einer ausländischen Regierung ausgeliefert wird (Einfügung der §§ 154a, 456a StPO.).

7. Im Zusammenhang mit der Neuregelung der Rechtsstellung der Reichsminister durch das Gesetz über die Rechtsverhältnisse des Reichskanzlers und der Reichsminister (**Reichsministergesetz) vom 27. März 1930** (RGBl. I, 96) wurden die Bestimmungen des GVG. (§ 34) und der StPO. (§§ 50, 54, 76) über die Berufung zum Schöffen- und Geschworenenamte und die Vernehmung von Zeugen und Sachverständigen hinsichtlich der Mitglieder der Reichsregierung geändert und ergänzt.

III. Die Not der Zeit zwang in den folgenden Jahren auch auf dem Gebiete der Strafrechtspflege einschneidende Änderungen vorzunehmen, die im Wege der Notgesetzgebung auf Grund des Art. 48 der Reichsverfassung erfolgten. Die Änderungen des GVG. und der StPO., die das Jahr 1933 brachte, sind die unmittelbaren Auswirkungen der nationalen Revolution auf dem Gebiete des Strafrechts. Sie ergingen in Gesetzesform, gestützt auf das Gesetz zur Behebung der Not von Volk und Reich vom 24. März 1933 (RGBl. I, 141).

1. Die **V. des Reichspräsidenten zur Sicherung von Wirtschaft und Finanzen vom 1. Dezember 1930** (RGBl. I, 517, 604), Neunter Teil, §§ 3, 4, enthielt nur die Bestimmung, daß ein Amtsrichter zugleich mehreren Amtsgerichten angehören kann, und eine Bestimmung über die Zuständigkeit zur Erledigung von Rechtshilfeersuchen.

2. Die **V. des Reichspräsidenten zur Bekämpfung politischer Ausschreitungen vom 28. März 1931** (RGBl. I, 79), **§ 14**, erweiterte das Anwendungsgebiet des Schnellverfahrens (§ 212 StPO.).

3. Während diese beiden Notverordnungen nur verhältnismäßig geringfügige Eingriffe in das Rechtsleben brachten, ging die **3. V. des Reichspräsidenten zur Sicherung von Wirtschaft und Finanzen und zur Bekämpfung politischer Ausschreitungen vom 6. Oktober 1931** (RGBl. I, 537, 563) erheblich weiter. Die Änderungen sind im Sechsten Teil der V. zusammengefaßt. Sie betreffen im wesentlichen folgendes: Für Monstreprozesse wird die erstinstanzliche Zuständigkeit der großen Strafkammer eingeführt und damit für solche Sachen die Berufung beseitigt. Privatklagen können wegen Geringfügigkeit eingestellt werden, die Rechtsmittel in Privatklagesachen werden beschränkt. Das Legali-

tätsprinzip wird in weiterem Umfange durchbrochen. Der Angeklagte kann vom persönlichen Erscheinen in der Hauptverhandlung auch bei Vorliegen eines Verbrechens entbunden werden. Das Oberlandesgericht erhält die Befugnis, offensichtlich unbegründete Revisionen durch Beschluß zu verwerfen. Die Vorschriften über das Schnellverfahren werden allgemein abgeändert. Endlich wird die Reichsregierung ermächtigt, im Bedarfsfalle Sondergerichte einzusetzen.

4. Die **V. des Reichspräsidenten zur Abänderung der V. über die Devisenbewirtschaftung vom 1. August 1931** (RGBl. I, 421) **und über die beschleunigte Aburteilung von Zuwiderhandlungen gegen diese V. durch Schnellgerichte vom 17. November 1931** (RGBl. I, 679), Art. 2, ließ das Schnellverfahren bei Zuwiderhandlungen gegen die Vorschriften über Devisenbewirtschaftung in weiterem Umfange zu.

5. Die **4. V. des Reichspräsidenten zur Sicherung von Wirtschaft und Finanzen und zum Schutze des inneren Friedens vom 8. Dezember 1931** (RGBl. I, 699, 743), Achter Teil Kapitel III §§ 4 und 5, erleichterte ferner die Voraussetzungen des Schnellverfahrens, soweit es sich um Beleidigungen handelt, und milderte in diesen Sachen die strenge Beweiserhebungspflicht des Gerichts.

6. Die **V. des Reichspräsidenten zum Schutze der Wirtschaft vom 9. März 1932** (RGBl. I, 121), Zweiter Teil Art. II, änderte die Vorschriften über die Öffentlichkeit des Verfahrens ab.

7. Einen weiteren Markstein in dieser Entwicklung bedeutet die **V. des Reichspräsidenten über Maßnahmen auf dem Gebiete der Rechtspflege und Verwaltung vom 14. Juni 1932** (RGBl. I, 285), die in ihrem Ersten Teile Kapitel I umfassende Änderungen des GVG., der StPO.

und des JGG. brachte. Zum Teil hat die V. auf Vorschläge des Entwurfs eines Einführungsgesetzes zum Allgemeinen Deutschen Strafgesetzbuch und zum Strafvollzugsgesetz (Drucksachen des Reichstags, IV. Wahlperiode Nr. 2070), Art. 68 und 70, zurückgegriffen.

Die V. erweitert die erstinstanzliche Zuständigkeit der großen Strafkammer, indem es sie auf alle schweren Strafsachen ausdehnt. Das hat zur Folge, daß es auch in diesen Sachen keine Berufung mehr gibt. Im Zusammenhang damit wird das erweiterte Schöffengericht aufgehoben. Eine Beschränkung der Rechtsmittel wird aber noch auf andere Weise erreicht. In den Sachen, die zur Zuständigkeit der Amtsgerichte gehören (Einzelrichter und Schöffengericht), hat jeder Anfechtungsberechtigte nur noch ein Rechtsmittel, entweder die Berufung an das Landgericht oder die Revision an das Oberlandesgericht. Die V. enthält weiter eine Reihe von Bestimmungen, die eine Abkürzung des Verfahrens und die Vermeidung überflüssiger Vertagungen erreichen sollen. An der Spitze dieser Vorschriften steht die Neuregelung des Umfangs der Beweisaufnahme. In Verfahren, in denen es nur noch eine Tatsacheninstanz gibt, verbleibt es bei der bisherigen grundsätzlichen Beweiserhebungspflicht des Gerichts. Dagegen soll in allen Sachen, in denen die Möglichkeit besteht, Berufung einzulegen, das Gericht nach freiem Ermessen über den Umfang der Beweisaufnahme entscheiden. Im Haftprüfungsverfahren wird die Möglichkeit des Verzichts des Beschuldigten eingeführt. Die zulässige Unterbrechung der Hauptverhandlung wird von drei auf zehn Tage erhöht. Das Verfahren nach vorangegangener polizeilicher Strafverfügung wird demjenigen nach Erlaß eines richterlichen Strafbefehls insofern angeglichen, als der Antrag auf gerichtliche Entscheidung zu verwerfen ist, wenn der Angeklagte in der Hauptverhandlung ohne genügende Entschuldigung ausbleibt. Die Wahlperiode der Schöffen und Geschworenen wird auf zwei Jahre erhöht, der Einzelrichter in Jugendsachen in gleichem Umfange wie in gewöhnlichen Strafsachen eingeführt. Endlich werden die Rechte des Angeklagten im Schnellverfahren, was die Akteneinsicht des Verteidigers und sein Verkehr mit dem verhafteten Beschuldigten betrifft, verstärkt.

8. Auf Grund der in der V. vom 6. Oktober 1931 (RGBl. I, 537) erteilten Ermächtigung hat die Reichsregierung durch die **V. vom 9. August 1932** (RGBl. I, 404) die **Bildung von Sondergerichten** angeordnet. Die Tätigkeit dieser Sondergerichte endete mit dem 21. Dezember 1932 (V. vom 19. Dezember 1932, RGBl. I, 550).

9. Eine weitere Erleichterung der Voraussetzungen des Schnellverfahrens brachte die **V. des Reichspräsidenten zum Schutze des deutschen Volkes vom 4. Februar 1933** (RGBl. I, 35), § 24. Danach ist das Schnellverfahren zur Aburteilung der in dieser V. mit Strafe bedrohten Handlungen auch dann zulässig, wenn der Beschuldigte sich weder freiwillig stellt noch infolge einer vorläufigen Festnahme dem Gericht vorgeführt wird. Außerdem ist es nach dieser V. für alle zur Zuständigkeit der Amtsgerichte gehörenden öffentlich begangenen strafbaren Handlungen zulässig.

10. Die **V. des Reichspräsidenten gegen Verrat am Deutschen Volke und hochverräterische Umtriebe vom 28. Februar 1933** (RGBl. I, 85), 3. Abschnitt, führt für die zur Zuständigkeit des Reichsgerichts gehörenden Strafsachen den Ermittlungsrichter des Reichsgerichts ein und regelt seine Zuständigkeit bei der Beschlagnahme von Druckschriften. Außerdem beseitigt sie für diese Strafsachen grundsätzlich die notwendige Voruntersuchung.

11. Der **Beschleunigung des Verfahrens in Hochverrats- und Landesverratssachen** dient die **V. des Reichspräsidenten vom 18. März 1933** (RGBl. I, 131). Sie läßt auch die Überweisung von Hochverratssachen durch den Oberreichsanwalt an die Landesstaatsanwaltschaften zu, beseitigt die notwendige Voruntersuchung auch für die zur Zuständigkeit der Oberlandesgerichte gehörenden Strafsachen sowie den Eröffnungsbeschluß in den erstinstanzlichen Sachen des Reichsgerichts und der Oberlandesgerichte.

12. Durch die **V. vom 21. März 1933** (RGBl. I, 136) hat die Reichsregierung auf Grund der Ermächtigung in der V. vom 6. Oktober 1931 (RGBl. I, 537) die **Bildung neuer Sondergerichte** angeordnet.

13. Das **Gesetz vom 7. April 1933** (RGBl. I, 188) ordnet die **Neuwahl der Schöffen und Geschworenen** an.

14. Durch die **Wiedereinführung der Militärstrafgerichtsbarkeit** ab 1. Januar 1934 (**Gesetz vom 12. Mai 1933,** RGBl. I, 264; Militärstrafgerichtsordnung und Einführungsgesetz dazu vom 4. November 1933, RGBl. I, 921) werden die Bestimmungen des Fünften Abschnitts des Sechsten Buches der StPO. im wesentlichen gegenstandslos.

15. Das **Gesetz über das Gerichtswesen in Berlin vom 1. Juni 1933** (RGBl. I, 329) sieht die Übertragung amtsgerichtlicher Geschäfte für die Bezirke mehrerer Amtsgerichte auf eines von ihnen vor.

16. Das **Gesetz gegen Verrat der Deutschen Volkswirtschaft vom 12. Juni 1933** (RGBl. I, 360), § 9, führt das Abwesenheitsverfahren der §§ 276f. StPO. wegen Verbrechen oder Vergehen gegen dieses Gesetz ein.

17. Die **Vereinfachung des Zustellungswesens** durch die **V. vom 17. Juni 1933** (RGBl. I, 394) wirkt sich auch auf das Gebiet des Strafprozesses aus (Änderung der § 35

Abs. 2, §§ 146, 218, 378 StPO., § 87 GVG. in Artikel IV **und V).**

18. Die Vorschriften des GVG. über die **Präsidien der Gerichte** (§§ 62—66, 117, 131 GVG.) werden durch das **Gesetz vom 4. Juli 1933** (RGBl. I, 451) nicht unbedeutend geändert.

19. Durch das **Gesetz vom 6. Dezember 1933** (RGBl. I, 1037) werden für den Fall der **Änderung der Gerichtseinteilung** durch Änderung des Bezirks eines Gerichts oder Aufhebung eines Gerichts Bestimmungen getroffen.

IV. In neuester Zeit hat das **Gesetz gegen gefährliche Gewohnheitsverbrecher und über Maßregeln der Sicherung und Besserung vom 24. November 1933** (RGBl. I, 995) eine Reihe von Änderungen des GVG., der StPO., des JGG., der Entschädigungsgesetze und des Straftilgungsgesetzes notwendig gemacht. Diese Änderungen sind in dem **Ausführungsgesetz** zu diesem Gesetz **vom 24. November 1933** (RGBl. I, 1000), Artikel 1 bis 3, 5 und 6, erfolgt. Wegen der Einzelheiten kann auf den nachstehenden Gesetzestext, in dem die Änderungen besonders hervorgehoben sind, verwiesen werden. Besonderer Hervorhebung bedarf nur das in die StPO. neu eingeführte Sicherungsverfahren. Das Sicherungsverfahren hat den Zweck, gegen Zurechnungsunfähige Maßregeln der Sicherung und Besserung auch dann auszusprechen, wenn sich die Zurechnungsfähigkeit schon vor der Eröffnung des Hauptverfahrens ergibt oder wenn sie von vornherein zweifelhaft ist. Die Einleitung des Sicherungsverfahrens steht im Ermessen der Staatsanwaltschaft. Für das Sicherungsverfahren gelten sinngemäß die Vorschriften über das Strafverfahren, wobei der Antrag der öffentlichen Klage gleichsteht.

V. Endlich hat das Gesetz zur **Einschränkung der Eide im Strafverfahren vom 24. November 1933** (RGBl. I, 1008) wichtige Bestimmungen der StPO. abgeändert. Das Gesetz bricht mit dem Grundsatz des geltenden Rechts, daß — von Ausnahmen abgesehen — jeder Zeuge und Sachverständige vereidigt werden muß. Es will dadurch, wie es selbst sagt, dem Eide die seinem Wesen und seiner Heiligkeit entsprechende Bedeutung wieder verleihen, vor allem aber überflüssige Eidesleistungen verhindern. Die Vereidigung wird in zahlreichen Fällen in das Ermessen des Gerichts gestellt, insbesondere beim Verletzten, bei seinem Verlobten und Ehegatten und bei seinen Angehörigen. Unerhebliche und offenbar unglaubwürdige Aussagen können unter bestimmten Voraussetzungen unbeeidigt gelassen werden. Von der Vereidigung kann nach dem Ermessen des Gerichts auch dann abgesehen werden, wenn Staatsanwaltschaft, Angeklagter und Verteidiger übereinstimmend auf die Beeidigung verzichten. Eine allgemeine Einschränkung der Eide wird für das Verfahren wegen einer Übertretung und in Privatklagesachen vorgenommen.

1.

Einführungsgesetz zum Gerichtsverfassungsgesetz.

Vom 27. Januar 1877 (RGBl. S. 77) unter Berücksichtigung der seither eingetretenen Änderungen.

§ 1. Das Gerichtsverfassungsgesetz tritt im ganzen Umfange des Reichs an einem durch Kaiserliche Verordnung mit Zustimmung des Bundesrats festzusetzenden Tage, spätestens am 1. Oktober 1879, gleichzeitig mit der im § 2 des Einführungsgesetzes der Zivilprozeßordnung vorgesehenen Gebührenordnung in Kraft.

§ 2. Die Vorschriften des Gerichtsverfassungsgesetzes finden nur auf die ordentliche streitige Gerichtsbarkeit und deren Ausübung Anwendung.

§ 3. Die Gerichtsbarkeit in bürgerlichen Rechtsstreitigkeiten und Strafsachen, für welche besondere Gerichte zugelassen sind, kann den ordentlichen Landesgerichten durch die Landesgesetzgebung übertragen werden. Die Übertragung darf nach anderen als den durch das Gerichtsverfassungsgesetz vorgeschriebenen Zuständigkeitsnormen erfolgen.

Auch kann die Gerichtsbarkeit letzter Instanz in den vorerwähnten Sachen auf Antrag des betreffenden Bundesstaates mit Zustimmung des Bundesrats durch Kaiserliche Verordnung[1]) dem Reichsgerichte übertragen werden.

Insoweit für bürgerliche Rechtsstreitigkeiten ein von den Vorschriften der Zivilprozeßordnung abweichendes

---

[1]) Jetzt V. des Reichspräsidenten mit Zustimmung des Reichsrats.

Verfahren gestaltet ist, kann die Zuständigkeit der ordentlichen Landesgerichte durch die Landesgesetzgebung nach anderen als den durch das Gerichtsverfassungsgesetz vorgeschriebenen Normen bestimmt werden.

§ 4. Durch die Vorschriften des Gerichtsverfassungsgesetzes über die Zuständigkeit der Behörden wird die Landesgesetzgebung nicht gehindert, den betreffenden Landesbehörden jede andere Art der Gerichtsbarkeit, sowie Geschäfte der Justizverwaltung zu übertragen. Andere Gegenstände der Verwaltung dürfen den ordentlichen Gerichten nicht übertragen werden.

§ 5. (Gegenstandslos.)

§ 6. Unberührt bleiben die bestehenden landesgesetzlichen Vorschriften über die Zuständigkeit der Schwurgerichte für die durch die Presse begangenen strafbaren Handlungen[1]).

§ 7. Die Militärgerichtsbarkeit sowie das landesgesetzlich den Standesherren gewährte Recht auf Austräge werden durch das Gerichtsverfassungsgesetz nicht berührt.

§ 8 betr. Zivilsachen.

§ 9. Durch die Gesetzgebung eines Bundesstaates, in welchem mehrere Oberlandesgerichte errichtet werden, kann die Verhandlung und Entscheidung der zur Zuständigkeit der Oberlandesgerichte gehörenden Revisionen und Beschwerden in Strafsachen ausschließlich einem der mehreren Oberlandesgerichte oder an Stelle eines solchen Oberlandesgerichts dem obersten Landesgerichte zugewiesen werden.

[1]) § 6 findet auf Vergehen gegen § 6 der V. gegen Verrat am Deutschen Volke und hochverräterische Umtriebe vom 28. Februar 1933 (RGBl. I, 85) keine Anwendung (§ 7 dieser V.). Vgl. unten XII.

§ 10. Die allgemeinen, sowie die in den §§ 126, 132, 133, 134, 183 Abs. 1[1]) enthaltenen besonderen Vorschriften des Gerichtsverfassungsgesetzes finden auf die obersten Landesgerichte als Behörden der ordentlichen streitigen Gerichtsbarkeit entsprechende Anwendung. Das gleiche gilt, sofern ein Zivilsenat des obersten Landesgerichts von der Entscheidung eines anderen Zivilsenats oder der vereinigten Zivilsenate abweichen will, in Ansehung der Vorschriften der §§ 137, 139[2]) des Gerichtsverfassungsgesetzes.

Die Besetzung der Senate bestimmt sich in Strafsachen nach § 124[3]), in bürgerlichen Rechtsstreitigkeiten nach § 140[4]) des Gerichtsverfassungsgesetzes.

Abs. 3 betr. Zivilsachen.

§ 11. Die landesgesetzlichen Bestimmungen, durch welche die strafrechtliche oder zivilrechtliche Verfolgung öffentlicher Beamten wegen der in Ausübung oder in Veranlassung der Ausübung ihres Amts vorgenommenen Handlungen an besondere Voraussetzungen gebunden ist, treten außer Kraft.

Unberührt[5]) bleiben die landesgesetzlichen Vorschriften, durch welche die Verfolgung der Beamten entweder im Falle des Verlangens einer vorgesetzten Behörde oder unbedingt an die Vorentscheidung einer besonderen Behörde gebunden ist, mit der Maßgabe:

1. daß die Vorentscheidung auf die Feststellung beschränkt ist, ob der Beamte sich einer Überschreitung seiner Amtsbefugnisse oder der Unterlassung einer ihm obliegenden Amtshandlung schuldig gemacht habe;
2. daß in den Bundesstaaten, in welchen ein oberster Verwaltungsgerichtshof besteht, die Vorentscheidung

[1]) Jetzt §§ 124, 130, 131, 132, 181 Abs. 1.
[2]) Jetzt §§ 136, 138. [3]) Jetzt § 122. [4]) Jetzt § 139.
[5]) Der Vorbehalt ist durch Art. 131 Abs. 1 Satz 3 der Reichsverfassung außer Kraft gesetzt (vgl. z. B. RGZiv. Bd. 106 S. 34 ff.).

diesem, in den anderen Bundesstaaten dem Reichsgerichte zusteht.

§ 12. Aufgehoben durch § 1 RGes. v. 12. Juni 1889 (RGBl. S. 95).

§§ 13—16. (Übergangsvorschriften.)

§ 17. Auf Antrag eines Bundesstaates und mit Zustimmung des Bundesrats kann durch Kaiserliche Verordnung[1]) die Verhandlung und Entscheidung der im § 17 des Gerichtsverfassungsgesetzes bezeichneten Streitigkeiten dem Reichsgerichte zugewiesen werden.

Für diejenigen Bundesstaaten, in denen die im § 17 des Gerichtsverfassungsgesetzes bezeichneten Behörden bestehen und nach Maßgabe der Vorschriften im § 17 Nr. 1 bis 4 einer Veränderung ihrer Einrichtung und des Verfahrens bedürfen, kann die Veränderung, sofern sie nicht bis zum Inkrafttreten dieses Gesetzes landesgesetzlich getroffen ist, durch landesherrliche Verordnung eingeführt werden.

§§ 18—22. (Übergangsvorschriften.)

[1]) Vgl. oben Anm. zu § 3.

II.

Gerichtsverfassungsgesetz.

Vom 27. Januar 1877 (RGBl. S. 41) in der Fassung der Bekanntmachung vom 22. März 1924 (RGBl. I S. 229) unter Berücksichtigung der seither eingetretenen Änderungen.

Erster Titel.

Richteramt.

§ 1. Die richterliche Gewalt wird durch unabhängige, nur dem Gesetz unterworfene Gerichte ausgeübt.

§ 2. Die Fähigkeit zum Richteramte wird durch die Ablegung zweier Prüfungen erlangt.

Der ersten Prüfung muß ein dreijähriges Studium der Rechtswissenschaft auf einer Universität vorangehen. Von dem dreijährigen Zeitraum sind mindestens drei Halbjahre dem Studium auf einer deutschen Universität zu widmen.

Zwischen der ersten und zweiten Prüfung muß ein Zeitraum von drei Jahren liegen, welcher im Dienste bei den Gerichten und bei den Rechtsanwälten zu verwenden ist, auch zum Teil bei der Staatsanwaltschaft verwendet werden kann.

In den einzelnen deutschen Ländern kann bestimmt werden, daß der für das Universitätsstudium oder für den Vorbereitungsdienst bezeichnete Zeitraum verlängert wird, oder daß ein Teil des letzteren Zeitraums, jedoch höchstens ein Jahr, im Dienste bei Verwaltungsbehörden zu verwenden ist oder verwendet werden darf.

§ 3. Wer in einem deutschen Lande die erste Prüfung bestanden hat, kann in jedem anderen Lande zur Vorbereitung für den Justizdienst und zur zweiten Prüfung zugelassen werden.

Die in einem deutschen Lande auf die Vorbereitung verwendete Zeit kann in jedem anderen Lande angerechnet werden.

§ 4. Zum Richteramte befähigt ist ferner jeder ordentliche öffentliche Lehrer des Rechtes an einer deutschen Universität.

§ 5. Wer in einem deutschen Lande die Fähigkeit zum Richteramt erlangt hat, ist, soweit dieses Gesetz keine Ausnahme bestimmt, zu jedem Richteramt innerhalb des Deutschen Reichs befähigt.

§ 6. Die Ernennung der Richter erfolgt auf Lebenszeit.

§ 7. Die Richter beziehen in ihrer richterlichen Eigenschaft ein festes Gehalt mit Ausschluß von Gebühren.

§ 8[1]**.** Richter können wider ihren Willen nur kraft richterlicher Entscheidung und nur aus den Gründen und unter den Formen, welche die Gesetze bestimmen, dauernd oder

[1]) Vgl. a) Gesetz zur Wiederherstellung des Berufsbeamtentums vom 7. 4. 1933 (RGBl. I, 175) in der Fassung der Gesetze vom 23. 6. 1933 (RGBl. I, 389, 514), 20. 7. 1933 (RGBl. I, 518), 22. 9. 1933 (RGBl. I, 655).

b) V. vom 23. 12. 1931 (RGBl. I, 779), Siebenter Teil, § 1, der lautet:

„Die Reichsregierung wird ermächtigt, in Ergänzung des Gerichtsverfassungsgesetzes und der Rechtsanwaltsordnung besondere Vorschriften für den Fall der Aufhebung oder Zusammenlegung von Gerichten zu erlassen."

c) Gesetz über das Gerichtswesen in Berlin vom 1. 6. 1933 (RGBl. I, 329), insbesondere § 1, der lautet:

„Im Bereich der Landgerichte I, II und III in Berlin und in der Zeit nach dem 14. Juli 1933 im Bereich des Landgerichts Berlin können amtsgerichtliche Geschäfte durch Anordnung der Landesjustizverwaltung für die Bezirke mehrerer Amtsgerichte einem von ihnen übertragen werden."

d) Gesetz über die Zuständigkeit der Gerichte bei Änderungen der Gerichtseinteilung vom 6. 12. 1933 (RGBl. I, 1037), vgl. unten XV.

zeitweise ihres Amtes enthoben oder an eine andere Stelle oder in den Ruhestand versetzt werden. Die Gesetzgebung kann Altersgrenzen festsetzen, bei deren Erreichung Richter in den Ruhestand treten.

Die vorläufige Amtsenthebung, welche kraft Gesetzes eintritt, wird hierdurch nicht berührt.

Bei einer Veränderung in der Einrichtung der Gerichte oder ihrer Bezirke können unfreiwillige Versetzungen an ein anderes Gericht oder Entfernungen vom Amte unter Belassung des vollen Gehalts durch die Landesjustizverwaltung verfügt werden.

§ 9. Wegen vermögensrechtlicher Ansprüche der Richter aus ihrem Dienstverhältnis, insbesondere auf Gehalt, Wartegeld oder Ruhegehalt, darf der Rechtsweg nicht ausgeschlossen werden.

§ 10. Die landesgesetzlichen Bestimmungen über die Befähigung zur zeitweiligen Wahrnehmung richterlicher Geschäfte bleiben unberührt.

§ 11. Auf Handelsrichter, Schöffen und Geschworene finden die Bestimmungen der §§ 2 bis 9 keine Anwendung.

Zweiter Titel.

Gerichtsbarkeit.

§ 12. Die ordentliche streitige Gerichtsbarkeit wird durch Amtsgerichte und Landgerichte, durch Oberlandesgerichte und durch das Reichsgericht ausgeübt.

§ 13. Vor die ordentlichen Gerichte gehören alle bürgerlichen Rechtsstreitigkeiten und Strafsachen, für welche nicht entweder die Zuständigkeit von Verwaltungsbehörden oder Verwaltungsgerichten begründet ist oder reichsgesetzlich besondere Gerichte bestellt oder zugelassen sind.

§ 14. Als besondere Gerichte werden zugelassen:

1. Rhein- und Elbschiffahrtsgerichte für die in Staatsverträgen bezeichneten Angelegenheiten der Schiffahrt auf dem Rhein und auf der Elbe;

2. und 3. betr. Zivilsachen.

4. —[1]).

§ 15. Die Gerichte sind Staatsgerichte.

Die Privatgerichtsbarkeit ist aufgehoben; an ihre Stelle tritt die Gerichtsbarkeit des deutschen Landes, in welchem sie ausgeübt wurde. Präsentationen für Anstellungen bei den Gerichten finden nicht statt.

Die Ausübung einer geistlichen Gerichtsbarkeit in weltlichen Angelegenheiten ist ohne bürgerliche Wirkung. Dies gilt insbesondere bei Ehe- und Verlöbnissachen.

§ 16. Ausnahmegerichte sind unstatthaft. Niemand darf seinem gesetzlichen Richter entzogen werden. Die gesetzlichen Bestimmungen über Kriegsgerichte und Standgerichte werden hiervon nicht berührt.

§ 17. Die Gerichte entscheiden über die Zulässigkeit des Rechtswegs.

Die Landesgesetzgebung kann jedoch die Entscheidung von Streitigkeiten zwischen den Gerichten und den Verwaltungsbehörden oder Verwaltungsgerichten über die Zulässigkeit des Rechtswegs besonderen Behörden nach Maßgabe der folgenden Bestimmungen übertragen:

1. Die Mitglieder werden für die Dauer des zur Zeit ihrer Ernennung von ihnen bekleideten Amts oder, falls sie zu dieser Zeit ein Amt nicht bekleiden, auf Lebenszeit ernannt. Eine Enthebung vom Amte kann nur unter denselben Voraussetzungen wie bei den Mitgliedern des Reichsgerichts stattfinden.
2. Mindestens die Hälfte der Mitglieder muß dem Reichsgericht oder dem obersten Landesgericht oder einem Oberlandesgericht angehören. Bei Entscheidungen dürfen Mitglieder nur in der gesetzlich be-

[1]) Durch § 110 Nr. 2 des Arbeitsgerichtsgesetzes v. 23. 12. 1926 (RGBl. I S. 507) außer Kraft gesetzt.

stimmten Anzahl mitwirken. Diese Anzahl muß eine ungerade sein und mindestens fünf betragen.

3. Das Verfahren ist gesetzlich zu regeln. Die Entscheidung erfolgt in öffentlicher Sitzung nach Ladung der Parteien.

4. Sofern die Zulässigkeit des Rechtswegs durch rechtskräftiges Urteil des Gerichts feststeht, ohne daß zuvor auf die Entscheidung der besonderen Behörde angetragen war, bleibt die Entscheidung des Gerichts maßgebend.

§ 18. Die inländische Gerichtsbarkeit erstreckt sich nicht auf die Chefs und Mitglieder der bei dem Deutschen Reiche beglaubigten Missionen. Sind diese Personen Staatsangehörige eines der deutschen Länder, so sind sie nur insofern von der inländischen Gerichtsbarkeit befreit, als das Land, dem sie angehören, sich der Gerichtsbarkeit über sie begeben hat.

Die Chefs und Mitglieder der bei einem deutschen Lande beglaubigten Missionen sind der Gerichtsbarkeit dieses Landes nicht unterworfen. Dasselbe gilt von den Mitgliedern des Reichsrats, welche nicht von dem Lande abgeordnet sind, in dessen Gebiete der Reichsrat seinen Sitz hat.

§ 19. Auf die Familienglieder, das Geschäftspersonal der im § 18 erwähnten Personen und auf solche Bedienstete derselben, welche nicht Deutsche sind, finden die vorstehenden Bestimmungen Anwendung.

§ 20 betr. Zivilsachen.

§ 21. Die im Deutschen Reiche angestellten Konsuln sind der inländischen Gerichtsbarkeit unterworfen, sofern nicht in Verträgen des Deutschen Reichs mit anderen Mächten Vereinbarungen über die Befreiung der Konsuln von der inländischen Gerichtsbarkeit getroffen sind.

Dritter Titel.

Amtsgerichte.

§ 22. Den Amtsgerichten stehen Einzelrichter vor.

Ein Amtsrichter kann zugleich Mitglied oder Direktor bei dem übergeordneten Landgericht sein[1]).

Die allgemeine Dienstaufsicht kann von der Landesjustizverwaltung dem Präsidenten des übergeordneten Landgerichts übertragen werden. Geschieht dies nicht, so ist, wenn das Amtsgericht mit mehreren Richtern besetzt ist, einem von ihnen von der Landesjustizverwaltung die allgemeine Dienstaufsicht zu übertragen; ist die Zahl der Richter höher als fünfzehn, so kann die Dienstaufsicht zwischen mehreren von ihnen geteilt werden.

Jeder Amtsrichter erledigt die ihm obliegenden Geschäfte, soweit dieses Gesetz nichts anderes bestimmt, als Einzelrichter.

§ 23 betr. Zivilsachen.

§ 24. In Strafsachen sind die Amtsgerichte zuständig für:

1. Übertretungen;
2. Vergehen;
3. folgende Verbrechen:

a) die Verbrechen, die mit Gefängnis oder Festungshaft oder mit Zuchthaus von höchstens zehn Jahren allein oder in Verbindung mit anderen Strafen oder mit Nebenfolgen bedroht sind, soweit für sie nicht das Reichsgericht zuständig ist; ausgenommen sind die Verbrechen des Meineids in den Fällen der §§ 153 bis 155 des Strafgesetzbuchs. Für die Bestimmung der angedrohten Strafe bleibt der § 53 des Militärstrafgesetzbuchs außer Betracht;

b) die Verbrechen des Widerstandes im Falle des § 119, der Falschmünzerei in den Fällen der §§ 146, 147,

[1]) Nach der NotVO. v. 1. 12. 30 (RGBl. I, 517) 9. Teil § 3 kann ein Amtsrichter zugleich mehreren Amtsgerichten angehören.

149, der Notzucht im Falle des § 177, des Rückfalldiebstahls im Falle des § 244, des Raubes in den Fällen der §§ 249, 250, des räuberischen Diebstahls und der räuberischen Erpressung in den Fällen der §§ 252 und 255, wenn die Strafe aus den §§ 249, 250 zu entnehmen ist, der Rückfallhehlerei im Falle des § 261 Abs. 1 und der schweren Körperverletzung im Amte im Falle des § 340 Abs. 2 des Strafgesetzbuchs;

c) die Verbrechen des militärischen Diebstahls im Falle des § 138 Abs. 2 des Militärstrafgesetzbuchs, des betrügerischen Bankrotts in den Fällen der §§ 239, 244 der Konkursordnung und der Unterschlagung fremder Wertpapiere in den Fällen der §§ 11, 12 Abs. 2 Nr. 2 des Gesetzes, betreffend die Pflichten der Kaufleute bei Aufbewahrung fremder Wertpapiere, vom 5. Juli 1896 (Reichsgesetzbl. S. 183, 194).

Ergänzung zu § 24:

V. über Maßnahmen auf dem Gebiete der Rechtspflege und Verwaltung vom 14. Juni 1932 (RGBl. I, 285), Erster Teil, Kapitel I, Art. 1.

Sachliche Zuständigkeit der Strafgerichte.

§ 1. Die Vorschriften über die sachliche Zuständigkeit der Strafgerichte werden wie folgt geändert:

1. Die großen Strafkammern sind in erster Instanz zuständig für die im § 24 Nr. 3a des Gerichtsverfassungsgesetzes bezeichneten Verbrechen mit Ausnahme der Verbrechen gegen die § 115 Abs. 2, §§ 118, 125 Abs. 2, §§ 243, 254, 258 Abs. 1 Nr. 2, §§ 260, 261 Abs. 2, §§ 264, 265, 268 bis 270, 272, 273 des Strafgesetzbuchs; ferner für die Verbrechen der Falschmünzerei in den Fällen der §§ 146, 147, 149, der Notzucht im Falle des § 177, der schweren Körperverletzung im Amte im Falle des § 340 Abs. 2 des Strafgesetzbuchs, des betrügerischen Bankrotts in den Fällen der §§ 239, 244 der Konkursordnung und der Unterschlagung fremder Wertpapiere in den Fällen der §§ 11, 12 Abs. 2 Nr. 2 des Gesetzes, betreffend die Pflichten der Kaufleute bei Aufbewahrung fremder Wertpapiere, vom 5. Juli 1896 (RGBl. S. 183).

2. Für die in der Zuständigkeit der Schöffengerichte verbleibenden Strafsachen kann die Staatsanwaltschaft die Zuständigkeit der großen Strafkammer dadurch begründen, daß sie bei Einreichung der Anklageschrift die Eröffnung des Hauptverfahrens vor der großen Strafkammer beantragt. Sie soll dies nur tun, wenn es nach Umfang oder Bedeutung der Sache erforderlich erscheint.

3. Das erweiterte Schöffengericht (§ 29 Abs. 2 des Gerichtsverfassungsgesetzes) wird aufgehoben.

§ 2. (1) Auf die Hauptverhandlung vor der großen Strafkammer in erster Instanz finden die für die Hauptverhandlung vor dem Schöffengericht geltenden Vorschriften Anwendung.

§ 25. Der Amtsrichter entscheidet allein:

1. bei Übertretungen;
2. bei Vergehen,

a) wenn sie im Wege der Privatklage verfolgt werden;

b) wenn die Tat mit keiner höheren Strafe als Gefängnis von höchstens sechs Monaten, allein oder in Verbindung mit anderen Strafen oder mit Nebenfolgen, bedroht ist;

c) wenn die Staatsanwaltschaft es bei Einreichung der Anklageschrift oder, falls es einer Anklageschrift nicht bedarf, bei der mündlichen Erhebung der Anklage beantragt.

Die Staatsanwaltschaft soll den im Abs. 1 Nr. 2c bezeichneten Antrag nur stellen, wenn zu erwarten ist, daß auf keine schwerere Strafe als Gefängnis von höchstens einem Jahre, allein oder in Verbindung mit anderen Strafen oder mit Nebenfolgen, erkannt werden wird.

Erhebt bei Zuwiderhandlungen gegen die Vorschriften über die Erhebung öffentlicher Abgaben und Gefälle die Verwaltungsbehörde die öffentliche Klage, so kann sie den Antrag in gleicher Weise stellen wie die Staatsanwaltschaft[1]).

[1]) Vgl. für Jugendsachen die Ergänzung zu § 17 JGG.

§ 26. Der Amtsrichter allein entscheidet ferner bei den Verbrechen des schweren Diebstahls und der Hehlerei sowie bei solchen strafbaren Handlungen, die nur wegen Rückfalls Verbrechen sind, wenn die Staatsanwaltschaft es bei Einreichung der Anklageschrift oder, falls es einer Anklageschrift nicht bedarf, bei der mündlichen Erhebung der Anklage beantragt.

Der Beschuldigte kann während der für die Erklärung auf die Anklageschrift gesetzten Frist oder, falls ohne schriftlich erhobene Anklage zur Hauptverhandlung geschritten wird, bis zum Beginne seiner Vernehmung zur Sache widersprechen. Er ist bei der Mitteilung der Anklageschrift oder, falls ohne schriftlich erhobene Anklage zur Hauptverhandlung geschritten wird, vor dem Beginne seiner Vernehmung zur Sache über sein Recht zum Widerspruche zu belehren[1]).

§ 26a. In den Fällen des § 25 Abs. 1 Nr. 2c und des § 26 soll die Staatsanwaltschaft den Antrag nicht stellen, wenn die Strafschärfung für gefährliche Gewohnheitsverbrecher, die Anordnung der Unterbringung in einer Heil- oder Pflegeanstalt, einer Trinkerheilanstalt oder einer Entziehungsanstalt, der Sicherungsverwahrung oder der Entmannung oder die Untersagung der Berufsausübung zu erwarten ist[2]).

§ 27. Im übrigen wird die Zuständigkeit und der Geschäftskreis der Amtsgerichte durch die Vorschriften dieses Gesetzes und der Prozeßordnungen bestimmt.

Vierter Titel.
Schöffengerichte.

Ergänzung zum Vierten Titel.

1. Gesetz über die Neuwahl der Schöffen, Geschworenen und Handelsrichter vom 7. April 1933 (RGBl. I, 188):

---

[1]) Vgl. für Jugendsachen die Ergänzung zu § 17 JGG.

[2]) § 26a wurde durch das AusfGesetz zum Gewohnheitsverbrechergesetz vom 24. 11. 1933 (RGBl. I, 1000), Art. 1, eingefügt.

§ 1. Die laufende Wahlperiode der Schöffen und Geschworenen endet mit dem 30. Juni 1933.

Die am 1. Juli 1933 beginnende neue Wahlperiode endet mit dem 31. Dezember 1934.

§ 2. Der im § 40 des Gerichtsverfassungsgesetzes bezeichnete Ausschuß ist unverzüglich neu zu wählen. Sodann hat alsbald eine Neuwahl der Schöffen und Geschworenen nach den Vorschriften des Gerichtsverfassungsgesetzes stattzufinden.

Die Urliste, aus der die Schöffen und Geschworenen für die Jahre 1933 und 1934 gewählt worden sind, kann der Neuwahl zugrunde gelegt werden.

§ 3. Die Landesjustizverwaltungen und die von ihnen bestimmten Stellen werden ermächtigt, über die Bestellung und Zuziehung der Schöffen und Geschworenen, die bis zum Beginn der neuen Wahlperiode tätig sein sollen, Bestimmungen zu treffen und hierbei von den Vorschriften des Gerichtsverfassungsgesetzes abzuweichen.

Diese Ermächtigung gilt auch für solche Maßnahmen der Landesregierungen oder Landesjustizverwaltungen, die zwischen dem 21. März 1933 und dem Tage des Inkrafttretens dieses Gesetzes verfügt worden sind.

§ 7. Vgl. Ergänzung zu § 338 Nr. 1 StPO.

2. Gesetz über das Gerichtswesen in Berlin vom 1. Juli 1933 (RGBl. I, 329), § 5.

3. Gesetz über die Zuständigkeit der Gerichte bei Änderungen der Gerichtseinteilung vom 6. Dezember 1933 (RGBl. I, 1037), Art. 3.

§ 28. Für die Verhandlung und Entscheidung der zur Zuständigkeit der Amtsgerichte gehörenden Strafsachen werden, soweit nicht der Amtsrichter allein entscheidet (§§ 25, 26), bei den Amtsgerichten Schöffengerichte gebildet[1]).

§ 29. Die Schöffengerichte bestehen aus dem Amtsrichter als Vorsitzenden und zwei Schöffen. Mindestens ein Schöffe muß ein Mann sein.

---

[1]) Für Jugendsachen vgl. § 17 JGG.

§ 25 Abs. 3 findet entsprechende Anwendung[1]).

§ 30. Insoweit das Gesetz nicht Ausnahmen bestimmt, üben die Schöffen während der Hauptverhandlung das Richteramt im vollen Umfang und mit gleichem Stimmrechte wie die Amtsrichter aus und nehmen auch an den im Laufe einer Hauptverhandlung zu erlassenden Entscheidungen teil, welche in keiner Beziehung zu der Urteilsfällung stehen, und welche auch ohne vorgängige mündliche Verhandlung erlassen werden können.

Die außerhalb der Hauptverhandlung erforderlichen Entscheidungen werden von dem Amtsrichter erlassen.

§ 31. Das Amt eines Schöffen ist ein Ehrenamt. Es kann nur von Deutschen versehen werden.

§ 32. Unfähig zu dem Amte eines Schöffen sind:

1. Personen, welche die Befähigung infolge strafgerichtlicher Verurteilung verloren haben;
2. Personen, gegen welche das Hauptverfahren wegen eines Verbrechens oder Vergehens eröffnet ist, das die Aberkennung der bürgerlichen Ehrenrechte oder der Fähigkeit zur Bekleidung öffentlicher Ämter zur Folge haben kann;
3. Personen, welche infolge gerichtlicher Anordnung in der Verfügung über ihr Vermögen beschränkt sind.

§ 33. Zu dem Amte eines Schöffen sollen nicht berufen werden:

1. Personen, welche zur Zeit der Aufstellung der Urliste das dreißigste Lebensjahr noch nicht vollendet haben;
2. Personen, welche zur Zeit der Aufstellung der Urliste den Wohnsitz in der Gemeinde noch nicht zwei volle Jahre haben;
3. Aufgehoben durch Ges. v. 13. Febr. 1926 (RGBl. I, 99).

---

[1]) Der frühere Abs. 2 (erweitertes Schöffengericht) ist nicht mehr in Kraft (vgl. die Ergänzung zu § 24, § 1 Nr. 3). Ob der jetzige Abs. 2 noch gilt, ist zweifelhaft (vgl. Koffka-Schäfer, 2. Aufl., S. 25).

4. Personen, welche wegen geistiger oder körperlicher Gebrechen zu dem Amte nicht geeignet sind.

§ 34. Zu dem Amte eines Schöffen sollen ferner nicht berufen werden:

1. der Reichspräsident und der Präsident eines deutschen Landes;
2. die Mitglieder einer Landesregierung (Staatsministerium, Senat);
3. Reichsbeamte, welche jederzeit einstweilig in den Ruhestand versetzt werden können;
4. Staatsbeamte, welche auf Grund der Landesgesetze jederzeit einstweilig in den Ruhestand versetzt werden können;
5. richterliche Beamte und Beamte der Staatsanwaltschaft;
6. gerichtliche und polizeiliche Vollstreckungsbeamte;
7. Religionsdiener und Mitglieder solcher religiösen Vereinigungen, die satzungsgemäß zu gemeinsamem Leben verpflichtet sind.

Die Landesgesetze können außer den vorbezeichneten Beamten höhere Verwaltungsbeamte bezeichnen, welche zu dem Amte eines Schöffen nicht berufen werden sollen.

Für die Mitglieder der Reichsregierung[1]) gelten die Vorschriften des Reichsministergesetzes vom 27. März 1930 (Reichsgesetzbl. I S. 96)[2]).

§ 35[3]). Die Berufung zum Amte eines Schöffen dürfen ablehnen:

---

[1]) Ebenso für die Reichsstatthalter (§ 3 des Zweiten Gesetzes zur Gleichschaltung der Länder mit dem Reich vom 7. 4. 1933, RGBl. I, 173).

[2]) Die Fassung des § 34 beruht auf § 27 des Reichsministergesetzes vom 27. 3. 1930 (RGBl. I, 96).

[3]) Die Fassung der Vorschriften, die sich mit der Wahlperiode der Schöffen und Geschworenen befassen, nämlich der §§ 35, 36, 40, 42, 44, 45, 49, 51, 52, 77 und 90, beruht auf der V. über Maßnahmen auf dem Gebiete der Rechtspflege und Verwaltung vom 14. 6. 1932 (RGBl. I, 285), Erster Teil, Kapitel I, Art. 8.

1. Mitglieder des Reichstags, des Reichsrats, des Reichswirtschaftsrats, eines Landtags oder eines Staatsrats;
2. Personen, welche in der letzten Wahlperiode (§ 42) in mindestens zwei Tagungen die Verpflichtung eines Geschworenen oder an wenigstens zehn Sitzungstagen die Verpflichtung eines Schöffen erfüllt haben;
3. Ärzte, Krankenpfleger und Hebammen;
4. Apotheker, welche keine Gehilfen haben;
5. Personen, welche das fünfundsechzigste Lebensjahr zur Zeit der Aufstellung der Urliste vollendet haben oder es bis zum Ablauf der Wahlperiode (§ 42) vollenden würden;
6. Frauen, welche glaubhaft machen, daß ihnen die Fürsorge für ihre Familie die Ausübung des Amtes in besonderem Maße erschwert.

§ 36. Der Vorsteher einer jeden Gemeinde oder eines landesgesetzlich der Gemeinde gleichstehenden Verbandes hat in jedem zweiten Jahre einer Wahlperiode (§ 42) ein Verzeichnis der in der Gemeinde wohnhaften Personen, welche zu dem Schöffenamte berufen werden können, aufzustellen (Urliste).

Die Urliste ist in der Gemeinde eine Woche lang zu jedermanns Einsicht auszulegen. Der Zeitpunkt der Auslegung ist vorher öffentlich bekanntzumachen.

Die Landesjustizverwaltung kann für eine Gemeinde anordnen:

a) daß in einer von der Landesjustizverwaltung im voraus bestimmten Reihenfolge in die Urliste für die einzelne Wahlperiode ein nach den Anfangsbuchstaben der Namen oder der Straßen oder nach beiden Gesichtspunkten beschränkter Teil der Personen aufzunehmen ist, die zum Schöffenamte berufen werden können. Die Anordnung soll so getroffen werden, daß die aufzustellende Urliste mindestens die sechsfache Zahl der aus ihr auszuwählenden Personen umfaßt. Die

Reihenfolge darf erst geändert werden, wenn sämtliche Anfangsbuchstaben durchlaufen worden sind. Ist eine Gemeinde in mehrere Amtsgerichtsbezirke geteilt, so kann die Anordnung auf die zu den einzelnen Bezirken gehörenden Teile der Gemeinde beschränkt werden;

b) daß der Auswahl der Schöffen ein für die Gemeinde anderweit aufgestelltes amtliches Verzeichnis der Einwohner zugrunde gelegt wird.

Im Falle des Abs. 3 Buchstabe a gilt die beschränkte Urliste, im Falle des Abs. 3 Buchstabe b das amtliche Verzeichnis als Urliste im Sinne dieses Gesetzes.

§ 37. Gegen die Richtigkeit oder Vollständigkeit der Urliste kann innerhalb der einwöchigen Frist schriftlich oder zu Protokoll Einsprache erhoben werden.

§ 38. Der Gemeindevorsteher sendet die Urliste nebst den erhobenen Einsprachen und den ihm erforderlich erscheinenden Bemerkungen an den Amtsrichter des Bezirkes.

Wird nach Absendung der Urliste ihre Berichtigung erforderlich, so hat der Gemeindevorsteher hiervon dem Amtsrichter Anzeige zu machen.

§ 39. Der Amtsrichter stellt die Urlisten des Bezirkes zusammen und bereitet den Beschluß über die Einsprachen vor. Er hat die Beachtung der Vorschriften des § 36 Abs. 2 zu prüfen und die Abstellung etwaiger Mängel zu veranlassen.

§ 40. Bei dem Amtsgerichte tritt in jedem zweiten Jahre einer Wahlperiode (§ 42) ein Ausschuß zusammen.

Der Ausschuß besteht aus dem Amtsrichter als Vorsitzenden und einem von der Landesregierung zu bestimmenden Staatsverwaltungsbeamten, sowie sieben Vertrauenspersonen als Beisitzern.

Die Vertrauenspersonen werden aus den Einwohnern des Amtsgerichtsbezirkes gewählt.

Die Wahl erfolgt nach näherer Bestimmung der Landesgesetze durch die Vertretungen der Kreise, Ämter, Gemeinden oder dergleichen Verbände; wenn solche Vertretungen nicht vorhanden sind, durch den Amtsrichter. Letzterer hat die Vertrauenspersonen vornehmlich aus den Vorstehern der vorbezeichneten Verbände zu wählen.

Zur Beschlußfähigkeit des Ausschusses genügt die Anwesenheit des Vorsitzenden, des Staatsverwaltungsbeamten und dreier Vertrauenspersonen. Der Ausschuß faßt seine Beschlüsse nach der absoluten Mehrheit der Stimmen. Bei Stimmengleichheit entscheidet die Stimme des Vorsitzenden.

§ 41. Der Ausschuß entscheidet über die gegen die Urliste erhobenen Einsprachen. Die Entscheidungen sind zu Protokoll zu vermerken. Beschwerde findet nicht statt.

§ 42[1]. Aus der berichtigten Urliste wählt der Ausschuß für die nächsten zwei Geschäftsjahre:

1. die erforderliche Zahl von Schöffen;
2. die erforderliche Zahl der Personen, welche in der von dem Ausschuß festzusetzenden Reihenfolge an die Stelle wegfallender Schöffen treten (Hilfsschöffen). Die Wahl ist auf Personen zu richten, welche am Sitze des Amtsgerichts oder in dessen nächster Umgebung wohnen.

§ 43. Die für jedes Amtsgericht erforderliche Zahl von Hauptschöffen und Hilfsschöffen wird durch die Landesjustizverwaltung bestimmt.

Die Bestimmung der Zahl der Hauptschöffen erfolgt in der Art, daß voraussichtlich jeder höchstens zu fünf ordentlichen Sitzungstagen im Jahre herangezogen wird.

§ 44. Die Namen der erwählten Hauptschöffen und Hilfsschöffen werden bei jedem Amtsgericht in gesonderte Verzeichnisse aufgenommen (Schöffenlisten).

---

[1]) Für Jugendschöffen vgl. § 20 JGG.

§ 45. Die Tage der ordentlichen Sitzungen des Schöffengerichts werden für jedes Jahr im voraus festgestellt.

Die Reihenfolge, in welcher die Hauptschöffen an den einzelnen ordentlichen Sitzungen des Jahres teilnehmen, wird durch Auslosung in öffentlicher Sitzung des Amtsgerichts bestimmt. Das Los zieht der Amtsrichter. Ist für eine Sitzung eine Frau ausgelost worden, so sind weitere auf eine Frau lautende Auslosungen für diese Sitzung unwirksam.

Über die Auslosung wird von dem Urkundsbeamten der Geschäftsstelle ein Protokoll aufgenommen.

§ 46. Der Amtsrichter setzt die Schöffen von ihrer Auslosung und von den Sitzungstagen, an welchen sie in Tätigkeit zu treten haben, unter Hinweis auf die gesetzlichen Folgen des Ausbleibens in Kenntnis.

In gleicher Weise werden die im Laufe des Geschäftsjahres einzuberufenden Schöffen benachrichtigt.

§ 47. Eine Änderung in der bestimmten Reihenfolge kann auf übereinstimmenden Antrag der beteiligten Schöffen von dem Amtsrichter bewilligt werden, sofern die in den betreffenden Sitzungen zu verhandelnden Sachen noch nicht bestimmt sind. Der Antrag und die Bewilligung sind aktenkundig zu machen.

§ 48. Wenn die Geschäfte die Anberaumung außerordentlicher Sitzungen erforderlich machen, so werden die einzuberufenden Schöffen vor dem Sitzungstage in Gemäßheit des § 45 ausgelost.

Erscheint dies wegen Dringlichkeit untunlich, so erfolgt die Auslosung durch den Amtsrichter lediglich aus der Zahl der am Sitze des Gerichts wohnenden Hilfsschöffen. Die Umstände, welche den Amtsrichter hierzu veranlaßt haben, sind aktenkundig zu machen.

§ 49. Wird zu einzelnen Sitzungen die Zuziehung anderer als der zunächst berufenen Schöffen erforderlich, so erfolgt sie aus der Zahl der Hilfsschöffen nach der Reihenfolge der Schöffenliste mit der Maßgabe, daß tunlichst an Stelle eines zunächst berufenen Mannes ein Mann, an Stelle einer zunächst berufenen Frau eine Frau tritt.

Würde durch die Berufung der Hilfsschöffen nach der Reihenfolge der Schöffenliste eine Vertagung der Verhandlung oder eine erhebliche Verzögerung ihres Beginnes notwendig, so sind die nicht am Sitze des Gerichts wohnenden Hilfsschöffen zu übergehen.

§ 50. Erstreckt sich die Dauer einer Sitzung über die Zeit hinaus, für welche der Schöffe zunächst einberufen ist, so hat er bis zur Beendigung der Sitzung seine Amtstätigkeit fortzusetzen.

§ 51. Die Beeidigung der Schöffen erfolgt bei ihrer ersten Dienstleistung in öffentlicher Sitzung. Sie gilt für die Dauer der Wahlperiode (§ 42).

Der Vorsitzende richtet an die zu Beeidigenden die Worte:

„Sie schwören bei Gott dem Allmächtigen und Allwissenden[1]), die Pflichten eines Schöffen getreulich zu erfüllen und Ihre Stimme nach bestem Wissen und Gewissen abzugeben."

Die Schöffen leisten den Eid, indem jeder einzeln die Worte spricht:

„ich schwöre es, so wahr mir Gott helfe[1])."

Der Schwörende soll bei der Eidesleistung die rechte Hand erheben.

Ist ein Schöffe Mitglied einer Religionsgesellschaft, welcher das Gesetz den Gebrauch gewisser Beteuerungsformeln an Stelle des Eides gestattet, so wird die Abgabe einer Erklärung unter der Beteuerungsformel dieser Religionsgesellschaft der Eidesleistung gleichgeachtet.

Über die Beeidigung wird von dem Urkundsbeamten der Geschäftsstelle ein Protokoll aufgenommen.

[1]) Der nicht religiöse Eid dürfte noch zulässig sein (Art. 136, 177 der Reichsverfassung).

§ 52. Wenn die Unfähigkeit einer als Schöffe in die Schöffenliste aufgenommenen Person eintritt oder bekannt wird, so ist ihr Name von der Liste zu streichen.

Ein Schöffe, bei dem nach seiner Aufnahme in die Schöffenliste andere Umstände eintreten oder bekannt werden, bei deren Vorhandensein eine Berufung zum Schöffenamte nicht erfolgen soll, ist zur Dienstleistung ferner nicht heranzuziehen.

Die Entscheidung erfolgt durch den Amtsrichter nach Anhörung der Staatsanwaltschaft und des beteiligten Schöffen.

Beschwerde findet nicht statt.

§ 53. Ablehnungsgründe sind nur zu berücksichtigen, wenn sie innerhalb einer Woche, nachdem der beteiligte Schöffe von seiner Einberufung in Kenntnis gesetzt worden ist, von ihm geltend gemacht werden. Sind sie später entstanden oder bekannt geworden, so ist die Frist erst von diesem Zeitpunkt zu berechnen.

Der Amtsrichter entscheidet über das Gesuch nach Anhörung der Staatsanwaltschaft. Beschwerde findet nicht statt.

§ 54. Der Amtsrichter kann einen Schöffen auf dessen Antrag wegen eingetretener Hinderungsgründe von der Dienstleistung an bestimmten Sitzungstagen entbinden.

Die Entbindung des Schöffen von der Dienstleistung kann davon abhängig gemacht werden, daß ein anderer für das Dienstjahr bestimmter Schöffe für ihn eintritt.

Der Antrag und die Bewilligung sind aktenkundig zu machen.

§ 55. Die Schöffen und die Vertrauenspersonen des Ausschusses erhalten eine angemessene Entschädigung für den ihnen durch ihre Dienstleistung entstehenden Verdienstausfall und den mit der Dienstleistung verbundenen Aufwand sowie Ersatz der Fahrkosten. Ist durch die Dienstleistung eine Vertretung des zum Schöffen oder zur Vertrauensperson Berufenen notwendig geworden, so können die Kosten der Vertretung nach billigem Ermessen erstattet werden.

Die Höhe der Aufwandsentschädigung und der Fahrkosten sowie die Höchst- und Mindestgrenzen der Entschädigung für den Verdienstausfall bestimmt die Reichsregierung mit Zustimmung des Reichsrats durch allgemeine Anordnung.

Entschädigung und Fahrkosten werden nur auf Verlangen gewährt. Der Anspruch erlischt, wenn das Verlangen nicht binnen drei Monaten nach Beendigung der Dienstleistung bei dem Gerichte, bei dem die Dienstleistung stattgefunden hat, gestellt worden ist. Beschwerden über die Höhe der Entschädigung und der Fahrkosten werden im Aufsichtsweg entschieden.

§ 56. Schöffen und Vertrauenspersonen des Ausschusses, welche ohne genügende Entschuldigung zu den Sitzungen nicht rechtzeitig sich einfinden oder ihren Obliegenheiten in anderer Weise sich entziehen, sind zu einer Ordnungsstrafe in Geld[1]) sowie in die verursachten Kosten zu verurteilen.

Die Verurteilung wird durch den Amtsrichter nach Anhörung der Staatsanwaltschaft ausgesprochen. Erfolgt nachträglich genügende Entschuldigung, so kann die Verurteilung ganz oder teilweise zurückgenommen werden. Gegen die Entscheidungen findet Beschwerde von seiten des Verurteilten nach den Vorschriften der Strafprozeßordnung statt.

§ 57. Bis zu welchem Tage die Urlisten aufzustellen und dem Amtsrichter einzureichen sind, der Ausschuß zu berufen und die Auslosung der Schöffen zu bewirken ist, wird durch die Landesjustizverwaltung bestimmt.

§ 58. Durch Anordnung der Landesjustizverwaltung kann für den Bezirk mehrerer Amtsgerichte einem von

[1]) Von 1—1000 RM. (vgl. Anm. zu § 178 GVG.).

ihnen die Entscheidung der Strafsachen ganz oder zum Teil zugewiesen werden.

Die Landesjustizverwaltung bestimmt die für dieses Gericht erforderliche Zahl von Haupt- und Hilfsschöffen und die Verteilung der Zahl der Hauptschöffen auf die einzelnen Amtsgerichtsbezirke.

Die übrigen Vorschriften dieses Titels finden entsprechende Anwendung.

Fünfter Titel.

Landgerichte.

§ 59. Die Landgerichte werden mit einem Präsidenten und der erforderlichen Anzahl von Direktoren und Mitgliedern besetzt. Von der Ernennung eines Direktors kann abgesehen werden, wenn der Präsident den Vorsitz in den Kammern allein führen kann.

Die Direktoren und die Mitglieder können gleichzeitig Amtsrichter im Bezirke des Landgerichts sein.

§ 60. Bei den Landgerichten werden Zivil- und Strafkammern gebildet.

§ 61. Bei den Landgerichten sind Untersuchungsrichter nach Bedürfnis zu bestellen.

Die Bestellung erfolgt durch die Landesjustizverwaltung auf die Dauer eines Geschäftsjahrs.

§ 62[1]). Den Vorsitz im Plenum führt der Präsident. Den Vorsitz in den Kammern führen der Präsident und die Direktoren. Den Vorsitz in der kleinen Strafkammer (§ 76 Abs. 2) kann auch ein Mitglied des Landgerichts führen.

§ 63[1]). Vor Beginn des Geschäftsjahres werden auf seine Dauer die Geschäfte unter die Kammern derselben

[1]) Die Fassung der §§ 62, 63, 64, 64a und 66 Abs. 2, 3 beruht auf dem Gesetz zur Änderung der Vorschriften des Gerichtsverfassungsgesetzes über die Präsidien der Gerichte v. 4. 7. 1933 (RGBl. I, 451).

Art verteilt und die Vorsitzenden und die ständigen Mitglieder der einzelnen Kammern sowie für den Fall der Verhinderung von Mitgliedern die regelmäßigen Vertreter bestimmt. Jeder Richter kann zum Mitgliede mehrerer Kammern bestimmt werden.

Die getroffene Anordnung kann im Laufe der Geschäftsjahre nur geändert werden, wenn dies wegen Überlastung einer Kammer oder infolge Wechsels oder dauernder Behinderung einzelner Mitglieder des Gerichts erforderlich wird.

§ 64[1]). Die im § 63 bezeichneten Anordnungen werden von dem Präsidium mit der Maßgabe getroffen, daß der Präsident selbst die Kammer bestimmt, der er sich anschließt.

Die im § 63 Abs. 2 bezeichneten Anordnungen trifft der Präsident, sofern eine Entscheidung des Präsidiums nicht rechtzeitig ergehen kann. Die Anordnung ist dem Präsidium unverzüglich vorzulegen. Sie bleibt in Kraft, solange das Präsidium nicht anderweit beschließt.

§ 64a[1]). Das Präsidium besteht aus dem Präsidenten als Vorsitzenden, den Direktoren und den beiden dem Dienstalter nach, bei gleichem Dienstalter der Geburt nach ältesten Mitgliedern.

Sind bei einem Landgericht bei Beginn des Geschäftsjahres mehr als sechs Direktoren angestellt, so gelten folgende besondere Vorschriften: Das Präsidium wird durch den Präsidenten als Vorsitzenden, seinen ständigen Vertreter (§ 66 Abs. 2), fünf weitere Direktoren und zwei Mitglieder gebildet. Die Direktoren werden von der Gesamtheit der Direktoren, die Mitglieder von der Gesamtheit der Mitglieder des Landgerichts für die Dauer des Geschäftsjahrs gewählt; bei der Wahl sollen Richter der Zivilkammern und der Strafkammern berücksichtigt werden. Sind für den Präsidenten zwei ständige Vertreter bestellt, so gehören beide dem Präsidium an; sind mehr als

[1]) Vgl. Anm. zu § 62.

zwei Vertreter bestellt, so bestimmt die Landesjustizverwaltung zwei von ihnen.

Das Präsidium entscheidet nach Stimmenmehrheit; bei Stimmengleichheit gibt die Stimme des Präsidenten den Ausschlag.

Bei der Entscheidung über die Verteilung des Vorsitzes in den Kammern nehmen, abgesehen von dem Falle des § 62 Satz 3, die beiden Mitglieder des Landgerichts nicht teil.

§ 65. Der Präsident kann bestimmen, daß einzelne Untersuchungen von dem Untersuchungsrichter, dessen Bestellung mit dem Ablauf des Geschäftsjahrs erlischt, zu Ende geführt werden, sowie daß in einzelnen Sachen, in welchen während des Geschäftsjahrs eine Verhandlung bereits stattgefunden hat, die Kammer in ihrer früheren Zusammensetzung auch nach Ablauf des Geschäftsjahrs verhandle und entscheide.

§ 66[1]). **Bei Verhinderung des ordentlichen Vorsitzenden führt den Vorsitz in der Kammer das von dem Präsidium vor Beginn des Geschäftsjahres zum regelmäßigen Vertreter bestellte Mitglied der Kammer; ist ein solcher Vertreter nicht bestellt oder ist auch er verhindert, so führt das Mitglied der Kammer, das dem Dienstalter nach oder bei gleichem Dienstalter der Geburt nach das älteste ist, den Vorsitz. Zum regelmäßigen Vertreter des Vorsitzenden der kleinen Strafkammer kann jedes Mitglied des Gerichts bestellt werden.**

Die Landesjustizverwaltung kann zum ständigen Vertreter des Präsidenten in seinen übrigen ihm nach diesem oder einem sonstigen Reichsgesetz obliegenden Geschäften einen oder mehrere Direktoren und, wenn kein Direktor

---

[1]) Die Fassung des Abs. 1 beruht auf Art. 3 des Gesetzes zur Änderung des Verfahrens in bürgerlichen Rechtsstreitigkeiten v. 27. 10. 1933 (RGBl. I, 780); wegen der Abs. 2 und 3 vgl. Anm. zu § 62.

ernannt ist, ein Mitglied des Landgerichts bestellen. Sie kann für die Vertretung Grundsätze aufstellen.

Ist kein ständiger Vertreter bestellt, so wird der Präsident in den im Abs. 2 bezeichneten Geschäften durch den dem Dienstalter nach und bei gleichem Dienstalter den der Geburt nach ältesten Direktor und, wenn kein Direktor ernannt ist, durch das dem Dienstalter nach und bei gleichem Dienstalter das der Geburt nach älteste Mitglied des Landgerichts vertreten.

§ 67. Im Falle der Verhinderung des regelmäßigen Vertreters eines Mitglieds wird ein zeitweiliger Vertreter durch den Präsidenten bestimmt.

§ 68 betr. die Kammern für Handelssachen.

§ 69. Innerhalb der Kammer verteilt der Vorsitzende die Geschäfte auf die Mitglieder.

§ 70. Soweit die Vertretung eines Mitglieds nicht durch ein Mitglied desselben Gerichts möglich ist, wird sie auf den Antrag des Präsidiums durch die Landesjustizverwaltung geordnet.

Die Beiordnung eines nichtständigen Richters darf, wenn sie auf eine bestimmte Zeit erfolgte, vor Ablauf dieser Zeit, wenn sie auf unbestimmte Zeit erfolgte, solange das Bedürfnis, durch welches sie veranlaßt wurde, fortdauert, nicht widerrufen werden. Ist mit der Vertretung eine Entschädigung verbunden, so ist diese für die ganze Dauer im voraus festzustellen.

Unberührt bleiben die landesgesetzlichen Bestimmungen, nach welchen richterliche Geschäfte nur von ständig angestellten Richtern wahrgenommen werden können, sowie die, welche die Vertretung durch ständig angestellte Richter regeln.

§§ 71, 72 betr. die Zivilkammern.

§ 73. Die Strafkammern sind zuständig für die die Voruntersuchung und deren Ergebnisse betreffenden Entscheidungen, welche nach den Vorschriften der Strafprozeßordnung von dem Gerichte zu erlassen sind; sie entscheiden über Beschwerden gegen Verfügungen des Untersuchungsrichters und des Amtsrichters sowie gegen Entscheidungen des Amtsrichters und der Schöffengerichte. Die Bestimmungen über die Zuständigkeit der Oberlandesgerichte und des Reichsgerichts werden hierdurch nicht berührt.

Die Strafkammern erledigen außerdem die in der Strafprozeßordnung den Landgerichten zugewiesenen Geschäfte.

§ 74. Die Strafkammern sind als erkennende Gerichte zuständig für die Verhandlung und Entscheidung über das Rechtsmittel der Berufung gegen die Urteile des Amtsrichters und des Schöffengerichts.

Ergänzung zu §§ 73, 74:

Vgl. die Ergänzung zu § 24 GVG.

§ 75 betr. die Zivilkammern.

§ 76. Die Strafkammern entscheiden außerhalb der Hauptverhandlung in der Besetzung von drei Mitgliedern mit Einschluß des Vorsitzenden.

In der Hauptverhandlung ist die Strafkammer besetzt:

mit dem Vorsitzenden und zwei Schöffen (kleine Strafkammer), wenn sich die Berufung gegen ein Urteil des Amtsrichters richtet;

mit drei Richtern mit Einschluß des Vorsitzenden und zwei Schöffen (große Strafkammer), wenn sich die Berufung gegen ein Urteil des Schöffengerichts richtet[1]).

§ 77. Für die Schöffen der Strafkammer[2]) gelten entsprechend die Vorschriften über die Schöffen des Schöffengerichts mit folgender Maßgabe:

---

[1]) Ebenso in erstinstanzlichen Sachen (vgl. Ergänzung zu § 24 GVG.).

[2]) Vgl. die Ergänzung zum Vierten Titel des GVG.

Die Landesjustizverwaltung verteilt die Zahl der erforderlichen Hauptschöffen auf die zum Bezirke des Landgerichts gehörenden Amtsgerichtsbezirke. Die Hilfsschöffen wählt der Ausschuß bei dem Amtsgericht, in dessen Bezirk das Landgericht seinen Sitz hat. Hat das Landgericht seinen Sitz außerhalb seines Bezirkes, so bestimmt die Landesjustizverwaltung, welcher Ausschuß der zum Bezirke des Landgerichts gehörigen Amtsgerichte die Hilfsschöffen wählt. Die Namen der gewählten Hauptschöffen und der Hilfsschöffen werden von dem Amtsrichter dem Landgerichtspräsidenten mitgeteilt. Der Landgerichtspräsident stellt die Namen der Hauptschöffen zur Schöffenliste des Landgerichts zusammen.

An die Stelle des Amtsrichters tritt für die Auslosung der Reihenfolge, in der die Hauptschöffen an den einzelnen ordentlichen Sitzungen der Strafkammer teilnehmen, und für die Streichung eines Schöffen von der Schöffenliste des Landgerichts der Landgerichtspräsident; im übrigen tritt an die Stelle des Amtsrichters der Vorsitzende der Strafkammer.

Niemand soll für dieselbe Wahlperiode (§ 42) zugleich als Schöffe für das Schöffengericht und für die Strafkammer bestimmt werden. Ist dies dennoch geschehen, oder ist jemand für dieselbe Wahlperiode (§ 42) in mehreren Bezirken zu diesen Ämtern bestimmt worden, so hat der Einberufene das Amt zu übernehmen, zu welchem er zuerst einberufen wird.

§ 78. Durch Anordnung der Landesjustizverwaltung kann wegen großer Entfernung des Landgerichtssitzes bei einem Amtsgerichte für den Bezirk eines oder mehrerer Amtsgerichte eine Strafkammer gebildet und ihr für diesen Bezirk die gesamte Tätigkeit der Strafkammer des Landgerichts oder ein Teil dieser Tätigkeit zugewiesen werden.

Die Besetzung einer solchen Strafkammer erfolgt aus Mitgliedern des Landgerichts oder Amtsrichtern des Bezirkes, für welchen die Kammer gebildet wird. Der Vorsitzende wird ständig, die Amtsrichter werden auf die Dauer des Geschäftsjahrs durch die Landesjustizverwaltung berufen, die übrigen Mitglieder werden nach Maßgabe des § 63 durch das Präsidium des Landgerichts bezeichnet.

Die Landesjustizverwaltung verteilt die Zahl der erforderlichen Hauptschöffen auf die zum Bezirke der Strafkammer gehörenden Amtsgerichtsbezirke. Die Hilfsschöffen wählt der Ausschuß bei dem Amtsgerichte, bei dem die auswärtige Strafkammer gebildet worden ist. Die im § 77 dem Landgerichtspräsidenten zugewiesenen Geschäfte nimmt der Vorsitzende der Strafkammer wahr.

Sechster Titel.
Schwurgerichte.

§ 79. Für die Verhandlung und Entscheidung von Strafsachen treten bei den Landgerichten nach Bedarf Schwurgerichte zusammen.

§ 80. Die Schwurgerichte sind zuständig für die Verbrechen, welche nicht vor das Reichsgericht oder vor das Amtsgericht[1]) gehören[2]).

§ 81. Das Schwurgericht besteht aus drei Richtern mit Einschluß des Vorsitzenden und sechs Geschworenen.

§ 82. Die Richter und die Geschworenen entscheiden über die Schuld- und Straffrage gemeinschaftlich; während der Hauptverhandlung üben die Geschworenen das Richteramt im gleichen Umfang wie die Schöffen aus.

Außerhalb der Hauptverhandlung entscheiden während der Tagung die richterlichen Mitglieder des Schwurgerichts; außerhalb der Tagung entscheidet die Strafkammer des Landgerichts.

---

[1]) oder vor die große Strafkammer.

[2]) Für Jugendsachen vgl. §§ 17, 26 JGG.

§ 83. Vor Beginn des Geschäftsjahrs ernennt der Präsident des Oberlandesgerichts für jede Tagung des Schwurgerichts aus der Zahl der Mitglieder des Oberlandesgerichts oder der in seinem Bezirk angestellten Richter einen Vorsitzenden des Schwurgerichts.

In gleicher Weise ernennt der Präsident des Landgerichts für jede Tagung des Schwurgerichts aus der Zahl der Mitglieder des Landgerichts und der in seinem Bezirk angestellten Amtsrichter einen Stellvertreter des Vorsitzenden, die übrigen richterlichen Mitglieder und ihre Stellvertreter.

Wird im Laufe des Geschäftsjahrs eine Schwurgerichtstagung erforderlich, für die richterliche Mitglieder nicht ernannt worden sind, so können sie nachträglich ernannt werden. Ebenso können nachträglich Stellvertreter ernannt werden, wenn eine Vertretung erforderlich wird und die regelmäßigen Vertreter verhindert sind.

Solange noch nicht bestimmt ist, wann das Schwurgericht zusammentritt, erledigt der Vorsitzende der Strafkammer des Landgerichts die in diesem Gesetze und in der Strafprozeßordnung dem Vorsitzenden zugewiesenen Geschäfte. Das gleiche gilt, nachdem die Tagung geschlossen ist.

§ 84. Für die Geschworenen gelten die auf die Schöffen bezüglichen Vorschriften der §§ 31 bis 57, 77 entsprechend mit den sich aus dem Abs. 2 und den §§ 85 bis 90 ergebenden Maßgaben.

Mindestens die Hälfte der zu einer Tagung heranzuziehenden Geschworenen müssen Männer sein.

§ 85. Die Zahl der Hauptgeschworenen ist so zu bestimmen, daß voraussichtlich jeder Hauptgeschworene nur zu einer Tagung des Schwurgerichts im Geschäftsjahr herangezogen wird.

§ 86[1]. Die Reihenfolge, in der die Hauptgeschworenen an den Tagungen des Schwurgerichts teilnehmen, wird

---

[1]) Vgl. hierzu die Ergänzung zum Vierten Titel des GVG.

für das ganze Geschäftsjahr im voraus durch Auslosung bestimmt; der Präsident des Landgerichts setzt die Geschworenen von der Auslosung mit dem Hinzufügen in Kenntnis, daß ihnen darüber, ob und zu welchem Tage sie einberufen werden, eine weitere Nachricht zugehen werde.

§ 87. Der Präsident des Landgerichts bestimmt, wann das Schwurgericht zusammentritt, und ordnet die Einberufung der Hauptgeschworenen für die einzelne Tagung nach der Reihenfolge ihrer Auslosung an; zwischen **der Mitteilung**[1]) der Ladung und dem Beginne der Tagung soll eine Frist von zwei Wochen liegen.

§ 88. Der Präsident des Landgerichts entscheidet über die von den Geschworenen vorgebrachten Ablehnungsgründe sowie darüber, ob ein Geschworener ferner zur Dienstleistung heranzuziehen ist.

§ 89. Erstreckt sich eine Tagung des Schwurgerichts über den Endtermin des Geschäftsjahrs hinaus, so bleiben die Geschworenen, welche dazu einberufen sind, bis zum Schlusse der Tagung zur Mitwirkung verpflichtet.

§ 90. Niemand soll für dieselbe Wahlperiode (§ 42) als Geschworener und als Schöffe bestimmt werden.

Ist dies dennoch geschehen, oder ist jemand für dieselbe Wahlperiode (§ 42) in mehreren Bezirken zu diesen Ämtern bestimmt worden, so hat der Einberufene das Amt zu übernehmen, zu welchem er zuerst einberufen wird.

§ 91. Die Strafkammer des Landgerichts kann bestimmen, daß einzelne Sitzungen des Schwurgerichts nicht am Sitze des Landgerichts, sondern an einem anderen Orte innerhalb des Schwurgerichtsbezirkes abzuhalten seien.

Wird in einem solchen Falle die Zuziehung anderer als der zunächst berufenen Geschworenen erforderlich, so

[1]) Die Änderung des § 87 beruht auf der V. zur Vereinfachung der Zustellungen vom 17. 6. 1933 (RGBl. I, 394), Art. V.

werden die Hilfsschöffen des für den Sitzungsort zuständigen Schöffengerichts nach Maßgabe des § 49 herangezogen.

§ 92. Die Landesjustizverwaltung kann bestimmen, daß die Bezirke mehrerer Landgerichte zu einem Schwurgerichtsbezirke zusammengelegt und die Sitzungen des Schwurgerichts bei einem der Landgerichte abgehalten werden.

In diesem Falle hat das Landgericht, bei welchem die Sitzungen des Schwurgerichts abgehalten werden, und dessen Präsident die ihnen in den §§ 82 bis 91 zugewiesenen Geschäfte für den Umfang des Schwurgerichtsbezirkes wahrzunehmen.

Die Mitglieder des Schwurgerichts mit Einschluß des Stellvertreters des Vorsitzenden können aus der Zahl der im Bezirke des Schwurgerichts angestellten Richter bestimmt werden.

Die Zahl der erforderlichen Hauptgeschworenen wird auf sämtliche Amtsgerichte des Schwurgerichtsbezirkes verteilt.

Siebenter Titel.

Kammern für Handelssachen.

§§ 93 bis 114.

Achter Titel.

Oberlandesgerichte.

§ 115. Die Oberlandesgerichte werden mit einem Präsidenten und der erforderlichen Anzahl von Senatspräsidenten und Räten besetzt.

§ 116. Bei den Oberlandesgerichten werden Zivil- und Strafsenate gebildet.

§ 117. Die Bestimmungen der §§ 62 bis 69 finden entsprechende Anwendung[1]).

---

[1]) Fassung des in der Anm. zu § 62 erwähnten Gesetzes.

§ 118. Zu Hilfsrichtern dürfen nur ständig angestellte Richter berufen werden.

§ 119 betr. Zivilsachen.

§ 120. Die Oberlandesgerichte sind zur Verhandlung und Entscheidung in erster und letzter Instanz in den Strafsachen zuständig, die gemäß § 134 Abs. 2 von dem Oberreichsanwalt an die Landesstaatsanwaltschaft abgegeben werden, oder in denen das Reichsgericht gemäß § 134 Abs. 3 die Verhandlung und Entscheidung dem Oberlandesgericht überweist. In den von dem Oberreichsanwalt an die Landesstaatsanwaltschaft abgegebenen Sachen trifft das Oberlandesgericht auch die im § 73 Abs. 1 bezeichneten Entscheidungen[1]).

Für den Gerichtsstand gelten in diesen Fällen die allgemeinen Vorschriften. Sind jedoch in einem Lande mehrere Oberlandesgerichte errichtet, so können die im Abs. 1 den Oberlandesgerichten zugewiesenen Aufgaben durch die Landesjustizverwaltung einem oder einigen der Oberlandesgerichte oder dem Obersten Landesgericht übertragen werden. Durch Vereinbarung der beteiligten Landesjustizverwaltungen können diese Aufgaben dem hiernach zuständigen Gericht eines Landes auch für das Gebiet eines anderen Landes übertragen werden.

§ 121. Die Oberlandesgerichte sind in Strafsachen ferner zuständig für die Verhandlung und Entscheidung über die Rechtsmittel:

1. der Revision gegen
   a) die mit der Berufung nicht anfechtbaren Urteile des Amtsrichters;
   b) die Urteile der kleinen Strafkammer;
   c) die Urteile der großen Strafkammer, wenn in

[1]) Die Fassung des § 120 Abs. 1 beruht auf der V. zur Beschleunigung des Verfahrens in Hochverrats- und Landesverratssachen vom 18. 3. 1933 (RGBl. I, 131), Art. 3 § 3.

erster Instanz das mit einem Richter und zwei Schöffen besetzte Schöffengericht entschieden hat[1]);

d) die Urteile der großen Strafkammer und der Schwurgerichte, wenn die Revision ausschließlich auf die Verletzung einer in den Landesgesetzen enthaltenen Rechtsnorm gestützt wird;

2. der Beschwerde gegen strafrichterliche Entscheidungen, soweit nicht die Zuständigkeit der Strafkammer oder des Reichsgerichts begründet ist.

§ 122. Die Senate der Oberlandesgerichte entscheiden, soweit nicht nach den Vorschriften der Prozeßgesetze an Stelle des Senats der Einzelrichter zu entscheiden hat, in der Besetzung von drei Mitgliedern mit Einschluß des Vorsitzenden.

Die Strafsenate sind in der Hauptverhandlung erster Instanz mit fünf Mitgliedern einschließlich des Vorsitzenden zu besetzen.

Neunter Titel.

Reichsgericht.

§ 123. Der Sitz des Reichsgerichts wird durch Gesetz bestimmt[2]).

§ 124. Das Reichsgericht wird mit einem Präsidenten und der erforderlichen Anzahl von Senatspräsidenten und Räten besetzt.

§ 125. Der Präsident, die Senatspräsidenten und Räte werden auf Vorschlag des Reichsrats von dem Reichspräsidenten ernannt.

Zum Mitglied des Reichsgerichts kann nur ernannt werden, wer die Fähigkeit zum Richteramt in einem deutschen Lande erlangt und das fünfunddreißigste Lebensjahr vollendet hat.

---

[1]) Vgl. auch die Ergänzung zu §§ 312ff. StPO.

[2]) Nach § 2 des Gesetzes vom 11. 4. 1877 (RGBl. S. 415) befindet sich der Sitz des Reichsgerichts in Leipzig.

Das Dienstalter der Mitglieder des Reichsgerichts richtet sich nach der Ernennung. Auf das Dienstalter ist die Zeit anzurechnen, die das Mitglied als Reichsanwalt, als Rechtsanwalt beim Reichsgericht oder als ordentlicher öffentlicher Lehrer des Rechtes an einer deutschen Universität tätig gewesen ist.

§ 126. Ist ein Mitglied zu einer Strafe wegen einer entehrenden Handlung oder zu einer Freiheitsstrafe von längerer als einjähriger Dauer rechtskräftig verurteilt, so kann es durch Plenarbeschluß des Reichsgerichts seines Amtes und seines Gehalts für verlustig erklärt werden.

Vor der Beschlußfassung sind das Mitglied und der Oberreichsanwalt zu hören.

§ 127. Ist wegen eines Verbrechens oder Vergehens das Hauptverfahren gegen ein Mitglied eröffnet, so kann seine vorläufige Enthebung vom Amte nach Anhörung des Oberreichsanwalts durch Plenarbeschluß des Reichsgerichts ausgesprochen werden.

Wird gegen ein Mitglied die Untersuchungshaft verhängt, so tritt für ihre Dauer die vorläufige Enthebung von Rechts wegen ein.

Durch die vorläufige Enthebung wird das Recht auf den Genuß des Gehalts nicht berührt.

§ 128. Wenn ein Mitglied durch ein körperliches Gebrechen oder durch Schwäche seiner körperlichen oder geistigen Kräfte zur Erfüllung seiner Amtspflichten dauernd unfähig wird, so tritt seine Versetzung in den Ruhestand gegen Gewährung eines Ruhegehalts ein. Dienstunfähigkeit ist nicht Vorbedingung des Anspruchs auf Ruhegehalt, wenn das aus dem Dienste scheidende Mitglied das fünfundsechzigste Lebensjahr vollendet hat.

Das Ruhegehalt beträgt bei vollendeter zehnjähriger oder kürzerer Dienstzeit $^{35}/_{100}$ und steigt nach vollendetem zehnten Dienstjahr mit jedem weiter zurückgelegten Dienstjahr bis zum vollendeten fünfunddreißigsten

Dienstjahr um $^2/_{100}$ und von da ab bis zum vollendeten fünfzigsten Dienstjahr um $^1/_{100}$ des Diensteinkommens.

Bei Berechnung der Dienstzeit wird die Zeit mitgerechnet, während welcher das Mitglied sich im Dienste des Reichs oder im Staats- oder Gemeindedienst eines deutschen Landes befunden oder in einem deutschen Lande als Anwalt, Advokat, Notar, Patrimonialrichter oder als öffentlicher Lehrer des Rechtes an einer deutschen Universität fungiert hat.

§ 129. Wird die Versetzung eines Mitglieds in den Ruhestand nicht beantragt, obgleich ihre Voraussetzungen vorliegen, so hat der Präsident die Aufforderung zu erlassen, binnen einer bestimmten Frist den Antrag zu stellen. Wird dieser Aufforderung nicht Folge geleistet, so ist die Versetzung in den Ruhestand durch Plenarbeschluß des Reichsgerichts auszusprechen.

Vor der Beschlußfassung sind das Mitglied und der Oberreichsanwalt zu hören.

§ 130. Bei dem Reichsgerichte werden Zivil- und Strafsenate gebildet. Ihre Zahl bestimmt der Reichsminister der Justiz.

§ 131. Die Bestimmungen der §§ 62 bis 69 finden mit der Maßgabe entsprechende Anwendung, daß das Präsidium aus dem Präsidenten, den Senatspräsidenten und den vier ältesten Mitgliedern des Gerichts besteht[1]).

§ 132. Die Zuziehung von Hilfsrichtern ist unzulässig[2]).

§ 133 betr. Zivilsachen.

§ 134[3]). In Strafsachen ist das Reichsgericht zuständig für die Untersuchung und Entscheidung in erster und

---

[1]) Fassung des in der Anm. zu § 62 erwähnten Gesetzes.

[2]) Durch Gesetz v. 1. 3. 1930 (RGBl. I, 31) in Vbd. mit Kap. XII der NotVO. v. 18. 3. 1933 (RGBl. I, 109) ist der Reichsminister der Justiz ermächtigt, Hilfsrichter bis längstens zum 1. April 1936 zum Reichsgericht einzuberufen.

[3]) Für Jugendsachen vgl. §§ 17, 26 JGG.

letzter Instanz in den Fällen des Hochverrats, des Landesverrats und des Kriegsverrats gegen das Reich sowie der Verbrechen gegen die §§ 1, 3 des Gesetzes gegen den Verrat militärischer Geheimnisse vom 3. Juni 1914 (Reichsgesetzbl. S. 195). In diesen Sachen trifft das Reichsgericht auch die im § 73 Abs. 1 bezeichneten Entscheidungen.

In **Hochverrats- und** Landesverratssachen sowie bei Verbrechen gegen die §§ 1, 3 des Gesetzes gegen den Verrat militärischer Geheimnisse kann der Oberreichsanwalt die Strafverfolgung an die Landesstaatsanwaltschaft abgeben. Es sollen nur Strafsachen von minderer Bedeutung abgegeben werden.

Das Reichsgericht kann in den im Abs. 2 bezeichneten Sachen die Verhandlung und Entscheidung dem Oberlandesgericht überweisen, wenn der Oberreichsanwalt es bei der Einreichung der Anklageschrift beantragt; auf den Antrag findet Abs. 2 Satz 2 entsprechende Anwendung[1]).

Ergänzung zu § 134:

V. gegen Verrat am Deutschen Volke und hochverräterische Umtriebe vom 28. Februar 1933 (RGBl. I, 85), § 7 Abs. 1, vgl. unten XII.

§ 135. In Strafsachen ist das Reichsgericht ferner zuständig zur Verhandlung und Entscheidung über das Rechtsmittel der Revision gegen die Urteile der Schwurgerichte und der großen Strafkammer, soweit nicht die Zuständigkeit der Oberlandesgerichte begründet ist.

§ 136. Will in einer Rechtsfrage ein Zivilsenat von der Entscheidung eines anderen Zivilsenats oder der vereinigten Zivilsenate oder ein Strafsenat von der Entscheidung eines anderen Strafsenats oder der vereinigten Strafsenate abweichen, so ist über die streitige Rechts-

---

[1]) Die Fassung des § 134 beruht auf dem Gesetz vom 31. 3. 1926 (RGBl. I, 190) und der V. zur Beschleunigung des Verfahrens in Hochverrats- und Landesverratssachen vom 18. 3. 1933 (RGBl. I, 131), für letztere vgl. unten XIII.

frage im ersteren Falle eine Entscheidung der vereinigten Zivilsenate, im letzteren Falle eine solche der vereinigten Strafsenate einzuholen.

Einer Entscheidung der Rechtsfrage durch das Plenum bedarf es, wenn ein Zivilsenat von der Entscheidung eines Strafsenats oder der vereinigten Strafsenate oder ein Strafsenat von der Entscheidung eines Zivilsenats oder der vereinigten Zivilsenate oder ein Senat von der früher eingeholten Entscheidung des Plenums abweichen will.

Die Entscheidung der Rechtsfrage durch die vereinigten Senate oder das Plenum ist in der zu entscheidenden Sache bindend. Sie erfolgt in allen Fällen ohne vorgängige mündliche Verhandlung.

Vor der Entscheidung der vereinigten Strafsenate oder der des Plenums sowie in Ehe- und Entmündigungssachen und in Rechtsstreitigkeiten, welche die Feststellung des Rechtsverhältnisses zwischen Eltern und Kindern oder die Anfechtung einer Todeserklärung zum Gegenstande haben, ist der Oberreichsanwalt mit seinen schriftlichen Anträgen zu hören.

Soweit die Entscheidung der Sache eine vorgängige mündliche Verhandlung erfordert, erfolgt sie durch den erkennenden Senat auf Grund einer erneuten mündlichen Verhandlung, zu welcher die Prozeßbeteiligten von Amts wegen unter Mitteilung der ergangenen Entscheidung der Rechtsfrage zu laden sind.

§ 137. Aufgehoben durch Art. II des Ges. v. 31. März 1926 (RGBl. I, 190).

§ 138. Zur Fassung von Plenarentscheidungen und von Entscheidungen der vereinigten Zivil- oder Strafsenate ist die Teilnahme von mindestens zwei Dritteilen aller Mitglieder mit Einschluß des Vorsitzenden erforderlich.

Die Zahl der Mitglieder, welche eine entscheidende Stimme führen, muß eine ungerade sein.

Ist die Zahl der anwesenden Mitglieder eine gerade, so hat der Rat, welcher dem Dienstalter nach, und bei gleichem Dienstalter der, welcher der Geburt nach der jüngere ist, oder, wenn dieser Berichterstatter ist, der nächstältere kein Stimmrecht.

§ 139. Die Senate des Reichsgerichts entscheiden in der Besetzung von fünf Mitgliedern mit Einschluß des Vorsitzenden. In erster Instanz entscheiden die Strafsenate außerhalb der Hauptverhandlung in einer Besetzung von drei Mitgliedern mit Einschluß des Vorsitzenden[1]).

§ 140. Der Geschäftsgang wird durch eine Geschäftsordnung geregelt, welche das Plenum auszuarbeiten und dem Reichsrat zur Bestätigung vorzulegen hat.

Zehnter Titel.
Staatsanwaltschaft.

§ 141. Bei jedem Gerichte soll eine Staatsanwaltschaft bestehen.

§ 142. Das Amt der Staatsanwaltschaft wird ausgeübt:

1. bei dem Reichsgerichte durch einen Oberreichsanwalt und durch einen oder mehrere Reichsanwälte;
2. bei den Oberlandesgerichten, den Landgerichten und den Schwurgerichten durch einen oder mehrere Staatsanwälte;
3. bei den Amtsgerichten und den Schöffengerichten durch einen oder mehrere Staatsanwälte oder Amtsanwälte.

Die Zuständigkeit der Amtsanwälte erstreckt sich nicht auf das amtsrichterliche Verfahren zur Vorbereitung der öffentlichen Klage in den Strafsachen, welche zur Zuständigkeit anderer Gerichte als der Amtsgerichte gehören[2]).

[1]) Satz 2 neugefaßt durch Ges. v. 31. 3. 1926 (RGBl. I, 190).

[2]) Für Sondergerichte vgl. § 5 der V. über die Bildung von Sondergerichten vom 21. 3. 1933 (RGBl. I, 136), unten XIV.

§ 143. Die örtliche Zuständigkeit der Beamten der Staatsanwaltschaft wird durch die örtliche Zuständigkeit des Gerichts bestimmt, für welches sie bestellt sind.

Ein unzuständiger Beamter der Staatsanwaltschaft hat sich den innerhalb seines Bezirkes vorzunehmenden Amtshandlungen zu unterziehen, bei denen Gefahr im Verzug obwaltet.

Können die Beamten der Staatsanwaltschaft verschiedener Länder sich nicht darüber einigen, wer von ihnen die Verfolgung zu übernehmen hat, so entscheidet der ihnen gemeinsam vorgesetzte Beamte der Staatsanwaltschaft und in Ermangelung eines solchen der Oberreichsanwalt.

§ 144. Besteht die Staatsanwaltschaft eines Gerichts aus mehreren Beamten, so handeln die dem ersten Beamten beigeordneten Personen als dessen Vertreter; sie sind, wenn sie für ihn auftreten, zu allen Amtsverrichtungen desselben ohne den Nachweis eines besonderen Auftrags berechtigt[1]).

§ 145. Die ersten Beamten der Staatsanwaltschaft bei den Oberlandesgerichten und den Landgerichten sind befugt, bei allen Gerichten ihres Bezirkes die Amtsverrichtungen der Staatsanwaltschaft selbst zu übernehmen oder mit ihrer Wahrnehmung einen anderen als den zunächst zuständigen Beamten zu beauftragen.

Amtsanwälte können das Amt der Staatsanwaltschaft nur bei den Amtsgerichten und den Schöffengerichten versehen.

§ 146. Die Beamten der Staatsanwaltschaft haben den dienstlichen Anweisungen ihres Vorgesetzten nachzukommen.

In den Sachen, für welche das Reichsgericht in erster und letzter Instanz zuständig ist, haben alle Beamte der

---

[1]) Für Jugendsachen vgl. § 21 JGG.

Staatsanwaltschaft den Anweisungen des Oberreichsanwalts Folge zu leisten.

§ 147. Das Recht der Aufsicht und Leitung steht zu:
1. dem Reichsminister der Justiz hinsichtlich des Oberreichsanwalts und der Reichsanwälte;
2. der Landesjustizverwaltung hinsichtlich aller staatsanwaltschaftlichen Beamten des betreffenden Landes;
3. den ersten Beamten der Staatsanwaltschaft bei den Oberlandesgerichten und den Landgerichten hinsichtlich aller Beamten der Staatsanwaltschaft ihres Bezirkes.

§ 148. Der Oberreichsanwalt und die Reichsanwälte sind nichtrichterliche Beamte.

Zu diesen Ämtern sowie zu dem Amte eines Staatsanwalts können nur zum Richteramte befähigte Beamte ernannt werden.

§ 149. Der Oberreichsanwalt und die Reichsanwälte werden auf Vorschlag des Reichsrats vom Reichspräsidenten ernannt. Für die Versetzung in den Ruhestand und das zu gewährende Ruhegehalt finden die Vorschriften des § 128 entsprechende Anwendung.

Der Oberreichsanwalt und die Reichsanwälte können durch Verfügung des Reichspräsidenten jederzeit mit Gewährung des gesetzlichen Wartegeldes einstweilig in den Ruhestand versetzt werden.

§ 150. Die Staatsanwaltschaft ist in ihren Amtsverrichtungen von den Gerichten unabhängig.

§ 151. Die Staatsanwälte dürfen richterliche Geschäfte nicht wahrnehmen. Auch darf ihnen eine Dienstaufsicht über die Richter nicht übertragen werden.

§ 152. Die Beamten des Polizei- und Sicherheitsdienstes sind Hilfsbeamte der Staatsanwaltschaft und sind in dieser Eigenschaft verpflichtet, den Anordnungen der Staatsanwälte ihres Bezirkes und der diesen vorgesetzten Beamten Folge zu leisten.

Die nähere Bezeichnung der Beamtenklassen, auf welche diese Bestimmung Anwendung findet, erfolgt durch die Landesregierungen.

Elfter Titel.
Geschäftsstelle[1]).

§ 153. Bei jedem Gerichte wird eine Geschäftsstelle eingerichtet, die mit der erforderlichen Zahl von Urkundsbeamten besetzt wird. Die Geschäftseinrichtung bei dem Reichsgerichte wird durch den Reichsminister der Justiz, bei den Landesgerichten durch die Landesjustizverwaltung bestimmt.

Zwölfter Titel.
Zustellungs- und Vollstreckungsbeamte.

§ 154. Die Dienst- und Geschäftsverhältnisse der mit den Zustellungen, Ladungen und Vollstreckungen zu betrauenden Beamten (Gerichtsvollzieher) werden bei dem Reichsgerichte durch den Reichsminister der Justiz, bei den Landesgerichten durch die Landesjustizverwaltung bestimmt.

§ 155. Der Gerichtsvollzieher ist von der Ausübung seines Amts kraft Gesetzes ausgeschlossen:

I. in bürgerlichen Rechtsstreitigkeiten:
   1. . . .
   2. . . .
   3. wenn eine Person Partei ist, mit welcher er in gerader Linie verwandt, verschwägert oder durch Annahme an Kindes Statt verbunden, in der Seitenlinie bis zum dritten Grade verwandt oder bis zum zweiten Grade verschwägert ist, auch wenn die Ehe, durch welche die Schwägerschaft begründet ist, nicht mehr besteht;

---

[1]) Fassung dieses Titels und der auf Geschäftsstellen und Urkundsbeamte bezüglichen Vorschriften des GVG. und der ZPO. nach dem Gesetz vom 9. 7. 1927 (RGBl. I, 175) und der VO. vom 30. 11. 1927 (RGBl. I, 334).

II. in Strafsachen:

1. wenn er selbst durch die strafbare Handlung verletzt ist;
2. wenn er der Ehegatte des Beschuldigten oder Verletzten ist oder gewesen ist;
3. wenn er mit dem Beschuldigten oder Verletzten in dem vorstehend unter Nr. I 3 bezeichneten Verwandtschafts- oder Schwägerschaftsverhältnisse steht.

Dreizehnter Titel.

Rechtshilfe.

§ 156. Die Gerichte haben sich in bürgerlichen Rechtsstreitigkeiten und in Strafsachen Rechtshilfe zu leisten[1]).

§ 157. Das Ersuchen um Rechtshilfe ist an das Amtsgericht zu richten, in dessen Bezirk die Amtshandlung vorgenommen werden soll[2]).

§ 158. Das Ersuchen darf nicht abgelehnt werden.

Das Ersuchen eines nicht im Instanzenzuge vorgesetzten Gerichts ist jedoch abzulehnen, wenn dem ersuchten Gerichte die örtliche Zuständigkeit mangelt oder die vorzunehmende Handlung nach dem Rechte des ersuchten Gerichts verboten ist.

---

[1]) Vgl. auch § 6 des Gesetzes zur Sicherung der Einheit von Partei und Staat vom 1. 12. 1933, RGBl. I, 1016 (Verpflichtung der öffentlichen Behörden zur Leistung von Amts- und Rechtshilfe an die mit der Ausübung der Partei- und SA.-Gerichtsbarkeit betrauten Dienststellen der Partei und der SA.).

[2]) Nach der NotVO. v. 1. 12. 1930 (RGBl. I, 517) 9. Teil § 4 können die Rechtshilfeersuchen durch Anordnung der Landesjustizverwaltung „für die Bezirke mehrerer Amtsgerichte einem von ihnen ganz oder zum Teil zur Erledigung zugewiesen werden. Ergeht eine derartige Anordnung, so gilt insoweit der Bezirk des letzteren Amtsgerichts als die Bezirke der übrigen Amtsgerichte mitumfassend. Die Anordnung ist auch zulässig, wenn die mehreren Amtsgerichte nicht im Bezirk desselben Landgerichts gelegen sind“.

§ 159. Wird das Ersuchen abgelehnt oder wird der Vorschrift des § 158 Abs. 2 zuwider dem Ersuchen stattgegeben, so entscheidet das Oberlandesgericht, zu dessen Bezirk das ersuchte Gericht gehört. Eine Anfechtung dieser Entscheidung findet nur statt, wenn sie die Rechtshilfe für unzulässig erklärt und das ersuchende und das ersuchte Gericht den Bezirken verschiedener Oberlandesgerichte angehören. Über die Beschwerde entscheidet das Reichsgericht.

Die Entscheidungen erfolgen auf Antrag der Beteiligten oder des ersuchenden Gerichts ohne vorgängige mündliche Verhandlung.

§ 160. Die Herbeiführung der zum Zwecke von Vollstreckungen, Ladungen und Zustellungen erforderlichen Handlungen erfolgt nach Vorschrift der Prozeßordnungen ohne Rücksicht darauf, ob die Handlungen in dem Lande, welchem das Prozeßgericht angehört, oder in einem anderen deutschen Lande vorzunehmen sind.

§ 161. Gerichte, Staatsanwaltschaften und Geschäftsstellen der Gerichte können wegen Erteilung eines Auftrags an einen Gerichtsvollzieher die Mitwirkung der Geschäftsstelle des Amtsgerichts in Anspruch nehmen, in dessen Bezirk der Auftrag ausgeführt werden soll. Der von der Geschäftsstelle beauftragte Gerichtsvollzieher gilt als unmittelbar beauftragt.

§ 162. Eine Freiheitsstrafe, welche die Dauer von sechs Wochen nicht übersteigt, ist in dem Lande zu vollstrecken, in welchem der Verurteilte sich befindet.

§ 163. Soll eine Freiheitsstrafe in dem Bezirk eines anderen Gerichts vollstreckt oder ein in dem Bezirk eines anderen Gerichts befindlicher Verurteilter zum Zwecke der Strafverbüßung ergriffen und abgeliefert werden, so ist die Staatsanwaltschaft bei dem Landgerichte des Bezirkes um die Ausführung zu ersuchen.

§ 164. Im Falle der Rechtshilfe unter den Behörden verschiedener deutscher Länder sind die baren Auslagen, welche durch eine Ablieferung oder Strafvollstreckung entstehen, der ersuchten Behörde von der ersuchenden zu erstatten.

Im übrigen werden Kosten der Rechtshilfe von der ersuchenden Behörde nicht erstattet.

Ist eine zahlungspflichtige Partei vorhanden, so sind die Kosten von ihr durch die ersuchende Behörde einzuziehen und der eingezogene Betrag der ersuchten Behörde zu übersenden.

Stempel-, Einregistrierungsgebühren oder andere öffentliche Abgaben, welchen die von der ersuchenden Behörde übersendeten Schriftstücke (Urkunden, Protokolle) nach dem Rechte der ersuchten Behörde unterliegen, bleiben außer Ansatz.

§ 165. Für die Höhe der den geladenen Zeugen und Sachverständigen gebührenden Beträge sind die Bestimmungen maßgebend, welche bei dem Gerichte gelten, vor welches die Ladung erfolgt.

Sind die Beträge nach dem Rechte des Aufenthaltsorts der geladenen Personen höher, so können die höheren Beträge gefordert werden.

Bei weiterer Entfernung des Aufenthaltsorts der geladenen Personen ist ihnen auf Antrag ein Vorschuß zu bewilligen.

§ 166. Ein Gericht darf Amtshandlungen außerhalb seines Bezirkes ohne Zustimmung des Amtsgerichts des Ortes nur vornehmen, wenn Gefahr im Verzug obwaltet. In diesem Falle ist dem Amtsgerichte des Ortes Anzeige zu machen.

§ 167. Die Sicherheitsbeamten eines deutschen Landes sind ermächtigt, die Verfolgung eines Flüchtigen auf das Gebiet eines anderen deutschen Landes fortzusetzen und den Flüchtigen daselbst zu ergreifen.

Der Ergriffene ist unverzüglich an das nächste Gericht oder die nächste Polizeibehörde des Landes, in welchem er ergriffen wurde, abzuführen.

§ 168. Die in einem deutschen Lande bestehenden Vorschriften über die Mitteilung von Akten einer öffentlichen Behörde an ein Gericht dieses Landes kommen auch dann zur Anwendung, wenn das ersuchende Gericht einem anderen deutschen Lande angehört.

Vierzehnter Titel.

Öffentlichkeit und Sitzungspolizei.

§ 169. Die Verhandlung vor dem erkennenden Gerichte, einschließlich der Verkündung der Urteile und Beschlüsse, ist öffentlich[1]).

§ 170 betr. Ehesachen.

§ 171 betr. Entmündigungssachen.

§ 171a[2]). Die Öffentlichkeit kann für die Hauptverhandlung oder für einen Teil davon ausgeschlossen werden, wenn das Verfahren die Unterbringung des Beschuldigten in einer Heil- oder Pflegeanstalt neben einer Strafe oder ausschließlich zum Gegenstand hat.

§ 172[3]). In allen Sachen kann durch das Gericht für die Verhandlung oder für einen Teil davon die Öffentlichkeit ausgeschlossen werden, wenn sie eine Gefährdung der öffentlichen Ordnung, insbesondere der Staatssicherheit, eine Gefährdung der Sittlichkeit oder eine Gefährdung eines wichtigen Geschäfts- oder Betriebsgeheimnisses besorgen läßt.

§ 173. Die Verkündung des Urteils erfolgt in jedem Falle öffentlich.

Durch einen besonderen Beschluß des Gerichts kann unter den Voraussetzungen des § 172 auch für die Ver-

---

[1]) Für Jugendsachen vgl. § 23 JGG.

[2]) Eingefügt durch Art. 1 des Ausführungsgesetzes zu dem Gesetz gegen gefährliche Gewohnheitsverbrecher usw. v. 24. 11. 1933 (RGBl. I, 1000).

[3]) Die Fassung der §§ 172—174 beruht auf der NotVO. v. 9. 3. 1932 (RGBl. I, 121) 2. Teil Art. II.

kündung der Urteilsgründe oder eines Teiles davon die Öffentlichkeit ausgeschlossen werden.

§ 174[1]). Die Verhandlung über die Ausschließung der Öffentlichkeit findet in nicht öffentlicher Sitzung statt, wenn ein Beteiligter es beantragt oder das Gericht es für angemessen erachtet. Der Beschluß, welcher die Öffentlichkeit ausschließt, muß öffentlich verkündet werden. Bei der Verkündung ist in den Fällen der §§ 172, 173 anzugeben, aus welchem Grunde die Öffentlichkeit ausgeschlossen worden ist.

Ist die Öffentlichkeit wegen Gefährdung der Staatssicherheit oder eines Geschäfts- oder Betriebsgeheimnisses ausgeschlossen, so kann das Gericht den anwesenden Personen die Geheimhaltung von Tatsachen, welche durch die Verhandlung, durch die Anklageschrift oder durch andere amtliche Schriftstücke des Prozesses zu ihrer Kenntnis gelangen, zur Pflicht machen. Der Beschluß ist in das Sitzungsprotokoll aufzunehmen. Gegen ihn findet Beschwerde statt. Die Beschwerde hat keine aufschiebende Wirkung.

§ 175. Der Zutritt zu öffentlichen Verhandlungen kann unerwachsenen und solchen Personen versagt werden, welche sich nicht im Besitze der bürgerlichen Ehrenrechte

---

[1]) Vgl. zu § 174 das Gesetz, betr. die unter Ausschluß der Öffentlichkeit stattfindenden Gerichtsverhandlungen, v. 5. 4. 1888 (RGBl. 133) in der Fassung der NotVO. v. 9. 3. 1932 (RGBl. I, 121) 2. Teil Art. III, dessen Art. III folgendermaßen lautet:

„Soweit bei einer Gerichtsverhandlung die Öffentlichkeit wegen Gefährdung der Staatssicherheit oder eines Geschäfts- oder Betriebsgeheimnisses ausgeschlossen war, dürfen Berichte über die Verhandlung durch die Presse nicht veröffentlicht werden. Das gleiche gilt auch nach der Beendigung des Verfahrens in betreff der Veröffentlichung der Anklageschrift oder anderer amtlicher Schriftstücke des Prozesses.

Zuwiderhandlungen unterliegen der im Art. II bestimmten Strafe." (D. i. Geldstrafe von 3—10000 RM., Haft oder Gefängnis bis zu 6 Monaten).

befinden, oder welche in einer der Würde des Gerichts nicht entsprechenden Weise erscheinen.

Zu nicht öffentlichen Verhandlungen kann der Zutritt einzelnen Personen vom Gerichte gestattet werden. Einer Anhörung der Beteiligten bedarf es nicht.

Die Ausschließung der Öffentlichkeit steht der Anwesenheit der die Dienstaufsicht führenden Beamten der Justizverwaltung bei den Verhandlungen vor dem erkennenden Gerichte nicht entgegen.

§ 176. Die Aufrechthaltung der Ordnung in der Sitzung liegt dem Vorsitzenden ob.

§ 177. Parteien, Beschuldigte, Zeugen, Sachverständige oder bei der Verhandlung nicht beteiligte Personen, welche den zur Aufrechthaltung der Ordnung erlassenen Befehlen nicht gehorchen, können auf Beschluß des Gerichts aus dem Sitzungszimmer entfernt, auch zur Haft abgeführt und während einer in dem Beschlusse zu bestimmenden Zeit, welche vierundzwanzig Stunden nicht übersteigen darf, festgehalten werden.

§ 178. Das Gericht kann gegen Parteien, Beschuldigte, Zeugen, Sachverständige oder bei der Verhandlung nicht beteiligte Personen, welche sich in der Sitzung einer Ungebühr schuldig machen, vorbehaltlich der strafgerichtlichen Verfolgung, eine Ordnungsstrafe in Geld[1]) oder bis zu drei Tagen Haft festsetzen und sofort vollstrecken lassen.

§ 179. Die Vollstreckung der vorstehend bezeichneten Ordnungsstrafen hat der Vorsitzende unmittelbar zu veranlassen.

§ 180. Die in den §§ 176 bis 179 bezeichneten Befugnisse stehen auch einem einzelnen Richter bei der Vornahme von Amtshandlungen außerhalb der Sitzung zu.

---

[1]) Nach Art. II Abs. 2 u. Art. XIV Abs. 2 Nr. 3 der VO. vom 6. 2. 1924 (RGBl. I, 44) in Vbd. mit der VO. vom 12. 12. 1924 (RGBl. I, 775) beträgt die Ordnungsstrafe 1—1000 RM.

§ 181. Ist in den Fällen der §§ 178 und 180 eine Ordnungsstrafe festgesetzt, so findet binnen der Frist von einer Woche nach der Bekanntmachung der Entscheidung Beschwerde statt, sofern die Entscheidung nicht von dem Reichsgericht oder einem Oberlandesgerichte getroffen ist.

Die Beschwerde hat in dem Falle des § 178 keine aufschiebende Wirkung, in dem Falle des § 180 aufschiebende Wirkung.

Über die Beschwerde entscheidet das Oberlandesgericht.

§ 182. Ist eine Ordnungsstrafe wegen Ungebühr festgesetzt, oder eine Person zur Haft abgeführt, oder eine bei der Verhandlung beteiligte Person entfernt worden, so ist der Beschluß des Gerichts und dessen Veranlassung in das Protokoll aufzunehmen.

§ 183. Wird eine strafbare Handlung in der Sitzung begangen, so hat das Gericht den Tatbestand festzustellen und der zuständigen Behörde das darüber aufgenommene Protokoll mitzuteilen. In geeigneten Fällen ist die vorläufige Festnahme des Täters zu verfügen.

Fünfzehnter Titel.

Gerichtssprache.

§ 184. Die Gerichtssprache ist deutsch.

§ 185. Wird unter Beteiligung von Personen verhandelt, welche der deutschen Sprache nicht mächtig sind, so ist ein Dolmetscher zuzuziehen. Die Führung eines Nebenprotokolls in der fremden Sprache findet nicht statt; jedoch sollen Aussagen und Erklärungen in fremder Sprache, wenn und soweit der Richter dies mit Rücksicht auf die Wichtigkeit der Sache für erforderlich erachtet, auch in der fremden Sprache in das Protokoll oder in eine Anlage niedergeschrieben werden. In den dazu geeigneten Fällen soll dem Protokoll eine durch den Dolmetscher zu beglaubigende Übersetzung beigefügt werden.

Die Zuziehung eines Dolmetschers kann unterbleiben, wenn die beteiligten Personen sämtlich der fremden Sprache mächtig sind.

§ 186. Zur Verhandlung mit tauben oder stummen Personen ist, sofern nicht eine schriftliche Verständigung erfolgt, eine Person als Dolmetscher zuzuziehen, mit deren Hilfe die Verständigung in anderer Weise erfolgen kann.

§ 187. Ob einer Partei, welche taub ist, bei der mündlichen Verhandlung der Vortrag zu gestatten sei, bleibt dem Ermessen des Gerichts überlassen.

Dasselbe gilt in Anwaltsprozessen von einer Partei, die der deutschen Sprache nicht mächtig ist.

§ 188. Personen, welche der deutschen Sprache nicht mächtig sind, leisten Eide in der ihnen geläufigen Sprache.

§ 189. Der Dolmetscher hat einen Eid dahin zu leisten:

daß er treu und gewissenhaft übertragen werde.

Ist der Dolmetscher für Übertragungen der betreffenden Art im allgemeinen beeidigt, so genügt die Berufung auf den geleisteten Eid.

§ 190. Der Dienst des Dolmetschers kann von dem Urkundsbeamten der Geschäftsstelle wahrgenommen werden. Einer besonderen Beeidigung bedarf es nicht.

§ 191. Auf den Dolmetscher finden die Bestimmungen über Ausschließung und Ablehnung der Sachverständigen entsprechende Anwendung. Die Entscheidung erfolgt durch das Gericht oder den Richter, von welchem der Dolmetscher zugezogen ist.

Sechzehnter Titel.

Beratung und Abstimmung.

§ 192. Bei Entscheidungen dürfen Richter nur in der gesetzlich bestimmten Anzahl mitwirken.

Bei Verhandlungen von längerer Dauer kann der Vorsitzende die Zuziehung von Ergänzungsrichtern anordnen, welche der Verhandlung beizuwohnen und im

Falle der Verhinderung eines Richters für ihn einzutreten haben.

Die vorstehenden Bestimmungen finden auch auf Schöffen und Geschworene Anwendung.

§ 193. Bei der Beratung und Abstimmung dürfen außer den zur Entscheidung berufenen Richtern nur die bei demselben Gerichte zu ihrer juristischen Ausbildung beschäftigten Personen zugegen sein, soweit der Vorsitzende deren Anwesenheit gestattet.

§ 194. Der Vorsitzende leitet die Beratung, stellt die Fragen und sammelt die Stimmen.

Meinungsverschiedenheiten über den Gegenstand, die Fassung und die Reihenfolge der Fragen oder über das Ergebnis der Abstimmung entscheidet das Gericht.

§ 195. Kein Richter, Schöffe oder Geschworener darf die Abstimmung über eine Frage verweigern, weil er bei der Abstimmung über eine vorhergegangene Frage in der Minderheit geblieben ist.

§ 196. Die Entscheidungen erfolgen, soweit das Gesetz nicht ein anderes bestimmt, nach der absoluten Mehrheit der Stimmen.

Bilden sich in Beziehung auf Summen, über welche zu entscheiden ist, mehr als zwei Meinungen, deren keine die Mehrheit für sich hat, so werden die für die größte Summe abgegebenen Stimmen den für die zunächst geringere abgegebenen so lange hinzugerechnet, bis sich eine Mehrheit ergibt.

Bilden sich in einer Strafsache, von der Schuldfrage abgesehen, mehr als zwei Meinungen, deren keine die erforderliche Mehrheit für sich hat, so werden die dem Beschuldigten nachteiligsten Stimmen den zunächst minder nachteiligen so lange hinzugerechnet, bis sich die erforderliche Mehrheit ergibt. Bilden sich in der Straffrage zwei Meinungen, ohne daß eine die erforderliche Mehrheit für sich hat, so gilt die mildere Meinung[1]).

---

[1]) Der frühere Satz 3 des Abs. 3 ist nicht mehr in Kraft;

§ 197. Die Richter stimmen nach dem Dienstalter, bei gleichem Dienstalter nach dem Lebensalter, Handelsrichter, Schöffen und Geschworene nach dem Lebensalter; der jüngere stimmt vor dem älteren. Die Schöffen und Geschworenen stimmen vor den Richtern. Wenn ein Berichterstatter ernannt ist, so stimmt er zuerst. Zuletzt stimmt der Vorsitzende[1]).

§ 198. Schöffen und Geschworene sind verpflichtet, über den Hergang bei der Beratung und Abstimmung Stillschweigen zu beobachten.

Siebzehnter Titel.

Gerichtsferien.

§ 199. Die Gerichtsferien beginnen am 15. Juli und endigen am 15. September.

§ 200. Während der Ferien werden nur in Feriensachen Termine abgehalten und Entscheidungen erlassen.

Feriensachen sind:

1. Strafsachen;

(Die Nrn. 2 ff. und die Abs. 3 und 4 betreffen Zivilsachen.)

§ 201. Zur Erledigung der Feriensachen können bei den Landgerichten Ferienkammern, bei den Oberlandesgerichten und dem Reichsgerichte Feriensenate gebildet werden.

§ 202. Auf das Kostenfestsetzungsverfahren, das Mahnverfahren, das Zwangsvollstreckungsverfahren, das Konkursverfahren und das Vergleichsverfahren zur Abwendung des Konkurses[2]) sind die Ferien ohne Einfluß.

---

vgl. die V. über Maßnahmen auf dem Gebiete der Rechtspflege und Verwaltung vom 14. 6. 1932 (RGBl. I, 285), Erster Teil, Kapitel I, Art. I § 1 Abs. 3 (Ergänzung zu § 24 GVG.).

[1]) Für das große Jugendgericht vgl. § 24 JGG.

[2]) Die Fassung beruht auf § 97 der Vergleichsordnung vom 5. 7. 1927 (RGBl. I, 139).

III.

Einführungsgesetz zur Strafprozeßordnung.

Vom 1. Februar 1877 (RGBl. S. 346)
unter Berücksichtigung der seither eingetretenen Änderungen.

§ 1. Die Strafprozeßordnung tritt im ganzen Umfange des Reichs gleichzeitig mit dem Gerichtsverfassungsgesetze in Kraft.

§ 2. [1])

§ 3. Die Strafprozeßordnung findet auf alle Strafsachen Anwendung, welche vor die ordentlichen Gerichte gehören.

Insoweit die Gerichtsbarkeit in Strafsachen, für welche besondere Gerichte zugelassen sind, durch die Landesgesetzgebung den ordentlichen Gerichten übertragen wird, kann diese ein abweichendes Verfahren gestatten.

Die Landesgesetze können anordnen, daß Forst- und Feldrügesachen durch die Amtsgerichte in einem besonderen Verfahren, sowie ohne Zuziehung von Schöffen verhandelt und entschieden werden.

§ 4. [2])

§ 5. Die prozeßrechtlichen Vorschriften der Reichsgesetze werden durch die Strafprozeßordnung nicht berührt.

Wird in den Fällen des § 101 der Seemannsordnung[3]) gegen den Bescheid des Seemannsamtes auf gerichtliche

---

[1]) § 2 ist gegenstandslos geworden.

[2]) § 4 ist gegenstandslos geworden.

[3]) Jetzt §§ 122—124 der Seemannsordnung vom 2. 6. 1902 (RGBl. 175).

Entscheidung angetragen, so finden auf das weitere Verfahren die §§ 455—458[1]) der Strafprozeßordnung entsprechende Anwendung.

§ 6. Die prozeßrechtlichen Vorschriften der Landesgesetze treten für alle Strafsachen, deren Entscheidung in Gemäßheit des § 3 nach den Vorschriften der Strafprozeßordnung zu erfolgen hat, außer Kraft, insoweit nicht in der Strafprozeßordnung auf sie verwiesen ist.

Unberührt bleiben die landesgesetzlichen Bestimmungen:

1. über die Voraussetzungen, unter welchen gegen Mitglieder einer gesetzgebenden Versammlung während der Dauer einer Sitzungsperiode eine Strafverfolgung eingeleitet oder fortgesetzt werden kann[2]);
2. über das Verfahren bei Zuwiderhandlungen gegen die Gesetze über das Vereins- und Versammlungsrecht[3]);
3. über das Verfahren im Verwaltungswege bei Übertretungen, wegen deren die Polizeibehörden zum Erlaß einer Strafverfügung befugt sind, und bei Zuwiderhandlungen gegen die Vorschriften über die Erhebung öffentlicher Abgaben und Gefälle, insoweit nicht die §§ 453, 454, 455 und 459—463[4]) der Strafprozeßordnung abändernde Bestimmungen treffen.

§ 7. Gesetz im Sinne der Strafprozeßordnung und dieses Gesetzes ist jede Rechtsnorm.

§ 8. [5])

§ 9. [5])

---

[1]) Jetzt §§ 415—418.

[2]) Vgl. jetzt Artikel 37 Abs. 1, 2 der Reichsverfassung und das Gesetz über die Immunität der Abgeordneten vom 23. 6. 1933 (RGBl. I, 391). Die entgegenstehenden landesgesetzlichen Bestimmungen sind außer Kraft getreten.

[3]) Die landesgesetzlichen Bestimmungen sind durch die reichsrechtliche Regelung außer Kraft getreten.

[4]) Jetzt §§ 413, 414, 415, 419—423.

[5]) §§ 8 und 9 sind gegenstandslos geworden.

§ 10. Für die Wiederaufnahme eines durch rechtskräftiges Urteil geschlossenen Verfahrens sind die Vorschriften der Strafprozeßordnung auch dann maßgebend, wenn das Urteil vor dem Tage des Inkrafttretens der Strafprozeßordnung erlassen oder rechtskräftig geworden war.

§ 11. Die Verfolgung von Beleidigungen und Körperverletzungen findet nur nach den Vorschriften der Strafprozeßordnung statt.[1])

§ 12. [2])

---

[1]) § 11 Abs. 2 ist gegenstandslos geworden.

[2]) § 12 ist gegenstandslos geworden.

IV.

Strafprozeßordnung.

Vom 1. Februar 1877 (RGBl. S. 253) in der Fassung der Bekanntmachung vom 22. März 1924 (RGBl. I, 322) unter Berücksichtigung der seither eingetretenen Änderungen.

Erstes Buch.

Allgemeine Bestimmungen.

Erster Abschnitt.

Sachliche Zuständigkeit der Gerichte.

§ 1. Die sachliche Zuständigkeit der Gerichte wird durch das Gesetz über die Gerichtsverfassung bestimmt.

§ 2. Zusammenhängende Strafsachen, welche einzeln zur Zuständigkeit von Gerichten verschiedener Ordnung gehören würden, können verbunden bei dem Gericht anhängig gemacht werden, welchem die höhere Zuständigkeit beiwohnt[1]).

Aus Gründen der Zweckmäßigkeit kann durch Beschluß dieses Gerichts die Trennung der verbundenen Strafsachen angeordnet werden.

§ 3. Ein Zusammenhang ist vorhanden, wenn eine Person mehrerer strafbarer Handlungen beschuldigt wird[2]), oder wenn bei einer strafbaren Handlung mehrere Personen als Täter, Teilnehmer, Begünstiger oder Hehler beschuldigt werden.

§ 4. Eine Verbindung zusammenhängender oder eine Trennung verbundener Strafsachen kann auch nach Er-

---

[1]) Vgl. für Jugendsachen § 26 Abs. 2 JGG.
[2]) Vgl. für Jugendsachen § 26 Abs. 1 JGG.

öffnung der Untersuchung auf Antrag der Staatsanwaltschaft oder des Angeschuldigten oder von Amts wegen durch gerichtlichen Beschluß angeordnet werden.

Zuständig für den Beschluß ist das Gericht, zu dessen Bezirk die übrigen Gerichte gehören. In Ermangelung eines hiernach zuständigen Gerichts erfolgt die Beschlußfassung durch das gemeinschaftliche obere Gericht.

§ 5. Für die Dauer der Verbindung ist der Straffall, welcher zur Zuständigkeit des Gerichts höherer Ordnung gehört, für das Verfahren maßgebend.

§ 5a. Die sachliche Zuständigkeit der Gerichte wird durch die Strafschärfung für gefährliche Gewohnheitsverbrecher (§ 20a des Strafgesetzbuchs) nicht berührt[1].

§ 6. Das Gericht hat seine sachliche Zuständigkeit in jeder Lage des Verfahrens von Amts wegen zu prüfen.

Zweiter Abschnitt.
Gerichtsstand[2].

§ 7. Der Gerichtsstand ist bei dem Gerichte begründet, in dessen Bezirk die strafbare Handlung begangen ist.

Wird der Tatbestand der strafbaren Handlung durch den Inhalt einer im Inland erschienenen Druckschrift begründet, so ist als das nach Abs. 1 zuständige Gericht nur das Gericht anzusehen, in dessen Bezirk die Druckschrift erschienen ist. Jedoch ist in den Fällen der Beleidigung, sofern die Verfolgung im Wege der Privatklage stattfindet, auch das Gericht, in dessen Bezirk die Druckschrift verbreitet

---

[1]) § 5a ist durch das AusfGesetz zu dem Gewohnheitsverbrechergesetz vom 24. 11. 1933 (RGBl. I, 1000), Art. 2, eingefügt worden.

[2]) Besondere Gerichtsstände finden sich in § 439 StPO., § 25 JGG., § 446 Abs. 2 RAbgO. und § 7 der VO. über die Bildung von Sondergerichten vom 21. 3. 1933 (unten XIV). Vgl. ferner Gesetz über die Zuständigkeit der Gerichte bei Änderungen der Gerichtseinteilung vom 6. 12. 1933 (RGBl. I, 1037), unten XV.

worden ist, zuständig, wenn in diesem Bezirk die beleidigte Person ihren Wohnsitz oder gewöhnlichen Aufenthalt hat.

§ 8. Der Gerichtsstand ist auch bei dem Gerichte begründet, in dessen Bezirk der Angeschuldigte zur Zeit der Erhebung der Klage seinen Wohnsitz hat.

Hat der Angeschuldigte einen Wohnsitz im Deutschen Reich nicht, so wird der Gerichtsstand auch durch den gewöhnlichen Aufenthaltsort und, wenn ein solcher nicht bekannt ist, durch den letzten Wohnsitz bestimmt.

§ 9. Wenn die strafbare Handlung im Auslande begangen und ein Gerichtsstand in Gemäßheit des § 8 nicht begründet ist, so ist das Gericht zuständig, in dessen Bezirk die Ergreifung erfolgt. Hat eine Ergreifung nicht stattgefunden, so wird das zuständige Gericht vom Reichsgericht bestimmt.

Gleiches gilt, wenn eine strafbare Handlung im Inlande begangen ist, jedoch weder der Gerichtsstand der begangenen Tat noch der Gerichtsstand des Wohnsitzes ermittelt ist.

§ 10. Ist die strafbare Handlung auf einem deutschen Schiffe im Ausland oder in offener See begangen, so ist das Gericht zuständig, in dessen Bezirk der Heimatshafen oder der deutsche Hafen liegt, welchen das Schiff nach der Tat zuerst erreicht.

§ 11. Deutsche, welche das Recht der Exterritorialität genießen, sowie die im Ausland angestellten Beamten des Reichs oder eines deutschen Landes behalten in Ansehung des Gerichtsstandes den Wohnsitz, welchen sie in dem Heimatstaate hatten. In Ermangelung eines solchen Wohnsitzes gilt die Hauptstadt des Heimatstaats als ihr Wohnsitz; ist die Hauptstadt in mehrere Gerichtsbezirke geteilt, so wird der als Wohnsitz geltende Bezirk von der Landesjustizverwaltung durch allgemeine Anordnung bestimmt. Gehört ein Deutscher keinem deutschen Lande an, so gilt als sein Wohnsitz die Stadt Berlin; ist die Stadt Berlin in mehrere Gerichtsbezirke geteilt, so wird der als Wohnsitz geltende Bezirk von dem Reichsminister der Justiz durch allgemeine Anordnung bestimmt.

Auf Wahlkonsuln finden diese Bestimmungen keine Anwendung.

§ 12. Unter mehreren nach den Vorschriften der §§ 7 bis 11 zuständigen Gerichten gebührt dem der Vorzug, welches die Untersuchung zuerst eröffnet hat.

Jedoch kann die Untersuchung und Entscheidung einem anderen der zuständigen Gerichte durch das gemeinschaftliche obere Gericht übertragen werden.

§ 13. Für zusammenhängende Strafsachen, welche einzeln nach den Vorschriften der §§ 7 bis 11 zur Zuständigkeit verschiedener Gerichte gehören würden, ist ein Gerichtsstand bei jedem Gerichte begründet, welches für eine der Strafsachen zuständig ist.

Sind mehrere zusammenhängende Strafsachen bei verschiedenen Gerichten anhängig gemacht worden, so können sie sämtlich oder zum Teil durch eine den Anträgen der Staatsanwaltschaft entsprechende Vereinbarung dieser Gerichte bei einem unter ihnen verbunden werden. Kommt eine solche Vereinbarung nicht zustande, so entscheidet, wenn die Staatsanwaltschaft oder ein Angeschuldigter hierauf anträgt, das gemeinschaftliche obere Gericht darüber, ob und bei welchem Gerichte die Verbindung einzutreten habe.

In gleicher Weise kann die Verbindung wiederaufgehoben werden.

§ 14. Besteht zwischen mehreren Gerichten Streit über die Zuständigkeit, so bestimmt das gemeinschaftliche obere Gericht das Gericht, welches sich der Untersuchung und Entscheidung zu unterziehen hat.

§ 15. Ist das an sich zuständige Gericht in einem einzelnen Falle an der Ausübung des Richteramts rechtlich oder tatsächlich verhindert, oder ist von der Verhandlung vor diesem Gericht eine Gefährdung der öffentlichen

Sicherheit zu besorgen, so hat das zunächst obere Gericht die Untersuchung und Entscheidung dem gleichstehenden Gericht eines anderen Bezirkes zu übertragen.

§ 16. Der Angeschuldigte muß den Einwand der Unzuständigkeit bis zum Schlusse der Voruntersuchung, falls aber eine solche nicht stattgefunden hat, in der Hauptverhandlung bis zur Verlesung des Beschlusses über die Eröffnung des Hauptverfahrens geltend machen[1]).

§ 17. Durch eine Entscheidung, welche die Zuständigkeit für die Voruntersuchung feststellt, wird die Zuständigkeit auch für das Hauptverfahren festgestellt.

§ 18. Nach Eröffnung des Hauptverfahrens darf das Gericht seine Unzuständigkeit nur auf Einwand des Angeklagten aussprechen[2]).

§ 19. Haben mehrere Gerichte, von denen eins das zuständige ist, durch Entscheidungen, welche nicht mehr anfechtbar sind, ihre Unzuständigkeit ausgesprochen, so bezeichnet das gemeinschaftliche obere Gericht das zuständige Gericht.

§ 20. Die einzelnen Untersuchungshandlungen eines unzuständigen Gerichts sind nicht schon dieser Unzuständigkeit wegen ungültig.

§ 21. Ein unzuständiges Gericht hat sich den innerhalb seines Bezirkes vorzunehmenden Untersuchungshandlungen zu unterziehen, bei denen Gefahr im Verzug obwaltet.

---

[1]) In Strafsachen, die zur Zuständigkeit des Reichsgerichts oder der Oberlandesgerichte gehören, fällt der Beschluß über die Eröffnung des Hauptverfahrens fort. An die Stelle der Verlesung des Beschlusses über die Eröffnung des Hauptverfahrens tritt der Beginn der Vernehmung des Angeklagten zur Sache (Art. 3 § 1 Abs. 1, 4 der V. zur Beschleunigung des Verfahrens in Hochverrats- und Landesverratssachen vom 18. 3. 1933 (RGBl. I, 131), vgl. unten XIII.

[2]) Vgl. Anm. zu § 16 StPO. An die Stelle der Eröffnung des Hauptverfahrens tritt die Einreichung der Anklageschrift.

Dritter Abschnitt.

Ausschließung und Ablehnung der Gerichtspersonen.

§ 22. Ein Richter ist von der Ausübung des Richteramts kraft Gesetzes ausgeschlossen:

1. wenn er selbst durch die strafbare Handlung verletzt ist;
2. wenn er Ehegatte oder Vormund der beschuldigten oder der verletzten Person ist oder gewesen ist;
3. wenn er mit dem Beschuldigten oder mit dem Verletzten in gerader Linie verwandt, verschwägert oder durch Annahme an Kindes Statt verbunden, in der Seitenlinie bis zum dritten Grade verwandt oder bis zum zweiten Grade verschwägert ist, auch wenn die Ehe, durch welche die Schwägerschaft begründet ist, nicht mehr besteht;
4. wenn er in der Sache als Beamter der Staatsanwaltschaft, als Polizeibeamter, als Anwalt des Verletzten oder als Verteidiger tätig gewesen ist;
5. wenn er in der Sache als Zeuge oder Sachverständiger vernommen ist.

§ 23. Ein Richter, welcher bei einer durch ein Rechtsmittel angefochtenen Entscheidung mitgewirkt hat, ist von der Mitwirkung bei der Entscheidung in höherer Instanz kraft Gesetzes ausgeschlossen.

Der Untersuchungsrichter darf in den Sachen, in welchen er die Voruntersuchung geführt hat, nicht Mitglied des erkennenden Gerichts sein, auch nicht bei einer außerhalb der Hauptverhandlung erfolgenden Entscheidung der Strafkammer mitwirken.

§ 24. Ein Richter kann sowohl in den Fällen, in denen er von der Ausübung des Richteramts kraft Gesetzes ausgeschlossen ist, als auch wegen Besorgnis der Befangenheit abgelehnt werden.

Wegen Besorgnis der Befangenheit findet die Ablehnung statt, wenn ein Grund vorliegt, welcher geeignet ist, Mißtrauen gegen die Unparteilichkeit eines Richters zu rechtfertigen.

Das Ablehnungsrecht steht der Staatsanwaltschaft, dem Privatkläger und dem Beschuldigten zu. Den zur Ablehnung Berechtigten sind auf Verlangen die zur Mitwirkung bei der Entscheidung berufenen Gerichtspersonen namhaft zu machen.

§ 25. Die Ablehnung eines Richters wegen Besorgnis der Befangenheit ist in der Hauptverhandlung erster Instanz nur bis zur Verlesung des Beschlusses über die Eröffnung des Hauptverfahrens[1]), in der Hauptverhandlung über die Berufung und die Revision nur bis zum Beginne der Berichterstattung zulässig.

§ 26. Das Ablehnungsgesuch ist bei dem Gerichte, welchem der Richter angehört, anzubringen; es kann vor der Geschäftsstelle zu Protokoll erklärt werden.

Der Ablehnungsgrund ist glaubhaft zu machen; der Eid ist als Mittel der Glaubhaftmachung ausgeschlossen. Zur Glaubhaftmachung kann auf das Zeugnis des abgelehnten Richters Bezug genommen werden.

Der abgelehnte Richter hat sich über den Ablehnungsgrund dienstlich zu äußern.

§ 27. Über das Ablehnungsgesuch entscheidet das Gericht, welchem der Abgelehnte angehört[2]).

Wird ein richterliches Mitglied der erkennenden Strafkammer abgelehnt, so entscheidet die Strafkammer in der für Entscheidungen außerhalb der Hauptverhandlung vorgeschriebenen Besetzung. Wird ein richterliches Mitglied des Schwurgerichts abgelehnt, so entscheiden während der Tagung die richterlichen Mitglieder des Schwurgerichts; außerhalb der Tagung entscheidet die Strafkammer.

---

[1]) Vgl. Anm. zu § 16 StPO. An die Stelle der Verlesung des Beschlusses über die Eröffnung des Hauptverfahrens tritt der Beginn der Vernehmung des Angeklagten zur Sache.

[2]) Über die Ablehnung eines Richters des Sondergerichts entscheidet das Sondergericht (§ 8 der V. über die Bildung von Sondergerichten vom 21. 3. 1933, vgl. unten XIV).

Wird ein Untersuchungsrichter oder ein Amtsrichter abgelehnt, so entscheidet das Landgericht[1]). Einer Entscheidung bedarf es nicht, wenn der Abgelehnte das Ablehnungsgesuch für begründet hält.

Wird das zur Entscheidung berufene Gericht durch Ausscheiden des abgelehnten Mitglieds beschlußunfähig, so entscheidet das zunächst obere Gericht.

§ 28. Gegen den Beschluß, durch welchen das Ablehnungsgesuch für begründet erklärt wird, findet kein Rechtsmittel, gegen den Beschluß, durch welchen das Gesuch für unbegründet erklärt wird, findet sofortige Beschwerde statt.

Der Beschluß, durch welchen ein gegen einen erkennenden Richter angebrachtes Ablehnungsgesuch für unbegründet erklärt wird, kann nicht für sich allein, sondern nur mit dem Urteil angefochten werden.

§ 29. Ein abgelehnter Richter hat vor Erledigung des Ablehnungsgesuchs nur solche Handlungen vorzunehmen, welche keinen Aufschub gestatten.

§ 30. Das für die Erledigung eines Ablehnungsgesuchs zuständige Gericht hat auch dann zu entscheiden, wenn ein solches Gesuch nicht angebracht ist, ein Richter aber von einem Verhältnis Anzeige macht, welches seine Ablehnung rechtfertigen könnte, oder wenn aus anderer Veranlassung Zweifel darüber entstehen, ob ein Richter kraft Gesetzes ausgeschlossen sei.

§ 31[2]). Die Bestimmungen dieses Abschnitts finden auf Schöffen sowie auf Urkundsbeamte der Geschäftsstelle und andere als Protokollführer zugezogene Personen entsprechende Anwendung.

---

[1]) Ebenso für die Richter des großen Jugendgerichts (§ 24 JGG.).

[2]) Die Fassung des § 31 Abs. 1, 3 beruht auf dem Gesetz zur Änderung der Bezeichnungen „Gerichtsschreiberei", „Gerichtsschreiber" und „Gerichtsdiener" vom 9. 7. 1927 (RGBl. I, 175) und der V. hierzu vom 30. 11. 1927 (RGBl. I, 334).

Über die Ausschließung oder Ablehnung eines Schöffen entscheidet der Vorsitzende[1]); in der großen Strafkammer entscheiden die richterlichen Mitglieder.

Über die Ausschließung oder Ablehnung eines Urkundsbeamten der Geschäftsstelle oder einer anderen als Protokollführer zugezogenen Person entscheidet das Gericht oder der Richter, welchem sie beigegeben sind.

§ 32. Die Bestimmungen über die Ausschließung und Ablehnung der Schöffen finden auf Geschworene entsprechende Anwendung. Die Entscheidungen treffen die richterlichen Mitglieder des Schwurgerichts.

Vierter Abschnitt.

Gerichtliche Entscheidungen und ihre Bekanntmachung.

§ 33. Die Entscheidungen des Gerichts werden, wenn sie im Laufe einer Hauptverhandlung ergehen, nach Anhörung der Beteiligten, wenn sie außerhalb einer Hauptverhandlung ergehen, nach schriftlicher oder mündlicher Erklärung der Staatsanwaltschaft erlassen[2]).

§ 34. Die durch ein Rechtsmittel anfechtbaren Entscheidungen sowie die, durch welche ein Antrag abgelehnt wird, sind mit Gründen zu versehen.

§ 35. Entscheidungen, welche in Anwesenheit der davon betroffenen Person ergehen, werden ihr durch Verkündung bekanntgemacht[3]). Auf Verlangen ist ihr eine Abschrift zu erteilen.

Andere Entscheidungen werden durch Zustellung bekanntgemacht. **Wird durch die Bekanntmachung der Entscheidung keine Frist in Lauf gesetzt, so genügt formlose**

---

[1]) Ebenso für die Schöffen des großen Jugendgerichts § 24 JGG.).

[2]) In Jugendsachen ist auch der gesetzliche Vertreter zu hören (§ 30 JGG.).

[3]) In Jugendsachen sind die Entscheidungen auch dem gesetzlichen Vertreter bekanntzumachen (§ 30 JGG.).

Mitteilung; dies gilt nicht für die Mitteilung von Urteilen[1]).

Dem nicht auf freiem Fuße Befindlichen ist das zugestellte Schriftstück auf Verlangen vorzulesen.

§ 36. Entscheidungen, die einer Zustellung oder Vollstreckung bedürfen, sind der Staatsanwaltschaft zu übergeben, welche das Erforderliche zu veranlassen hat. Auf Entscheidungen, die lediglich den inneren Dienst der Gerichte oder die Ordnung in den Sitzungen betreffen, findet diese Bestimmung keine Anwendung.

Der Untersuchungsrichter und der Amtsrichter können Zustellungen aller Art sowie die Vollstreckung von Beschlüssen und Verfügungen unmittelbar veranlassen.

§ 37. Auf das Verfahren bei Zustellungen finden die Vorschriften der Zivilprozeßordnung über Zustellungen[2]) entsprechende Anwendung.

§ 38. **Die bei dem Strafverfahren beteiligten Personen, denen die Befugnis beigelegt ist, Zeugen und Sachverständige unmittelbar zu laden, haben mit der Zustellung der Ladung den Gerichtsvollzieher zu beauftragen.**

§ 39. Für das die öffentliche Klage vorbereitende Verfahren, für die Voruntersuchung und für das Verfahren bei der Strafvollstreckung können durch Anordnung der Landesjustizverwaltung einfachere Formen für den Nachweis der Zustellung zugelassen werden.

§ 40. Kann eine Zustellung an einen Beschuldigten, welchem eine Ladung zur Hauptverhandlung noch nicht zugestellt war, nicht in der vorgeschriebenen Weise im Deutschen Reiche bewirkt werden, und erscheint die Befolgung

---

[1]) Satz 2 eingefügt durch Art. IV Nr. 1 der V. zur Vereinfachung der Zustellungen vom 17. 6. 1933 (RGBl. I, 394).

[2]) §§ 166 bis 213 der ZPO. in der Fassung der Bekanntmachung vom 8. 11. 1933 (RGBl. I, 821, 837). Vgl. auch V. zur Vereinfachung der Zustellungen vom 17. 6. 1933 (RGBl. I, 394).

der für Zustellungen im Ausland bestehenden Vorschriften unausführbar oder voraussichtlich erfolglos, so gilt die Zustellung als erfolgt, wenn der Inhalt des zuzustellenden Schriftstücks durch ein deutsches oder ausländisches Blatt bekanntgemacht worden ist und seit dem Erscheinen dieses Blattes zwei Wochen verflossen sind oder wenn das zuzustellende Schriftstück zwei Wochen an der Gerichtstafel des Gerichts erster Instanz angeheftet gewesen ist. Die Auswahl des Blattes steht dem die Zustellung veranlassenden Beamten zu.

War die Ladung zur Hauptverhandlung dem Angeklagten schon vorher zugestellt, so gilt eine weitere Zustellung an ihn, wenn sie nicht in der vorgeschriebenen Weise im Deutschen Reiche bewirkt werden kann, als erfolgt, sobald das zuzustellende Schriftstück zwei Wochen an der Gerichtstafel des Gerichts erster Instanz angeheftet gewesen ist. Von Urteilen und Beschlüssen wird nur der entscheidende Teil angeheftet.

§ 41. Zustellungen an die Staatsanwaltschaft erfolgen durch Vorlegung der Urschrift des zuzustellenden Schriftstücks. Wenn mit der Zustellung der Lauf einer Frist beginnt, so ist der Tag der Vorlegung von der Staatsanwaltschaft auf der Urschrift zu vermerken.

Fünfter Abschnitt.

Fristen und Wiedereinsetzung in den vorigen Stand.

§ 42. Bei der Berechnung einer Frist, welche nach Tagen bestimmt ist, wird der Tag nicht mitgerechnet, auf welchen der Zeitpunkt oder das Ereignis fällt, nach welchem der Anfang der Frist sich richten soll.

§ 43. Eine Frist, welche nach Wochen oder Monaten bestimmt ist, endigt mit Ablauf des Tages der letzten Woche oder des letzten Monats, welcher durch seine Benennung oder Zahl dem Tage entspricht, an welchem die Frist begonnen hat; fehlt dieser Tag in dem letzten Monat, so endigt die Frist mit Ablauf des letzten Tages dieses Monats.

Fällt das Ende einer Frist auf einen Sonntag oder allgemeinen Feiertag, so endigt die Frist mit Ablauf des nächstfolgenden Werktags.

§ 44. Gegen die Versäumung einer Frist kann die Wiedereinsetzung in den vorigen Stand beansprucht werden, wenn der Antragsteller durch Naturereignisse oder andere unabwendbare Zufälle an der Einhaltung der Frist verhindert worden ist. Als unabwendbarer Zufall ist es anzusehen, wenn der Antragsteller von einer Zustellung ohne sein Verschulden keine Kenntnis erlangt hat.

§ 45. Das Gesuch um Wiedereinsetzung in den vorigen Stand muß binnen einer Woche nach Beseitigung des Hindernisses bei dem Gerichte, bei welchem die Frist wahrzunehmen gewesen wäre, unter Angabe und Glaubhaftmachung der Versäumungsgründe angebracht werden.

Mit dem Gesuch ist zugleich die versäumte Handlung selbst nachzuholen.

§ 46. Über das Gesuch entscheidet das Gericht, welches bei rechtzeitig erfolgter Handlung zur Entscheidung in der Sache selbst berufen gewesen wäre.

Die dem Gesuche stattgebende Entscheidung unterliegt keiner Anfechtung.

Gegen die das Gesuch verwerfende Entscheidung findet sofortige Beschwerde statt.

§ 47. Durch das Gesuch um Wiedereinsetzung in den vorigen Stand wird die Vollstreckung einer gerichtlichen Entscheidung nicht gehemmt.

Das Gericht kann jedoch einen Aufschub der Vollstreckung anordnen.

Sechster Abschnitt.

Zeugen.

§ 48. Die Ladung der Zeugen geschieht unter Hinweis auf die gesetzlichen Folgen des Ausbleibens.

Die Ladung eines Soldaten als Zeugen erfolgt durch Ersuchen der Militärbehörde.

§ 49. Der Reichspräsident und der Präsident eines deutschen Landes sind in ihrer Wohnung zu vernehmen. Zur Hauptverhandlung werden sie nicht geladen. Das Protokoll über ihre gerichtliche Vernehmung ist in der Hauptverhandlung zu verlesen.

§ 50. Die Mitglieder einer Landesregierung sind an ihrem Amtssitz oder, wenn sie sich außerhalb ihres Amtssitzes aufhalten, an ihrem Aufenthaltsorte zu vernehmen.

Die Mitglieder des Reichsrats oder des Staatsrats eines deutschen Landes sind während ihres Aufenthalts am Sitze des Reichsrats oder des Staatsrats an diesem Sitze, und die Mitglieder des Reichstags, des Reichswirtschaftsrats oder eines Landtags während der Tagung und ihres Aufenthalts am Orte der Versammlung an diesem Orte zu vernehmen.

Zu einer Abweichung von den vorstehenden Bestimmungen bedarf es:

für die Mitglieder einer Landesregierung der Genehmigung der Landesregierung,

für die Mitglieder des Reichstags, des Reichsrats, des Reichswirtschaftsrats, eines Landtags oder eines Staatsrats der Genehmigung dieser Versammlungen.

Für die Mitglieder der Reichsregierung gelten die Vorschriften des Reichsministergesetzes vom 27. März 1930 (Reichsgesetzbl. I S. 96) [1] [2].

§ 51. Ein ordnungsmäßig geladener Zeuge, welcher nicht erscheint, ist in die durch das Ausbleiben verursachten Kosten sowie zu einer Ordnungsstrafe in Geld und für den Fall, daß diese nicht beigetrieben werden kann, zur Strafe der Haft bis zu sechs Wochen zu verurteilen. Auch ist die zwangsweise Vorführung des Zeugen zulässig. Im

[1] Die Fassung des § 50 beruht auf § 27 V des Reichsministergesetzes vom 27. 3. 1930 (RGBl. I, 96).

[2] Ebenso für die Reichsstatthalter (§ 3 des Zweiten Gesetzes zur Gleichschaltung der Länder mit dem Reich vom 7. 4. 1933 RGBl. I, 173).

Falle wiederholten Ausbleibens kann die Strafe noch einmal erkannt werden.

Die Verurteilung in Strafe und Kosten unterbleibt, wenn das Ausbleiben des Zeugen genügend entschuldigt ist. Erfolgt nachträglich genügende Entschuldigung, so werden die gegen den Zeugen getroffenen Anordnungen wieder aufgehoben.

Die Befugnis zu diesen Maßregeln steht auch dem Untersuchungsrichter, dem Amtsrichter im Vorverfahren sowie dem beauftragten und ersuchten Richter zu.

Angehörige der Reichswehr werden durch die Militärbehörde vorgeführt.

§ 52. Zur Verweigerung des Zeugnisses sind berechtigt:

1. der Verlobte des Beschuldigten;
2. der Ehegatte des Beschuldigten, auch wenn die Ehe nicht mehr besteht;
3. wer mit dem Beschuldigten in gerader Linie verwandt, verschwägert oder durch Annahme an Kindes Statt verbunden oder in der Seitenlinie bis zum dritten Grade verwandt oder bis zum zweiten Grade verschwägert ist, auch wenn die Ehe, durch welche die Schwägerschaft begründet ist, nicht mehr besteht.

Die bezeichneten Personen sind vor jeder Vernehmung über ihr Recht zur Verweigerung des Zeugnisses zu belehren. Sie können den Verzicht auf dieses Recht auch während der Vernehmung widerrufen.

§ 53. Zur Verweigerung des Zeugnisses sind ferner berechtigt:

1. Geistliche über das, was ihnen bei Ausübung der Seelsorge anvertraut ist;
2. Verteidiger des Beschuldigten über das, was ihnen in dieser ihrer Eigenschaft anvertraut ist;
3. Rechtsanwälte und Ärzte über das, was ihnen bei Ausübung ihres Berufs anvertraut ist;
4. Redakteure, Verleger und Drucker einer periodischen Druckschrift sowie die bei der technischen Herstellung der

Druckschrift beschäftigten Personen über die Person des Verfassers oder Einsenders einer Veröffentlichung strafbaren Inhalts, wenn ein Redakteur der Druckschrift als Täter bestraft ist oder seiner Bestrafung kein rechtliches Hindernis entgegensteht[1]).

Die unter Nr. 2, 3 bezeichneten Personen dürfen das Zeugnis nicht verweigern, wenn sie von der Verpflichtung zur Verschwiegenheit entbunden sind.

§ 54. Öffentliche Beamte, auch wenn sie nicht mehr im Dienste sind, dürfen über Umstände, auf welche sich ihre Pflicht zur Amtsverschwiegenheit bezieht, als Zeugen nur mit Genehmigung ihrer vorgesetzten Dienstbehörde oder der ihnen zuletzt vorgesetzt gewesenen Dienstbehörde vernommen werden. Für die Mitglieder einer Landesregierung bedarf es der Genehmigung der Landesregierung.

Die Genehmigung darf nur versagt werden, wenn die Ablegung des Zeugnisses dem Wohle des Reichs oder eines deutschen Landes Nachteil bereiten würde.

Für die Mitglieder der Reichsregierung gelten die Vorschriften des Reichsministergesetzes vom 27. März 1930 (Reichsgesetzbl. I S. 96)[2]) [3]).

Der Reichspräsident und der Präsident eines deutschen Landes können unter der Voraussetzung des Abs. 2 das Zeugnis verweigern. Dies gilt auch für einen früheren Präsidenten, soweit es sich um Tatsachen handelt, die sich während seiner Amtsführung ereignet haben, oder die ihm infolge seiner Amtsführung bekanntgeworden sind.

§ 55. Jeder Zeuge kann die Auskunft auf solche Fragen verweigern, deren Beantwortung ihm selbst oder

---

[1]) Die Nr. 4 ist eingefügt durch Gesetz vom 27. 12. 1926 (RGBl. I, 529).

[2]) Die Fassung des § 54 Abs. 1 bis 3 beruht auf § 27 V des Reichsministergesetzes vom 27. 3. 1930 (RGBl. I, 96).

[3]) Ebenso für die Reichsstatthalter (§ 3 des Zweiten Gesetzes zur Gleichschaltung der Länder mit dem Reich vom 7. 4. 1933, RGBl. I, 173).

einem der im § 52 Nr. 1 bis 3 bezeichneten Angehörigen die Gefahr strafgerichtlicher Verfolgung zuziehen würde.

§ 56. Die Tatsache, auf welche der Zeuge die Verweigerung des Zeugnisses in den Fällen der §§ 52, 53, 55 stützt, ist auf Verlangen glaubhaft zu machen. Es genügt die eidliche Versicherung des Zeugen.

§ 57[1]). Vor der Vernehmung sind die Zeugen zur Wahrheit zu ermahnen und darauf hinzuweisen, daß sie ihre Aussage zu beeidigen haben, wenn keine im Gesetz bestimmte oder zugelassene Ausnahme vorliegt. Hierbei sind sie über die Bedeutung des Eides und die strafrechtlichen Folgen einer unter Eid unrichtig oder unvollständig erstatteten Aussage zu belehren.

§ 58. Die Zeugen sind einzeln und in Abwesenheit der später abzuhörenden Zeugen zu vernehmen.

Eine Gegenüberstellung mit anderen Zeugen oder mit dem Beschuldigten im Vorverfahren ist zulässig, wenn es für das weitere Verfahren geboten erscheint.

§ 59. Die Zeugen sind einzeln und nach ihrer Vernehmung zu vereidigen.

Die Vereidigung erfolgt, soweit nichts anderes bestimmt ist, in der Hauptverhandlung.

§ 60. Von der Vereidigung ist abzusehen

1. **bei Personen, die zur Zeit der Vernehmung das sechzehnte Lebensjahr noch nicht vollendet haben oder die wegen mangelnder Verstandesreife oder wegen Verstandesschwäche vom Wesen und der Bedeutung des Eides keine genügende Vorstellung haben;**
2. **bei Personen, die nach den Bestimmungen der Strafgesetze unfähig sind, als Zeugen eidlich vernommen zu werden;**

---

[1]) Die Fassung der §§ 57 bis 66e beruht auf dem Gesetz zur Einschränkung der Eide im Strafverfahren vom 24. 11. 1933 (RGBl. I, 1008), Art. I.

3. bei Personen, die der Tat, welche den Gegenstand der Untersuchung bildet, oder der Beteiligung an ihr oder der Begünstigung oder Hehlerei verdächtig oder deswegen bereits verurteilt sind.

§ 61. Von der Vereidigung kann nach dem Ermessen des Gerichts abgesehen werden

1. bei Personen, die zur Zeit der Vernehmung zwar das sechzehnte, aber noch nicht das achtzehnte Lebensjahr vollendet haben;
2. beim Verletzten, seinem Verlobten und Ehegatten sowie bei Personen, die im Sinne des § 52 Abs. 1 Nr. 3 seine Angehörigen sind;
3. beim Verlobten und Ehegatten des Beschuldigten sowie bei Personen, die im Sinne des § 52 Abs. 1 Nr. 3 seine Angehörigen sind;
4. bei jedem Zeugen hinsichtlich der Auskünfte auf Fragen über solche Tatsachen, die ihm, seinem Verlobten, seinem Ehegatten oder einer Person, die sein Angehöriger im Sinne des § 52 Abs. 1 Nr. 3 ist, die Gefahr strafgerichtlicher Verfolgung zuziehen oder zur Unehre gereichen würden;
5. wenn alle Mitglieder des Gerichts die Aussage für unerheblich oder für offenbar unglaubhaft halten, und wenn nach ihrer Überzeugung auch unter Eid eine erhebliche oder eine wahre Aussage nicht zu erwarten ist;
6. wenn die Staatsanwaltschaft, der Angeklagte und der Verteidiger auf sie verzichten.

§ 62. Im Verfahren wegen einer Übertretung und im Privatklageverfahren werden Zeugen nur vereidigt, wenn es das Gericht mit Rücksicht auf die Bedeutung der Aussage oder zur Herbeiführung einer wahren Aussage für notwendig hält.

§ 63. Der Verlobte und der Ehegatte des Beschuldigten sowie Personen, die im Sinne des § 52 Abs. 1 Nr. 3 seine

Angehörigen sind, haben das Recht, die Beeidigung des Zeugnisses zu verweigern; darüber sind sie zu belehren.

§ 64. Unterbleibt die Vereidigung eines Zeugen nach den §§ 60 bis 63, so ist der Grund dafür im Protokoll anzugeben.

§ 65. Im vorbereitenden Verfahren ist die Vereidigung nur zulässig, wenn Gefahr im Verzug ist, oder wenn der Eid als Mittel zur Herbeiführung einer wahren Aussage über einen für das weitere Verfahren erheblichen Punkt erforderlich erscheint.

Im vorbereitenden Verfahren wegen einer Übertretung ist die Vereidigung unzulässig.

§ 66. In der Voruntersuchung ist die Vereidigung nur zulässig, wenn

1. Gefahr im Verzug ist oder
2. der Eid als Mittel zur Herbeiführung einer wahren Aussage über einen für das weitere Verfahren erheblichen Punkt erforderlich erscheint oder
3. der Zeuge voraussichtlich am Erscheinen in der Hauptverhandlung verhindert sein wird oder
4. dem Zeugen das Erscheinen in der Hauptverhandlung wegen des damit verbundenen Zeitverlustes oder wegen der Schwierigkeit der Verkehrsverhältnisse nicht zugemutet werden kann.

§ 66a. Wird ein Zeuge außerhalb der Hauptverhandlung vereidigt, so ist der Grund der Vereidigung im Protokoll anzugeben.

§ 66b. Wird ein Zeuge durch einen beauftragten oder ersuchten Richter vernommen, so entscheidet zunächst dieser über die Vereidigung.

Die Vereidigung muß, soweit sie zulässig ist, erfolgen, wenn es in dem Auftrag oder in dem Ersuchen des Gerichts verlangt wird. Der vernehmende Richter kann die Vereidigung jedoch aussetzen und einer neuen Entschließung des beauftragenden oder ersuchenden Gerichts vorbehalten, wenn bei der Vernehmung Tatsachen hervor-

treten, die nach den §§ 61 bis 63 zu uneidlicher Vernehmung berechtigen würden. Diese Tatsachen sind in das Protokoll aufzunehmen.

Die Vereidigung darf nicht erfolgen, wenn die uneidliche Vernehmung verlangt wird.

§ 66c. Die Vereidigung erfolgt in der Weise, daß der Richter an den Zeugen die Worte richtet:

„Sie schwören bei Gott dem Allmächtigen und Allwissenden[1]), daß Sie nach bestem Wissen die reine Wahrheit gesagt und nichts verschwiegen haben"

und der Zeuge hierauf die Worte spricht:

„Ich schwöre es, so wahr mir Gott helfe[1])."

Der Schwörende soll bei der Eidesleistung die rechte Hand erheben.

§ 66d. Stumme leisten den Eid in der Weise, daß sie die Worte:

„Ich schwöre bei Gott dem Allmächtigen und Allwissenden, daß ich nach bestem Wissen die reine Wahrheit gesagt und nichts verschwiegen habe"

niederschreiben und unterschreiben. Stumme, die nicht schreiben können, leisten den Eid mit Hilfe eines Dolmetschers durch Zeichen.

§ 66e. Gibt ein Zeuge an, daß er Mitglied einer Religionsgesellschaft sei, der das Gesetz den Gebrauch gewisser Beteuerungsformeln an Stelle des Eides gestattet, so steht eine unter der Beteuerungsformel dieser Religionsgesellschaft abgegebene Erklärung der Eidesleistung gleich.

§ 67. Wird der Zeuge, nachdem er eidlich vernommen worden ist, in demselben Vorverfahren oder in demselben Hauptverfahren nochmals vernommen, so kann der Richter statt der nochmaligen Beeidigung den Zeugen die Richtigkeit seiner Aussage unter Berufung auf den früher geleisteten Eid versichern lassen.

[1]) Vgl. Anm. zu § 51 GVG.

§ 68. Die Vernehmung beginnt damit, daß der Zeuge über Vornamen und Zunamen, Alter, Stand oder Gewerbe und Wohnort befragt wird. Erforderlichenfalls sind dem Zeugen Fragen über solche Umstände, welche seine Glaubwürdigkeit in der vorliegenden Sache betreffen, insbesondere über seine Beziehungen zu dem Beschuldigten oder dem Verletzten, vorzulegen.

§ 68a[1]). Fragen nach Tatsachen, die dem Zeugen, seinem Verlobten, seinem Ehegatten oder einer Person, die im Sinne von § 52 Abs. 1 Nr. 3 sein Angehöriger ist, zur Unehre gereichen können, sollen nur gestellt werden, wenn es unerläßlich ist.

Der Zeuge soll nach Vorstrafen nur gefragt werden, wenn ihre Feststellung notwendig ist, um über das Vorliegen der Voraussetzungen des § 60 Nr. 2, 3 zu entscheiden oder um seine Glaubwürdigkeit zu beurteilen.

§ 69. Der Zeuge ist zu veranlassen, das, was ihm von dem Gegenstande seiner Vernehmung bekannt ist, im Zusammenhang anzugeben. Vor seiner Vernehmung ist dem Zeugen der Gegenstand der Untersuchung und die Person des Beschuldigten, sofern ein solcher vorhanden ist, zu bezeichnen.

Zur Aufklärung und zur Vervollständigung der Aussage sowie zur Erforschung des Grundes, auf welchem die Wissenschaft des Zeugen beruht, sind nötigenfalls weitere Fragen zu stellen.

§ 70. Wird das Zeugnis oder die Eidesleistung ohne gesetzlichen Grund verweigert, so ist der Zeuge in die durch die Weigerung verursachten Kosten sowie zu einer Ordnungsstrafe in Geld[2]) und für den Fall, daß diese nicht beigetrieben werden kann, zur Strafe der Haft bis zu sechs Wochen zu verurteilen.

---

[1]) § 68a ist durch das Gesetz zur Einschränkung der Eide im Strafverfahren vom 24. 11. 1933 (RGBl. I, 1008), Art. II eingefügt worden.

[2]) Vgl. Anm. 1 zu § 178 GVG.

Auch kann zur Erzwingung des Zeugnisses die Haft angeordnet werden, jedoch nicht über die Zeit der Beendigung des Verfahrens in der Instanz, auch nicht über die Zeit von sechs Monaten, und bei Übertretungen nicht über die Zeit von sechs Wochen hinaus.

Die Befugnis zu diesen Maßregeln steht auch dem Untersuchungsrichter, dem Amtsrichter im Vorverfahren, sowie dem beauftragten und ersuchten Richter zu.

Sind die Maßregeln erschöpft, so können sie in demselben oder in einem anderen Verfahren, welches dieselbe Tat zum Gegenstande hat, nicht wiederholt werden.

§ 71. Jeder von dem Richter oder der Staatsanwaltschaft geladene Zeuge hat nach Maßgabe der Gebührenordnung Anspruch auf Entschädigung aus der Staatskasse für Zeitversäumnis und, wenn sein Erscheinen eine Reise erforderlich macht, auf Erstattung der Kosten, welche durch die Reise und den Aufenthalt am Ort der Vernehmung verursacht werden[1]).

Siebenter Abschnitt.

Sachverständige und Augenschein.

§ 72. Auf Sachverständige finden die Vorschriften des sechsten Abschnitts über Zeugen entsprechende Anwendung, soweit nicht in den nachfolgenden Paragraphen abweichende Bestimmungen getroffen sind.

§ 73. Die Auswahl der zuzuziehenden Sachverständigen und die Bestimmung ihrer Anzahl erfolgt durch den Richter.

Sind für gewisse Arten von Gutachten Sachverständige öffentlich bestellt, so sollen andere Personen nur dann gewählt werden, wenn besondere Umstände es erfordern.

---

[1]) Vgl. die Gebührenordnung für Zeugen und Sachverständige vom 21. 12. 1925 (RGBl. I, 471), sowie die V. vom 6. 10. 1931 (RGBl. I, 537, 565), 6. Teil Kapitel I, § 15. Vgl. ferner Reichsbesoldungsbl. 1927, 205; 1931, 94.

§ 74. Ein Sachverständiger kann aus denselben Gründen, welche zur Ablehnung eines Richters berechtigen, abgelehnt werden. Ein Ablehnungsgrund kann jedoch nicht daraus entnommen werden, daß der Sachverständige als Zeuge vernommen worden ist.

Das Ablehnungsrecht steht der Staatsanwaltschaft, dem Privatkläger und dem Beschuldigten zu. Die ernannten Sachverständigen sind den zur Ablehnung Berechtigten namhaft zu machen, wenn nicht besondere Umstände entgegenstehen.

Der Ablehnungsgrund ist glaubhaft zu machen; der Eid ist als Mittel der Glaubhaftmachung ausgeschlossen.

§ 75. Der zum Sachverständigen Ernannte hat der Ernennung Folge zu leisten, wenn er zur Erstattung von Gutachten der erforderten Art öffentlich bestellt ist, oder wenn er die Wissenschaft, die Kunst oder das Gewerbe, deren Kenntnis Voraussetzung der Begutachtung ist, öffentlich zum Erwerb ausübt, oder wenn er zu ihrer Ausübung öffentlich bestellt oder ermächtigt ist.

Zur Erstattung des Gutachtens ist auch der verpflichtet, welcher sich hierzu vor Gericht bereit erklärt hat.

§ 76. Dieselben Gründe, welche einen Zeugen berechtigen, das Zeugnis zu verweigern, berechtigen einen Sachverständigen zur Verweigerung des Gutachtens. Auch aus anderen Gründen kann ein Sachverständiger von der Verpflichtung zur Erstattung des Gutachtens entbunden werden.

Die Vernehmung eines öffentlichen Beamten als Sachverständigen findet nicht statt, wenn die vorgesetzte Behörde des Beamten erklärt, daß die Vernehmung den dienstlichen Interessen Nachteil bereiten würde. Für die Mitglieder einer Landesregierung wird diese Erklärung von der Landesregierung abgegeben. Für die Mitglieder der Reichsregierung gelten die Vorschriften des Reichsministergesetzes vom 27. März 1930 (Reichsgesetzbl. I S. 96)[1].

---

[1]) Die Fassung des § 76 Abs. 2 beruht auf § 27 V des Reichsministergesetzes vom 27. 3. 1930 (RGBl. I, 96).

§ 77. Im Falle des Nichterscheinens oder der Weigerung eines zur Erstattung des Gutachtens verpflichteten Sachverständigen wird dieser zum Ersatze der Kosten und zu einer Ordnungsstrafe in Geld[1]) verurteilt. Im Falle wiederholten Ungehorsams kann noch einmal auf eine Ordnungsstrafe erkannt werden.

§ 78. Der Richter hat, soweit ihm dies erforderlich erscheint, die Tätigkeit der Sachverständigen zu leiten.

§ 79[2]). **Der Sachverständige kann nach dem Ermessen des Gerichts vereidigt werden. Auf Antrag der Staatsanwaltschaft, des Angeklagten oder des Verteidigers ist er zu vereidigen.**

Der Eid ist nach Erstattung des Gutachtens zu leisten; er geht dahin, daß der Sachverständige das Gutachten unparteiisch und nach bestem Wissen und Gewissen erstattet habe.

Ist der Sachverständige für die Erstattung von Gutachten der betreffenden Art im allgemeinen vereidigt, so genügt die Berufung auf den geleisteten Eid.

§ 80. Dem Sachverständigen kann auf sein Verlangen zur Vorbereitung des Gutachtens durch Vernehmung von Zeugen oder des Beschuldigten weitere Aufklärung verschafft werden.

Zu demselben Zwecke kann ihm gestattet werden, die Akten einzusehen, der Vernehmung von Zeugen oder des Beschuldigten beizuwohnen und an sie unmittelbar Fragen zu stellen.

§ 80a[3]). **Ist damit zu rechnen, daß die Unterbringung des Beschuldigten in einer Heil- oder Pflegeanstalt, einer Trinkerheilanstalt oder einer Entziehungs-**

---

[1]) Vgl. Anm. 1 zu § 178 GVG.

[2]) Die Fassung des § 79 beruht auf dem Gesetz zur Einschränkung der Eide im Strafverfahren vom 24. 11. 1933 (RGBl. I, 1008), Art. III.

[3]) Die Fassung der §§ 80a, 81 Abs. 1, 2 beruht auf dem AusfGesetz zum Gewohnheitsverbrechergesetz vom 24. 11. 1933 (RGBl. I, 1000), Art. 2.

anstalt oder seine Entmannung angeordnet werden wird, so soll schon im Vorverfahren einem Sachverständigen Gelegenheit zur Vorbereitung des in der Hauptverhandlung zu erstattenden Gutachtens gegeben werden.

§ 81[1]). **Zur Vorbereitung eines Gutachtens über den Geisteszustand des Beschuldigten kann das Gericht auf Antrag eines Sachverständigen nach Anhörung des Verteidigers anordnen, daß der Beschuldigte in eine öffentliche Heil- oder Pflegeanstalt gebracht und dort beobachtet wird. Im vorbereitenden Verfahren entscheidet das Gericht, das für die Eröffnung des Hauptverfahrens zuständig wäre.**

Dem Beschuldigten, der keinen Verteidiger hat, ist ein solcher zu bestellen.

Gegen den Beschluß findet sofortige Beschwerde statt. Sie hat aufschiebende Wirkung.

Die Verwahrung in der Anstalt darf die Dauer von sechs Wochen nicht überschreiten.

§ 81a[2]). **Eine körperliche Untersuchung des Beschuldigten darf zur Feststellung von Tatsachen angeordnet werden, die für das Verfahren von Bedeutung sind. Andere Personen dürfen ohne ihre Einwilligung nur untersucht werden, wenn festgestellt werden muß, ob sich an ihrem Körper eine bestimmte Spur oder Folge einer strafbaren Handlung befindet.**

Entnahme von Blutproben und andere Eingriffe, die nach den Regeln der ärztlichen Kunst zu Untersuchungszwecken vorgenommen werden, sind ohne Einwilligung des zu Untersuchenden zulässig, wenn kein Nachteil für seine Gesundheit zu besorgen ist.

---

[1]) Die Fassung des § 81 Abs. 1, 2 beruht auf dem AusfGesetz zum Gewohnheitsverbrechergesetz vom 24. 11. 1933 (RGBl. I, 1000), Art. 2.

[2]) Die §§ 81a, b sind durch das AusfGesetz zum Gewohnheitsverbrechergesetz vom 24. 11. 1933 (RGBl. I, 1000), Art. 2 eingefügt worden.

Die Anordnung steht dem Richter, bei Gefahr im Verzug auch der Staatsanwaltschaft und den Polizei- und Sicherheitsbeamten zu, die als Hilfsbeamte der Staatsanwaltschaft ihren Anordnungen Folge zu leisten haben.

§ 81 b[1]). **Soweit es für die Zwecke der Durchführung des Strafverfahrens oder für die Zwecke des Erkennungsdienstes notwendig ist, dürfen Lichtbilder und Fingerabdrücke des Beschuldigten auch gegen seinen Willen aufgenommen und Messungen oder ähnliche Maßnahmen an ihm vorgenommen werden.**

§ 82. Im Vorverfahren hängt es von der Anordnung des Richters ab, ob die Sachverständigen ihr Gutachten schriftlich oder mündlich zu erstatten haben.

§ 83. Der Richter kann eine neue Begutachtung durch dieselben oder durch andere Sachverständige anordnen, wenn er das Gutachten für ungenügend erachtet.

Der Richter kann die Begutachtung durch einen anderen Sachverständigen anordnen, wenn ein Sachverständiger nach Erstattung des Gutachtens mit Erfolg abgelehnt ist.

In wichtigeren Fällen kann das Gutachten einer Fachbehörde eingeholt werden.

§ 84. Der Sachverständige hat nach Maßgabe der Gebührenordnung Anspruch auf Entschädigung für Zeitversäumnis, auf Erstattung der ihm verursachten Kosten und außerdem auf angemessene Vergütung für seine Mühewaltung[2]).

§ 85. Soweit zum Beweise vergangener Tatsachen oder Zustände, zu deren Wahrnehmung eine besondere Sachkunde erforderlich war, sachkundige Personen zu ver-

---

[1]) §§ 81 a, b sind durch das AusfGesetz zum Gewohnheitsverbrechergesetz vom 24. 11. 1933 (RGBl. I, 1000), Art. 2 eingefügt worden.

[2]) Vgl. die Anm. zu § 71 StPO.

nehmen sind, kommen die Vorschriften über den Zeugenbeweis zur Anwendung.

§ 86. Findet die Einnahme eines richterlichen Augenscheins statt, so ist im Protokoll der vorgefundene Sachbestand festzustellen und darüber Auskunft zu geben, welche Spuren oder Merkmale, deren Vorhandensein nach der besonderen Beschaffenheit des Falles vermutet werden konnte, gefehlt haben.

§ 87. Die richterliche Leichenschau wird unter Zuziehung eines Arztes, die Leichenöffnung im Beisein des Richters von zwei Ärzten, unter welchen sich ein Gerichtsarzt befinden muß, vorgenommen. Dem Arzte, welcher den Verstorbenen in der dem Tode unmittelbar vorausgegangenen Krankheit behandelt hat, ist die Leichenöffnung nicht zu übertragen. Er kann jedoch aufgefordert werden, der Leichenöffnung anzuwohnen, um aus der Krankheitsgeschichte Aufschlüsse zu geben.

Die Zuziehung eines Arztes kann bei der Leichenschau unterbleiben, wenn sie nach dem Ermessen des Richters entbehrlich ist.

Behufs der Besichtigung oder Öffnung einer schon beerdigten Leiche ist ihre Ausgrabung statthaft.

§ 88. Vor der Leichenöffnung ist, wenn nicht besondere Hindernisse entgegenstehen, die Persönlichkeit des Verstorbenen, insbesondere durch Befragung von Personen, welche den Verstorbenen gekannt haben, festzustellen. Ist ein Beschuldigter vorhanden, so ist ihm die Leiche zur Anerkennung vorzuzeigen.

§ 89. Die Leichenöffnung muß sich, soweit der Zustand der Leiche dies gestattet, stets auf die Öffnung der Kopf-, Brust- und Bauchhöhle erstrecken.

§ 90. Bei Öffnung der Leiche eines neugeborenen Kindes ist die Untersuchung insbesondere auch darauf zu richten, ob es nach oder während der Geburt gelebt habe, und ob es reif oder wenigstens fähig gewesen sei, das Leben außerhalb des Mutterleibes fortzusetzen.

§ 91. Liegt der Verdacht einer Vergiftung vor, so ist die Untersuchung der in der Leiche oder sonst gefundenen verdächtigen Stoffe durch einen Chemiker oder durch eine für solche Untersuchungen bestehende Fachbehörde vorzunehmen.

Der Richter kann anordnen, daß diese Untersuchung unter Mitwirkung oder Leitung eines Arztes stattzufinden habe.

§ 92. Bei Münzverbrechen und Münzvergehen sind die Münzen oder Papiere erforderlichenfalls der Behörde vorzulegen, von welcher echte Münzen oder Papiere dieser Art in Umlauf gesetzt werden. Das Gutachten dieser Behörde ist über die Unechtheit oder Verfälschung sowie darüber einzuholen, in welcher Art die Fälschung mutmaßlich begangen worden sei.

Handelt es sich um ausländische Münzen oder Papiere, so kann an Stelle des Gutachtens der ausländischen Behörde das einer deutschen erfordert werden.

§ 93. Zur Ermittlung der Echtheit oder Unechtheit eines Schriftstücks sowie zur Ermittlung seines Urhebers kann eine Schriftvergleichung unter Zuziehung von Sachverständigen vorgenommen werden.

Achter Abschnitt.

Beschlagnahme und Durchsuchung [1]).

§ 94. Gegenstände, welche als Beweismittel für die Untersuchung von Bedeutung sein können oder der Einziehung unterliegen, sind in Verwahrung zu nehmen oder in anderer Weise sicherzustellen.

---

[1]) Über die Beschlagnahme von Druckschriften vgl. §§ 23—28 des Gesetzes über die Presse vom 7. 5. 1874 (RGBl. S. 65) sowie § 8 der V. zum Schutze des Deutschen Volkes vom 4. 2. 1933 (RGBl. I, 35) und §§ 8, 9 der V. gegen Verrat am Deutschen Volke und hochverräterische Umtriebe vom 28. 2. 1933 (RGBl. I, 85), vgl. unten V, XI, XII.

Befinden sich die Gegenstände in dem Gewahrsam einer Person und werden sie nicht freiwillig herausgegeben, so bedarf es der Beschlagnahme.

§ 95. Wer einen Gegenstand der vorbezeichneten Art in seinem Gewahrsam hat, ist verpflichtet, ihn auf Erfordern vorzulegen und auszuliefern.

Er kann im Falle der Weigerung durch die im § 70 bestimmten Zwangsmittel hierzu angehalten werden. Gegen Personen, welche zur Verweigerung des Zeugnisses berechtigt sind, finden diese Zwangsmittel keine Anwendung.

§ 96. Die Vorlegung oder Auslieferung von Akten oder anderen in amtlicher Verwahrung befindlichen Schriftstücken durch Behörden und öffentliche Beamte darf nicht gefordert werden, wenn deren oberste Dienstbehörde erklärt, daß das Bekanntwerden des Inhalts dieser Akten oder Schriftstücke dem Wohle des Reichs oder eines deutschen Landes Nachteil bereiten würde.

§ 97. Schriftliche Mitteilungen zwischen dem Beschuldigten und den Personen, die wegen ihres Verhältnisses zu ihm nach §§ 52, 53 zur Verweigerung des Zeugnisses berechtigt sind, unterliegen der Beschlagnahme nicht, falls sie sich in den Händen der letzteren Personen befinden und diese nicht einer Teilnahme, Begünstigung oder Hehlerei verdächtig sind.

§ 98. Die Anordnung von Beschlagnahmen steht dem Richter[1]), bei Gefahr im Verzug auch der Staatsanwaltschaft und den Polizei- und Sicherheitsbeamten zu, welche als Hilfsbeamte der Staatsanwaltschaft ihren Anordnungen Folge zu leisten haben.

Ist die Beschlagnahme ohne richterliche Anordnung erfolgt, so soll der Beamte, welcher die Beschlagnahme an-

---

[1]) Soweit in den zur Zuständigkeit des Reichsgerichts gehörenden Strafsachen ein Ermittlungsrichter des Reichsgerichts bestellt ist, ist dieser zuständig; vgl. §§ 8, 9 der V. gegen Verrat am Deutschen Volke und hochverräterische Umtriebe vom 28. 2. 1933 (RGBl. I, 85), vgl. unten XII.

geordnet hat, binnen drei Tagen die richterliche Bestätigung nachsuchen, wenn bei der Beschlagnahme weder der davon Betroffene noch ein erwachsener Angehöriger anwesend war, oder wenn der Betroffene und im Falle seiner Abwesenheit ein erwachsener Angehöriger des Betroffenen gegen die Beschlagnahme ausdrücklichen Widerspruch erhoben hat. Der Betroffene kann jederzeit die richterliche Entscheidung nachsuchen. Solange die öffentliche Klage noch nicht erhoben ist, erfolgt die Entscheidung durch den Amtsrichter, in dessen Bezirk die Beschlagnahme stattgefunden hat.

Ist nach erhobener öffentlicher Klage die Beschlagnahme durch die Staatsanwaltschaft oder einen Polizei- oder Sicherheitsbeamten erfolgt, so ist binnen drei Tagen dem Richter von der Beschlagnahme Anzeige zu machen und sind ihm die in Beschlag genommenen Gegenstände zur Verfügung zu stellen.

Beschlagnahmen in militärischen Dienstgebäuden, zu welchen auch Kriegsfahrzeuge gehören, erfolgen durch Ersuchen der Militärbehörde und auf Verlangen der Zivilbehörde (Richter, Staatsanwaltschaft) unter deren Mitwirkung. Des Ersuchens der Militärbehörde bedarf es jedoch nicht, wenn die Beschlagnahme in Räumen vorzunehmen ist, welche in militärischen Dienstgebäuden ausschließlich von Zivilpersonen bewohnt werden.

§ 99. Zulässig ist die Beschlagnahme der an den Beschuldigten gerichteten Briefe und Sendungen auf der Post sowie der an ihn gerichteten Telegramme auf den Telegraphenanstalten; desgleichen ist zulässig an den bezeichneten Orten die Beschlagnahme solcher Briefe, Sendungen und Telegramme, in betreff derer Tatsachen vorliegen, aus welchen zu schließen ist, daß sie von dem Beschuldigten herrühren oder für ihn bestimmt sind, und daß ihr Inhalt für die Untersuchung Bedeutung habe[1]).

---

[1]) Über die Erteilung von Auskunft über den Fernmeldeverkehr vgl. § 12 des Gesetzes über Fernmeldeanlagen vom 14. 1. 1928 (RGBl. I, 8).

§ 100. Zu der Beschlagnahme (§ 99) ist nur der Richter, bei Gefahr im Verzug und, wenn die Untersuchung nicht bloß eine Übertretung betrifft, auch die Staatsanwaltschaft befugt. Die letztere muß jedoch den ihr ausgelieferten Gegenstand sofort, und zwar Briefe und andere Postsendungen uneröffnet, dem Richter vorlegen.

Die von der Staatsanwaltschaft verfügte Beschlagnahme tritt, auch wenn sie eine Auslieferung noch nicht zur Folge gehabt hat, außer Kraft, wenn sie nicht binnen drei Tagen von dem Richter bestätigt wird.

Die Entscheidung über eine von der Staatsanwaltschaft verfügte Beschlagnahme sowie über die Eröffnung eines ausgelieferten Briefes oder einer anderen Postsendung erfolgt durch den zuständigen Richter (§ 98).

§ 101. Von den getroffenen Maßregeln (§§ 99, 100) sind die Beteiligten zu benachrichtigen, sobald dies ohne Gefährdung des Untersuchungszwecks geschehen kann.

Sendungen, deren Eröffnung nicht angeordnet worden, sind dem Beteiligten sofort auszuantworten. Dasselbe gilt, soweit nach der Eröffnung die Zurückbehaltung nicht erforderlich ist.

Der Teil eines zurückbehaltenen Briefes, dessen Vorenthaltung nicht durch die Rücksicht auf die Untersuchung geboten erscheint, ist dem Empfangsberechtigten abschriftlich mitzuteilen.

§ 102. Bei dem, welcher als Täter oder Teilnehmer einer strafbaren Handlung oder als Begünstiger oder Hehler verdächtig ist, kann eine Durchsuchung der Wohnung und anderer Räume sowie seiner Person und der ihm gehörigen Sachen sowohl zum Zwecke seiner Ergreifung als auch dann vorgenommen werden, wenn zu vermuten ist, daß die Durchsuchung zur Auffindung von Beweismitteln führen werde.

§ 103. Bei andern Personen sind Durchsuchungen nur behufs der Ergreifung des Beschuldigten oder behufs der Verfolgung von Spuren einer strafbaren Handlung oder behufs der Beschlagnahme bestimmter Gegenstände und nur dann zulässig, wenn Tatsachen vorliegen, aus denen zu schließen ist, daß die gesuchte Person, Spur oder Sache sich in den zu durchsuchenden Räumen befinde.

Diese Beschränkung findet keine Anwendung auf die Räume, in welchen der Beschuldigte ergriffen worden ist, oder welche er während der Verfolgung betreten hat, oder in welchen eine unter Polizeiaufsicht stehende Person wohnt oder sich aufhält.

§ 104. Zur Nachtzeit dürfen die Wohnung, die Geschäftsräume und das befriedete Besitztum nur bei Verfolgung auf frischer Tat oder bei Gefahr im Verzug oder dann durchsucht werden, wenn es sich um die Wiederergreifung eines entwichenen Gefangenen handelt.

Diese Beschränkung findet keine Anwendung auf Wohnungen von Personen, welche unter Polizeiaufsicht stehen, sowie auf Räume, welche zur Nachtzeit jedermann zugänglich oder welche der Polizei als Herbergen oder Versammlungsorte bestrafter Personen, als Niederlagen von Sachen, welche mittels strafbarer Handlungen erlangt sind, oder als Schlupfwinkel des Glückspiels oder gewerbsmäßiger Unzucht bekannt sind.

Die Nachtzeit umfaßt in dem Zeitraum vom ersten April bis dreißigsten September die Stunden von neun Uhr abends bis vier Uhr morgens und in dem Zeitraum vom ersten Oktober bis einunddreißigsten März die Stunden von neun Uhr abends bis sechs Uhr morgens.

§ 105. Die Anordnung von Durchsuchungen steht dem Richter, bei Gefahr im Verzug auch der Staatsanwaltschaft und den Polizei- und Sicherheitsbeamten zu, welche als Hilfsbeamte der Staatsanwaltschaft ihren Anordnungen Folge zu leisten haben.

Wenn eine Durchsuchung der Wohnung, der Geschäftsräume oder des befriedeten Besitztums ohne Beisein des Richters oder des Staatsanwalts stattfindet, so sind, wenn dies möglich, ein Gemeindebeamter oder zwei Mitglieder der Gemeinde, in deren Bezirk die Durchsuchung erfolgt, zuzuziehen. Die als Gemeindemitglieder zugezogenen Personen dürfen nicht Polizei- oder Sicherheitsbeamte sein.

Die in den vorstehenden Absätzen angeordneten Beschränkungen der Durchsuchung finden keine Anwendung auf die im § 104 Abs. 2 bezeichneten Wohnungen und Räume.

Durchsuchungen in militärischen Dienstgebäuden erfolgen durch Ersuchen der Militärbehörde und auf Verlangen der Zivilbehörde (Richter, Staatsanwaltschaft) unter deren Mitwirkung. Des Ersuchens der Militärbehörde bedarf es jedoch nicht, wenn die Durchsuchung von Räumen vorzunehmen ist, welche in militärischen Dienstgebäuden ausschließlich von Zivilpersonen bewohnt werden.

§ 106. Der Inhaber der zu durchsuchenden Räume oder Gegenstände darf der Durchsuchung beiwohnen. Ist er abwesend, so ist, wenn dies möglich, sein Vertreter oder ein erwachsener Angehöriger, Hausgenosse oder Nachbar zuzuziehen.

Dem Inhaber oder der in dessen Abwesenheit zugezogenen Person ist in den Fällen des § 103 Abs. 1 der Zweck der Durchsuchung vor deren Beginn bekanntzumachen. Diese Vorschrift findet keine Anwendung auf die Inhaber der im § 104 Abs. 2 bezeichneten Räume.

§ 107. Dem von der Durchsuchung Betroffenen ist nach deren Beendigung auf Verlangen eine schriftliche Mitteilung zu machen, welche den Grund der Durchsuchung (§§ 102, 103) sowie im Falle des § 102 die strafbare Handlung bezeichnen muß. Auch ist ihm auf Verlangen ein Verzeichnis der in Verwahrung oder in Beschlag genommenen Gegenstände, falls aber nichts Verdächtiges gefunden wird, eine Bescheinigung hierüber zu geben.

§ 108. Werden bei Gelegenheit einer Durchsuchung Gegenstände gefunden, welche zwar in keiner Beziehung zu der Untersuchung stehen, aber auf die erfolgte Verübung einer anderen strafbaren Handlung hindeuten, so sind sie einstweilen in Beschlag zu nehmen. Der Staatsanwaltschaft ist hiervon Kenntnis zu geben.

§ 109. Die in Verwahrung oder in Beschlag genommenen Gegenstände sind genau zu verzeichnen und zur Verhütung von Verwechselungen durch amtliche Siegel oder in sonst geeigneter Weise kenntlich zu machen.

§ 110. Eine Durchsicht der Papiere des von der Durchsuchung Betroffenen steht nur dem Richter zu.

Andere Beamte sind zur Durchsicht der aufgefundenen Papiere nur dann befugt, wenn der Inhaber die Durchsicht genehmigt. Anderenfalls haben sie die Papiere, deren Durchsicht sie für geboten erachten, in einem Umschlage, welcher in Gegenwart des Inhabers mit dem Amtssiegel zu verschließen ist, an den Richter abzuliefern.

Dem Inhaber der Papiere oder dessen Vertreter ist die Beidrückung seines Siegels gestattet; auch ist er, falls demnächst die Entsiegelung und Durchsicht der Papiere angeordnet wird, wenn dies möglich, aufzufordern, ihr beizuwohnen.

Der Richter hat die zu einer strafbaren Handlung in Beziehung stehenden Papiere der Staatsanwaltschaft mitzuteilen.

§ 111. Gegenstände, welche durch die strafbare Handlung dem Verletzten entzogen wurden, sind, falls nicht Ansprüche Dritter entgegenstehen, nach Beendigung der Untersuchung und geeignetenfalls schon vorher von Amts wegen dem Verletzten zurückzugeben, ohne daß es eines Urteils hierüber bedarf.

Dem Beteiligten bleibt die Geltendmachung seiner Rechte im Zivilverfahren vorbehalten.

Neunter Abschnitt.

Verhaftung[1]) und vorläufige Festnahme[2]).

§ 112. Der Angeschuldigte darf nur dann in Untersuchungshaft genommen werden, wenn dringende Ver-

[1]) Für die Verhaftung von Jugendlichen gilt § 28 JGG.

[2]) Über polizeiliche Haft vgl. § 22 der V. zum Schutze des Deutschen Volkes vom 4. 2. 1933 (RGBl. I, 35), unten XI.

dachtsgründe gegen ihn vorhanden sind und entweder er der Flucht verdächtig ist oder Tatsachen vorliegen, aus denen zu schließen ist, daß er Spuren der Tat vernichten oder daß er Zeugen oder Mitschuldige zu einer falschen Aussage oder Zeugen dazu verleiten werde, sich der Zeugnispflicht zu entziehen. Diese Tatsachen sind aktenkundig zu machen.

Der Verdacht der Flucht bedarf keiner weiteren Begründung:

1. wenn ein Verbrechen den Gegenstand der Untersuchung bildet;
2. wenn der Angeschuldigte ein Heimatloser oder Landstreicher oder nicht imstande ist, sich über seine Person auszuweisen;
3. wenn der Angeschuldigte ein Ausländer ist und begründeter Zweifel besteht, daß er sich auf Ladung vor Gericht stellen und dem Urteile Folge leisten werde.

§ 113. Ist die Tat nur mit Haft oder mit Geldstrafe bedroht, so darf die Untersuchungshaft nur wegen Verdachts der Flucht und nur dann verhängt werden, wenn der Angeschuldigte zu den im § 112 Nr. 2 oder 3 bezeichneten Personen gehört, oder wenn er unter Polizeiaufsicht steht, oder wenn es sich um eine Übertretung handelt, wegen deren die **Unterbringung in einem Arbeitshaus angeordnet**[1]) werden kann.

§ 114[2]). Die Verhaftung erfolgt auf Grund eines schriftlichen Haftbefehls des Richters.

In dem Haftbefehl ist der Angeschuldigte genau zu bezeichnen und die ihm zur Last gelegte strafbare Handlung sowie der Grund der Verhaftung anzugeben.

---

[1]) Die Änderung beruht auf dem AusfGesetz zum Gewohnheitsverbrechergesetz vom 24. 11. 1933 (RGBl. I, 1000), Art. 2.

[2]) Die §§ 114, 114a bis d, 115, 115a bis d beruhen auf dem Gesetz vom 27. 12. 1926 (RGBl. I, 529).

Der Haftbefehl ist dem Angeschuldigten, wenn möglich, bei der Verhaftung bekanntzumachen. Geschieht dies durch Verkündung, so ist der Angeschuldigte darauf hinzuweisen, daß ihm auf Verlangen eine Abschrift erteilt wird. Ist die Bekanntmachung bei der Verhaftung nicht erfolgt, so ist dem Angeschuldigten vorläufig mitzuteilen, welcher strafbaren Handlung er verdächtig ist. Die Bekanntmachung ist in diesem Falle unverzüglich nachzuholen.

§ 114a. Dem Verhafteten ist Gelegenheit zu geben, Angehörige und, soweit er daran ein wesentliches Interesse hat, andere Personen von der Verhaftung zu benachrichtigen, sofern der Zweck der Untersuchung nicht gefährdet wird; auf Verlangen des Verhafteten ist die Benachrichtigung von Amts wegen zu bewirken.

§ 114b. Wird der Angeschuldigte auf Grund des Haftbefehls ergriffen, so ist er unverzüglich, spätestens am Tage nach der Ergreifung, dem zuständigen Richter vorzuführen.

Der Richter hat den Angeschuldigten unverzüglich, spätestens am nächsten Tage, über den Gegenstand der Beschuldigung zu vernehmen.

Bei der Vernehmung ist der Angeschuldigte auf die ihn belastenden Umstände hinzuweisen. Die Vernehmung soll ihm Gelegenheit geben, die Verdachtsgründe zu beseitigen und die Tatsachen geltend zu machen, die zu seinen Gunsten sprechen.

§ 114c. Kann der Angeschuldigte nicht spätestens am Tage nach der Ergreifung vor den zuständigen Richter gestellt werden, so ist er auf sein Verlangen unverzüglich, spätestens am Tage nach der Ergreifung, dem nächsten Amtsrichter vorzuführen.

§ 114b Abs. 2, 3 gilt entsprechend.

Ergibt sich bei der Vernehmung, daß der Haftbefehl aufgehoben oder der Ergriffene nicht die in dem Haftbefehle bezeichnete Person ist, so ist der Ergriffene freizulassen.

§ 114d. Befindet sich der Angeschuldigte auf Grund eines Haftbefehls, der wegen eines Verbrechens oder Vergehens erlassen ist, in Haft, so wird auf seinen Antrag nach mündlicher Verhandlung darüber entschieden, ob der Haftbefehl aufrechtzuerhalten oder aufzuheben oder ob eine Anordnung gemäß § 117 zu treffen ist[1]).

Der Termin zur mündlichen Verhandlung darf ohne Zustimmung des Angeschuldigten nicht über eine Woche nach dem Eingang des Antrags hinaus anberaumt werden.

Hat bereits eine mündliche Verhandlung nach Abs. 1, 2 oder nach § 115a stattgefunden, so entscheidet das Gericht über Anträge auf nochmalige mündliche Verhandlung nach freiem Ermessen.

§ 115. Bei der Bekanntmachung des Haftbefehls ist der Angeschuldigte darauf hinzuweisen, daß er gegen den Haftbefehl Beschwerde einlegen kann. Ist der Haftbefehl wegen eines Verbrechens oder Vergehens erlassen, so ist der Angeschuldigte ferner darauf hinzuweisen, daß er, statt Beschwerde einzulegen, eine mündliche Verhandlung gemäß § 114d beantragen kann.

§ 115a. Solange der Angeschuldigte sich in Untersuchungshaft befindet, hat das Gericht innerhalb bestimmter Fristen von Amts wegen zu prüfen, ob die Haft aufrechtzuerhalten ist (Haftprüfungsverfahren).

Die Prüfung findet zum ersten Male statt, wenn die Untersuchungshaft zwei Monate gedauert hat.

Läßt das Gericht den Angeschuldigten nicht frei, so bestimmt es zugleich, wann das Haftprüfungsverfahren zu wiederholen ist; die Frist soll in der Regel mindestens drei Wochen und darf nicht mehr als drei Monate betragen. Dasselbe gilt bei einer jeden Wiederholung des Haftprüfungsverfahrens.

Auf Antrag des Angeschuldigten wird im Haftprüfungsverfahren nach mündlicher Verhandlung entschieden; auf

[1]) In Sondergerichtssachen findet eine mündliche Verhandlung über den Haftbefehl nicht statt (§ 9 der V. über die Bildung von Sondergerichten vom 21. 3. 1933, RGBl. I, 136); vgl. unten XIV.

dieses Recht ist der Angeschuldigte hinzuweisen. Stellt der Angeschuldigte den Antrag nicht, so ist er vor der Entscheidung zu hören; hat er einen Verteidiger, so ist auch der Verteidiger zu hören.

Hatte der Angeschuldigte während des Laufes der im Abs. 2 bestimmten Frist gegen den Haftbefehl Beschwerde erhoben oder gemäß § 114d mündliche Verhandlung beantragt oder ist gemäß § 207 Abs. 2 die Fortdauer der Untersuchungshaft angeordnet worden, so beginnt die Frist mit der Bekanntmachung der Entscheidung, in der die Haft aufrechterhalten wird, an den Angeschuldigten von neuem zu laufen. Ergeht eine solche Entscheidung während des Laufes einer gemäß Abs. 3 vom Gerichte bestimmten Frist, so hat das Gericht eine neue Frist zu bestimmen.

Ergänzung zu § 115 a:

V. über Maßnahmen auf dem Gebiete der Rechtspflege und Verwaltung vom 14. Juni 1932 (RGBl. I, 285), Erster Teil, Kapitel I, Art. 4.

Haftprüfungsverfahren.

Das Haftprüfungsverfahren wird wie folgt geändert:

(1) Erklärt ein in Haft befindlicher Beschuldigter schriftlich oder zu Protokoll der Geschäftsstelle, daß er auf das Haftprüfungsverfahren (§§ 115 a ff. der Strafprozeßordnung) verzichte, so findet ein weiteres Haftprüfungsverfahren nicht statt.

(2) Der Beschuldigte kann den Verzicht schriftlich oder zu Protokoll der Geschäftsstelle widerrufen. Widerruft er ihn, so findet die Prüfung in dem Zeitpunkt statt, in dem sie ohne den Verzicht vorzunehmen sein würde. Läuft zur Zeit des Widerrufs keine Frist mehr, so ist die Prüfung sofort vorzunehmen. Das Gericht kann statt dessen eine neue Frist bestimmen, wenn seit dem Zeitpunkt, in dem die Fortdauer der Haft zuletzt angeordnet worden ist, drei Monate noch nicht vergangen sind; die Haftprüfung muß auch in diesem Fall spätestens drei Monate nach der letzten Anordnung der Haftfortdauer erfolgen.

§ 115 b. Nach der Eröffnung des Hauptverfahrens findet eine mündliche Verhandlung über den Haftbefehl nicht mehr statt.

§ 115c. Für den Antrag auf mündliche Verhandlung gelten die für Rechtsmittel gegebenen Vorschriften der §§ 297 bis 300, 302 Abs. 2, 447 Abs. 1 entsprechend.

Neben einem Antrag auf mündliche Verhandlung ist eine Beschwerde über den Haftbefehl nicht zulässig. Eine bereits eingelegte Beschwerde gilt mit der Anberaumung des Termins zur mündlichen Verhandlung als zurückgenommen.

§ 115d. Von Ort und Zeit der mündlichen Verhandlung sind die Staatsanwaltschaft sowie der Angeschuldigte und der Verteidiger zu benachrichtigen.

Der Angeschuldigte ist zu der Verhandlung vorzuführen, es sei denn, daß er auf die Anwesenheit in der Verhandlung verzichtet hat oder daß der Vorführung weite Entfernung oder Krankheit des Angeschuldigten oder andere nicht zu beseitigende Hindernisse entgegenstehen. Wird der Angeschuldigte zur mündlichen Verhandlung nicht vorgeführt, so muß ein Verteidiger seine Rechte in der Verhandlung wahrnehmen.

Hat bis zum Beginne der mündlichen Verhandlung die Untersuchungshaft des Angeschuldigten seit der Verhaftung drei Monate gedauert, so ist ein Verteidiger zu der Verhandlung auch zuzuziehen, wenn der Angeschuldigte dazu vorgeführt wird.

Hat der Angeschuldigte noch keinen Verteidiger gewählt, so ist ihm ein Verteidiger für die Verhandlung zu bestellen. §§ 143 bis 145, 446 gelten entsprechend.

In der mündlichen Verhandlung sind die anwesenden Beteiligten zu hören. Art und Umfang der Beweisaufnahme bestimmt das Gericht, ohne durch Anträge, Verzichte oder frühere Beschlüsse gebunden zu sein. Über die Verhandlung ist ein Protokoll aufzunehmen, auf das die Vorschriften der §§ 271 bis 273 entsprechende Anwendung finden.

Die Entscheidung ist am Schlusse der mündlichen Verhandlung zu verkünden. Ist dies nicht möglich, so ist die Entscheidung spätestens binnen einer Woche zu erlassen.

§ 116. Der Verhaftete soll, soweit möglich, von anderen gesondert und nicht in demselben Raume mit Strafgefangenen verwahrt werden. Mit seiner Zustimmung kann von dieser Vorschrift abgesehen werden.

Dem Verhafteten dürfen nur solche Beschränkungen auferlegt werden, welche zur Sicherung des Zweckes der Haft oder zur Aufrechterhaltung der Ordnung im Gefängnisse notwendig sind.

Bequemlichkeiten und Beschäftigungen, die dem Stande und den Vermögensverhältnissen des Verhafteten entsprechen, darf er sich auf seine Kosten verschaffen, soweit sie mit dem Zwecke der Haft vereinbar sind und weder die Ordnung im Gefängnisse stören, noch die Sicherheit gefährden.

Fesseln dürfen im Gefängnis dem Verhafteten nur dann angelegt werden, wenn es wegen besonderer Gefährlichkeit seiner Person, namentlich zur Sicherung anderer erforderlich erscheint, oder wenn er einen Selbstentleibungs- oder Entweichungsversuch gemacht oder vorbereitet hat. Bei der Hauptverhandlung soll er ungefesselt sein.

Die nach Maßgabe vorstehender Bestimmungen erforderlichen Verfügungen hat der Richter zu treffen. Die in dringenden Fällen von anderen Beamten getroffenen Anordnungen unterliegen der Genehmigung des Richters[1]).

§ 117. Ein Angeschuldigter, dessen Verhaftung lediglich wegen des Verdachts der Flucht angeordnet ist, kann gegen Sicherheitsleistung mit der Untersuchungshaft verschont werden.

§ 118. Die Sicherheitsleistung ist durch Hinterlegung in barem Gelde oder in Wertpapieren oder durch Pfandbestellung oder mittels Bürgschaft geeigneter Personen zu bewirken.

Die Höhe und die Art der zu leistenden Sicherheit wird von dem Richter nach freiem Ermessen festgesetzt.

---

[1]) Für Jugendliche vgl. § 28 JGG.

§ 119. Der Angeschuldigte, welcher seine Freilassung gegen Sicherheitsleistung beantragt, ist, wenn er nicht im Deutschen Reiche wohnt, verpflichtet, eine im Bezirke des zuständigen Gerichts wohnhafte Person zur Empfangnahme von Zustellungen zu bevollmächtigen.

§ 120. Der Sicherheitsleistung ungeachtet ist der Angeschuldigte zur Haft zu bringen, wenn er Anstalten zur Flucht trifft, wenn er auf ergangene Ladung ohne genügende Entschuldigung ausbleibt, oder wenn neu hervorgetretene Umstände seine Verhaftung erforderlich machen.

§ 121. Eine noch nicht verfallene Sicherheit wird frei, wenn der Angeschuldigte zur Haft gebracht, oder wenn der Haftbefehl aufgehoben worden ist, oder wenn der Antritt der erkannten Freiheitsstrafe erfolgt.

Diejenigen, welche für den Angeschuldigten Sicherheit geleistet haben, können ihre Befreiung dadurch herbeiführen, daß sie entweder binnen einer vom Gerichte zu bestimmenden Frist die Gestellung des Angeschuldigten bewirken, oder von den Tatsachen, welche den Verdacht einer vom Angeschuldigten beabsichtigten Flucht begründen, rechtzeitig dergestalt Anzeige machen, daß die Verhaftung bewirkt werden kann.

§ 122. Eine noch nicht frei gewordene Sicherheit verfällt der Staatskasse, wenn der Angeschuldigte sich der Untersuchung oder dem Antritt der erkannten Freiheitsstrafe entzieht.

Vor der Entscheidung sind der Angeschuldigte sowie die, welche für den Angeschuldigten Sicherheit geleistet haben, zu einer Erklärung aufzufordern. Gegen die Entscheidung steht ihnen nur die sofortige Beschwerde zu. Vor der Entscheidung über die Beschwerde ist den Beteiligten und der Staatsanwaltschaft Gelegenheit zur mündlichen Begründung ihrer Anträge sowie zur Erörterung über stattgehabte Ermittlungen zu geben.

Die den Verfall aussprechende Entscheidung hat gegen die, welche für den Angeschuldigten Sicherheit geleistet haben, die Wirkung eines von dem Zivilrichter erlassenen, für vorläufig vollstreckbar erklärten Endurteils und nach Ablauf der Beschwerdefrist die Wirkungen eines rechtskräftigen Zivilendurteils.

§ 123. Der Haftbefehl ist aufzuheben, wenn der in ihm angegebene Grund der Verhaftung weggefallen ist, oder wenn der Angeschuldigte freigesprochen oder außer Verfolgung gesetzt wird.

Durch Einlegung eines Rechtsmittels darf die Freilassung des Angeschuldigten nicht verzögert werden.

§ 124. Die auf die Untersuchungshaft, einschließlich der Sicherheitsleistung, bezüglichen Entscheidungen werden von dem zuständigen Gericht erlassen[1]).

In der Voruntersuchung ist der Untersuchungsrichter zur Erlassung des Haftbefehls und mit Zustimmung der Staatsanwaltschaft auch zur Aufhebung eines solchen sowie zur Freilassung des Angeschuldigten gegen Sicherheitsleistung befugt. Versagt die Staatsanwaltschaft diese Zustimmung, so hat der Untersuchungsrichter, wenn er die beanstandete Maßregel anordnen will, unverzüglich, spätestens binnen vierundzwanzig Stunden, die Entscheidung des Gerichts nachzusuchen.

Die gleiche Befugnis hat nach Eröffnung des Hauptverfahrens in dringenden Fällen der Vorsitzende des erkennenden Gerichts.

Auch die mündliche Verhandlung über den Haftbefehl (§§ 114d, 115a) findet vor dem zuständigen Gerichte statt. In der Voruntersuchung entscheidet im Falle des § 114d der Untersuchungsrichter, ohne an die Stellungnahme der Staatsanwaltschaft gebunden zu sein; in den Fällen des § 115a entscheidet nicht der Untersuchungsrichter, sondern das Gericht[2]).

---

[1]) In Sondergerichtssachen entscheidet der Vorsitzende des Sondergerichts allein (§ 9 der V. über die Bildung von Sondergerichten vom 21. 3. 1933, RGBl. I, 136); vgl. unten XIV.

[2]) Abs. 4 ist durch das Gesetz vom 27. 12. 1926 (RGBl. I, 529) eingefügt worden.

§ 125. Auch vor Erhebung der öffentlichen Klage kann, wenn ein zur Erlassung eines Haftbefehls berechtigender Grund vorhanden ist, vom Amtsrichter auf Antrag der Staatsanwaltschaft oder, bei Gefahr im Verzuge, von Amts wegen ein Haftbefehl erlassen werden.

Zur Erlassung dieses Haftbefehls und der auf die Untersuchungshaft, einschließlich der Sicherheitsleistung, bezüglichen Entscheidungen ist jeder Amtsrichter befugt, in dessen Bezirk ein Gerichtsstand für die Sache begründet ist oder der zu Verhaftende betroffen wird.

Die Bestimmungen der §§ 114 bis 123 finden entsprechende Anwendung.

§ 126[1]. Ist die öffentliche Klage noch nicht erhoben, so ist der Haftbefehl aufzuheben, wenn die Staatsanwaltschaft es beantragt. Gleichzeitig mit dem Antrag kann sie anordnen, daß der Beschuldigte freigelassen werde.

§ 126 a[2]. **Sind dringende Gründe für die Annahme vorhanden, daß jemand eine mit Strafe bedrohte Handlung im Zustand der Zurechnungsunfähigkeit oder der verminderten Zurechnungsfähigkeit begangen hat und daß seine Unterbringung in einer Heil- oder Pflegeanstalt angeordnet werden wird, so kann das Gericht durch Unterbringungsbefehl seine einstweilige Unterbringung anordnen, wenn die öffentliche Sicherheit es erfordert. Die Tatsachen, die diese Annahme rechtfertigen, sind aktenkundig zu machen.**

Für die einstweilige Unterbringung gelten die §§ 114 bis 116, 124 bis 126 entsprechend. Hat der Unterzubringende einen gesetzlichen Vertreter, so ist der Beschluß auch diesem bekanntzumachen. Die Freilassung gegen Sicherheitsleistung ist unzulässig.

---

[1] § 126 beruht auf dem Gesetz vom 27. 12. 1926 (RGBl. I, 529).

[2] § 126a ist durch das AusfGesetz zum Gewohnheitsverbrechergesetz vom 24. 11. 1933 (RGBl. I, 1000), Art. 2, eingefügt worden.

Der Unterbringungsbefehl ist aufzuheben, wenn der in ihm angegebene Grund der Unterbringung weggefallen ist oder wenn das Gericht im Urteil die Unterbringung in einer Heil- oder Pflegeanstalt nicht anordnet. Durch Einlegung eines Rechtsmittels darf die Freilassung nicht verzögert werden.

§ 127[1]**).** Wird jemand auf frischer Tat betroffen oder verfolgt, so ist, wenn er der Flucht verdächtig ist oder seine Persönlichkeit nicht sofort festgestellt werden kann, jedermann befugt, ihn auch ohne richterlichen Befehl vorläufig festzunehmen.

Die Staatsanwaltschaft und die Polizei- und Sicherheitsbeamten sind auch dann zur vorläufigen Festnahme befugt, wenn die Voraussetzungen eines Haftbefehls **oder eines Unterbringungsbefehls**[2]) vorliegen und Gefahr im Verzug obwaltet.

Bei strafbaren Handlungen, deren Verfolgung nur auf Antrag eintritt, ist die vorläufige Festnahme von der Stellung eines solchen Antrags nicht abhängig.

§ 128. Der Festgenommene ist unverzüglich, sofern er nicht wieder in Freiheit gesetzt wird, dem Amtsrichter des Bezirkes, in welchem die Festnahme erfolgt ist, vorzuführen. Der Amtsrichter hat ihn spätestens am Tage nach der Vorführung zu vernehmen.

Hält der Amtsrichter die Festnahme nicht für gerechtfertigt oder ihre Gründe für beseitigt, so verordnet er die Freilassung. Andernfalls erläßt er einen Haftbefehl **oder einen Unterbringungsbefehl**[3]), auf welchen die Bestimmungen des § 126 Anwendung finden.

§ 129. Ist gegen den Festgenommenen bereits die öffentliche Klage erhoben, so ist er entweder sofort oder

---

[1]) Über die vorläufige Festnahme von Soldaten vgl. §§ 101, 102 MilStGO.

[2]) Änderung durch das Gesetz vgl. Anm. 2.

[3]) Die Änderungen der §§ 128 Abs. 2, 129 und die Fassung des § 131 beruhen auf dem AusfGesetz zum Gewohnheitsverbrechergesetz vom 24. 11. 1933 (RGBl. I, 1000), Art. 2.

auf Verfügung des Amtsrichters, welchem er zunächst vorgeführt worden, dem zuständigen Gericht oder Untersuchungsrichter vorzuführen, und haben diese spätestens am Tage nach der Vorführung über Freilassung, **Verhaftung oder einstweilige Unterbringung**[1]) des Festgenommenen zu entscheiden.

§ 130. Wird wegen Verdachts einer strafbaren Handlung, deren Verfolgung nur auf Antrag eintritt, ein Haftbefehl erlassen, bevor der Antrag gestellt ist, so ist der Antragsberechtigte, von mehreren wenigstens einer, sofort von dem Erlaß des Haftbefehls in Kenntnis zu setzen. Auf den Haftbefehl finden die Bestimmungen des § 126 gleichfalls Anwendung.

§ 131[1]). **Auf Grund eines Haftbefehls oder eines Unterbringungsbefehls können die Staatsanwaltschaft oder der Richter einen Steckbrief erlassen, wenn der Beschuldigte flüchtig ist oder sich verborgen hält.**

Ohne Haft- oder Unterbringungsbefehl ist eine steckbriefliche Verfolgung nur zulässig, wenn ein Festgenommener entweicht oder sich sonst der Bewachung entzieht. In diesen Fällen kann auch die Polizeibehörde einen Steckbrief erlassen.

In dem Steckbrief ist der Verfolgte zu bezeichnen und soweit möglich zu beschreiben. Die Tat, deren er verdächtig ist, sowie Ort und Zeit ihrer Begehung sind anzugeben.

Die §§ 114b, 114c gelten entsprechend.

§ 132[2]).

Zehnter Abschnitt.

Vernehmung des Beschuldigten.

§ 133. Der Beschuldigte ist zur Vernehmung schriftlich zu laden.

---

[1]) Die Änderungen der §§ 128 Abs. 2, 129 und die Fassung des § 131 beruhen auf dem AusfGesetz zum Gewohnheitsverbrechergesetz vom 24. 11. 1933 (RGBl. I, 1000), Art. 2.

[2]) § 132 ist fortgefallen (Gesetz vom 27. 12. 1926, RGBl. I, 529).

Die Ladung kann unter der Androhung geschehen, daß im Falle des Ausbleibens seine Vorführung erfolgen werde.

§ 134. Die sofortige Vorführung des Beschuldigten kann verfügt werden, wenn Gründe vorliegen, welche die Erlassung eines Haftbefehls rechtfertigen würden.

In dem Vorführungsbefehle ist der Beschuldigte genau zu bezeichnen und die ihm zur Last gelegte strafbare Handlung sowie der Grund der Vorführung anzugeben.

§ 135. Der Vorgeführte ist sofort von dem Richter zu vernehmen. Ist dies nicht ausführbar, so kann er bis zu seiner Vernehmung, jedoch nicht über den nächstfolgenden Tag hinaus, festgehalten werden.

§ 136. Bei Beginn der ersten Vernehmung ist dem Beschuldigten zu eröffnen, welche strafbare Handlung ihm zur Last gelegt wird. Der Beschuldigte ist zu befragen, ob er etwas auf die Beschuldigung erwidern wolle.

Die Vernehmung soll dem Beschuldigten Gelegenheit zur Beseitigung der gegen ihn vorliegenden Verdachtsgründe und zur Geltendmachung der zu seinen Gunsten sprechenden Tatsachen geben.

Bei der ersten Vernehmung des Beschuldigten ist zugleich auf die Ermittelung seiner persönlichen Verhältnisse Bedacht zu nehmen.

Elfter Abschnitt.

Verteidigung.

§ 137. Der Beschuldigte kann sich in jeder Lage des Verfahrens des Beistandes eines Verteidigers bedienen.

Hat der Beschuldigte einen gesetzlichen Vertreter, so kann auch dieser selbständig einen Verteidiger wählen.

§ 138. Zu Verteidigern können die bei einem deutschen Gerichte zugelassenen Rechtsanwälte sowie die Rechtslehrer an deutschen Hochschulen gewählt werden.

Andere Personen können nur mit Genehmigung des Gerichts und, wenn der Fall einer notwenigen Verteidigung vorliegt und der Gewählte nicht zu den Personen gehört, welche zu Verteidigern bestellt werden dürfen, nur in Gemeinschaft mit einer solchen als Wahlverteidiger zugelassen werden.

§ 139. Der als Verteidiger gewählte Rechtsanwalt kann mit Zustimmung des Angeklagten die Verteidigung einem Rechtskundigen, welcher die erste Prüfung für den Justizdienst bestanden hat und darin seit mindestens einem Jahre und drei Monaten beschäftigt ist, übertragen.

§ 140. Die Verteidigung ist notwendig in den Sachen, welche vor dem Reichsgericht oder dem Oberlandesgericht in erster Instanz oder vor dem Schwurgerichte zu verhandeln sind[1]).

In anderen Sachen ist die Verteidigung notwendig, wenn zu erwarten ist, daß die Unterbringung in einer Heil- oder Pflegeanstalt, die Sicherungsverwahrung oder die Entmannung angeordnet oder die Berufsausübung untersagt werden wird oder wenn der Angeschuldigte taub oder stumm ist[2]).

In den vor dem Amtsrichter oder dem Schöffengerichte zu verhandelnden Sachen ist die Verteidigung notwendig, wenn eine Tat den Gegenstand der Untersuchung bildet, die nicht nur wegen Rückfalls ein Verbrechen ist, und der Beschuldigte oder sein gesetzlicher Vertreter die Bestellung eines Verteidigers beantragt[3]).

In den Fällen der Abs. 1 und 2 ist dem Angeschuldigten,

---

[1]) Ebenso vor dem Sondergericht (§ 10 der V. über die Bildung von Sondergerichten vom 21. 3. 1933, RGBl. I, 136): vgl. unten XIV. Für Jugendliche vgl. § 29 Abs. 1 JGG.

[2]) Die Fassung des Abs. 2 beruht auf dem AusfGesetz zum Gewohnheitsverbrechergesetz vom 24. 11. 1933 (RGBl. I, 1000), Art. 2.

[3]) Dasselbe gilt für die vor der großen Strafkammer in erster Instanz zu verhandelnden Sachen (V. über Maßnahmen auf dem Gebiete der Rechtspflege und Verwaltung vom 14. 6. 1932, RGBl. I, 285, Erster Teil, Kapitel I, Art. 1 § 2 Abs. 1).

der noch keinen Verteidiger gewählt hat, ein Verteidiger von Amts wegen zu bestellen, sobald der Angeschuldigte gemäß § 201 zur Erklärung über die Anklageschrift aufgefordert worden ist, oder, wenn eine solche Aufforderung nicht vorgeschrieben ist, sobald dem Angeklagten der Eröffnungsbeschluß zugestellt worden ist. Der Antrag nach Abs. 3 ist binnen einer Frist von drei Tagen zu stellen, nachdem der Angeschuldigte gemäß § 201 zur Erklärung über die Anklageschrift aufgefordert worden ist.

§ 141. In anderen als in den im § 140 bezeichneten Fällen kann das Gericht und bei vorhandener Dringlichkeit der Vorsitzende auf Antrag oder von Amts wegen einen Verteidiger bestellen[1]).

§ 142. Die Bestellung des Verteidigers kann schon während des Vorverfahrens erfolgen.

§ 143. Die Bestellung ist zurückzunehmen, wenn demnächst ein anderer Verteidiger gewählt wird und dieser die Wahl annimmt.

§ 144. Die Auswahl des zu bestellenden Verteidigers erfolgt durch den Vorsitzenden des Gerichts aus der Zahl der am Sitze dieses Gerichts wohnhaften Rechtsanwälte. Für das vorbereitende Verfahren erfolgt die Bestellung durch den Amtsrichter.

Auch Justizbeamte, welche nicht als Richter angestellt sind, sowie solche Rechtskundige, welche die vorgeschriebene erste Prüfung für den Justizdienst bestanden haben, können als Verteidiger bestellt werden.

§ 145. Wenn in einem Falle, in welchem die Verteidigung notwendig oder die Bestellung eines Verteidigers in Gemäßheit des § 141 erfolgt ist, der Verteidiger in der Hauptverhandlung ausbleibt, sich unzeitig entfernt oder sich weigert, die Verteidigung zu führen, so hat der Vorsitzende dem Angeklagten sogleich einen anderen

---

[1]) Für Jugendliche vgl. § 29 Abs. 2 JGG.

Verteidiger zu bestellen. Das Gericht kann jedoch auch eine Aussetzung der Verhandlung beschließen.

Ergibt sich erst im Laufe der Hauptverhandlung, daß die Verteidigung notwendig ist, so hat der Vorsitzende dem Angeklagten einen Verteidiger zu bestellen. Abs. 1 Satz 2 gilt entsprechend[1].

Erklärt der neu bestellte Verteidiger, daß ihm die zur Vorbereitung der Verteidigung erforderliche Zeit nicht verbleiben würde, so ist die Verhandlung zu unterbrechen oder auszusetzen.

Wird durch die Schuld des Verteidigers eine Aussetzung erforderlich, so sind ihm, vorbehaltlich dienstlicher Ahndung, die hierdurch verursachten Kosten aufzuerlegen.

§ 146. Die Verteidigung mehrerer Beschuldigter kann, insofern dies der Aufgabe der Verteidigung nicht widerstreitet, durch einen gemeinschaftlichen Verteidiger geführt werden.

Ist in einem Fall, in dem ein Verteidiger die Verteidigung mehrerer Beschuldigter führt, eine Zustellung von Schriftstücken an den Verteidiger vorzunehmen, so bedarf es auch in Angelegenheiten, die alle oder mehrere der Beschuldigten betreffen, nur einer Zustellung. Eine der Zahl der in Betracht kommenden Beschuldigten entsprechende Anzahl der Schriftstücke soll der Zustellung beigefügt oder formlos mitgeteilt werden[2].

§ 147. Der Verteidiger ist nach dem Schlusse der Voruntersuchung und, wenn eine solche nicht stattgefunden hat, nach Einreichung der Anklageschrift bei dem Gerichte zur Einsicht der dem Gerichte vorliegenden Akten befugt.

[1]) Abs. 2 ist durch das AusfGesetz zum Gewohnheitsverbrechergesetz vom 24. 11. 1933 (RGBl. I, 1000), Art 2, eingefügt worden.

[2]) Abs. 2 ist durch Art. IV Nr. 2 der V. zur Vereinfachung der Zustellungen vom 17. 6. 1933 (RGBl. I, 394) ingefügt worden.

Schon vor diesem Zeitpunkt ist ihm die Einsicht der gerichtlichen Untersuchungsakten insoweit zu gestatten, als dies ohne Gefährdung des Untersuchungszwecks geschehen kann.

Die Einsicht der Protokolle über die Vernehmung des Beschuldigten, der Gutachten der Sachverständigen und der Protokolle über die gerichtlichen Handlungen, denen der Verteidiger beizuwohnen befugt ist, darf ihm keinesfalls verweigert werden.

Nach dem Ermessen des Vorsitzenden können die Akten, mit Ausnahme der Überführungsstücke, dem Verteidiger in seine Wohnung verabfolgt werden.

Ergänzung zu § 147:

V. über Maßnahmen auf dem Gebiete der Rechtspflege und Verwaltung vom 14. Juni 1932 (RGBl. I, 285), Erster Teil, Kapitel I, Artikel 5.

Schnellverfahren.

(1) Im Schnellverfahren (§ 212 der Strafprozeßordnung) kann der Verteidiger, ohne daß jedoch das Verfahren dadurch aufgehalten werden darf, die dem Gericht vorliegenden Akten von dem Zeitpunkt an einsehen, in dem die Staatsanwaltschaft bei Gericht den Antrag auf Anberaumung des Termins zur Hauptverhandlung im Schnellverfahren stellt.

(2) Von demselben Zeitpunkt an ist dem verhafteten Beschuldigten schriftlicher und mündlicher Verkehr mit dem Verteidiger ohne die im § 148 Abs. 2, 3 der Strafprozeßordnung vorgesehenen Beschränkungen gestattet.

§ 148. Dem verhafteten **oder einstweilig untergebrachten**[1]) Beschuldigten ist schriftlicher und mündlicher Verkehr mit dem Verteidiger gestattet.

Solange das Hauptverfahren nicht eröffnet ist[2]), kann

---

[1]) Die Änderung des § 148 Abs. 1 und die Fassung des § 149 beruhen auf dem AusfGesetz zum Gewohnheitsverbrechergesetz vom 24. 11. 1933 (RGBl. I, 1000), Art. 2.

[2]) Vgl. Anm. zu § 16 StPO. An die Stelle der Eröffnung des Hauptverfahrens tritt die Einreichung der Anklageschrift.

der Richter schriftliche Mitteilungen zurückweisen, falls deren Einsicht ihm nicht gestattet wird.

Bis zu demselben Zeitpunkt kann der Richter, sofern die Verhaftung nicht lediglich wegen Verdachts der Flucht gerechtfertigt ist, anordnen, daß Unterredungen mit dem Verteidiger in seiner Gegenwart oder in Gegenwart eines beauftragten oder ersuchten Richters stattfinden[1]).

§ 149[2]). **Der gesetzliche Vertreter eines Angeschuldigten ist nach Einreichung der Anklageschrift als Beistand zuzulassen und auf sein Verlangen zu hören. Zeit und Ort der Hauptverhandlung sollen ihm rechtzeitig mitgeteilt werden.**

Abs. 1 Satz 1 gilt für den Ehemann einer Angeschuldigten entsprechend.

Im vorbereitenden Verfahren unterliegt die Zulassung solcher Beistände dem Ermessen der Staatsanwaltschaft, in der Voruntersuchung dem Ermessen des Untersuchungsrichters.

§ 150. Dem zum Verteidiger bestellten Rechtsanwalte sind für die geführte Verteidigung die Gebühren nach Maßgabe der Gebührenordnung aus der Staatskasse zu bezahlen.

Der Rückgriff an den in die Kosten verurteilten Angeklagten bleibt vorbehalten.

---

[1]) Die Fassung des Abs. 3 beruht auf dem Gesetz vom 27. 12. 1926 (RGBl. I, 529).

[2]) Die Änderung des § 148 Abs. 1 und die Fassung des § 149 beruhen auf dem AusfGesetz zum Gewohnheitsverbrechergesetz vom 24. 11. 1933 (RGBl. I, 1000), Art. 2.

Zweites Buch.
Verfahren in erster Instanz.
Erster Abschnitt.
Öffentliche Klage.

§ 151. Die Eröffnung einer gerichtlichen Untersuchung ist durch die Erhebung einer Klage bedingt.

§ 152. Zur Erhebung der öffentlichen Klage ist die Staatsanwaltschaft berufen.

Sie ist, soweit nicht gesetzlich ein anderes bestimmt ist[1]), verpflichtet, wegen aller gerichtlich strafbaren und verfolgbaren Handlungen einzuschreiten, sofern zureichende tatsächliche Anhaltspunkte vorliegen.

Ergänzung zu § 152:

3. V. zur Sicherung von Wirtschaft und Finanzen und zur Bekämpfung politischer Ausschreitungen vom 6. Oktober 1931 (RGBl. I, 537, 563), Sechster Teil, Kapitel I, § 3.

Hängt die Erhebung der öffentlichen Klage wegen eines Vergehens von der Beurteilung einer Frage ab, die nach bürgerlichem Recht oder nach Verwaltungsrecht zu beurteilen ist, so kann die Staatsanwaltschaft zur Austragung der Frage im bürgerlichen Streitverfahren oder im Verwaltungsstreitverfahren eine Frist bestimmen. Hiervon ist der Anzeigende zu benachrichtigen. Nach fruchtlosem Ablauf der Frist kann die Staatsanwaltschaft das Verfahren einstellen.

§ 153[2]). Übertretungen werden nicht verfolgt, wenn die Schuld des Täters gering ist und die Folgen der Tat unbedeutend sind, es sei denn, daß ein öffentliches Interesse an der Herbeiführung einer gerichtlichen Entscheidung besteht.

Ist bei einem Vergehen die Schuld des Täters gering und sind die Folgen der Tat unbedeutend, so kann die Staatsanwaltschaft mit Zustimmung des Amtsrichters von der Erhebung der öffentlichen Klage absehen.

---

[1]) Für Jugendsachen vgl. § 32 Abs. 2 JGG.

[2]) Für Privatklagen vgl. die Ergänzung zu § 383 StPO.

Ist die Klage bereits erhoben, so kann das Gericht mit Zustimmung der Staatsanwaltschaft das Verfahren einstellen; der Beschluß kann nicht angefochten werden.

Ergänzung zu § 153:

3. V. zur Sicherung von Wirtschaft und Finanzen und zur Bekämpfung politischer Ausschreitungen vom 6. Oktober 1931 (RGBl. I, 537, 563), Sechster Teil, Kapitel I, § 2.

(1) Übertretungen werden nur verfolgt, wenn es das öffentliche Interesse erfordert.

(2) Nach Erhebung der Klage kann das Gericht mit Zustimmung der Staatsanwaltschaft das Verfahren wegen einer Übertretung einstellen, wenn das öffentliche Interesse die Verfolgung nicht erfordert.

§ 154[1]). Von Erhebung der öffentlichen Klage kann abgesehen werden, wenn die Strafe oder die Maßregel der Sicherung und Besserung, zu der die Verfolgung führen kann, neben einer Strafe oder Maßregel der Sicherung und Besserung, die gegen den Beschuldigten wegen einer anderen Tat rechtskräftig verhängt worden ist oder die er wegen einer anderen Tat zu erwarten hat, nicht ins Gewicht fällt.

Ist die öffentliche Klage bereits erhoben, so kann das Gericht auf Antrag der Staatsanwaltschaft das Verfahren vorläufig einstellen.

Ist das Verfahren mit Rücksicht auf eine wegen einer anderen Tat bereits rechtskräftig erkannte Strafe **oder Maßregel der Sicherung und Besserung** vorläufig eingestellt worden, so kann es, falls nicht inzwischen Verjährung eingetreten ist, wiederaufgenommen werden, wenn die rechtskräftig erkannte Strafe **oder Maßregel der Sicherung und Besserung** nachträglich in Wegfall kommt.

Ist das Verfahren mit Rücksicht auf eine wegen einer anderen Tat zu erwartende Strafe **oder Maßregel der**

---

[1]) In § 154 beruhen die Fassung des Abs. 1 und die Änderungen in Abs. 3 und 4 auf dem AusfGesetz zum Gewohnheitsverbrechergesetz vom 24. 11. 1933 (RGBl. I, 1000), Art. 2.

Sicherung und Besserung vorläufig eingestellt worden, so kann es, falls nicht inzwischen Verjährung eingetreten ist, binnen drei Monaten nach Rechtskraft des wegen der anderen Tat ergehenden Urteils wiederaufgenommen werden.

Hat das Gericht das Verfahren vorläufig eingestellt, so bedarf es zur Wiederaufnahme eines Gerichtsbeschlusses.

§ 154a[1]). Von der Erhebung der öffentlichen Klage kann abgesehen werden, wenn der Beschuldigte wegen der Tat einer ausländischen Regierung ausgeliefert wird.

Dasselbe gilt, wenn er wegen einer anderen Tat einer ausländischen Regierung ausgeliefert wird und die Strafe oder die Maßregel der Sicherung und Besserung, zu der die inländische Verfolgung führen kann, neben der Strafe oder der Maßregel der Sicherung und Besserung, die gegen ihn im Ausland rechtskräftig verhängt worden ist oder die er im Ausland zu erwarten hat, nicht ins Gewicht fällt.

Von der Erhebung der öffentlichen Klage kann auch abgesehen werden, wenn der Beschuldigte auf Grund eines Strafurteils aus dem Reichsgebiet verwiesen wird[2]).

Ist in den Fällen **der Abs. 1 bis 3**[2]) die öffentliche Klage bereits erhoben, so stellt das Gericht auf Antrag der Staatsanwaltschaft das Verfahren vorläufig ein. § 154 Abs. 3 bis 5 gilt mit der Maßgabe entsprechend, daß die Frist im Abs. 4 ein Jahr beträgt.

§ 155. Die Untersuchung und Entscheidung erstreckt sich nur auf die in der Klage bezeichnete Tat und auf die durch die Klage beschuldigten Personen.

Innerhalb dieser Grenzen sind die Gerichte zu einer selbständigen Tätigkeit berechtigt und verpflichtet; ins-

---

[1]) § 154a ist durch das Deutsche Auslieferungsgesetz vom 23. 12. 1929 (RGBl. I, 239) eingefügt worden.

[2]) Die Fassung der Abs. 2 und 3 und die Änderung in Abs. 4 beruhen auf dem AusfGesetz zum Gewohnheitsverbrechergesetz vom 24. 11. 1933 (RGBl. I, 1000), Art. 2.

besondere sind sie bei Anwendung des Strafgesetzes an die gestellten Anträge nicht gebunden.

§ 156. Die öffentliche Klage kann nach Eröffnung der Untersuchung nicht zurückgenommen werden.

§ 157. Im Sinne dieses Gesetzes ist:

Angeschuldigter der Beschuldigte, gegen welchen die öffentliche Klage erhoben ist,

Angeklagter der Beschuldigte oder Angeschuldigte, gegen welchen die Eröffnung des Hauptverfahrens beschlossen ist.

Zweiter Abschnitt.

Vorbereitung der öffentlichen Klage.

§ 158. Anzeigen strafbarer Handlungen oder Anträge auf Strafverfolgung können bei der Staatsanwaltschaft, den Behörden und Beamten des Polizei- und Sicherheitsdienstes und den Amtsgerichten mündlich oder schriftlich angebracht werden. Die mündliche Anzeige ist zu beurkunden.

Bei strafbaren Handlungen, deren Verfolgung nur auf Antrag eintritt, muß der Antrag bei einem Gericht oder der Staatsanwaltschaft schriftlich oder zu Protokoll, bei einer anderen Behörde schriftlich angebracht werden.

§ 159. Sind Anhaltspunkte dafür vorhanden, daß jemand eines nicht natürlichen Todes gestorben ist, oder wird der Leichnam eines Unbekannten gefunden, so sind die Polizei- und Gemeindebehörden zur sofortigen Anzeige an die Staatsanwaltschaft oder an den Amtsrichter verpflichtet.

Die Beerdigung darf nur auf Grund einer schriftlichen Genehmigung der Staatsanwaltschaft oder des Amtsrichters erfolgen.

§ 160. Sobald die Staatsanwaltschaft durch eine Anzeige oder auf anderem Wege von dem Verdacht einer strafbaren Handlung Kenntnis erhält, hat sie behufs ihrer Entschließung darüber, ob die öffentliche Klage zu erheben sei, den Sachverhalt zu erforschen.

Die Staatsanwaltschaft hat nicht bloß die zur Belastung, sondern auch die zur Entlastung dienenden Umstände zu ermitteln und für die Erhebung der Beweise Sorge zu tragen, deren Verlust zu besorgen steht.

Die Ermittlungen der Staatsanwaltschaft sollen sich auch auf die Umstände erstrecken, die für die Strafbemessung und für die Anordnung oder Zulassung von Maßregeln der Sicherung und Besserung von Bedeutung sind[1]).

§ 161. Zu dem im vorstehenden Paragraphen bezeichneten Zwecke kann die Staatsanwaltschaft von allen öffentlichen Behörden Auskunft verlangen und Ermittelungen jeder Art, mit Ausschluß eidlicher Vernehmungen, entweder selbst vornehmen oder durch die Behörden und Beamten des Polizei- und Sicherheitsdienstes vornehmen lassen. Die Behörden und Beamten des Polizei- und Sicherheitsdienstes sind verpflichtet, dem Ersuchen oder Auftrage der Staatsanwaltschaft zu genügen.

§ 162. Erachtet die Staatsanwaltschaft die Vornahme einer richterlichen Untersuchungshandlung für erforderlich, so stellt sie ihre Anträge bei dem Amtsrichter des Bezirkes, in welchem diese Handlung vorzunehmen ist[2]).

Der Amtsrichter hat zu prüfen, ob die beantragte Handlung nach den Umständen des Falles gesetzlich zulässig ist.

§ 163. Die Behörden und Beamten des Polizei- und Sicherheitsdienstes haben strafbare Handlungen zu er-

---

[1]) Abs. 3 ist durch das AusfGesetz zum Gewohnheitsverbrechergesetz vom 24. 11. 1933 (RGBl. I, 1000), Art. 2, eingefügt worden.

[2]) Über den Ermittlungsrichter beim Reichsgericht vgl. §§ 8, 9 der V. gegen Verrat am Deutschen Volke und hochverräterische Umtriebe vom 28. 2. 1933 (RGBl. I, 85), unten XII.

forschen und alle keinen Aufschub gestattenden Anordnungen zu treffen, um die Verdunkelung der Sache zu verhüten.

Sie übersenden ihre Verhandlungen ohne Verzug der Staatsanwaltschaft. Erscheint die schleunige Vornahme richterlicher Untersuchungshandlungen erforderlich, so kann die Übersendung unmittelbar an den Amtsrichter erfolgen.

§ 164. Bei Amtshandlungen an Ort und Stelle ist der Beamte, welcher sie leitet, befugt, Personen, welche seine amtliche Tätigkeit vorsätzlich stören oder sich den von ihm innerhalb seiner Zuständigkeit getroffenen Anordnungen widersetzen, festnehmen und bis zur Beendigung seiner Amtsverrichtungen, jedoch nicht über den nächstfolgenden Tag hinaus, festhalten zu lassen.

§ 165. Wenn Gefahr im Verzug obwaltet, hat der Amtsrichter die erforderlichen Untersuchungshandlungen von Amts wegen vorzunehmen.

§ 166. Wird der Beschuldigte von dem Amtsrichter vernommen, und beantragt er bei dieser Vernehmung zu seiner Entlastung einzelne Beweiserhebungen, so hat der Amtsrichter sie, soweit er sie für erheblich erachtet, vorzunehmen, wenn der Verlust der Beweise zu besorgen steht oder die Beweiserhebung die Freilassung des Beschuldigten begründen kann.

Der Richter kann, wenn die Beweiserhebung in einem anderen Amtsbezirke vorzunehmen ist, den Amtsrichter des letzteren um ihre Vornahme ersuchen.

§ 167. In den Fällen der §§ 165, 166 gebührt der Staatsanwaltschaft die weitere Verfügung.

§ 168. Die Beurkundung der von dem Amtsrichter vorzunehmenden Untersuchungshandlungen und die Zuziehung eines Urkundsbeamten der Geschäftsstelle oder eines sonstigen Protokollführers erfolgt nach den für die Voruntersuchung geltenden Vorschriften[1]).

---

[1]) Die Fassung des § 168 beruht auf dem Gesetz zur Änderung der Bezeichnungen „Gerichtsschreiberei", „Gerichtsschreiber" und

§ 169. Für die Teilnahme der Staatsanwaltschaft an den richterlichen Verhandlungen kommen die für die Voruntersuchung geltenden Vorschriften zur Anwendung.

Das gleiche gilt für den Beschuldigten, seinen Verteidiger und die von ihm benannten Sachverständigen, wenn der Beschuldigte als solcher vom Richter vernommen ist oder sich in Untersuchungshaft befindet.

§ 170. Bieten die angestellten Ermittelungen genügenden Anlaß zur Erhebung der öffentlichen Klage, so erhebt die Staatsanwaltschaft sie entweder durch einen Antrag auf gerichtliche Voruntersuchung oder durch Einreichung einer Anklageschrift bei dem Gerichte.

Anderenfalls verfügt die Staatsanwaltschaft die Einstellung des Verfahrens und setzt hiervon den Beschuldigten in Kenntnis, wenn er als solcher vom Richter vernommen oder ein Haftbefehl gegen ihn erlassen war.

§ 171. Gibt die Staatsanwaltschaft einem bei ihr angebrachten Antrag auf Erhebung der öffentlichen Klage keine Folge, oder verfügt sie nach dem Abschluß der Ermittelungen die Einstellung des Verfahrens, so hat sie den Antragsteller unter Angabe der Gründe zu bescheiden.

§ 172. Ist der Antragsteller zugleich der Verletzte, so steht ihm gegen diesen Bescheid binnen zwei Wochen nach der Bekanntmachung die Beschwerde an den vorgesetzten Beamten der Staatsanwaltschaft und gegen dessen ablehnenden Bescheid binnen einem Monat nach der Bekanntmachung der Antrag auf gerichtliche Entscheidung zu.

Der Antrag muß die Tatsachen, welche die Erhebung der öffentlichen Klage begründen sollen, und die Beweismittel angeben, auch von einem Rechtsanwalt unterzeichnet sein. Der Antrag ist bei dem für die Entscheidung zuständigen Gericht einzureichen.

„Gerichtsdiener" vom 9. 7. 1927 (RGBl. I, 175) und der V. hierzu vom 30. 11. 1927 (RGBl. I, 334).

Zur Entscheidung ist in den vor das Reichsgericht gehörigen Sachen das Reichsgericht, in anderen Sachen das Oberlandesgericht zuständig.

§ 173. Auf Verlangen des Gerichts hat ihm die Staatsanwaltschaft die bisher von ihr geführten Verhandlungen vorzulegen.

Das Gericht kann den Antrag unter Bestimmung einer Frist dem Beschuldigten zur Erklärung mitteilen.

Das Gericht kann zur Vorbereitung seiner Entscheidung Ermittelungen anordnen und mit ihrer Vornahme eines seiner Mitglieder, den Untersuchungsrichter oder den Amtsrichter beauftragen.

§ 174. Ergibt sich kein genügender Anlaß zur Erhebung der öffentlichen Klage, so verwirft das Gericht den Antrag und setzt den Antragsteller, die Staatsanwaltschaft und den Beschuldigten von der Verwerfung in Kenntnis.

Ist der Antrag verworfen, so kann die öffentliche Klage nur auf Grund neuer Tatsachen oder Beweismittel erhoben werden.

§ 175. Erachtet dagegen das Gericht den Antrag für begründet, so beschließt es die Erhebung der öffentlichen Klage. Die Durchführung dieses Beschlusses liegt der Staatsanwaltschaft ob.

§ 176. Dem Antragsteller kann vor der Entscheidung über den Antrag die Leistung einer Sicherheit für die durch das Verfahren über den Antrag und durch die Untersuchung der Staatskasse und dem Beschuldigten voraussichtlich erwachsenden Kosten durch Beschluß des Gerichts auferlegt werden. Die Sicherheitsleistung ist durch Hinterlegung in barem Gelde oder in Wertpapieren zu bewirken. Die Höhe der zu leistenden Sicherheit wird von dem Gerichte nach freiem Ermessen festgesetzt. Es hat zugleich eine Frist zu bestimmen, binnen welcher die Sicherheit zu leisten ist.

Wird die Sicherheit binnen der bestimmten Frist nicht geleistet, so hat das Gericht den Antrag für zurückgenommen zu erklären.

§ 177. Die durch das Verfahren über den Antrag veranlaßten Kosten sind in dem Falle des § 174 und des § 176 Abs. 2 dem Antragsteller aufzuerlegen.

Dritter Abschnitt.

Gerichtliche Voruntersuchung.

§ 178. Die Voruntersuchung findet in den Strafsachen statt, welche zur Zuständigkeit des Reichsgerichts, der Oberlandesgerichte oder der Schwurgerichte gehören.

In den zur Zuständigkeit der Amtsgerichte gehörenden Sachen findet, abgesehen von Übertretungen, eine Voruntersuchung statt[1]):

1. wenn die Staatsanwaltschaft es beantragt;
2. wenn der Angeschuldigte in der Erklärung über die Anklageschrift (§ 201) es beantragt und erhebliche Gründe geltend macht, aus denen eine Voruntersuchung zur Vorbereitung seiner Verteidigung erforderlich erscheint.

Ergänzungen zu § 178:

1. V. gegen Verrat am Deutschen Volke und hochverräterische Umtriebe vom 28. Februar 1933 (RGBl. I, 85), § 10, vgl. unten XII.

2. V. zur Beschleunigung des Verfahrens in Hochverrats- und Landesverratssachen vom 18. März 1933 (RGBl. I, 131), Art. 2, vgl. unten XIII.

3. V. über die Bildung von Sondergerichten vom 21. März 1933 (RGBl. I, 136), § 11, vgl. unten XIV.

§ 179. Der Antrag der Staatsanwaltschaft auf Eröffnung der Voruntersuchung muß den Beschuldigten und die ihm zur Last gelegte Tat bezeichnen.

---

[1]) Dasselbe gilt für die zur Zuständigkeit der großen Strafkammer gehörenden Sachen (V. über Maßnahmen auf dem Gebiete der Rechtspflege und Verwaltung vom 14. 6. 1932, RGBl. I, 285; Erster Teil, Kapitel I, Art. 1 § 2).

§ 180. Der Antrag kann nur wegen Unzuständigkeit des Gerichts oder wegen Unzulässigkeit der Strafverfolgung oder der Voruntersuchung (§ 178), oder weil die in dem Antrag bezeichnete Tat unter kein Strafgesetz fällt, abgelehnt werden. Hierzu bedarf es eines Beschlusses des Gerichts.

Der Angeschuldigte kann vor der Beschlußfassung gehört werden.

§ 181. Gegen die Verfügung, durch welche auf Antrag der Staatsanwaltschaft die Voruntersuchung eröffnet worden ist, kann der Angeschuldigte aus einem der im § 180 Abs. 1 bezeichneten Gründe Einwand erheben. Über den Einwand entscheidet das Gericht.

Diese Bestimmung findet nicht Anwendung, wenn die Voruntersuchung infolge des Beschlusses des Gerichts eröffnet und der Angeschuldigte vorher gehört worden ist.

§ 182. Gegen den Beschluß des Gerichts, durch welchen der von dem Angeschuldigten in dem Falle des § 180 Abs. 2 und in dem Falle des § 181 Abs. 1 erhobene Einwand der Unzuständigkeit (§ 16) verworfen wird, steht dem Angeschuldigten die sofortige Beschwerde zu.

Im übrigen kann der Beschluß des Gerichts, durch welchen der Einwand des Angeschuldigten verworfen oder die Eröffnung der Voruntersuchung angeordnet ist, nicht angefochten werden.

§ 183. Gegen den Beschluß des Gerichts, durch welchen der Antrag der Staatsanwaltschaft oder des Angeschuldigten auf Eröffnung der Voruntersuchung abgelehnt worden ist, findet sofortige Beschwerde statt.

§ 184. Die Voruntersuchung wird von dem Untersuchungsrichter eröffnet und geführt.

§ 185. Durch Beschluß des Landgerichts kann auf Antrag der Staatsanwaltschaft die Führung der Voruntersuchung einem Amtsrichter übertragen werden. Um die Vornahme einzelner Untersuchungshandlungen kann der Untersuchungsrichter die Amtsrichter ersuchen. Auf Amtsrichter, welche mit dem Untersuchungsrichter denselben Amtssitz haben, finden diese Bestimmungen keine Anwendung.

§ 186. Bei dem Reichsgerichte wird der Untersuchungsrichter für jede Strafsache aus der Zahl der Mitglieder durch den Präsidenten bestellt.

Der Präsident kann auch jedes Mitglied eines anderen deutschen Gerichts und jeden Amtsrichter zum Untersuchungsrichter, oder für einen Teil der Geschäfte des Untersuchungsrichters zu seinem Vertreter bestellen.

Der Untersuchungsrichter und dessen Vertreter können um die Vornahme einzelner Untersuchungshandlungen die Amtsrichter ersuchen.

Auf die zur Zuständigkeit der Oberlandesgerichte gehörigen Strafsachen finden die Vorschriften mit der Maßgabe Anwendung, daß der Präsident des Oberlandesgerichts jeden Richter, der in dem dem Oberlandesgerichte zugewiesenen Bezirke (§ 120 Abs. 2 des Gerichtsverfassungsgesetzes) angestellt ist, zum Untersuchungsrichter bestellen kann.

§ 187. Bei der Vernehmung des Angeschuldigten, der Zeugen und Sachverständigen sowie bei der Einnahme des Augenscheins hat der Untersuchungsrichter einen Urkundsbeamten der Geschäftsstelle zuzuziehen. In dringenden Fällen kann der Untersuchungsrichter eine von ihm zu beeidigende Person als Protokollführer zuziehen[1]).

§ 188. Über jede Untersuchungshandlung ist ein Protokoll aufzunehmen. Das Protokoll ist von dem Untersuchungsrichter sowie dem Protokollführer zu unterschreiben[1]).

Das Protokoll muß Ort und Tag der Verhandlung

---

[1]) Die Fassung der §§ 187, 188 Abs. 1 beruht auf dem Gesetz zur Änderung der Bezeichnungen „Gerichtsschreiberei", „Gerichtsschreiber" und „Gerichtsdiener" vom 9. 7. 1927 (RGBl. I, 175) und der V. hierzu vom 30. 11. 1927 (RGBl. I, 334).

sowie die Namen der mitwirkenden oder beteiligten Personen angeben und ersehen lassen, ob die wesentlichen Förmlichkeiten des Verfahrens beobachtet sind.

Das Protokoll ist den bei der Verhandlung beteiligten Personen, soweit es sie betrifft, behufs der Genehmigung vorzulesen oder zur eigenen Durchlesung vorzulegen. Die erfolgte Genehmigung ist zu vermerken und das Protokoll von den Beteiligten entweder zu unterschreiben oder darin anzugeben, weshalb die Unterschrift unterblieben ist.

§ 189. Die Behörden und Beamten des Polizei- und Sicherheitsdienstes sind verpflichtet, Ersuchen oder Aufträgen des Untersuchungsrichters um Ausführung einzelner Maßregeln oder um Vornahme von Ermittelungen zu genügen.

§ 190. Die Voruntersuchung ist nicht weiter auszudehnen, als erforderlich ist, um eine Entscheidung darüber zu begründen, ob das Hauptverfahren zu eröffnen oder der Angeschuldigte außer Verfolgung zu setzen sei.

Auch sind Beweise, deren Verlust für die Hauptverhandlung zu besorgen steht, oder deren Aufnahme zur Vorbereitung der Verteidigung des Angeschuldigten erforderlich erscheint, in der Voruntersuchung zu erheben.

§ 191. Ergibt sich im Laufe der Voruntersuchung Anlaß zu ihrer Ausdehnung auf eine in dem Antrag der Staatsanwaltschaft nicht bezeichnete Person oder Tat, so hat der Untersuchungsrichter in dringenden Fällen die in dieser Beziehung erforderlichen Untersuchungshandlungen von Amts wegen vorzunehmen.

Die weitere Verfügung gebührt auch in solchen Fällen der Staatsanwaltschaft.

§ 192. Der Angeschuldigte ist in der Voruntersuchung zu vernehmen, auch wenn er schon vor ihrer Eröffnung vernommen worden ist. Ihm ist hierbei die Verfügung, durch welche die Voruntersuchung eröffnet worden, bekanntzumachen.

Die Vernehmung erfolgt in Abwesenheit der Staatsanwaltschaft und des Verteidigers.

§ 193. Findet die Einnahme eines Augenscheins statt, so ist der Staatsanwaltschaft, dem Angeschuldigten und dem Verteidiger die Anwesenheit bei der Verhandlung zu gestatten.

Dasselbe gilt, wenn ein Zeuge oder Sachverständiger vernommen werden soll, dessen Erscheinen in der Hauptverhandlung für eine längere oder ungewisse Zeit Krankheit oder Gebrechlichkeit oder andere nicht zu beseitigende Hindernisse entgegenstehen, oder dem das Erscheinen in der Hauptverhandlung wegen des damit verbundenen Zeitverlustes oder wegen der Schwierigkeit der Verkehrsverhältnisse nicht zugemutet werden kann[1].

Von den Terminen sind die zur Anwesenheit Berechtigten vorher zu benachrichtigen, soweit dies ohne Aufenthalt für die Sache geschehen kann.

Einen Anspruch auf Anwesenheit hat der nicht auf freiem Fuße befindliche Angeschuldigte nur bei solchen Terminen, welche an der Gerichtsstelle des Ortes abgehalten werden, wo er sich in Haft befindet.

Auf die Verlegung eines Termins wegen Verhinderung haben die zur Anwesenheit Berechtigten keinen Anspruch.

§ 194. Der Richter kann einen Angeschuldigten von der Anwesenheit bei der Verhandlung ausschließen, wenn zu befürchten ist, daß ein Zeuge in seiner Gegenwart die Wahrheit nicht sagen werde.

§ 195. Findet die Einnahme eines Augenscheins unter Zuziehung von Sachverständigen statt, so kann der Angeschuldigte beantragen, daß die von ihm für die Hauptverhandlung in Vorschlag zu bringenden Sachverständigen zu dem Termine geladen werden und, wenn der Richter den Antrag ablehnt, sie selbst laden lassen.

---

[1]) Abs. 2 ist durch das Gesetz zur Einschränkung der Eide im Strafverfahren vom 24. 11. 1933 (RGBl. I, 1008), Art. II, eingefügt worden.

Den von dem Angeschuldigten benannten Sachverständigen ist die Teilnahme am Augenschein und an den erforderlichen Untersuchungen insoweit zu gestatten, als dadurch die Tätigkeit der vom Richter bestellten Sachverständigen nicht behindert wird.

§ 196. Die Staatsanwaltschaft kann stets, ohne daß jedoch das Verfahren dadurch aufgehalten werden darf, von dem Stande der Voruntersuchung durch Einsicht der Akten Kenntnis nehmen und die ihr geeignet scheinenden Anträge stellen.

§ 197. Erachtet der Untersuchungsrichter den Zweck der Voruntersuchung für erreicht, so übersendet er die Akten der Staatsanwaltschaft zur Stellung ihrer Anträge.

Beantragt die Staatsanwaltschaft eine Ergänzung der Voruntersuchung, so hat der Untersuchungsrichter, wenn er dem Antrage nicht stattgeben will, die Entscheidung des Gerichts einzuholen.

Von dem Schlusse der Voruntersuchung ist der Angeschuldigte in Kenntnis zu setzen.

Vierter Abschnitt.

Entscheidung über die Eröffnung des Hauptverfahrens.

§ 198. Hat eine Voruntersuchung stattgefunden, so entscheiden in den zur Zuständigkeit des Reichsgerichts oder der Oberlandesgerichte gehörigen Sachen diese Gerichte, sonst das Landgericht darüber, ob das Hauptverfahren zu eröffnen oder der Angeschuldigte außer Verfolgung zu setzen oder das Verfahren vorläufig einzustellen sei.

Die Staatsanwaltschaft legt zu diesem Zwecke die Akten mit ihrem Antrag dem Gerichte vor. Der Antrag auf Eröffnung des Hauptverfahrens erfolgt durch Einreichung einer Anklageschrift.

Ergänzungen zu §§ 198 ff.:

1. V. zur Beschleunigung des Verfahrens in Hochverrats- und Landesverratssachen vom 18. März 1933 (RGBl. I, 131), Art. 3, vgl. unten XIII.

2. V. über die Bildung von Sondergerichten vom 21. März 1933 (RGBl. I, 136), § 12, vgl. unten XIV.

§ 199. Erhebt die Staatsanwaltschaft, ohne daß eine Voruntersuchung stattgefunden, die Anklage, so ist die Anklageschrift mit den Akten bei dem Amtsrichter einzureichen.

§ 200. Die Anklageschrift hat die dem Angeschuldigten zur Last gelegte Tat unter Hervorhebung ihrer gesetzlichen Merkmale und des anzuwendenden Strafgesetzes zu bezeichnen sowie die Beweismittel und das Gericht, vor welchem die Hauptverhandlung stattfinden soll, anzugeben.

In den vor dem Reichsgerichte, den Oberlandesgerichten oder den Schwurgerichten zu verhandelnden Strafsachen sind außerdem die wesentlichen Ergebnisse der stattgehabten Ermittelungen in die Anklageschrift aufzunehmen. Das gleiche gilt in den vor dem Schöffengericht oder dem Amtsrichter zu verhandelnden Strafsachen[1]), wenn ein Verbrechen den Gegenstand der Anklage bildet oder wenn eine Voruntersuchung stattgefunden hat. In anderen Sachen können die wesentlichen Ergebnisse der Ermittelungen in die Anklageschrift aufgenommen werden[2]).

§ 201. Der Vorsitzende des Gerichts hat die Anklageschrift dem Angeschuldigten[3]) mitzuteilen und ihn zugleich aufzufordern, sich innerhalb einer zu bestimmenden Frist zu erklären, ob er die Vornahme einzelner Beweiserhebungen vor der Hauptverhandlung beantragen oder Einwendungen gegen die Eröffnung des Hauptverfahrens vorbringen wolle. Diese Vorschrift findet in den vor dem Schöffengericht[1]) oder dem Amtsrichter zu verhandelnden Sachen nur Anwendung, wenn ein Verbrechen den Gegenstand der Anklage bildet oder wenn es sich um Vergehen handelt, bei

---

[1]) Dasselbe gilt für die große Strafkammer (V. über Maßnahmen auf dem Gebiete der Rechtspflege und Verwaltung vom 14. 6. 1932, RGBl. I, 285; Erster Teil, Kapitel I, Art. 1 § 2).

[2]) Die Fassungen der §§ 200 Abs. 2, 201 Abs. 1 beruhen auf dem Gesetz vom 27. 12. 1926 (RGBl. I, 529).

[3]) Für Jugendsachen vgl. § 30 JGG.

denen das Ergebnis der Ermittelungen in die Anklageschrift aufgenommen worden ist; hat in diesen Fällen keine Voruntersuchung stattgefunden, so ist der Angeschuldigte zugleich zur Erklärung darüber aufzufordern, ob er eine Voruntersuchung beantragen wolle[1]).

Über die Anträge und Einwendungen beschließt das Gericht. Beantragt der Angeschuldigte eine Voruntersuchung, so hat der Amtsrichter die Akten mit dem Antrag des Angeschuldigten durch Vermittelung der Staatsanwaltschaft dem Landgerichte zur Entscheidung darüber vorzulegen, ob eine Voruntersuchung zu eröffnen sei. Eine Anfechtung der Beschlüsse findet nur nach Maßgabe der Bestimmungen im § 182 Abs. 1 und § 183 statt.

§ 202. Zur besseren Aufklärung der Sache kann das Gericht eine Ergänzung der Voruntersuchung anordnen.

Hält der Amtsrichter zur besseren Aufklärung der Sache eine Voruntersuchung für nötig, so hat er die Akten mit einer Begründung seiner Auffassung durch Vermittelung der Staatsanwaltschaft dem Landgerichte zur Entscheidung darüber vorzulegen, ob eine Voruntersuchung zu eröffnen sei.

Einzelne Beweiserhebungen kann auch der Amtsrichter anordnen.

Eine Anfechtung der Beschlüsse findet nicht statt.

§ 203. Das Gericht beschließt die Eröffnung des Hauptverfahrens, wenn nach den Ergebnissen der Voruntersuchung oder, falls eine solche nicht stattgefunden hat, nach den Ergebnissen des vorbereitenden Verfahrens der Angeschuldigte einer strafbaren Handlung hinreichend verdächtig erscheint.

§ 204. Beschließt das Gericht, das Hauptverfahren nicht zu eröffnen, so muß aus dem Beschlusse hervorgehen, ob er auf tatsächlichen oder auf Rechtsgründen beruht.

Hat eine Voruntersuchung stattgefunden, so ist aus-

---

[1]) Die Fassungen der §§ 200 Abs. 2, 201 Abs. 1 beruhen auf dem Gesetz vom 27. 12. 1926 (RGBl. I, 529).

zusprechen, daß der Angeschuldigte außer Verfolgung zu setzen sei.

Der Beschluß ist dem Angeschuldigten bekanntzumachen.

§ 205. Vorläufige Einstellung des Verfahrens kann beschlossen werden, wenn dem weiteren Verfahren Abwesenheit des Angeschuldigten oder der Umstand entgegensteht, daß er nach der Tat in Geisteskrankheit verfallen ist.

§ 206. Das Gericht ist bei der Beschlußfassung an die Anträge der Staatsanwaltschaft nicht gebunden.

§ 207. In dem Beschlusse, durch welchen das Hauptverfahren eröffnet wird, ist die dem Angeklagten zur Last gelegte Tat unter Hervorhebung ihrer gesetzlichen Merkmale und des anzuwendenden Strafgesetzes, sowie das Gericht zu bezeichnen, vor welchem die Hauptverhandlung stattfinden soll.

Das Gericht hat zugleich von Amts wegen über die Anordnung oder Fortdauer der Untersuchungshaft **oder der einstweiligen Unterbringung**[1]) zu beschließen.

§ 208. Wenn von der Staatsanwaltschaft beantragt ist, den Angeschuldigten außer Verfolgung zu setzen, von dem Gerichte aber die Eröffnung des Hauptverfahrens beschlossen wird, so hat die Staatsanwaltschaft eine dem Beschluß entsprechende Anklageschrift einzureichen.

Die Bestimmungen des § 201 finden hier gleichfalls Anwendung; es ist jedoch die Aufforderung auf die Erklärung zu beschränken, ob der Angeklagte die Vornahme einzelner Beweiserhebungen vor der Hauptverhandlung beantragen wolle.

§ 209. Das Landgericht kann das Hauptverfahren vor den erkennenden Gerichten jeder Ordnung, nicht aber vor dem Reichsgericht eröffnen. Erachtet das Landgericht die Zuständigkeit des Reichsgerichts für begründet, so legt es

---

[1]) **Die Änderung des § 207 Abs. 2 beruht auf dem AusfGesetz zum Gewohnheitsverbrechergesetz vom 24. 11. 1933 (RGBl. I, 1000), Art. 2.**

die Akten durch Vermittelung der Staatsanwaltschaft diesem Gerichte zur Entscheidung vor.

Ebenso hat der Amtsrichter, wenn er findet, daß eine bei ihm eingereichte Sache die Zuständigkeit des Amtsgerichts übersteige, die Akten durch Vermittelung der Staatsanwaltschaft dem Landgerichte zur Entscheidung vorzulegen.

§ 210. Der Beschluß, durch welchen das Hauptverfahren eröffnet worden ist, kann von dem Angeklagten nicht angefochten werden.

Gegen den Beschluß, durch welchen die Eröffnung des Hauptverfahrens abgelehnt oder abweichend von dem Antrag der Staatsanwaltschaft die Verweisung an ein Gericht niederer Ordnung ausgesprochen worden ist, steht der Staatsanwaltschaft die sofortige Beschwerde zu.

§ 211. Ist die Eröffnung des Hauptverfahrens durch einen nicht mehr anfechtbaren Beschluß abgelehnt, so kann die Klage nur auf Grund neuer Tatsachen oder Beweismittel wiederaufgenommen werden.

§ 212. Vor dem Amtsrichter oder dem Schöffengerichte kann ohne schriftlich erhobene Anklage und ohne eine Entscheidung über die Eröffnung des Hauptverfahrens zur Hauptverhandlung geschritten werden, wenn der Beschuldigte entweder sich freiwillig stellt oder infolge einer vorläufigen Festnahme dem Gerichte vorgeführt oder nur wegen Übertretung verfolgt wird. Der wesentliche Inhalt der Anklage ist in den Fällen der freiwilligen Stellung oder der Vorführung in das Sitzungsprotokoll, andernfalls in die Ladung des Beschuldigten aufzunehmen[1]).

Ergänzungen zu § 212:

1. 3. V. zur Sicherung von Wirtschaft und Finanzen und zur Bekämpfung politischer Ausschreitungen vom 6. Oktober 1931 (RGBl. I, 537, 563), Sechster Teil, Kapitel I, § 4.

(1) Soweit in dem beschleunigten Verfahren nach § 212 der Strafprozeßordnung eine Ladung zur Hauptverhandlung

---

[1]) Für Jugendsachen vgl. § 38 Abs. 2 JGG.

stattfindet, beträgt die Ladungsfrist drei Tage. Sie kann auf 24 Stunden herabgesetzt werden.

(2) Zeigt sich in einem beschleunigten Verfahren nach § 212 der Strafprozeßordnung, daß die Sache zur Verhandlung in diesem Verfahren nicht geeignet ist, so kann das Gericht, solange noch kein Urteil erlassen ist, die Sache an die Staatsanwaltschaft zurückverweisen. Geschieht dies, so gilt die öffentliche Klage als nicht erhoben. Der Beschluß ist nicht anfechtbar.

2. 4. V. zur Sicherung von Wirtschaft und Finanzen und zum Schutze des inneren Friedens vom 8. Dezember 1931 (RGBl. I, 699, 743), Achter Teil, Kapitel III, § 5.

In allen Strafverfahren wegen Beleidigung, in denen die Staatsanwaltschaft die Verfolgung übernimmt, ist das Schnellverfahren (§ 212 der Strafprozeßordnung) auch dann zulässig, wenn der Beschuldigte sich weder freiwillig stellt noch infolge einer vorläufigen Festnahme dem Gericht vorgeführt wird.

3. V. über Devisenbewirtschaftung vom 23. Mai 1932 (RGBl. I, 231), § 41.

Zur Aburteilung der Zuwiderhandlungen gegen diese Verordnung und die Durchführungsverordnungen findet das Schnellverfahren nach § 212 der Strafprozeßordnung auch dann statt, wenn der Beschuldigte sich weder freiwillig stellt noch infolge einer vorläufigen Festnahme dem Gericht vorgeführt wird.

4. V. über Maßnahmen auf dem Gebiete der Rechtspflege und Verwaltung vom 14. Juni 1932 (RGBl. I, 285), Erster Teil, Kapitel I, Artikel 5.

Schnellverfahren.

(1) Im Schnellverfahren (§ 212 der Strafprozeßordnung) kann der Verteidiger, ohne daß jedoch das Verfahren dadurch aufgehalten werden darf, die dem Gericht vorliegenden Akten von dem Zeitpunkt an einsehen, in dem die Staatsanwaltschaft bei Gericht den Antrag auf Anberaumung des Termins zur Hauptverhandlung im Schnellverfahren stellt.

(2) Von demselben Zeitpunkt an ist dem verhafteten Beschuldigten schriftlicher und mündlicher Verkehr mit dem Verteidiger ohne die im § 148 Abs. 2, 3 der Strafprozeßordnung vorgesehenen Beschränkungen gestattet.

5. V. zum Schutze des Deutschen Volkes vom 4. Februar 1933 (RGBl. I, 35), § 24, vgl. unten XI.

Fünfter Abschnitt.
Vorbereitung der Hauptverhandlung.

§ 213. Der Termin zur Hauptverhandlung wird von dem Vorsitzenden des Gerichts anberaumt.

§ 214. Die zur Hauptverhandlung erforderlichen Ladungen und die Herbeischaffung der als Beweismittel dienenden Gegenstände bewirkt die Staatsanwaltschaft.

Ist anzunehmen, daß die Hauptverhandlung sich auf längere Zeit erstreckt, so kann der Vorsitzende bestimmen, daß sämtliche oder einzelne Zeugen und Sachverständige zu einem späteren Zeitpunkt als dem Beginne der Hauptverhandlung geladen werden.

§ 215. Der Beschluß über die Eröffnung des Hauptverfahrens ist dem Angeklagten spätestens mit der Ladung zuzustellen.

§ 216. Die Ladung eines auf freiem Fuße befindlichen Angeklagten geschieht schriftlich unter der Warnung, daß im Falle seines unentschuldigten Ausbleibens seine Verhaftung oder Vorführung erfolgen werde. Die Warnung kann in den Fällen des § 232 unterbleiben.

Die Ladung des nicht auf freiem Fuße befindlichen Angeklagten erfolgt durch Bekanntmachung des Termins zur Hauptverhandlung in Gemäßheit des § 35. Dabei ist der Angeklagte zu befragen, ob und welche Anträge er in bezug auf seine Verteidigung für die Hauptverhandlung zu stellen habe[1]).

§ 217. Zwischen der Zustellung der Ladung (§ 216) und dem Tage der Hauptverhandlung muß eine Frist von mindestens einer Woche liegen[2]).

---

[1]) Für Jugendsachen vgl. § 30 JGG.

[2]) Für das Schnellverfahren vgl. Ergänzung Nr. 1 zu § 212 StPO.; für Sondergerichtssachen § 12 Abs. 4 der V. über die

Ist diese Frist nicht eingehalten worden, so kann der Angeklagte die Aussetzung der Verhandlung verlangen, solange mit der Verlesung des Beschlusses über die Eröffnung des Hauptverfahrens nicht begonnen ist.

§ 218. Neben dem Angeklagten ist der bestellte Verteidiger stets, der gewählte Verteidiger dann zu laden, wenn die Wahl dem Gerichte angezeigt worden ist. § 217 gilt entsprechend[1]).

Im Falle des § 146 wird dem Verteidiger nur eine Ladung zugestellt. In der Ladung sind sämtliche Angeklagten, gegen die die Hauptverhandlung stattfinden soll, soweit der Verteidiger für sie auftritt, zu bezeichnen[2]).

§ 219. Verlangt der Angeklagte die Ladung von Zeugen oder Sachverständigen oder die Herbeischaffung anderer Beweismittel zur Hauptverhandlung, so hat er unter Angabe der Tatsachen, über welche der Beweis erhoben werden soll, seine Anträge bei dem Vorsitzenden des Gerichts zu stellen. Die hierauf ergehende Verfügung ist ihm bekanntzumachen.

Beweisanträge des Angeklagten sind, soweit ihnen stattgegeben ist, der Staatsanwaltschaft mitzuteilen.

§ 220. Lehnt der Vorsitzende den Antrag auf Ladung einer Person ab, so kann der Angeklagte sie unmittelbar laden lassen. Hierzu ist er auch ohne vorgängigen Antrag befugt.

Eine unmittelbar geladene Person ist nur dann zum Erscheinen verpflichtet, wenn ihr bei der Ladung die gesetzliche Entschädigung für Reisekosten und Versäumnis bar dargeboten oder deren Hinterlegung bei der Geschäftsstelle nachgewiesen wird.

Bildung von Sondergerichten vom 21. 3. 1933 (RGBl. I, 136), unten XIV.

[1]) Die Fassung des § 218 beruht auf dem Gesetz vom 27. 12. 1926 (RGBl. I, 529).

[2]) Abs. 2 ist durch die V. zur Vereinfachung der Zustellungen vom 17. 6. 1933 (RGBl. I, 394), Art. IV, eingefügt worden.

Ergibt sich in der Hauptverhandlung, daß die Vernehmung einer unmittelbar geladenen Person zur Aufklärung der Sache dienlich war, so hat das Gericht auf Antrag anzuordnen, daß ihr die gesetzliche Entschädigung aus der Staatskasse zu gewähren sei.

§ 221. Der Vorsitzende des Gerichts kann auch von Amts wegen die Ladung von Zeugen und Sachverständigen sowie die Herbeischaffung anderer Beweismittel anordnen.

§ 222. Der Angeklagte hat die von ihm unmittelbar geladenen oder zur Hauptverhandlung zu stellenden Zeugen und Sachverständigen rechtzeitig der Staatsanwaltschaft namhaft zu machen und ihren Wohn- oder Aufenthaltsort anzugeben.

Dieselbe Verpflichtung hat die Staatsanwaltschaft gegenüber dem Angeklagten, wenn sie außer den in der Anklageschrift benannten oder auf Antrag des Angeklagten geladenen Zeugen oder Sachverständigen die Ladung noch anderer Personen, sei es auf Anordnung des Vorsitzenden (§ 221) oder aus eigener Entschließung, bewirkt.

§ 223[1]). **Wenn dem Erscheinen eines Zeugen oder Sachverständigen in der Hauptverhandlung für eine längere oder ungewisse Zeit Krankheit oder Gebrechlichkeit oder andere nicht zu beseitigende Hindernisse entgegenstehen, so kann das Gericht seine Vernehmung durch einen beauftragten oder ersuchten Richter anordnen.**

Dasselbe gilt, wenn einem Zeugen oder Sachverständigen das Erscheinen in der Hauptverhandlung wegen des damit verbundenen Zeitverlustes oder wegen der Schwierigkeit der Verkehrsverhältnisse nicht zugemutet werden kann.

Die Vernehmung hat eidlich zu erfolgen, soweit nicht Ausnahmen vorgeschrieben oder zugelassen sind.

---

[1]) Die Fassung des § 223 beruht auf dem Gesetz zur Einschränkung der Eide im Strafverfahren vom 24. 11. 1933 (RGBl. I, 1008), Art. II.

§ 224. Von den zum Zwecke dieser Vernehmung anberaumten Terminen sind die Staatsanwaltschaft, der Angeklagte und der Verteidiger vorher zu benachrichtigen, insoweit dies nicht wegen Gefahr im Verzug untunlich ist; ihrer Anwesenheit bei der Vernehmung bedarf es nicht. Das aufgenommene Protokoll ist der Staatsanwaltschaft und dem Verteidiger vorzulegen[1]).

Der nicht auf freiem Fuße befindliche Angeklagte hat einen Anspruch auf Anwesenheit nur bei solchen Terminen, welche an der Gerichtsstelle des Ortes abgehalten werden, wo er sich in Haft befindet.

§ 225. Ist zur Vorbereitung der Hauptverhandlung noch ein richterlicher Augenschein einzunehmen, so finden die Bestimmungen des vorhergehenden Paragraphen gleichfalls Anwendung.

Sechster Abschnitt.

Hauptverhandlung[2]).

§ 226. Die Hauptverhandlung erfolgt in ununterbrochener Gegenwart der zur Urteilsfindung berufenen Personen sowie der Staatsanwaltschaft und eines Urkundsbeamten der Geschäftsstelle.

§ 227. Es können mehrere Beamte der Staatsanwaltschaft und mehrere Verteidiger in der Hauptverhandlung mitwirken und ihre Verrichtungen unter sich teilen.

§ 228. Über Anträge auf Aussetzung einer Hauptverhandlung entscheidet das Gericht. Kürzere Unterbrechungen ordnet der Vorsitzende an.

---

[1]) Für Jugendsachen vgl. § 30 JGG.

[2]) Auf die Hauptverhandlung vor der großen Strafkammer in erster Instanz finden die für die Hauptverhandlung vor dem Schöffengericht geltenden Vorschriften Anwendung (V. über Maßnahmen auf dem Gebiete der Rechtspflege und Verwaltung vom 14. 6. 1932, RGBl. I, 285; Erster Teil, Kapitel I, Artikel 1, § 2 Abs. 1).

Eine Verhinderung des Verteidigers gibt, unbeschadet der Bestimmung des § 145, dem Angeklagten kein Recht, die Aussetzung der Verhandlung zu verlangen.

Ist die Frist des § 217 Abs. 1 nicht eingehalten worden, so soll der Vorsitzende den Angeklagten mit der Befugnis, Aussetzung der Verhandlung zu verlangen, bekannt machen.

§ 229. Eine unterbrochene Hauptverhandlung muß spätestens am vierten Tage nach der Unterbrechung fortgesetzt werden, widrigenfalls mit dem Verfahren von neuem zu beginnen ist.

Ergänzung zu § 229:

V. über Maßnahmen auf dem Gebiete der Rechtspflege und Verwaltung vom 14. Juni 1932 (RGBl. I, 285), Erster Teil, Kapitel I, Artikel 6, § 1.

Eine unterbrochene Hauptverhandlung muß spätestens am elften Tage nach der Unterbrechung fortgesetzt werden, widrigenfalls mit dem Verfahren von neuem zu beginnen ist.

§ 230. Gegen einen ausgebliebenen Angeklagten findet eine Hauptverhandlung nicht statt.

Ist das Ausbleiben des Angeklagten nicht genügend entschuldigt, so ist die Vorführung anzuordnen oder ein Haftbefehl zu erlassen.

§ 231. Der erschienene Angeklagte darf sich aus der Verhandlung nicht entfernen. Der Vorsitzende kann die geeigneten Maßregeln treffen, um die Entfernung zu verhindern; auch kann er den Angeklagten während einer Unterbrechung der Verhandlung in Gewahrsam halten lassen.

Entfernt der Angeklagte sich dennoch oder bleibt er bei der Fortsetzung einer unterbrochenen Hauptverhandlung aus, so kann diese in seiner Abwesenheit zu Ende geführt werden, wenn seine Vernehmung über die Anklage schon erfolgt war und das Gericht seine fernere Anwesenheit nicht für erforderlich erachtet.

§ 232. Beim Ausbleiben des Angeklagten kann zur Hauptverhandlung geschritten werden, wenn die den Gegenstand der Untersuchung bildende Tat nur mit Geldstrafe,

Haft oder Einziehung, allein oder in Verbindung miteinander, bedroht ist.

In solchen Fällen muß der Angeklagte in der Ladung auf die Zulässigkeit dieses Verfahrens ausdrücklich hingewiesen werden.

§ 233. Der Angeklagte kann im Verfahren vor dem Amtsrichter und dem Schöffengericht auf seinen Antrag von der Verpflichtung zum Erscheinen in der Hauptverhandlung entbunden werden. Dies gilt nicht bei Verbrechen, die nicht nur wegen Rückfalls Verbrechen sind.

Wird der Angeklagte von der Verpflichtung zum Erscheinen in der Hauptverhandlung entbunden, so muß er, wenn seine richterliche Vernehmung nicht schon im Vorverfahren erfolgt ist, durch einen beauftragten oder ersuchten Richter über die Anklage vernommen werden.

Von dem zum Zwecke der Vernehmung anberaumten Termine sind die Staatsanwaltschaft und der Verteidiger vorher zu benachrichtigen; ihrer Anwesenheit bei der Vernehmung bedarf es nicht. Das Protokoll über die Vernehmung ist in der Hauptverhandlung zu verlesen.

Ergänzung zu § 233:

3. V. zur Sicherung von Wirtschaft und Finanzen und zur Bekämpfung politischer Ausschreitungen vom 6. Oktober 1931 (RGBl. I, 537, 563), Sechster Teil, Kapitel I, § 5.

Im Verfahren vor dem Amtsrichter und dem Schöffengericht kann der Angeklagte, auch wenn ein Verbrechen, das nicht nur wegen Rückfalls Verbrechen ist, den Gegenstand der Aburteilung bildet, auf seinen Antrag von der Verpflichtung zum Erscheinen in der Hauptverhandlung entbunden werden, sofern es sich um eine Sache von minderer Bedeutung handelt[1]).

§ 233a[2]). Wenn ohne den Angeklagten verhandelt worden ist, dürfen gegen ihn keine Maßregeln der Siche-

---

[1]) Dasselbe gilt für die Verfahren vor der großen Strafkammer in erster Instanz.

[2]) § 233a ist durch das AusfGesetz zum Gewohnheitsverbrechergesetz vom 24. 11. 1933 (RGBl. I, 1000), Art. 2, eingefügt worden.

rung und Besserung angeordnet oder für zulässig erklärt werden.

§ 234. Insoweit die Hauptverhandlung ohne Anwesenheit des Angeklagten stattfinden kann, ist er befugt, sich durch einen mit schriftlicher Vollmacht versehenen Verteidiger vertreten zu lassen.

§ 235. Hat die Hauptverhandlung ohne Anwesenheit des Angeklagten stattgefunden, so kann er gegen das Urteil binnen einer Woche nach der Zustellung die Wiedereinsetzung in den vorigen Stand unter gleichen Voraussetzungen wie gegen die Versäumung einer Frist nachsuchen.

War jedoch der Angeklagte auf seinen Antrag von der Verpflichtung zum Erscheinen in der Hauptverhandlung entbunden worden, oder hatte er von der Befugnis, sich vertreten zu lassen, Gebrauch gemacht, so findet eine Wiedereinsetzung in den vorigen Stand nicht statt.

§ 236. Das Gericht ist stets befugt, das persönliche Erscheinen des Angeklagten anzuordnen, und durch einen Vorführungsbefehl oder Haftbefehl zu erzwingen.

§ 237. Das Gericht kann im Falle eines Zusammenhanges zwischen mehreren bei ihm anhängigen Strafsachen ihre Verbindung zum Zwecke gleichzeitiger Verhandlung anordnen, auch wenn dieser Zusammenhang nicht der im § 3 bezeichnete ist.

§ 238. Die Leitung der Verhandlung, die Vernehmung des Angeklagten und die Aufnahme des Beweises erfolgt durch den Vorsitzenden.

Wird eine auf die Sachleitung bezügliche Anordnung des Vorsitzenden von einer bei der Verhandlung beteiligten Person als unzulässig beanstandet, so entscheidet das Gericht.

§ 239. Die Vernehmung der von der Staatsanwaltschaft und dem Angeklagten benannten Zeugen und Sachverständigen ist der Staatsanwaltschaft und dem Verteidiger auf deren übereinstimmenden Antrag von dem Vorsitzenden zu überlassen. Bei den von der Staatsanwaltschaft benannten Zeugen und Sachverständigen hat diese, bei den von dem Angeklagten benannten der Verteidiger in erster Reihe das Recht zur Vernehmung.

Der Vorsitzende hat auch nach dieser Vernehmung die ihm zur weiteren Aufklärung der Sache erforderlich scheinenden Fragen an die Zeugen und Sachverständigen zu richten.

§ 240. Der Vorsitzende hat den beisitzenden Richtern auf Verlangen zu gestatten, Fragen an die Zeugen und Sachverständigen zu stellen.

Dasselbe hat der Vorsitzende der Staatsanwaltschaft, dem Angeklagten und dem Verteidiger sowie den Geschworenen und den Schöffen zu gestatten[1]).

§ 241. Dem, welcher im Falle des § 239 Abs. 1 die Befugnis der Vernehmung mißbraucht, kann sie von dem Vorsitzenden entzogen werden.

In den Fällen des § 239 Abs. 1 und des § 240 Abs. 2 kann der Vorsitzende ungeeignete oder nicht zur Sache gehörige Fragen zurückweisen.

§ 242. Zweifel über die Zulässigkeit einer Frage entscheidet in allen Fällen das Gericht.

§ 243. Die Hauptverhandlung beginnt mit dem Aufruf der Zeugen und Sachverständigen.

Hieran schließt sich die Vernehmung des Angeklagten über seine persönlichen Verhältnisse und die Verlesung des Beschlusses über die Eröffnung des Hauptverfahrens.

Sodann erfolgt die weitere Vernehmung des Angeklagten nach Maßgabe des § 136.

Die Verlesung des Beschlusses und die Vernehmung des Angeklagten geschieht in Abwesenheit der zu vernehmenden Zeugen.

§ 244. Nach der Vernehmung des Angeklagten folgt die Beweisaufnahme.

[1]) Für Jugendsachen vgl. § 30 JGG.

Es bedarf eines Gerichtsbeschlusses, wenn ein Beweisantrag abgelehnt werden soll, oder wenn die Vornahme einer Beweishandlung eine Aussetzung der Hauptverhandlung erforderlich macht.

Das Gericht kann auf Antrag und von Amts wegen die Ladung von Zeugen und Sachverständigen sowie die Herbeischaffung anderer Beweismittel anordnen.

§ 245. Die Beweisaufnahme ist auf die sämtlichen vorgeladenen Zeugen und Sachverständigen sowie auf die anderen herbeigeschafften Beweismittel zu erstrecken, es sei denn, daß die Beweiserhebung zum Zwecke der Prozeßverschleppung beantragt ist. Dies gilt auch dann, wenn die Ladung und das Erscheinen der Zeugen oder Sachverständigen oder die Herbeischaffung der anderen Beweismittel erst während der Hauptverhandlung erfolgt. Von der Erhebung einzelner Beweise kann jedoch abgesehen werden, wenn die Staatsanwaltschaft und der Angeklagte hiermit einverstanden sind.

In Verhandlungen vor dem Amtsrichter, den Schöffengerichten und den Landgerichten, die eine Übertretung betreffen oder auf erhobene Privatklage erfolgen, bestimmt das Gericht den Umfang der Beweisaufnahme, ohne hierbei durch Anträge, Verzichte oder frühere Beschlüsse gebunden zu sein[1]).

Ergänzung zu § 245:

1. V. über Maßnahmen auf dem Gebiete der Rechtspflege und Verwaltung vom 14. Juni 1932 (RGBl. I, 285), Erster Teil, Kapitel I, Artikel 3.

Umfang der Beweisaufnahme.

§ 1. In der Verhandlung vor dem Amtsrichter, dem Schöffengericht und vor dem Landgericht in der Berufungsinstanz bestimmt das Gericht nach freiem Ermessen den Umfang der Beweisaufnahme, ohne hierbei durch Anträge, Verzichte oder frühere Beschlüsse gebunden zu sein.

---

[1]) Die Fassung des § 245 Abs. 1 beruht auf dem Gesetz vom 27. 12. 1926 (RGBl. I, 529), diejenige des Abs. 2 auf dem Gesetz vom 22. 12. 1925 (RGBl. I, 475).

2. V. über die Bildung von Sondergerichten vom 21. März 1933 (RGBl. I, 136), § 13; vgl. unten XIV.

§ 246. Eine Beweiserhebung darf nicht deshalb abgelehnt werden, weil das Beweismittel oder die zu beweisende Tatsache zu spät vorgebracht worden sei.

Ist jedoch ein zu vernehmender Zeuge oder Sachverständiger dem Gegner des Antragstellers so spät namhaft gemacht oder eine zu beweisende Tatsache so spät vorgebracht worden, daß es dem Gegner an der zur Einziehung von Erkundigungen erforderlichen Zeit gefehlt hat, so kann er bis zum Schlusse der Beweisaufnahme die Aussetzung der Hauptverhandlung zum Zwecke der Erkundigung beantragen.

Dieselbe Befugnis haben die Staatsanwaltschaft und der Angeklagte in betreff der auf Anordnung des Vorsitzenden oder des Gerichts geladenen Zeugen oder Sachverständigen.

Über die Anträge entscheidet das Gericht nach freiem Ermessen.

§ 246 a[1]). **Ist damit zu rechnen, daß die Unterbringung des Angeklagten in einer Heil- oder Pflegeanstalt, einer Trinkerheilanstalt oder einer Entziehungsanstalt oder seine Entmannung angeordnet werden wird, so ist in der Hauptverhandlung ein Arzt als Sachverständiger über den geistigen und körperlichen Zustand des Angeklagten zu vernehmen. Hat der Sachverständige den Angeklagten nicht schon früher untersucht, so soll ihm dazu vor der Hauptverhandlung Gelegenheit gegeben werden.**

§ 247. Das Gericht kann den Angeklagten, wenn zu befürchten ist, daß ein Mitangeklagter oder ein Zeuge bei seiner Vernehmung in Gegenwart des Angeklagten die Wahrheit nicht sagen werde, während dieser Vernehmung

---

[1]) § 246 a ist durch das AusfGesetz zum Gewohnheitsverbrechergesetz vom 24. 11. 1933 (RGBl. I, 1000), Art. 2, eingefügt worden.

aus dem Sitzungszimmer abtreten lassen. Der Vorsitzende hat jedoch den Angeklagten, sobald dieser wieder vorgelassen worden, von dem wesentlichen Inhalt dessen zu unterrichten, was während seiner Abwesenheit ausgesagt oder sonst verhandelt worden ist.

In gleicher Weise ist zu verfahren, wenn das Gericht wegen ordnungswidrigen Benehmens des Angeklagten zeitweise dessen Entfernung aus dem Sitzungszimmer angeordnet hat[1]).

§ 248. Die vernommenen Zeugen und Sachverständigen dürfen sich nur mit Genehmigung oder auf Anweisung des Vorsitzenden von der Gerichtsstelle entfernen. Die Staatsanwaltschaft und der Angeklagte sind vorher zu hören.

§ 249. Urkunden und andere als Beweismittel dienende Schriftstücke werden in der Hauptverhandlung verlesen. Dies gilt insbesondere von früher ergangenen Strafurteilen, von Strafliften und von Auszügen aus Kirchenbüchern und Personenstandsregistern und findet auch Anwendung auf Protokolle über die Einnahme des richterlichen Augenscheines.

§ 250. Beruht der Beweis einer Tatsache auf der Wahrnehmung einer Person, so ist diese in der Hauptverhandlung zu vernehmen. Die Vernehmung darf nicht durch Verlesung des über eine frühere Vernehmung aufgenommenen Protokolls oder einer schriftlichen Erklärung ersetzt werden.

§ 251. Ist ein Zeuge, Sachverständiger oder Mitbeschuldigter verstorben oder in Geisteskrankheit verfallen, oder ist sein Aufenthalt nicht zu ermitteln gewesen, so kann das Protokoll über seine frühere richterliche Vernehmung verlesen werden. Dasselbe gilt von dem bereits verurteilten Mitschuldigen.

---

[2]) Für Jugendsachen vgl. § 33 JGG.

In den im § 223 bezeichneten Fällen ist die Verlesung des Protokolls über die frühere Vernehmung statthaft, wenn sie nach Eröffnung des Hauptverfahrens oder wenn sie in dem Vorverfahren unter Beobachtung der Vorschriften des § 193 erfolgt ist.

Die Verlesung kann nur durch Gerichtsbeschluß angeordnet, auch muß ihr Grund verkündet und bemerkt werden, ob die Beeidigung der vernommenen Personen stattgefunden hat. An den Bestimmungen über die Notwendigkeit der Beeidigung wird hierdurch für die Fälle, in denen die nochmalige Vernehmung ausführbar ist, nichts geändert.

§ 252. Die Aussage eines vor der Hauptverhandlung vernommenen Zeugen, welcher erst in der Hauptverhandlung von seinem Rechte, das Zeugnis zu verweigern, Gebrauch macht, darf nicht verlesen werden.

§ 253. Erklärt ein Zeuge oder Sachverständiger, daß er sich einer Tatsache nicht mehr erinnert, so kann der hierauf bezügliche Teil des Protokolls über seine frühere Vernehmung zur Unterstützung seines Gedächtnisses verlesen werden.

Dasselbe kann geschehen, wenn ein in der Vernehmung hervortretender Widerspruch mit der früheren Aussage nicht auf andere Weise ohne Unterbrechung der Hauptverhandlung festgestellt oder gehoben werden kann.

§ 254. Erklärungen des Angeklagten, welche in einem richterlichen Protokolle enthalten sind, können zum Zwecke der Beweisaufnahme über ein Geständnis verlesen werden.

Dasselbe kann geschehen, wenn ein in der Vernehmung hervortretender Widerspruch mit der früheren Aussage nicht auf andere Weise ohne Unterbrechung der Hauptverhandlung festgestellt oder gehoben werden kann.

§ 255. In den Fällen der §§ 253, 254 ist die Verlesung und ihr Grund auf Antrag der Staatsanwaltschaft oder des Angeklagten im Protokolle zu erwähnen.

§ 256. Die ein Zeugnis oder ein Gutachten enthaltenden Erklärungen öffentlicher Behörden, mit Ausschluß von Leumundszeugnissen, desgleichen ärztliche Atteste über Körperverletzungen, welche nicht zu den schweren gehören, können verlesen werden.

Ist das Gutachten einer kollegialen Fachbehörde eingeholt worden, so kann das Gericht die Behörde ersuchen, eines ihrer Mitglieder mit der Vertretung des Gutachtens in der Hauptverhandlung zu beauftragen und dem Gerichte zu bezeichnen.

§ 257. Nach der Vernehmung eines jeden Zeugen, Sachverständigen oder Mitangeklagten, sowie nach der Verlesung eines jeden Schriftstücks soll der Angeklagte befragt werden, ob er etwas zu erklären habe[1]).

§ 258. Nach dem Schlusse der Beweisaufnahme erhalten die Staatsanwaltschaft und sodann der Angeklagte zu ihren Ausführungen und Anträgen das Wort.

Der Staatsanwaltschaft steht das Recht der Erwiderung zu; dem Angeklagten gebührt das letzte Wort.

Der Angeklagte ist, auch wenn ein Verteidiger für ihn gesprochen hat, zu befragen, ob er selbst noch etwas zu seiner Verteidigung anzuführen habe.

§ 259. Einem der Gerichtssprache nicht mächtigen Angeklagten müssen aus den Schlußvorträgen mindestens die Anträge der Staatsanwaltschaft und des Verteidigers durch den Dolmetscher bekanntgemacht werden.

Dasselbe gilt von einem tauben Angeklagten, sofern nicht eine schriftliche Verständigung erfolgt.

§ 260[2]). Die Hauptverhandlung schließt mit der Erlassung des Urteils. Das Urteil lautet auf Freisprechung, Verurteilung, Anordnung oder Zulassung einer Maß-

[1]) Für Jugendsachen vgl. §§ 30, 31 JGG.

[2]) **Die Fassung des § 260 Abs. 1, 2 beruht auf dem AusfGesetz** zum Gewohnheitsverbrechergesetz vom 24. 11. 1933 (RGBl. I, 1000), Art. 2.

regel der Sicherung und Besserung oder Einstellung des Verfahrens.

Wird auf Untersagung der Berufsausübung erkannt, so ist im Urteil der Beruf, das Gewerbe oder der Gewerbezweig, dessen Ausübung untersagt wird, genau zu bezeichnen.

Die Einstellung des Verfahrens ist auszusprechen, wenn bei einer nur auf Antrag zu verfolgenden strafbaren Handlung sich ergibt, daß der erforderliche Antrag nicht vorliegt, oder wenn der Antrag rechtzeitig zurückgenommen ist.

§ 261. Über das Ergebnis der Beweisaufnahme entscheidet das Gericht nach seiner freien, aus dem Inbegriffe der Verhandlung geschöpften Überzeugung.

§ 262. Hängt die Strafbarkeit einer Handlung von der Beurteilung eines bürgerlichen Rechtsverhältnisses ab, so entscheidet das Strafgericht auch über dieses nach den für das Verfahren und den Beweis in Strafsachen geltenden Vorschriften.

Das Gericht ist jedoch befugt, die Untersuchung auszusetzen und einem der Beteiligten zur Erhebung der Zivilklage eine Frist zu bestimmen oder das Urteil des Zivilgerichts abzuwarten.

§ 263[1]). **Zu einer jeden dem Angeklagten nachteiligen Entscheidung, die die Schuldfrage, die Bemessung der Strafe, die Anordnung einer Nebenstrafe oder Nebenfolge oder die Anordnung oder Zulassung einer Maßregel der Sicherung und Besserung betrifft, ist eine Mehrheit von zwei Dritteln der Stimmen erforderlich.**

Die Schuldfrage begreift auch solche von dem Strafgesetze besonders vorgesehene Umstände, welche die Strafbarkeit ausschließen, vermindern oder erhöhen.

Die Schuldfrage begreift nicht die Voraussetzungen des Rückfalls und der Verjährung.

[1]) Die Fassungen der §§ 263 Abs. 1, 265 Abs. 2 beruhen auf dem AusfGesetz zum Gewohnheitsverbrechergesetz vom 24. 11. 1933 RGBl. I, 1000), Art. 2.

§ 264. Gegenstand der Urteilsfindung ist die in der Anklage bezeichnete Tat, wie sie sich nach dem Ergebnisse der Verhandlung darstellt.

Das Gericht ist an die Beurteilung der Tat, welche dem Beschluß über die Eröffnung des Hauptverfahrens zugrunde liegt, nicht gebunden.

§ 265. Eine Verurteilung des Angeklagten auf Grund eines anderen als des in dem Beschluß über die Eröffnung des Hauptverfahrens angeführten Strafgesetzes darf nicht erfolgen, ohne daß der Angeklagte zuvor auf die Veränderung des rechtlichen Gesichtspunkts besonders hingewiesen und ihm Gelegenheit zur Verteidigung gegeben worden ist. **In gleicher Weise ist zu verfahren, wenn sich erst in der Verhandlung solche vom Strafgesetz besonders vorgesehenen Umstände ergeben, die die Strafbarkeit erhöhen oder die Anordnung oder Zulassung einer Maßregel der Sicherung und Besserung rechtfertigen**[1]).

Bestreitet der Angeklagte unter der Behauptung, auf die Verteidigung nicht genügend vorbereitet zu sein, neu hervorgetretene Umstände, welche die Anwendung eines schwereren Strafgesetzes gegen den Angeklagten zulassen als des in dem Beschluß über die Eröffnung des Hauptverfahrens angeführten, oder welche zu den im zweiten Absatz bezeichneten gehören, so ist auf seinen Antrag die Hauptverhandlung auszusetzen.

Auch sonst hat das Gericht auf Antrag oder von Amts wegen die Hauptverhandlung auszusetzen, falls dies infolge der veränderten Sachlage zur genügenden Vorbereitung der Anklage oder der Verteidigung angemessen erscheint.

Auf die in § 245 Abs. 2 bezeichneten Verhandlungen[2]) findet die Vorschrift des dritten Absatzes nicht Anwendung.

---

[1]) Die Fassungen der §§ 263 Abs. 1, 265 Abs. 2 beruhen auf dem Ausf.Gesetz zum Gewohnheitsverbrechergesetz vom 24. 11. 1933 (RGBl. I, 1000), Art. 2.

[2]) An die Stelle dieser Verhandlungen treten jetzt die Verhandlungen vor dem Amtsrichter, dem Schöffengericht und vor

§ 266. Wird der Angeklagte im Laufe der Hauptverhandlung noch einer anderen Tat beschuldigt, als wegen welcher das Hauptverfahren wider ihn eröffnet worden, so kann sie auf Antrag der Staatsanwaltschaft und mit Zustimmung des Angeklagten zum Gegenstande derselben Aburteilung gemacht werden.

Diese Bestimmung findet nicht Anwendung, wenn die Tat als ein Verbrechen sich darstellt oder ihre Aburteilung die Zuständigkeit des Gerichts überschreitet.

§ 267. Wird der Angeklagte verurteilt, so müssen die Urteilsgründe die für erwiesen erachteten Tatsachen angeben, in welchen die gesetzlichen Merkmale der strafbaren Handlung gefunden werden. Insoweit der Beweis aus anderen Tatsachen gefolgert wird, sollen auch diese Tatsachen angegeben werden.

Waren in der Verhandlung solche vom Strafgesetze besonders vorgesehene Umstände behauptet worden, welche die Strafbarkeit ausschließen, vermindern oder erhöhen, so müssen die Urteilsgründe sich darüber aussprechen, ob diese Umstände für festgestellt oder für nicht festgestellt erachtet werden.

Die Gründe des Strafurteils müssen ferner das zur Anwendung gebrachte Strafgesetz bezeichnen und sollen die Umstände anführen, welche für die Zumessung der Strafe bestimmend gewesen sind. Macht das Strafgesetz die Anwendung einer geringeren Strafe von dem Vorhandensein mildernder Umstände im allgemeinen abhängig, so müssen die Urteilsgründe die hierüber getroffene Entscheidung ergeben, sofern das Vorhandensein solcher Umstände angenommen oder einem in der Verhandlung gestellten Antrag entgegen verneint wird.

Verzichten alle zur Anfechtung Berechtigten auf Rechtsmittel, so genügt die Angabe der für erwiesen erachteten Tatsachen, in welchen die gesetzlichen Merkmale der straf-

dem Landgericht in der Berufungsinstanz (vgl. Ergänzung Nr. 1 zu § 245 StPO.).

baren Handlung gefunden werden, und des zur Anwendung gebrachten Strafgesetzes; hierbei kann auf den Eröffnungsbeschluß Bezug genommen werden[1]).

Wird der Angeklagte freigesprochen, so müssen die Urteilsgründe ergeben, ob der Angeklagte für nicht überführt, oder ob und aus welchen Gründen die für erwiesen angenommene Tat für nicht strafbar erachtet worden ist.

Die Urteilsgründe müssen auch ergeben, weshalb eine Maßregel der Sicherung und Besserung angeordnet oder für zulässig erklärt oder einem in der Verhandlung gestellten Antrag entgegen nicht angeordnet oder nicht für zulässig erklärt worden ist[2]).

§ 268. Die Verkündung des Urteils erfolgt durch Verlesung der Urteilsformel und Eröffnung der Urteilsgründe am Schlusse der Verhandlung oder spätestens mit Ablauf einer Woche nach dem Schlusse der Verhandlung. Die Eröffnung der Urteilsgründe geschieht durch Verlesung oder durch mündliche Mitteilung ihres wesentlichen Inhalts. Die Verlesung der Urteilsformel hat in jedem Falle der Mitteilung der Urteilsgründe voranzugehen.

War die Verkündung des Urteils ausgesetzt, so sind die Urteilsgründe vor ihr schriftlich festzustellen.

Ist der Angeklagte bei der Verkündung anwesend und ist gegen das Urteil ein Rechtsmittel zulässig, so soll er über die Einlegung des Rechtsmittels belehrt werden[3]).

§ 269. Das Gericht darf sich nicht für unzuständig erklären, weil die Sache vor ein Gericht niederer Ordnung gehöre.

§ 270. Stellt sich nach dem Ergebnis der Verhandlung die dem Angeklagten zur Last gelegte Tat als eine solche

---

[1]) Für Jugendsachen vgl. § 47 Abs. 1 JGG.

[2]) § 267 Abs. 6 ist durch das AusfGesetz zum Gewohnheitsverbrechergesetz vom 24. 11. 1933 (RGBl. I, 1000), Art. 2, eingefügt worden.

[3]) Die Fassung des § 268 beruht auf dem Gesetz vom 27. 12. 1926 (RGBl. I, 529).

dar, welche die Zuständigkeit des Gerichts überschreitet, so spricht es durch Beschluß seine Unzuständigkeit aus und verweist die Sache an das zuständige Gericht. **Hält der Amtsrichter die Strafschärfung für gefährliche Gewohnheitsverbrecher, die Unterbringung in einer Heil- oder Pflegeanstalt, einer Trinkerheilanstalt oder einer Entziehungsanstalt, die Sicherungsverwahrung, die, Entmannung oder die Untersagung der Berufsausübung für angezeigt, so hat er die Sache an das Schöffengericht zu verweisen, sofern nicht ein Gericht höherer Ordnung zuständig ist**[1]) [2]).

Dieser Beschluß hat die Wirkung eines das Hauptverfahren eröffnenden Beschlusses und muß den Erfordernissen eines solchen entsprechen.

Die Anfechtbarkeit des Beschlusses bestimmt sich nach den Vorschriften des § 210.

Ist der Beschluß von einem Amtsrichter oder einem Schöffengericht ergangen, so kann der Angeklagte, falls nicht eine Voruntersuchung stattgefunden hat, innerhalb einer bei der Bekanntmachung des Beschlusses zu bestimmenden Frist die Vornahme einzelner Beweiserhebungen vor der Hauptverhandlung beantragen. Über den Antrag entscheidet der Vorsitzende des Gerichts, an welches die Sache verwiesen ist[3]).

§ 271. Über die Hauptverhandlung ist ein Protokoll aufzunehmen und von dem Vorsitzenden und dem Urkundsbeamten der Geschäftsstelle zu unterschreiben.

Ist der Vorsitzende verhindert, so unterschreibt für ihn der älteste beisitzende Richter. Ist der Vorsitzende das

---

[1]) § 270 Abs. 1 Satz 2 ist durch das AusfGesetz zum Gewohnheitsverbrechergesetz vom 24. 11. 1933 (RGBl. I, 1000), Art. 2, eingefügt worden.

[2]) Für das Sondergericht vgl. § 14 der V. über die Bildung von Sondergerichten vom 21. 3. 1933 (RGBl. I, 136), unten XIV.

[3]) Dasselbe gilt für die große Strafkammer in erster Instanz.

einzige richterliche Mitglied des Gerichts, so genügt bei seiner Verhinderung die Unterschrift des Urkundsbeamten der Geschäftsstelle.

§ 272. Das Protokoll über die Hauptverhandlung enthält:

1. den Ort und den Tag der Verhandlung;
2. die Namen der Richter, Geschworenen und Schöffen, des Beamten der Staatsanwaltschaft, des Urkundsbeamten der Geschäftsstelle und des zugezogenen Dolmetschers;
3. die Bezeichnung der strafbaren Handlung nach der Anklage;
4. die Namen der Angeklagten, ihrer Verteidiger, der Privatkläger, Nebenkläger, gesetzlichen Vertreter, Bevollmächtigten und Beistände;
5. die Angabe, daß öffentlich verhandelt oder die Öffentlichkeit ausgeschlossen ist.

§ 273. Das Protokoll muß den Gang und die Ergebnisse der Hauptverhandlung im wesentlichen wiedergeben und die Beobachtung aller wesentlichen Förmlichkeiten ersichtlich machen, auch die Bezeichnung der verlesenen Schriftstücke sowie die im Laufe der Verhandlung gestellten Anträge, die ergangenen Entscheidungen und die Urteilsformel enthalten.

Aus der Hauptverhandlung vor dem Amtsrichter und dem Schöffengerichte sind außerdem die wesentlichen Ergebnisse der Vernehmungen in das Protokoll aufzunehmen.

Kommt es auf die Feststellung eines Vorganges in der Hauptverhandlung oder des Wortlauts einer Aussage oder einer Äußerung an, so hat der Vorsitzende die vollständige Niederschreibung und Verlesung anzuordnen. In dem Protokoll ist zu bemerken, daß die Verlesung geschehen und die Genehmigung erfolgt ist, oder welche Einwendungen erhoben sind.

Ergänzungen zu § 273 Abs. 2:

1. V. über Maßnahmen auf dem Gebiete der Rechtspflege und Verwaltung vom 14. Juni 1932 (RGBl. I, 285), Erster Teil, Kapitel I, Artikel 1, § 2 Abs. 2.

(2) Die Ergebnisse der Vernehmungen (§ 273 Abs. 2 der Strafprozeßordnung) brauchen in das Protokoll über die Hauptverhandlung nicht aufgenommen zu werden.

2. V. über die Bildung von Sondergerichten vom 21. März 1933 (RGBl. I, 136), § 15; vgl. unten XIV.

§ 274. Die Beobachtung der für die Hauptverhandlung vorgeschriebenen Förmlichkeiten kann nur durch das Protokoll bewiesen werden. Gegen den diese Förmlichkeiten betreffenden Inhalt des Protokolls ist nur der Nachweis der Fälschung zulässig.

§ 275. Das Urteil mit den Gründen ist binnen einer Woche nach der Verkündung zu den Akten zu bringen, falls es nicht bereits vollständig in das Protokoll aufgenommen worden ist.

Es ist von den Richtern, welche bei der Entscheidung mitgewirkt haben, zu unterschreiben. Ist ein Richter verhindert, seine Unterschrift beizufügen, so wird dies unter Angabe des Verhinderungsgrundes von dem Vorsitzenden und bei dessen Verhinderung von dem ältesten beisitzenden Richter unter dem Urteil bemerkt. Der Unterschrift der Schöffen und der Geschworenen bedarf es nicht.

Die Bezeichnung des Tages der Sitzung sowie die Namen der Richter, der Geschworenen, der Schöffen, des Beamten der Staatsanwaltschaft und des Urkundsbeamten der Geschäftsstelle, welche an der Sitzung teilgenommen haben, sind in das Urteil aufzunehmen.

Die Ausfertigungen und Auszüge der Urteile sind von dem Urkundsbeamten der Geschäftsstelle zu unterschreiben und mit dem Gerichtssiegel zu versehen.

Siebenter Abschnitt.

Verfahren gegen Abwesende.

§ 276. Ein Beschuldigter gilt als abwesend, wenn sein Aufenthalt unbekannt ist oder, wenn er sich im Ausland aufhält und seine Gestellung vor das zuständige Gericht nicht ausführbar oder nicht angemessen erscheint.

Ergänzungen zu § 276:

1. 4. V. zur Sicherung von Wirtschaft und Finanzen und zum Schutze des inneren Friedens vom 8. Dezember 1931 (RGBl. I, 734), 7. Teil, Kapitel III, § 9 (Bestrafung wegen Steuerflucht).

2. Gesetz gegen Verrat der Deutschen Volkswirtschaft vom 12. Juni 1933 (RGBl. I, 360), § 9 Abs. 3.

Strafverfahren.

(3) Wegen eines Verbrechens oder eines Vergehens gegen den § 8 Absätze 1 und 2 dieses Gesetzes [Nichterfüllung der Pflicht zur Anzeige der im Auslande befindlichen Vermögensstücke] kann eine Hauptverhandlung unter den Voraussetzungen des § 276 der Strafprozeßordnung stattfinden. Die Vorschriften der §§ 278 bis 284 der Strafprozeßordnung finden Anwendung. Wird der Verurteilte ergriffen oder stellt er sich dem Gericht, so hat das Gericht auf seinen Antrag die Erneuerung der Hauptverhandlung zu beschließen. Mit diesem Beschluß wird das frühere Urteil hinfällig.

§ 277. Gegen einen Abwesenden kann eine Hauptverhandlung nur dann stattfinden, wenn die den Gegenstand der Untersuchung bildende Tat nur mit Geldstrafe oder Einziehung, allein oder in Verbindung miteinander, bedroht ist.

Für das Verfahren kommen die Vorschriften der §§ 278 bis 284 zur Anwendung.

§ 278. Ist der Aufenthalt des Angeklagten unbekannt oder die Befolgung der für Zustellungen im Ausland bestehenden Vorschriften unausführbar oder voraussichtlich erfolglos, so wird der Angeklagte in der Weise zur Hauptverhandlung geladen, daß eine beglaubigte Abschrift der Ladung zwei Wochen an die Gerichtstafel des Gerichts erster Instanz angeheftet wird.

§ 279. Die Ladung muß enthalten:

die Angabe des Namens und, soweit dies bekannt, des Vornamens, Alters, Standes, Gewerbes und Wohnorts oder Aufenthaltsorts des Angeklagten, die Bezeichnung der dem Angeklagten zur Last gelegten strafbaren Handlung sowie die Angabe des Tages und der Stunde der Hauptverhandlung.

Zugleich ist die Warnung hinzuzufügen, daß bei unentschuldigtem Ausbleiben des Angeklagten zur Hauptverhandlung werde geschritten werden.

§ 280. In der Hauptverhandlung kann für den Angeklagten ein Verteidiger auftreten. Auch Angehörige des Angeklagten sind, ohne daß sie einer Vollmacht bedürfen, als Vertreter zuzulassen.

§ 281. Die Zustellung des Urteils erfolgt nach Maßgabe der Bestimmungen des § 40 Abs. 2.

§ 282. Die im § 280 bezeichneten Personen können von den dem Beschuldigten zustehenden Rechtsmitteln Gebrauch machen.

§ 283. Insoweit es nach dem Ermessen des Richters zur Deckung der den Angeschuldigten möglicherweise treffenden höchsten Geldstrafe und der Kosten des Verfahrens erforderlich ist, können einzelne zum Vermögen des Angeschuldigten gehörige Gegenstände mit Beschlag belegt werden. Auf diese Beschlagnahme finden die Bestimmungen der Zivilprozeßordnung über die Vollziehung und die Wirkungen des dinglichen Arrestes entsprechende Anwendung. Die Beschlagnahme ist aufzuheben, wenn ihr Grund weggefallen ist.

§ 284. Insoweit eine Deckung in Gemäßheit der vorstehenden Bestimmung nicht ausführbar erscheint, kann durch Beschluß des Gerichts das im Deutschen Reiche befindliche Vermögen des Angeschuldigten mit Beschlag belegt werden. Der Beschluß ist durch den Deutschen Reichsanzeiger und nach Ermessen des Gerichts auch durch andere Blätter zu veröffentlichen.

Verfügungen, welche der Angeschuldigte über sein mit Beschlag belegtes Vermögen nach der ersten durch den Deutschen Reichsanzeiger bewirkten Veröffentlichung des Beschlusses vornimmt, sind der Staatskasse gegenüber nichtig.

Die Beschlagnahme des Vermögens ist aufzuheben, sobald ihr Grund weggefallen oder die Deckung der Staatskasse durch eine Beschlagnahme in Gemäßheit des § 283 bewirkt ist.

Die Aufhebung der Beschlagnahme ist durch dieselben Blätter bekanntzumachen, durch welche die Beschlagnahme veröffentlicht worden ist.

§ 285. In anderen als den im § 277 bezeichneten Fällen findet gegen einen Abwesenden eine Hauptverhandlung nicht statt. Das gegen den Abwesenden eingeleitete Verfahren hat die Aufgabe, für den Fall seiner künftigen Gestellung die Beweise zu sichern.

Für dieses Verfahren gelten die Bestimmungen der §§ 286 bis 294.

§ 286. Die Zulassung eines Verteidigers wird durch die Abwesenheit des Beschuldigten nicht ausgeschlossen. Zur Wahl eines Verteidigers sind auch Angehörige des Beschuldigten befugt.

Zeugen und Sachverständige sind eidlich zu vernehmen.

§ 287. Dem abwesenden Beschuldigten steht ein Anspruch auf Benachrichtigung über den Fortgang des Verfahrens nicht zu.

Der Richter ist jedoch befugt, einem Abwesenden, dessen Aufenthalt bekannt ist, Benachrichtigungen zugehen zu lassen.

§ 288. Der Abwesende, dessen Aufenthalt unbekannt ist, kann in öffentlichen Blättern zum Erscheinen vor Gericht oder zur Anzeige seines Aufenthaltsortes aufgefordert werden.

§ 289. Stellt sich erst nach Eröffnung des Hauptverfahrens die Abwesenheit des Angeklagten heraus, so erfolgen die noch erforderlichen Beweisaufnahmen durch einen beauftragten oder ersuchten Richter.

§ 290. Liegen gegen den Abwesenden, gegen welchen die öffentliche Klage erhoben ist, Verdachtsgründe vor, welche die Erlassung eines Haftbefehls rechtfertigen würden, so kann sein im Deutschen Reiche befindliches Vermögen durch Beschluß des Gerichts mit Beschlag belegt werden.

§ 291. Der die Beschlagnahme verhängende Beschluß ist durch den Deutschen Reichsanzeiger bekanntzumachen und kann nach dem Ermessen des Gerichts auch durch andere Blätter veröffentlicht werden.

§ 292. Mit dem Zeitpunkt der ersten Bekanntmachung in dem Deutschen Reichsanzeiger verliert der Angeschuldigte das Recht, über das in Beschlag genommene Vermögen unter Lebenden zu verfügen.

Der die Beschlagnahme verhängende Beschluß ist der Behörde mitzuteilen, welche für die Einleitung einer Pflegschaft über Abwesende zuständig ist. Diese Behörde hat eine Pflegschaft einzuleiten.

§ 293. Die Beschlagnahme ist aufzuheben, wenn ihre Gründe weggefallen sind.

Die Aufhebung der Beschlagnahme ist durch dieselben Blätter bekanntzumachen, durch welche die Beschlagnahme selbst veröffentlicht worden war.

§ 294. Auf das nach Erhebung der öffentlichen Klage eintretende Verfahren finden im übrigen die Vorschriften über die Voruntersuchung entsprechende Anwendung.

In dem nach Beendigung dieses Verfahrens ergehenden Beschlusse (§ 198) ist zugleich über die Fortdauer oder Aufhebung der Beschlagnahme zu entscheiden.

§ 295. Das Gericht kann einem abwesenden Beschuldigten sicheres Geleit erteilen; es kann diese Erteilung an Bedingungen knüpfen.

Das sichere Geleit gewährt Befreiung von der Untersuchungshaft, jedoch nur wegen der strafbaren Handlung, für welche es erteilt ist.

Es erlischt, wenn ein auf Freiheitsstrafe lautendes Urteil ergeht, wenn der Beschuldigte Anstalten zur Flucht trifft, oder wenn er die Bedingungen nicht erfüllt, unter welchen ihm das sichere Geleit erteilt worden ist.

Drittes Buch.

Rechtsmittel.

Erster Abschnitt.

Allgemeine Bestimmungen.

§ 296. Die zulässigen Rechtsmittel gegen gerichtliche Entscheidungen stehen sowohl der Staatsanwaltschaft als dem Beschuldigten zu.

Die Staatsanwaltschaft kann von ihnen auch zugunsten des Beschuldigten Gebrauch machen.

§ 297. Für den Beschuldigten kann der Verteidiger, jedoch nicht gegen dessen ausdrücklichen Willen, Rechtsmittel einlegen.

§ 298. Der gesetzliche Vertreter eines Beschuldigten, desgleichen der Ehemann einer beschuldigten Frau, können binnen der für den Beschuldigten laufenden Frist selbständig von den zulässigen Rechtsmitteln Gebrauch machen.

Auf ein solches Rechtsmittel und auf das Verfahren finden die über die Rechtsmittel des Beschuldigten geltenden Vorschriften entsprechende Anwendung.

§ 299. Der nicht auf freiem Fuß befindliche Beschuldigte kann die Erklärungen, die sich auf Rechtsmittel beziehen, zu Protokoll der Geschäftsstelle des Amtsgerichts geben, in dessen Bezirk die Anstalt liegt, wo er auf behördliche Anordnung verwahrt wird[1]).

Zur Wahrung einer Frist genügt es, wenn innerhalb der Frist das Protokoll aufgenommen wird.

§ 300. Ein Irrtum in der Bezeichnung des zulässigen Rechtsmittels ist unschädlich.

§ 301. Jedes von der Staatsanwaltschaft eingelegte Rechtsmittel hat die Wirkung, daß die angefochtene Ent-

[1]) Die Fassung des § 299 Abs. 1 beruht auf dem AusfGesetz zum Gewohnheitsverbrechergesetz vom 24. 11. 1933 (RGBl. I, 1000), Art. 2.

scheidung auch zugunsten des Beschuldigten abgeändert oder aufgehoben werden kann.

§ 302. Die Zurücknahme eines Rechtsmittels sowie der Verzicht auf die Einlegung eines Rechtsmittels kann auch vor Ablauf der Frist zu seiner Einlegung wirksam erfolgen. Ein von der Staatsanwaltschaft zugunsten des Beschuldigten eingelegtes Rechtsmittel kann jedoch ohne dessen Zustimmung nicht zurückgenommen werden.

Der Verteidiger bedarf zur Zurücknahme einer ausdrücklichen Ermächtigung.

§ 303. Wenn die Entscheidung über das Rechtsmittel auf Grund mündlicher Verhandlung stattzufinden hat, so kann die Zurücknahme nach Beginn der Hauptverhandlung nur mit Zustimmung des Gegners erfolgen.

Zweiter Abschnitt.

Beschwerde.

§ 304. Die Beschwerde ist gegen alle von den Gerichten in erster Instanz oder in der Berufungsinstanz erlassenen Beschlüsse und gegen die Verfügungen des Vorsitzenden, des Untersuchungsrichters, des Amtsrichters und eines beauftragten oder ersuchten Richters zulässig, soweit das Gesetz sie nicht ausdrücklich einer Anfechtung entzieht.

Auch Zeugen, Sachverständige und andere Personen können gegen Beschlüsse und Verfügungen, durch welche sie betroffen werden, Beschwerde erheben.

Gegen Beschlüsse und Verfügungen der Oberlandesgerichte und des Reichsgerichts findet eine Beschwerde nicht statt.

§ 305. Entscheidungen der erkennenden Gerichte, welche der Urteilsfällung vorausgehen, unterliegen nicht der Beschwerde. Ausgenommen sind Entscheidungen über Verhaftungen, **die einstweilige Unterbringung**[1]), Beschlag-

[1]) Die Änderung in § 305 beruht auf dem AusfGesetz zum Gewohnheitsverbrechergesetz vom 24. 11. 1933 (RGBl. I, 1000), Art. 2.

nahmen oder Straffestsetzungen, sowie alle Entscheidungen, durch welche dritte Personen betroffen werden.

§ 306. Die Beschwerde wird bei dem Gerichte, von welchem oder von dessen Vorsitzenden die angefochtene Entscheidung erlassen ist, zu Protokoll der Geschäftsstelle oder schriftlich eingelegt. Sie kann in dringenden Fällen auch bei dem Beschwerdegericht eingelegt werden.

Erachtet das Gericht oder der Vorsitzende, dessen Entscheidung angefochten wird, die Beschwerde für begründet, so haben sie ihr abzuhelfen; anderenfalls ist die Beschwerde sofort, spätestens vor Ablauf von drei Tagen, dem Beschwerdegerichte vorzulegen.

Die vorstehenden Bestimmungen finden auch auf die Entscheidungen des Amtsrichters im Vorverfahren, des beauftragten oder ersuchten Richters und des Untersuchungsrichters Anwendung.

§ 307. Durch Einlegung der Beschwerde wird der Vollzug der angefochtenen Entscheidung nicht gehemmt.

Jedoch kann das Gericht, der Vorsitzende oder der Richter, dessen Entscheidung angefochten wird, sowie auch das Beschwerdegericht anordnen, daß die Vollziehung der angefochtenen Entscheidung auszusetzen sei.

§ 308. Das Beschwerdegericht kann dem Gegner des Beschwerdeführers die Beschwerde zur schriftlichen Gegenerklärung mitteilen; es kann etwa erforderliche Ermittelungen anordnen oder selbst vornehmen.

§ 309. Die Entscheidung über die Beschwerde erfolgt ohne vorgängige mündliche Verhandlung, in geeigneten Fällen nach Anhörung der Staatsanwaltschaft.

Wird die Beschwerde für begründet erachtet, so erläßt das Beschwerdegericht zugleich die in der Sache erforderliche Entscheidung.

§ 310. Beschlüsse, welche von dem Landgericht in der Beschwerdeinstanz erlassen sind, können, insofern sie Verhaftungen **oder die einstweilige Unterbringung**[1]) betreffen, durch weitere Beschwerde angefochten werden.

Im übrigen findet eine weitere Anfechtung der in der Beschwerdeinstanz ergangenen Entscheidungen nicht statt.

§ 311. Für die Fälle der sofortigen Beschwerde gelten die nachfolgenden besonderen Bestimmungen.

Die Beschwerde ist binnen der Frist von einer Woche, welche mit der Bekanntmachung (§ 35) der Entscheidung beginnt, einzulegen. Die Einlegung bei dem Beschwerdegerichte genügt zur Wahrung der Frist, auch wenn der Fall für dringlich nicht erachtet wird.

Das Gericht ist zu einer Abänderung seiner durch Beschwerde angefochtenen Entscheidung nicht befugt.

Dritter Abschnitt.

Berufung.

§ 312. Die Berufung findet statt gegen die Urteile des Amtsrichters und des Schöffengerichts.

Ergänzung zu §§ 312 ff.:

V. über Maßnahmen auf dem Gebiete der Rechtspflege und Verwaltung vom 14. Juni 1932 (RGBl. I, 285), Erster Teil, Kapitel I, Art. 2.

Beschränkung der Rechtsmittel in Strafsachen.

§ 1. Die Rechtsmittel in Strafsachen, die zur Zuständigkeit der Amtsgerichte gehören, werden wie folgt beschränkt:

1. Gegen die Urteile des Amtsrichters und des Schöffengerichts findet, vorbehaltlich der Bestimmung des § 313 der Strafprozeßordnung, nach Wahl des Berechtigten die Berufung an das Landgericht oder die Revision an das Oberlandesgericht statt. Wer Berufung eingelegt hatte, darf nicht mehr Revision gegen das Berufungsurteil einlegen.

2. Soll ein Urteil des Amtsrichters oder des Schöffengerichts angefochten werden, so hat der Anfechtungsberech-

---

[1]) **Die Änderung in § 310 Abs. 1 beruht auf dem AusfGesetz zum Gewohnheitsverbrechergesetz vom 24. 11. 1933 (RGBl. I, 1000), Art. 2.**

tigte bei dem Gericht erster Instanz binnen einer Woche nach Verkündung des Urteils zu Protokoll der Geschäftsstelle oder schriftlich die Erklärung abzugeben, daß er das Urteil anficht. Hat die Verkündung des Urteils nicht in Anwesenheit des Angeklagten stattgefunden, so beginnt für ihn die Frist mit der Zustellung.

3. Der Beginn der Frist zur Anfechtung wird dadurch nicht ausgeschlossen, daß gegen ein auf Ausbleiben des Angeklagten ergangenes Urteil die Wiedereinsetzung in den vorigen Stand nachgesucht werden kann.

Stellt der Angeklagte ein Gesuch um Wiedereinsetzung in den vorigen Stand, so wird die Frist für die Anfechtung dadurch gewahrt, daß die Anfechtung für den Fall der Verwerfung jenes Gesuchs rechtzeitig erklärt wird. Die weitere Verfügung in bezug auf die Anfechtung bleibt dann bis zur Erledigung des Gesuchs um Wiedereinsetzung in den vorigen Stand ausgesetzt.

Die Anfechtung ohne Verbindung mit dem Gesuch um Wiedereinsetzung in den vorigen Stand gilt als Verzicht auf die Wiedereinsetzung.

4. Binnen einer Woche nach Ablauf der Frist für die Anfechtung oder, wenn zu dieser Zeit das Urteil noch nicht zugestellt war, nach dessen Zustellung, hat der Beschwerdeführer zu Protokoll der Geschäftsstelle oder schriftlich zu erklären, ob seine Anfechtung als Berufung oder als Revision behandelt werden soll.

Soll das Rechtsmittel als Revision behandelt werden, so müssen die Erklärungen in der im § 345 Abs. 2 der Strafprozeßordnung vorgeschriebenen Form abgegeben und die Revisionsanträge und ihre Begründung (§§ 344, 345 der Strafprozeßordnung) innerhalb der Frist des § 345 Abs. 1 angebracht werden.

Gibt der Beschwerdeführer innerhalb der Frist des Abs. 1 eine Erklärung nicht ab oder entspricht die Erklärung nicht den Vorschriften der §§ 344, 345 der Strafprozeßordnung, so wird die Anfechtung als Berufung behandelt.

Haben mehrere Beteiligte das Urteil angefochten und hat sich ein Beteiligter für die Revision und ein anderer für die Berufung entschieden, so werden, solange die Berufung nicht zurückgenommen ist oder als zurückgenommen gilt oder als unzulässig oder nach §§ 329, 391 Abs. 3 der Strafprozeßordnung oder nach Artikel 10 Abs. 3 dieses Kapitels[1]) verworfen ist, alle Rechtsmittel als Berufung behandelt.

§ 313. Ein Urteil des Amtsrichters kann nicht mit der Berufung angefochten werden, wenn es ausschließlich Übertretungen zum Gegenstande hat und der Angeklagte entweder freigesprochen oder ausschließlich zu Geldstrafe verurteilt worden ist[2]).

§ 314. Die Berufung muß bei dem Gericht erster Instanz binnen einer Woche nach Verkündung des Urteils zu Protokoll der Geschäftsstelle oder schriftlich eingelegt werden.

Hat die Verkündung des Urteils nicht in Anwesenheit des Angeklagten stattgefunden, so beginnt für diesen die Frist mit der Zustellung.

§ 315. Der Beginn der Frist zur Einlegung der Berufung wird dadurch nicht ausgeschlossen, daß gegen ein auf Ausbleiben des Angeklagten ergangenes Urteil eine Wiedereinsetzung in den vorigen Stand nachgesucht werden kann.

Stellt der Angeklagte ein Gesuch um Wiedereinsetzung in den vorigen Stand, so wird die Berufung dadurch gewahrt, daß sie sofort für den Fall der Verwerfung jenes Gesuchs rechtzeitig eingelegt wird. Die weitere Verfügung in bezug auf die Berufung bleibt dann bis zur Erledigung des Gesuchs um Wiedereinsetzung in den vorigen Stand ausgesetzt.

Die Einlegung der Berufung ohne Verbindung mit dem Gesuch um Wiedereinsetzung in den vorigen Stand gilt als Verzicht auf die letztere.

§ 316. Durch rechtzeitige Einlegung der Berufung wird die Rechtskraft des Urteils, soweit es angefochten ist, gehemmt.

---

[1]) Vgl. Anm. zu § 379 StPO.

[2]) Die Fassung des § 313 beruht auf dem Gesetz vom 22. 12. 1925 (RGBl. I, 475).

Dem Beschwerdeführer, welchem das Urteil mit den Gründen noch nicht zugestellt war, ist es nach Einlegung der Berufung sofort zuzustellen.

§ 317. Die Berufung kann binnen einer weiteren Woche nach Ablauf der Frist zur Einlegung des Rechtsmittels oder, wenn zu dieser Zeit das Urteil noch nicht zugestellt war, nach dessen Zustellung bei dem Gericht erster Instanz zu Protokoll der Geschäftsstelle oder in einer Beschwerdeschrift gerechtfertigt werden.

§ 318. Die Berufung kann auf bestimmte Beschwerdepunkte beschränkt werden. Ist dies nicht geschehen oder eine Rechtfertigung überhaupt nicht erfolgt, so gilt der ganze Inhalt des Urteils als angefochten.

§ 319. Ist die Berufung verspätet eingelegt, so hat das Gericht erster Instanz das Rechtsmittel als unzulässig zu verwerfen.

Der Beschwerdeführer kann binnen einer Woche nach Zustellung des Beschlusses auf die Entscheidung des Berufungsgerichts antragen. In diesem Falle sind die Akten an das Berufungsgericht einzusenden; die Vollstreckung des Urteils wird jedoch hierdurch nicht gehemmt.

§ 320. Ist die Berufung rechtzeitig eingelegt, so hat nach Ablauf der Frist zur Rechtfertigung die Geschäftsstelle ohne Rücksicht darauf, ob eine Rechtfertigung stattgefunden hat oder nicht, die Akten der Staatsanwaltschaft vorzulegen. Diese stellt, wenn die Berufung von ihr eingelegt ist, dem Angeklagten die Schriftstücke über Einlegung und Rechtfertigung der Berufung zu.

§ 321. Die Staatsanwaltschaft übersendet die Akten an die Staatsanwaltschaft bei dem Berufungsgerichte. Diese übergibt die Akten binnen einer Woche dem Vorsitzenden des Gerichts.

§ 322. Erachtet das Berufungsgericht die Bestimmungen über die Einlegung der Berufung nicht für beobachtet, so kann es das Rechtsmittel durch Beschluß als unzulässig verwerfen. Anderenfalls entscheidet es darüber durch Urteil.

Der Beschluß kann durch sofortige Beschwerde angefochten werden.

§ 323. Auf die Vorbereitung der Hauptverhandlung finden die Vorschriften der §§ 214, 216 bis 225 Anwendung. In der Ladung ist der Angeklagte auf die Folgen des Ausbleibens ausdrücklich hinzuweisen.

Die Ladung der in erster Instanz vernommenen Zeugen und Sachverständigen kann nur dann unterbleiben, wenn deren wiederholte Vernehmung zur Aufklärung der Sache nicht erforderlich erscheint.

Neue Beweismittel sind zulässig.

Bei der Auswahl der zu ladenden Zeugen und Sachverständigen ist auf die von dem Angeklagten zur Rechtfertigung der Berufung benannten Personen Rücksicht zu nehmen.

§ 324. Nachdem die Hauptverhandlung nach Vorschrift des § 243 Abs. 1 begonnen hat, hält ein Berichterstatter in Abwesenheit der Zeugen einen Vortrag über die Ergebnisse des bisherigen Verfahrens. Das Urteil erster Instanz ist stets zu verlesen.

Sodann erfolgt die Vernehmung des Angeklagten und die Beweisaufnahme.

§ 325. Bei der Berichterstattung und der Beweisaufnahme können Schriftstücke verlesen werden; Protokolle über Aussagen der in der Hauptverhandlung erster Instanz vernommenen Zeugen und Sachverständigen dürfen, abgesehen von den Fällen der §§ 251, 253 ohne die Zustimmung der Staatsanwaltschaft und des Angeklagten nicht verlesen werden, wenn die wiederholte Vorladung der Zeugen oder Sachverständigen erfolgt ist oder von dem Angeklagten rechtzeitig vor der Hauptverhandlung beantragt worden war.

§ 326. Nach dem Schlusse der Beweisaufnahme werden die Staatsanwaltschaft sowie der Angeklagte und sein Verteidiger mit ihren Ausführungen und Anträgen, und zwar der Beschwerdeführer zuerst, gehört. Dem Angeklagten gebührt das letzte Wort.

§ 327. Der Prüfung des Gerichts unterliegt das Urteil nur, soweit es angefochten ist.

§ 328. Insoweit die Berufung für begründet befunden wird, hat das Berufungsgericht unter Aufhebung des Urteils in der Sache selbst zu erkennen.

Leidet das Urteil an einem Mangel, welcher die Revision wegen Verletzung einer Rechtsnorm über das Verfahren begründen würde, so kann das Berufungsgericht unter Aufhebung des Urteils die Sache, wenn die Umstände des Falles es erfordern, zur Entscheidung an die erste Instanz zurückverweisen.

Hat das Gericht erster Instanz mit Unrecht seine Zuständigkeit angenommen, so hat das Berufungsgericht unter Aufhebung des Urteils die Sache an das zuständige Gericht zu verweisen.

§ 329. Ist bei dem Beginne der Hauptverhandlung weder der Angeklagte noch in den Fällen, wo solches zulässig, ein Vertreter des Angeklagten erschienen und das Ausbleiben nicht genügend entschuldigt, so ist, insoweit der Angeklagte die Berufung eingelegt hat, diese sofort zu verwerfen, insoweit die Staatsanwaltschaft die Berufung eingelegt hat, über diese zu verhandeln oder die Vorführung oder Verhaftung des Angeklagten anzuordnen.

Der Angeklagte kann binnen einer Woche nach der Zustellung des Urteils die Wiedereinsetzung in den vorigen Stand unter den in den §§ 44, 45 bezeichneten Voraussetzungen beanspruchen.

§ 330. Ist von einer der im § 298 bezeichneten Personen die Berufung eingelegt worden, so hat das Gericht auch den Angeklagten zu der Hauptverhandlung vorzuladen und kann ihn bei seinem Ausbleiben zwangsweise vorführen lassen.

§ 331. War das Urteil nur von dem Angeklagten oder zu seinen Gunsten von der Staatsanwaltschaft oder von einer der im § 298 bezeichneten Personen angefochten worden, so darf das Urteil nicht zum Nachteil des Angeklagten abgeändert werden.

Diese Bestimmung steht der Anordnung der Unterbringung in einer Heil- oder Pflegeanstalt, einer Trinkerheilanstalt oder einer Entziehungsanstalt durch das Berufungsgericht nicht entgegen[1]).

§ 332. Im übrigen finden die im sechsten Abschnitt des zweiten Buches über die Hauptverhandlung gegebenen Vorschriften Anwendung.

Vierter Abschnitt.

Revision[2]).

§ 333. Die Revision findet statt gegen die Urteile der Landgerichte und der Schwurgerichte.

§ 334. Gegen die Urteile des Amtsrichters ist die Revision insoweit zulässig, als nach § 313 die Berufung ausgeschlossen ist.

§ 335. Ein Urteil, gegen das die Berufung zulässig ist, kann statt mit der Berufung mit der Revision angefochten werden.

Über die Revision entscheidet das Gericht, das zur Entscheidung berufen wäre, wenn die Revision nach durchgeführter Berufung eingelegt worden wäre.

Legt gegen das Urteil ein Beteiligter Revision und ein anderer Beteiligter Berufung ein, so wird, solange die Berufung nicht zurückgenommen oder als unzulässig verworfen ist, die Revision als Berufung behandelt. Die Revisionsanträge und deren Begründung sind gleichwohl in der vor-

---

[1]) § 331 Abs. 2 ist durch das AusfGesetz zum Gewohnheitsverbrechergesetz vom 24. 11. 1933 (RGBl. I, 1000), Art. 2, eingefügt worden.

[2]) Vgl. hierzu die Ergänzung zu §§ 312ff. StPO.

geschriebenen Form und Frist anzubringen und dem Gegner zuzustellen (§§ 344 bis 347). Gegen das Berufungsurteil findet Revision nach den allgemein geltenden Vorschriften statt.

§ 336. Der Beurteilung des Revisionsgerichts unterliegen auch die Entscheidungen, welche dem Urteil vorausgegangen sind, sofern es auf ihnen beruht.

§ 337. Die Revision kann nur darauf gestützt werden, daß das Urteil auf einer Verletzung des Gesetzes beruhe.

Das Gesetz ist verletzt, wenn eine Rechtsnorm nicht oder nicht richtig angewendet worden ist.

§ 338. Ein Urteil ist stets als auf einer Verletzung des Gesetzes beruhend anzusehen:

1. wenn das erkennende Gericht nicht vorschriftsmäßig besetzt war;

Ergänzung zu § 338 Nr. 1:

Gesetz über die Neuwahl der Schöffen, Geschworenen und Handelsrichter vom 7. April 1933 (RGBl. I, 188), § 7.

In bürgerlichen Rechtsstreitigkeiten und in Strafsachen können die Revision und die Nichtigkeitsklage nicht darauf gestützt werden, daß ein Gericht zwischen dem 21. März 1933 und dem 1. Juli 1933 nicht vorschriftsmäßig besetzt gewesen sei.

2. wenn bei dem Urteil ein Richter, Geschworener oder Schöffe mitgewirkt hat, welcher von der Ausübung des Richteramts kraft des Gesetzes ausgeschlossen war;
3. wenn bei dem Urteil ein Richter, Geschworener oder Schöffe mitgewirkt hat, nachdem er wegen Besorgnis der Befangenheit abgelehnt war und das Ablehnungsgesuch entweder für begründet erklärt war oder mit Unrecht verworfen worden ist;
4. wenn das Gericht seine Zuständigkeit mit Unrecht angenommen hat;
5. wenn die Hauptverhandlung in Abwesenheit der Staatsanwaltschaft oder einer Person, deren Anwesenheit das Gesetz vorschreibt, stattgefunden hat;

6. wenn das Urteil auf Grund einer mündlichen Verhandlung ergangen ist, bei welcher die Vorschriften über die Öffentlichkeit des Verfahrens verletzt sind;
7. wenn das Urteil keine Entscheidungsgründe enthält;
8. wenn die Verteidigung in einem für die Entscheidung wesentlichen Punkte durch einen Beschluß des Gerichts unzulässig beschränkt worden ist.

§ 339. Die Verletzung der Rechtsnormen, welche lediglich zugunsten des Angeklagten gegeben sind, kann von der Staatsanwaltschaft nicht zu dem Zwecke geltend gemacht werden, um eine Aufhebung des Urteils zum Nachteile des Angeklagten herbeizuführen.

§ 340. In den Fällen, in denen die Revision statt der Berufung eingelegt wird (§ 335), kann die Revision wegen Verletzung einer Rechtsnorm über das Verfahren nur auf Verletzung der Vorschrift des § 358 gestützt werden[1]).

§ 341. Die Revision muß bei dem Gerichte, dessen Urteil angefochten wird, binnen einer Woche nach Verkündung des Urteils zu Protokoll der Geschäftsstelle oder schriftlich eingelegt werden.

Hat die Verkündung des Urteils nicht in Anwesenheit des Angeklagten stattgefunden, so beginnt für diesen die Frist mit der Zustellung.

§ 342. Der Beginn der Frist zur Einlegung der Revision wird dadurch nicht ausgeschlossen, daß gegen ein auf Ausbleiben des Angeklagten ergangenes Urteil eine Wiedereinsetzung in den vorigen Stand nachgesucht werden kann.

Stellt der Angeklagte ein Gesuch um Wiedereinsetzung in den vorigen Stand, so wird die Revision dadurch gewahrt, daß sie sofort für den Fall der Verwerfung jenes Gesuchs rechtzeitig eingelegt und begründet wird. Die weitere Verfügung in bezug auf die Revision bleibt dann bis zur

[1]) Die Fassung des § 340 beruht auf dem Gesetz vom 27. 12. 1926 (RGBl. I, 523).

Erledigung des Gesuchs um Wiedereinsetzung in den vorigen Stand ausgesetzt.

Die Einlegung der Revision ohne Verbindung mit dem Gesuch um Wiedereinsetzung in den vorigen Stand gilt als Verzicht auf die letztere.

§ 343. Durch rechtzeitige Einlegung der Revision wird die Rechtskraft des Urteils, soweit es angefochten ist, gehemmt.

Dem Beschwerdeführer, welchem das Urteil mit den Gründen noch nicht zugestellt war, ist es nach Einlegung der Revision zuzustellen.

§ 344. Der Beschwerdeführer hat die Erklärung abzugeben, inwieweit er das Urteil anfechte und dessen Aufhebung beantrage (Revisionsanträge), und die Anträge zu begründen.

Aus der Begründung muß hervorgehen, ob das Urteil wegen Verletzung einer Rechtsnorm über das Verfahren oder wegen Verletzung einer anderen Rechtsnorm angefochten wird. Ersterenfalls müssen die den Mangel enthaltenden Tatsachen angegeben werden.

§ 345. Die Revisionsanträge und deren Begründung sind spätestens binnen einer weiteren Woche nach Ablauf der Frist zur Einlegung des Rechtsmittels oder, wenn zu dieser Zeit das Urteil noch nicht zugestellt war, nach dessen Zustellung bei dem Gerichte, dessen Urteil angefochten wird, anzubringen.

Seitens des Angeklagten kann dies nur in einer von dem Verteidiger oder einem Rechtsanwalt unterzeichneten Schrift oder zu Protokoll der Geschäftsstelle geschehen.

§ 346. Ist die Revision verspätet eingelegt, oder sind die Revisionsanträge nicht rechtzeitig oder nicht in der im § 345 Abs. 2 vorgeschriebenen Form angebracht worden, so hat das Gericht, dessen Urteil angefochten wird, das Rechtsmittel durch Beschluß als unzulässig zu verwerfen.

Der Beschwerdeführer kann binnen einer Woche nach Zustellung des Beschlusses auf die Entscheidung des Revisionsgerichts antragen. In diesem Falle sind die Akten an das Revisionsgericht einzusenden; die Vollstreckung des Urteils wird jedoch hierdurch nicht gehemmt.

§ 347. Ist die Revision rechtzeitig eingelegt und sind die Revisionsanträge rechtzeitig und in der vorgeschriebenen Form angebracht, so ist die Revisionsschrift dem Gegner des Beschwerdeführers zuzustellen. Diesem steht frei, binnen einer Woche eine schriftliche Gegenerklärung einzureichen. Der Angeklagte kann letztere auch zu Protokoll der Geschäftsstelle abgeben.

Nach Eingang der Gegenerklärung oder nach Ablauf der Frist erfolgt durch die Staatsanwaltschaft die Einsendung der Akten an das Revisionsgericht.

§ 348. Findet das Gericht, an welches die Einsendung der Akten erfolgt ist, daß die Verhandlung und Entscheidung über das Rechtsmittel zur Zuständigkeit eines anderen Gerichts gehöre, so hat es durch Beschluß seine Unzuständigkeit auszusprechen.

Dieser Beschluß, in welchem das zuständige Revisionsgericht zu bezeichnen ist, unterliegt einer Anfechtung nicht und ist für das in ihm bezeichnete Gericht bindend.

Die Abgabe der Akten erfolgt durch die Staatsanwaltschaft.

§ 349. Erachtet das Revisionsgericht die Bestimmungen über die Einlegung der Revision oder die über die Anbringung der Revisionsanträge nicht für beobachtet, so kann es das Rechtsmittel durch Beschluß als unzulässig verwerfen. Das gleiche ist der Fall, wenn das Reichsgericht über die Revision zu entscheiden hat und die Revision einstimmig für offensichtlich unbegründet erklärt wird.

Andernfalls wird über das Rechtsmittel durch Urteil entschieden.

Ergänzung zu § 349:

3. V. zur Sicherung von Wirtschaft und Finanzen und zur Bekämpfung politischer Ausschreitungen vom 6. Oktober 1931 (RGBl. I, 537, 563), Sechster Teil, Kapitel I, § 6.

Eine Revision in Strafsachen kann, auch wenn das Oberlandesgericht über sie zu entscheiden hat, durch Beschluß verworfen werden, wenn das Oberlandesgericht sie einstimmig für offensichtlich unbegründet erachtet.

§ 350. Der Angeklagte oder auf dessen Verlangen der Verteidiger ist von dem Tage der Hauptverhandlung zu benachrichtigen. Der Angeklagte kann in dieser erscheinen oder sich durch einen mit schriftlicher Vollmacht versehenen Verteidiger vertreten lassen.

Der nicht auf freiem Fuße befindliche Angeklagte hat keinen Anspruch auf Anwesenheit.

§ 351. Die Hauptverhandlung beginnt mit dem Vortrag eines Berichterstatters.

Hierauf werden die Staatsanwaltschaft sowie der Angeklagte und sein Verteidiger mit ihren Ausführungen und Anträgen, und zwar der Beschwerdeführer zuerst, gehört. Dem Angeklagten gebührt das letzte Wort.

§ 352. Der Prüfung des Revisionsgerichts unterliegen nur die gestellten Revisionsanträge und, insoweit die Revision auf Mängel des Verfahrens gestützt wird, nur die Tatsachen, welche bei Anbringung der Revisionsanträge bezeichnet worden sind.

Eine weitere Begründung der Revisionsanträge, als die im § 344 Abs. 2 vorgeschriebene, ist nicht erforderlich und, wenn sie unrichtig ist, unschädlich.

§ 353. Insoweit die Revision für begründet erachtet wird, ist das angefochtene Urteil aufzuheben.

Gleichzeitig sind die dem Urteil zugrunde liegenden Feststellungen aufzuheben, sofern sie durch die Gesetzesverletzung betroffen werden, wegen deren die Aufhebung des Urteils erfolgt.

§ 354. Erfolgt die Aufhebung des Urteils nur wegen Gesetzesverletzung bei Anwendung des Gesetzes auf die dem Urteil zugrunde liegenden Feststellungen, so hat das Revisionsgericht in der Sache selbst zu entscheiden, sofern ohne weitere tatsächliche Erörterungen nur auf Freisprechung oder auf Einstellung oder auf eine absolut bestimmte Strafe zu erkennen ist, **oder das Revisionsgericht in Übereinstimmung mit dem Antrag der Staatsanwaltschaft die gesetzlich niedrigste Strafe für angemessen erachtet.**

In anderen Fällen ist die Sache zur anderweiten Verhandlung und **Entscheidung** an das Gericht, **dessen Urteil aufgehoben ist, oder an ein demselben deutschen Lande angehöriges,** benachbartes Gericht gleicher Ordnung zurückzuverweisen.

Die Zurückverweisung kann an ein Gericht niederer Ordnung erfolgen, wenn die noch in Frage kommende strafbare Handlung zu dessen Zuständigkeit gehört.

§ 355. Wird ein Urteil aufgehoben, weil das Gericht der vorigen Instanz sich mit Unrecht für zuständig erachtet hat, so verweist das Revisionsgericht gleichzeitig die Sache an das zuständige Gericht.

§ 356. Die Verkündung des Urteils erfolgt nach Maßgabe des § 268.

§ 357. Erfolgt zugunsten eines Angeklagten die Aufhebung des Urteils wegen Gesetzesverletzung bei Anwendung des Strafgesetzes, und erstreckt sich das Urteil, soweit es aufgehoben wird, noch auf andere Angeklagte, welche die Revision nicht eingelegt haben, so ist zu erkennen, als ob sie gleichfalls die Revision eingelegt hätten.

§ 358. Das Gericht, an welches die Sache zur anderweiten Verhandlung und Entscheidung verwiesen ist, hat die rechtliche Beurteilung, welche der Aufhebung des Urteils zugrunde gelegt ist, auch seiner Entscheidung zugrunde zu legen.

War das Urteil nur von dem Angeklagten oder zu seinen Gunsten von der Staatsanwaltschaft oder von einer der im § 298 bezeichneten Personen angefochten worden, so darf das neue Urteil eine härtere Strafe als die in dem ersteren erkannte nicht verhängen. **Die Anordnung der Unterbringung in einer Heil- oder Pflegeanstalt, einer**

Trinkerheilanstalt oder einer Entziehungsanstalt wird dadurch nicht ausgeschlossen[1]).

Viertes Buch.

Wiederaufnahme eines durch rechtskräftiges Urteil geschlossenen Verfahrens[2]).

§ 359. Die Wiederaufnahme eines durch rechtskräftiges Urteil geschlossenen Verfahrens zugunsten des Verurteilten findet statt:

1. wenn eine in der Hauptverhandlung zu seinen Ungunsten als echt vorgebrachte Urkunde fälschlich angefertigt oder verfälscht war;
2. wenn durch Beeidigung eines zu seinen Ungunsten abgelegten Zeugnisses oder abgegebenen Gutachtens der Zeuge oder Sachverständige sich einer vorsätzlichen oder fahrlässigen Verletzung der Eidespflicht schuldig gemacht hat;
3. wenn bei dem Urteil ein Richter, Geschworener oder Schöffe mitgewirkt hat, welcher sich in Beziehung auf die Sache einer Verletzung seiner Amtspflichten schuldig gemacht hat, sofern diese Verletzung mit einer im Wege des gerichtlichen Strafverfahrens zu verhängenden öffentlichen Strafe bedroht und nicht vom Verurteilten selbst veranlaßt ist;
4. wenn ein zivilgerichtliches Urteil, auf welches das Strafurteil gegründet ist, durch ein anderes rechtskräftig gewordenes Urteil aufgehoben ist;
5. wenn neue Tatsachen oder Beweismittel beigebracht sind, welche allein oder in Verbindung mit den früher

---

[1]) **Die Änderung in § 358 Abs. 2 beruht auf dem AusfGesetz zum Gewohnheitsverbrechergesetz vom 24. 11. 1933 (RGBl. I, 1000), Art. 2.**

[2]) **Für Sondergerichtsverfahren vgl. § 16 der V. über die Bildung von Sondergerichten vom 21. 3. 1933 (RGBl. I, 136), unten XIV.**

erhobenen Beweisen die Freisprechung des Angeklagten oder in Anwendung eines milderen Strafgesetzes eine geringere Bestrafung zu begründen geeignet sind. In den vor dem Amtsrichter oder dem Schöffengerichte verhandelten Sachen können nur solche Tatsachen oder Beweismittel beigebracht werden, welche der Verurteilte in dem früheren Verfahren einschließlich der Berufungsinstanz nicht gekannt hatte oder ohne Verschulden nicht geltend machen konnte[1]).

Unter den Voraussetzungen des Abs. 1 Nr. 5 ist die Wiederaufnahme des Verfahrens zugunsten des Verurteilten auch zulässig, wenn die beigebrachten Tatsachen oder Beweismittel allein oder in Verbindung mit den früher erhobenen Beweisen die Feststellung einer Tat oder einer früheren Verurteilung, auf die das Gericht die Anordnung einer Maßregel der Sicherung und Besserung gegründet hat, als unrichtig erscheinen lassen[2]).

§ 360. Durch den Antrag auf Wiederaufnahme des Verfahrens wird die Vollstreckung des Urteils nicht gehemmt.

Das Gericht kann jedoch einen Aufschub sowie eine Unterbrechung der Vollstreckung anordnen.

§ 361. Der Antrag auf Wiederaufnahme des Verfahrens wird weder durch die erfolgte Strafvollstreckung noch durch den Tod des Verurteilten ausgeschlossen.

Im Falle des Todes sind der Ehegatte, die Verwandten auf- und absteigender Linie sowie die Geschwister des Verstorbenen zu dem Antrag befugt.

§ 362. Die Wiederaufnahme eines durch rechtskräftiges Urteil geschlossenen Verfahrens zuungunsten des Angeklagten findet statt:

---

[1]) Dies gilt nicht für die Verfahren vor der großen Strafkammer in erster Instanz.

[2]) § 359 Abs. 2 ist durch das AusfGesetz zum Gewohnheitsverbrechergesetz vom 24. 11. 1933 (RGBl. I, 1000), Art. 2, eingefügt worden.

1. wenn eine in der Hauptverhandlung zu seinen Gunsten als echt vorgebrachte Urkunde fälschlich angefertigt oder verfälscht war;
2. wenn durch Beeidigung eines zu seinen Gunsten abgelegten Zeugnisses oder abgegebenen Gutachtens der Zeuge oder Sachverständige sich einer vorsätzlichen oder fahrlässigen Verletzung der Eidespflicht schuldig gemacht hat;
3. wenn bei dem Urteil ein Richter, Geschworener oder Schöffe mitgewirkt hat, welcher sich in Beziehung auf die Sache einer Verletzung seiner Amtspflichten schuldig gemacht hat, sofern diese Verletzung mit einer im Wege des gerichtlichen Strafverfahrens zu verhängenden öffentlichen Strafe bedroht ist;
4. wenn von dem Freigesprochenen vor Gericht oder außergerichtlich ein glaubwürdiges Geständnis der strafbaren Handlung abgelegt wird.

§ 363. Eine Wiederaufnahme des Verfahrens zu dem Zweck, eine andere Strafbemessung oder eine Änderung der Entscheidung über Maßregeln der Sicherung und Besserung auf Grund desselben Strafgesetzes herbeizuführen, findet nicht statt.

Eine Wiederaufnahme des Verfahrens zu dem Zweck, eine Milderung der Strafe wegen verminderter Zurechnungsfähigkeit herbeizuführen, ist gleichfalls ausgeschlossen[1]).

§ 364. Ein Antrag auf Wiederaufnahme des Verfahrens, welcher auf die Behauptung einer strafbaren Handlung gegründet werden soll, ist nur dann zulässig, wenn wegen dieser Handlung eine rechtskräftige Verurteilung ergangen ist, oder wenn die Einleitung oder Durchführung eines Strafverfahrens aus anderen Gründen als wegen Mangels an Beweis nicht erfolgen kann.

---

[1]) Die Fassung des § 363 beruht auf dem AusfGesetz zum Gewohnheitsverbrechergesetz vom 24. 11. 1933 (RGBl. I, 1000), Art. 2.

§ 365. Die allgemeinen Bestimmungen über Rechtsmittel finden auch bei dem Antrag auf Wiederaufnahme des Verfahrens Anwendung.

§ 366. In dem Antrag müssen der gesetzliche Grund der Wiederaufnahme des Verfahrens sowie die Beweismittel angegeben werden.

Von dem Angeklagten und den im § 361 Abs. 2 bezeichneten Personen kann der Antrag nur mittels einer von dem Verteidiger oder einem Rechtsanwalt unterzeichneten Schrift oder zu Protokoll der Geschäftsstelle angebracht werden.

§ 367. Über die Zulassung des Antrags auf Wiederaufnahme des Verfahrens entscheidet das Gericht, dessen Urteil mit dem Antrag angefochten wird. Wird ein in der Revisionsinstanz erlassenes Urteil aus anderen Gründen als auf Grund des § 359 Nr. 3 oder des § 362 Nr. 3 angefochten, so entscheidet das Gericht, gegen dessen Urteil die Revision eingelegt war.

Die Entscheidung erfolgt ohne mündliche Verhandlung.

§ 368. Ist der Antrag nicht in der vorgeschriebenen Form angebracht, oder ist darin kein gesetzlicher Grund der Wiederaufnahme geltend gemacht oder kein geeignetes Beweismittel angeführt, so ist der Antrag als unzulässig zu verwerfen.

Anderenfalls ist er dem Gegner des Antragstellers unter Bestimmung einer Frist zur Erklärung zuzustellen.

§ 369. Wird der Antrag an sich für zulässig befunden, so beauftragt das Gericht mit Aufnahme der angetretenen Beweise, soweit diese erforderlich ist, einen Richter.

Dem Ermessen des Gerichts bleibt es überlassen, ob die Zeugen und Sachverständigen eidlich vernommen werden sollen.

Hinsichtlich der Berechtigung der Beteiligten zur Anwesenheit bei der Beweisaufnahme kommen die für die Voruntersuchung gegebenen Vorschriften zur Anwendung.

Nach Schluß der Beweisaufnahme sind die Staatsanwaltschaft und der Angeklagte unter Bestimmung einer Frist zur ferneren Erklärung aufzufordern.

§ 370. Der Antrag auf Wiederaufnahme des Verfahrens wird ohne mündliche Verhandlung als unbegründet verworfen, wenn die darin aufgestellten Behauptungen keine genügende Bestätigung gefunden haben, oder wenn in den Fällen des § 359 Nr. 1, 2 oder des § 362 Nr. 1, 2 nach Lage der Sache die Annahme ausgeschlossen ist, daß die in diesen Bestimmungen bezeichnete Handlung auf die Entscheidung Einfluß gehabt hat.

Anderenfalls verordnet das Gericht die Wiederaufnahme des Verfahrens und die Erneuerung der Hauptverhandlung.

§ 371. Ist der Verurteilte bereits verstorben, so hat ohne Erneuerung der Hauptverhandlung das Gericht nach Aufnahme des etwa noch erforderlichen Beweises entweder die Freisprechung zu erkennen oder den Antrag auf Wiederaufnahme abzulehnen.

Auch in anderen Fällen kann das Gericht, bei öffentlichen Klagen jedoch nur mit Zustimmung der Staatsanwaltschaft, den Verurteilten sofort freisprechen, wenn dazu genügende Beweise bereits vorliegen.

Mit der Freisprechung ist die Aufhebung des früheren Urteils zu verbinden. **War lediglich auf eine Maßregel der Sicherung und Besserung erkannt, so tritt an die Stelle der Freisprechung die Aufhebung des früheren Urteils**[1]).

Die Aufhebung ist auf Verlangen des Antragstellers durch den Deutschen Reichsanzeiger bekanntzumachen und kann nach dem Ermessen des Gerichts auch durch andere Blätter veröffentlicht werden.

---

[1]) § 371 Abs. 3 Satz 2 ist durch das AusfGesetz zum Gewohnheitsverbrechergesetz vom 24. 11. 1933 (RGBl. I, 1000), Art. 2, eingefügt worden.

§ 372. Alle Entscheidungen, welche aus Anlaß eines Antrags auf Wiederaufnahme des Verfahrens von dem Gericht in erster Instanz erlassen werden, können mit der sofortigen Beschwerde angefochten werden.

§ 373. In der erneuten Hauptverhandlung ist entweder das frühere Urteil aufrechtzuerhalten oder unter seiner Aufhebung anderweit in der Sache zu erkennen.

Ist die Wiederaufnahme des Verfahrens nur von dem Verurteilten oder zu seinen Gunsten von der Staatsanwaltschaft oder von einer der im § 298 bezeichneten Personen beantragt worden, so darf das neue Urteil eine härtere Strafe als die in dem früheren erkannte nicht verhängen. **Die Anordnung der Unterbringung in einer Heil- oder Pflegeanstalt, einer Trinkerheilanstalt oder einer Entziehungsanstalt wird dadurch nicht ausgeschlossen**[1].

Fünftes Buch.

Beteiligung des Verletzten bei dem Verfahren.

Erster Abschnitt.

Privatklage.

§ 374. Im Wege der Privatklage können vom Verletzten verfolgt werden, ohne daß es einer vorgängigen Anrufung der Staatsanwaltschaft bedarf[2]),

1. das Vergehen des Hausfriedensbruchs im Falle des § 123 des Strafgesetzbuchs;
2. die Vergehen der Beleidigung in den Fällen der §§ 185 bis 187, 189 des Strafgesetzbuchs, wenn nicht eine der im § 197 bezeichneten politischen Körperschaften beleidigt ist;

[1]) § 373 Abs. 2 Satz 2 ist durch das AusfGesetz zum Gewohnheitsverbrechergesetz vom 24. 11. 1933 (RGBl. I, 1000), Art. 2, eingefügt worden.

[2]) Für Jugendliche vgl. § 38 JGG.

3. die Vergehen der Körperverletzung in den Fällen der §§ 223, 223a Abs. 1 und des § 230 des Strafgesetzbuchs, sofern nicht die Körperverletzung mit Übertretung einer Amts-, Berufs- oder Gewerbspflicht begangen worden ist;
4. das Vergehen der Bedrohung im Falle des § 241 des Strafgesetzbuchs;
5. das Vergehen der Verletzung fremder Geheimnisse im Falle des § 299 des Strafgesetzbuchs;
6. das Vergehen der Sachbeschädigung im Falle des § 303 des Strafgesetzbuchs;
7. alle nach dem Gesetze gegen den unlauteren Wettbewerb strafbaren Vergehen;
8. alle Verletzungen des literarischen, künstlerischen und gewerblichen Urheberrechts, soweit sie als Vergehen strafbar sind.

Ergänzung zu § 374 Abs. 1:

V. zum Schutze der Wirtschaft vom 9. März 1932 (RGBl. I, 121), Erster Teil, § 4.

Vergehen gegen § 3 [Zuwiderhandlungen gegen das Zugabeverbot] können im Wege der Privatklage verfolgt werden. Die allgemeinen Vorschriften über die Privatklage finden Anwendung.

Die gleiche Befugnis steht denen zu, welchen in den Strafgesetzen das Recht, selbständig auf Bestrafung anzutragen, beigelegt ist.

Hat der Verletzte einen gesetzlichen Vertreter, so wird die Befugnis zur Erhebung der Privatklage durch diesen und, wenn Korporationen, Gesellschaften und andere Personenvereine, welche als solche in bürgerlichen Rechtsstreitigkeiten klagen können, die Verletzten sind, durch dieselben Personen wahrgenommen, durch welche sie in bürgerlichen Rechtsstreitigkeiten vertreten werden.

§ 375. Sind wegen derselben strafbaren Handlung mehrere Personen zur Privatklage berechtigt, so ist bei Ausübung dieses Rechtes ein jeder von dem anderen unabhängig.

Hat jedoch einer der Berechtigten die Privatklage erhoben, so steht den übrigen nur der Beitritt zu dem eingeleiteten Verfahren, und zwar in der Lage zu, in welcher es sich zur Zeit der Beitrittserklärung befindet.

Jede in der Sache selbst ergangene Entscheidung äußert zugunsten des Beschuldigten ihre Wirkung auch gegenüber solchen Berechtigten, welche die Privatklage nicht erhoben haben.

§ 376. Die öffentliche Klage wird wegen der im § 374 bezeichneten strafbaren Handlungen von der Staatsanwaltschaft nur dann erhoben, wenn dies im öffentlichen Interesse liegt[1]).

§ 377. In dem Verfahren auf erhobene Privatklage ist die Staatsanwaltschaft zu einer Mitwirkung nicht verpflichtet; es ist ihr jedoch der zur Hauptverhandlung bestimmte Termin bekanntzumachen.

Auch kann die Staatsanwaltschaft in jeder Lage der Sache bis zum Eintritt der Rechtskraft des Urteils durch eine ausdrückliche Erklärung die Verfolgung übernehmen. In der Einlegung eines Rechtsmittels ist die Übernahme der Verfolgung enthalten.

Übernimmt die Staatsanwaltschaft die Verfolgung, so richtet sich das weitere Verfahren nach den Bestimmungen, welche im zweiten Abschnitte dieses Buches für den Anschluß des Verletzten als Nebenkläger gegeben sind.

§ 378. Der Privatkläger kann im Beistand eines Rechtsanwalts erscheinen oder sich durch einen mit schriftlicher Vollmacht versehenen Rechtsanwalt vertreten lassen. Im letzteren Falle können die Zustellungen an den Privatkläger mit rechtlicher Wirkung an den Anwalt erfolgen. **Die Bestimmungen der § 146 Abs. 2, § 218 Abs. 2 gelten entsprechend**[2]).

---

[1]) Für Jugendliche vgl. § 38 JGG.

[2]) § 378 Satz 3 ist durch die V. zur Vereinfachung der Zustellungen vom 17. 6. 1933 (RGBl. I, 394), Art. IV, eingefügt worden.

§ 379. Der Privatkläger hat für die der Staatskasse und dem Beschuldigten voraussichtlich erwachsenden Kosten unter denselben Voraussetzungen Sicherheit zu leisten, unter welchen in bürgerlichen Rechtsstreitigkeiten der Kläger auf Verlangen des Beklagten Sicherheit wegen der Prozeßkosten zu leisten hat.

Die Sicherheitsleistung ist durch Hinterlegung in barem Gelde oder in Wertpapieren zu bewirken.

Für die Höhe der Sicherheit und die Frist zu ihrer Leistung sowie für die Bewilligung des Armenrechts gelten dieselben Bestimmungen wie in bürgerlichen Rechtsstreitigkeiten.

Ergänzung zu § 379:

V. über Maßnahmen auf dem Gebiete der Rechtspflege und Verwaltung vom 14. Juni 1932 (RGBl. I, 285), Erster Teil, Kapitel I, Art. 10.

Gebührenvorschuß bei Privatklagen und Nebenklagen.

(1) Zur Zahlung des Gebührenvorschusses nach § 83 Abs. 1 des Gerichtskostengesetzes soll, sofern nicht dem Privatkläger das Armenrecht bewilligt ist oder Gebührenfreiheit zusteht, vom Gericht eine Frist bestimmt werden; hierbei soll auf die nach Abs. 3 eintretenden Folgen hingewiesen werden.

(2) Vor Zahlung des Vorschusses soll keine gerichtliche Handlung vorgenommen werden, es sei denn, daß glaubhaft gemacht wird, daß die Verzögerung dem Privatkläger einen nicht oder nur schwer zu ersetzenden Nachteil bringen würde.

(3) Nach fruchtlosem Ablauf der nach Abs. 1 gestellten Frist ist die Privatklage zurückzuweisen, die Berufung, die Revision oder der Antrag auf Wiederaufnahme des Verfahrens zu verwerfen. Der Beschluß kann mit sofortiger Beschwerde angefochten werden. Der Beschluß ist von dem Gericht das ihn erlassen hat, von Amts wegen aufzuheben, wenn sich herausstellt, daß die Zahlung innerhalb der gesetzten Frist eingegangen ist.

(4) Die Bestimmungen der Abs. 1 bis 3 finden auf den Nebenkläger und das von ihm betriebene Verfahren entsprechende Anwendung.

§ 380. Wegen Hausfriedensbruchs, Beleidigung, leichter vorsätzlicher oder fahrlässiger Körperverletzung, Bedrohung, Sachbeschädigung und Verletzung fremder Geheimnisse (§ 299 des Strafgesetzbuchs) ist die Erhebung der Klage erst zulässig, nachdem von einer durch die Landesjustizverwaltung zu bezeichnenden Vergleichsbehörde die Sühne erfolglos versucht worden ist. Der Kläger hat die Bescheinigung hierüber mit der Klage einzureichen.

Die Landesjustizverwaltung kann bestimmen, daß die Vergleichsbehörde ihre Tätigkeit von der vorherigen Einzahlung eines angemessenen Kostenvorschusses abhängig machen darf.

Die Vorschriften des Abs. 1, 2 finden keine Anwendung, wenn der amtliche Vorgesetzte gemäß den §§ 196, 232 Abs. 3 des Strafgesetzbuchs befugt ist, Strafantrag zu stellen.

Wohnen die Parteien nicht in demselben Gemeindebezirke, so kann nach näherer Anordnung der Landesjustizverwaltung von einem Sühneversuch abgesehen werden.

§ 381. Die Erhebung der Klage geschieht zu Protokoll der Geschäftsstelle oder durch Einreichung einer Anklageschrift. Die Klage muß den im § 200 Abs. 1 bezeichneten Erfordernissen entsprechen. Mit der Anklageschrift sind zwei Abschriften einzureichen.

§ 382. Ist die Klage vorschriftsmäßig erhoben, so teilt das Gericht sie dem Beschuldigten unter Bestimmung einer Frist zur Erklärung und der Staatsanwaltschaft zur Kenntnisnahme mit.

§ 383. Nach Eingang der Erklärung des Beschuldigten oder Ablauf der Frist entscheidet das Gericht darüber, ob das Hauptverfahren zu eröffnen oder die Klage zurückzuweisen sei, nach Maßgabe der Bestimmungen, welche bei einer von der Staatsanwaltschaft unmittelbar erhobenen Anklage Anwendung finden.

Ergänzung zu § 383:

3. V. zur Sicherung von Wirtschaft und Finanzen und zur Bekämpfung politischer Ausschreitungen vom 6. Oktober 1931 (RGBl. I, 537, 563), Sechster Teil, Kapitel I, § 7.

(1) Sind bei einem im Wege der Privatklage verfolgten Vergehen die Schuld des Täters gering und die Folgen der Tat unbedeutend, so kann das Gericht von Erhebung der Privatklage an bis zur Verkündung des Urteils erster Instanz und, soweit zulässige Berufung eingelegt ist, bis zur Verkündung des Urteils zweiter Instanz das Verfahren durch Beschluß einstellen. Zur Einstellung des Verfahrens bedarf es weder der Zustimmung der Staatsanwaltschaft noch der des Privatklägers noch der des Beschuldigten.

(2) Wird das Verfahren nach Abs. 1 eingestellt, so kann das Gericht die in dem Verfahren entstandenen Auslagen sowie die dem Privatkläger und dem Beschuldigten erwachsenen notwendigen Auslagen angemessen verteilen oder dem Beschuldigten ganz auferlegen. Eine Gebühr wird nicht erhoben. Die Einstellung nach Abs. 1 kann auch erfolgen, bevor der von dem Privatkläger zu zahlende Gebührenvorschuß eingezahlt ist.

(3) Gegen die Einstellung des Verfahrens findet sofortige Beschwerde statt.

§ 384. Das weitere Verfahren richtet sich nach den Bestimmungen, welche für das Verfahren auf erhobene öffentliche Klage gegeben sind. **Jedoch dürfen Maßregeln der Sicherung und Besserung nicht angeordnet oder für zulässig erklärt werden**[1]).

Vor dem Schwurgerichte kann eine Privatklagesache nicht gleichzeitig mit einer auf öffentliche Klage anhängig gemachten Sache verhandelt werden.

§ 385. Insoweit in dem Verfahren auf erhobene öffentliche Klage die Staatsanwaltschaft zuzuziehen und zu hören ist, wird in dem Verfahren auf erhobene Pri-

---

[1]) § 384 Abs. 1 Satz 2 ist durch das AusfGesetz zum Gewohnheitsverbrechergesetz vom 24. 11. 1933 (RGBl. I, 1000), Art. 2, eingefügt worden.

vatklage der Privatkläger zugezogen und gehört. Desgleichen sind alle Entscheidungen, welche dort der Staatsanwaltschaft bekanntgemacht werden, hier dem Privatkläger bekanntzugeben.

Es werden jedoch die auf richterliche Anordnung ergehenden Ladungen nicht durch die Staatsanwaltschaft, sondern durch die Geschäftsstelle bewirkt.

Zwischen der Zustellung der Ladung des Privatklägers zur Hauptverhandlung und dem Tage der letzteren muß eine Frist von mindestens einer Woche liegen.

Das Recht der Akteneinsicht kann der Privatkläger nur durch seinen Anwalt ausüben.

§ 386. Der Vorsitzende des Gerichts bestimmt, welche Personen als Zeugen oder Sachverständige zur Hauptverhandlung geladen werden sollen.

Dem Privatkläger wie dem Angeklagten steht das Recht der unmittelbaren Ladung zu.

§ 387. In der Hauptverhandlung kann auch der Angeklagte im Beistand eines Rechtsanwalts erscheinen oder sich auf Grund einer schriftlichen Vollmacht durch solchen vertreten lassen.

Die Bestimmung des § 139 findet auf den Anwalt des Klägers wie auf den des Angeklagten Anwendung.

Das Gericht ist befugt, das persönliche Erscheinen des Klägers sowie des Angeklagten anzuordnen, auch den Angeklagten vorführen zu lassen.

§ 388. Hat der Verletzte die Privatklage erhoben, so kann der Beschuldigte bis zur Beendigung der Schlußvorträge (§ 258) in erster Instanz mittels einer Widerklage die Bestrafung des Klägers beantragen, wenn er von diesem gleichfalls durch ein Vergehen verletzt worden ist, das im Wege der Privatklage verfolgt werden kann und mit dem den Gegenstand der Klage bildenden Vergehen im Zusammenhange steht.

Über Klage und Widerklage ist gleichzeitig zu erkennen.

Die Zurücknahme der Klage ist auf das Verfahren über die Widerklage ohne Einfluß.

§ 389. Findet das Gericht nach verhandelter Sache, daß die für festgestellt zu erachtenden Tatsachen eine solche strafbare Handlung darstellen, auf welche das in diesem Abschnitt vorgeschriebene Verfahren keine Anwendung erleidet, so hat es durch Urteil, welches diese Tatsachen hervorheben muß, die Einstellung des Verfahrens auszusprechen.

Die Verhandlungen sind in diesem Falle der Staatsanwaltschaft mitzuteilen.

§ 390. Dem Privatkläger stehen, vorbehaltlich des § 313, die Rechtsmittel zu, welche in dem Verfahren auf erhobene öffentliche Klage der Staatsanwaltschaft zustehen[1]). Dasselbe gilt von dem Antrag auf Wiederaufnahme des Verfahrens in den Fällen des § 362. Die Bestimmung des § 301 findet auf das Rechtsmittel des Privatklägers Anwendung.

Revisionsanträge und Anträge auf Wiederaufnahme des durch ein rechtskräftiges Urteil geschlossenen Verfahrens kann der Privatkläger nur mittels einer von einem Rechtsanwalt unterzeichneten Schrift anbringen.

Die in den §§ 320, 321, 347 angeordnete Vorlage und Einsendung der Akten erfolgt wie im Verfahren auf erhobene öffentliche Klage an und durch die Staatsanwaltschaft. Die Zustellung der Berufungs- und Revisionsschriften an den Gegner des Beschwerdeführers wird durch die Geschäftsstelle bewirkt.

§ 391. Die Privatklage kann bis zur Verkündung des Urteils erster Instanz und, soweit zulässige Berufung eingelegt ist, bis zur Verkündung des Urteils zweiter Instanz zurückgenommen werden.

---

[1]) Vgl. jedoch die Ergänzung zu § 312 StPO.

Als Zurücknahme gilt es im Verfahren erster und, soweit der Angeklagte die Berufung eingelegt hat, im Verfahren zweiter Instanz, wenn der Privatkläger in der Hauptverhandlung weder erscheint noch durch einen Rechtsanwalt vertreten wird, oder in der Hauptverhandlung oder einem anderen Termin ausbleibt, obwohl das Gericht sein persönliches Erscheinen angeordnet hatte oder eine Frist nicht einhält, welche ihm unter Androhung der Einstellung des Verfahrens gesetzt war.

Soweit der Privatkläger die Berufung eingelegt hat, ist sie im Falle der vorbezeichneten Versäumungen unbeschadet der Bestimmung des § 301 sofort zu verwerfen.

Der Privatkläger kann binnen einer Woche nach der Versäumung die Wiedereinsetzung in den vorigen Stand unter den in den §§ 44, 45 bezeichneten Voraussetzungen beanspruchen.

§ 392. Die zurückgenommene Privatklage kann nicht von neuem erhoben werden.

§ 393. Der Tod des Privatklägers hat die Einstellung des Verfahrens zur Folge.

War jedoch die Privatklage darauf gestützt, daß der Beschuldigte wider besseres Wissen in Beziehung auf den anderen eine unwahre Tatsache behauptet oder verbreitet habe, welche ihn verächtlich zu machen oder in der öffentlichen Meinung herabzuwürdigen geeignet ist, so kann die Klage nach dem Tode des Klägers von den Eltern, den Kindern oder dem Ehegatten des letzteren fortgesetzt werden.

Die Fortsetzung ist von dem Berechtigten bei Verlust des Rechtes binnen zwei Monaten, vom Tode des Privatklägers an gerechnet, bei Gericht zu erklären.

§ 394. Die Zurücknahme der Privatklage und der Tod des Privatklägers sowie die Fortsetzung der Privatklage sind dem Beschuldigten bekanntzumachen.

Zweiter Abschnitt.

Nebenklage.

§ 395. Wer nach Maßgabe der Bestimmung des § 374 als Privatkläger aufzutreten berechtigt ist, kann sich der erhobenen öffentlichen Klage in jeder Lage des Verfahrens als Nebenkläger anschließen. Der Anschluß kann behufs Einlegung von Rechtsmitteln auch nach ergangenem Urteil geschehen.

Die gleiche Befugnis steht dem zu, welcher durch einen Antrag auf gerichtliche Entscheidung (§ 172) die Erhebung der öffentlichen Klage herbeigeführt hat, wenn die strafbare Handlung gegen sein Leben, seine Gesundheit, seine Freiheit, seinen Personenstand oder seine Vermögensrechte gerichtet war.

§ 396. Die Anschlußerklärung ist bei dem Gerichte schriftlich einzureichen.

Das Gericht hat über die Berechtigung des Nebenklägers zum Anschluß nach Anhörung der Staatsanwaltschaft zu entscheiden.

Zu einer Sicherheitsleistung ist der Nebenkläger nicht verpflichtet[1]).

§ 397. Der Nebenkläger hat nach erfolgtem Anschluß die Rechte des Privatklägers.

§ 398. Der Fortgang des Verfahrens wird durch den Anschluß nicht aufgehalten.

Die bereits anberaumte Hauptverhandlung sowie andere Termine finden an den bestimmten Tagen statt, auch wenn der Nebenkläger wegen Kürze der Zeit nicht mehr geladen oder benachrichtigt werden konnte.

§ 399. Entscheidungen, welche schon vor dem Anschluß ergangen und der Staatsanwaltschaft bekanntgemacht waren, bedürfen keiner Bekanntmachung an den Nebenkläger.

---

[1]) Vgl. jedoch hinsichtlich des Gebührenvorschusses die Ergänzung zu § 379 StPO.

Die Anfechtung solcher Entscheidungen steht auch dem Nebenkläger nicht mehr zu, wenn für die Staatsanwaltschaft die Frist zur Anfechtung abgelaufen ist.

§ 400. Ist in der Hauptverhandlung weder der Nebenkläger noch ein Anwalt des Nebenklägers erschienen, so wird das Urteil dem ersteren zugestellt.

§ 401. Der Rechtsmittel kann sich der Nebenkläger unabhängig von der Staatsanwaltschaft bedienen[1]).

Wird auf ein nur von dem Nebenkläger eingelegtes Rechtsmittel die angefochtene Entscheidung aufgehoben, so liegt der Betrieb der Sache wiederum der Staatsanwaltschaft ob.

§ 402. Die Anschlußerklärung verliert durch Widerruf sowie durch den Tod des Nebenklägers ihre Wirkung.

§ 403. Die Befugnis, sich einer öffentlichen Klage nach den Bestimmungen der §§ 395 bis 402 als Nebenkläger anzuschließen, steht auch dem zu, welcher berechtigt ist, die Zuerkennung einer Buße zu verlangen.

Wer die Zuerkennung einer Buße in einem auf erhobene öffentliche Klage anhängigen Verfahren beantragen will, muß sich zu diesem Zwecke der Klage als Nebenkläger anschließen.

§ 404. Der Antrag auf Zuerkennung einer Buße kann bis zur Verkündung des Urteils erster Instanz gestellt werden.

Der Antrag kann bis zur Verkündung des Urteils zurückgenommen, ein zurückgenommener Antrag nicht erneuert werden.

Wird der Angeklagte freigesprochen oder das Verfahren eingestellt oder die Sache ohne Urteil erledigt, so gilt auch der Antrag ohne weitere Entscheidung für erledigt.

Der Anspruch auf Buße kann von den Erben des Verletzten nicht erhoben oder fortgesetzt werden.

---

[1]) Vgl. jedoch die Ergänzung zu § 312 StPO.

§ 405. Der Nebenkläger hat den Betrag, welchen er als Buße verlangt, anzugeben.

Auf einen höheren Betrag der Buße als den beantragten darf nicht erkannt werden.

§ 406. Die Bestimmungen der §§ 404, 405 finden auf den Fall entsprechende Anwendung, daß von dem die Buße Beanspruchenden die Privatklage erhoben wird.

Sechstes Buch.

Besondere Arten des Verfahrens.

Erster Abschnitt.

Verfahren bei amtsrichterlichen Strafbefehlen.

§ 407. Bei Übertretungen und Vergehen kann die Strafe durch schriftlichen Strafbefehl des Amtsrichters ohne vorgängige Verhandlung festgesetzt werden, wenn die Staatsanwaltschaft schriftlich hierauf anträgt.

Durch einen Strafbefehl darf jedoch keine andere Strafe als Geldstrafe oder Freiheitsstrafe von höchstens drei Monaten sowie eine etwa verwirkte Einziehung oder die Bekanntmachung der Entscheidung festgesetzt werden [1]).

Maßregeln der Sicherung und Besserung dürfen in einem Strafbefehl nicht angeordnet oder für zulässig erklärt werden [2]).

Die Staatsanwaltschaft kann bei dem Antrag auf Erlaß des Strafbefehls zugleich den im § 25 Abs. 1 Nr. 2c des Gerichtsverfassungsgesetzes bezeichneten Antrag für den Fall stellen, daß der Amtsrichter die Sache zur Hauptverhandlung bringt oder der Beschuldigte Einspruch erhebt.

---

[1]) Für Jugendliche vgl. § 39 JGG.

[2]) Die Fassung des § 407 Abs. 3 beruht auf dem AusfGesetz zum Gewohnheitsverbrechergesetz vom 24. 11. 1933 (RGBl. I, 1000), Art. 2.

§ 408. Der Antrag ist auf eine bestimmte Strafe zu richten. Der Amtsrichter hat ihm zu entsprechen, wenn der Erlassung des Strafbefehls Bedenken nicht entgegenstehen.

Findet der Amtsrichter Bedenken, die Strafe ohne Hauptverhandlung festzusetzen, so ist die Sache zur Hauptverhandlung zu bringen. Dasselbe gilt, wenn der Amtsrichter eine andere als die beantragte Strafe festsetzen will und die Staatsanwaltschaft bei ihrem Antrag beharrt.

§ 409. Der Strafbefehl muß außer der Festsetzung der Strafe die strafbare Handlung, das angewendete Strafgesetz und die Beweismittel bezeichnen, auch die Eröffnung enthalten, daß er vollstreckbar werde, wenn der Beschuldigte nicht binnen einer Woche nach der Zustellung bei dem Amtsgerichte schriftlich oder zu Protokoll der Geschäftsstelle Einspruch erhebe.

Auf den Einspruch kann vor Ablauf der Frist verzichtet werden.

§ 410. Ein Strafbefehl, gegen welchen nicht rechtzeitig Einspruch erhoben worden ist, erlangt die Wirkung eines rechtskräftigen Urteils.

§ 411. Bei rechtzeitigem Einspruch wird zur Hauptverhandlung geschritten, sofern nicht bis zu ihrem Beginne die Staatsanwaltschaft die Klage fallen läßt oder der Einspruch zurückgenommen wird.

Der Angeklagte kann sich in der Hauptverhandlung durch einen mit schriftlicher Vollmacht versehenen Verteidiger vertreten lassen.

Bei der Urteilsfällung ist das Gericht an den in dem Strafbefehl enthaltenen Ausspruch nicht gebunden.

§ 412. Bleibt der Angeklagte ohne genügende Entschuldigung in der Hauptverhandlung aus, und wird er auch nicht durch einen Verteidiger vertreten, so wird der Einspruch ohne Beweisaufnahme durch Urteil verworfen.

Ein Angeklagter, welchem gegen den Ablauf der Einspruchsfrist Wiedereinsetzung in den vorigen Stand gewährt worden war, kann sie nicht mehr gegen das Urteil beanspruchen.

Zweiter Abschnitt.

Verfahren nach vorangegangener polizeilicher Strafverfügung.

§ 413. Wo nach den Bestimmungen der Landesgesetze die Polizeibehörden befugt sind, eine in den Strafgesetzen angedrohte Strafe durch Verfügung festzusetzen, erstreckt sich diese Befugnis nur auf Übertretungen.

Auch kann die Polizeibehörde keine andere Strafe als Haft bis zu vierzehn Tagen oder Geldstrafe und die Haft, welche für den Fall, daß die Geldstrafe nicht beigetrieben werden kann, an ihre Stelle tritt, sowie eine etwa verwirkte Einziehung verhängen[1]).

Die Strafverfügung muß außer der Festsetzung der Strafe die strafbare Handlung, das angewendete Strafgesetz und die Beweismittel bezeichnen, auch die Eröffnung enthalten, daß der Beschuldigte, sofern er nicht eine nach den Gesetzen zugelassene Beschwerde an die höhere Polizeibehörde ergreife, gegen die Strafverfügung binnen einer Woche nach der Bekanntmachung bei der Polizeibehörde, welche diese Verfügung erlassen hat, oder bei dem zuständigen Amtsgericht auf gerichtliche Entscheidung antragen könne.

Die Strafverfügung wirkt in betreff der Unterbrechung der Verjährung wie eine richterliche Handlung.

§ 414. Der Antrag auf gerichtliche Entscheidung kann bei der Polizeibehörde schriftlich oder mündlich, bei dem Amtsgerichte schriftlich oder zu Protokoll der Geschäftsstelle angebracht werden.

---

[1]) Für Jugendliche vgl. § 40 JGG.

Die Polizeibehörde übersendet, falls sie nicht die Strafverfügung zurücknimmt, die Akten an die zuständige Staatsanwaltschaft, welche sie dem Amtsrichter vorlegt.

§ 415. Gegen die Versäumung der Antragsfrist ist unter den in den §§ 44, 45 bezeichneten Voraussetzungen Wiedereinsetzung in den vorigen Stand zulässig. Das Gesuch ist bei einer der im § 414 Abs. 1 genannten Behörden anzubringen.

Über das Gesuch entscheidet der Amtsrichter.

Die Bestimmungen des § 46 Abs. 2, 3 finden hier gleichfalls Anwendung.

§ 416. Ist der Antrag rechtzeitig angebracht, so wird zur Hauptverhandlung vor dem Amtsrichter geschritten, ohne daß es der Einreichung einer Anklageschrift oder einer Entscheidung über die Eröffnung des Hauptverfahrens bedarf.

Bis zum Beginne der Hauptverhandlung kann der Antrag zurückgenommen werden.

§ 417. Das Verfahren vor dem Amtsrichter ist dasselbe wie im Falle einer von der Staatsanwaltschaft erhobenen und zur Hauptverhandlung verwiesenen Anklage.

Der Angeklagte kann sich durch einen mit schriftlicher Vollmacht versehenen Verteidiger vertreten lassen.

Bei der Urteilsfällung ist das Gericht an den Ausspruch der Polizeibehörde nicht gebunden.

Ergänzung zu § 417:

V. über Maßnahmen auf dem Gebiete der Rechtspflege und Verwaltung vom 14. Juni 1932 (RGBl. I, 285), Erster Teil, Kapitel I, Artikel 7.

Polizeiliche Strafverfügung.

§ 1. Bleibt ein Angeklagter, der gegen eine polizeiliche Strafverfügung auf gerichtliche Entscheidung angetragen hat, ohne genügende Entschuldigung in der Hauptverhandlung aus und wird er auch nicht durch einen mit schriftlicher Vollmacht versehenen Verteidiger vertreten, so wird der Antrag ohne Beweisaufnahme durch Urteil verworfen.

§ 2. Ein Angeklagter, dem gegen den Ablauf der Antragsfrist Wiedereinsetzung in den vorigen Stand gewährt worden war, kann sie nicht mehr gegen das Urteil beanspruchen.

§ 418. Stellt sich nach dem Ergebnisse der Hauptverhandlung die Tat des Angeklagten als eine solche dar, bei welcher die Polizeibehörde zum Erlaß einer Strafverfügung nicht befugt war, so hat das Gericht die letztere durch Urteil aufzuheben, ohne in der Sache selbst zu entscheiden.

Dritter Abschnitt.

Verfahren bei Zuwiderhandlungen gegen die Vorschriften über die Erhebung öffentlicher Abgaben und Gefälle.

§ 419. Strafbescheide der Verwaltungsbehörden wegen Zuwiderhandlungen gegen die Vorschriften über die Erhebung öffentlicher Abgaben und Gefälle dürfen nur Geldstrafen sowie eine etwa verwirkte Einziehung festsetzen.

Der Strafbescheid muß außerdem die strafbare Handlung, das angewendete Strafgesetz und die Beweismittel bezeichnen, auch die Eröffnung enthalten, daß der Beschuldigte, sofern er nicht eine nach den Gesetzen zugelassene Beschwerde an die höhere Verwaltungsbehörde ergreife, gegen den Strafbescheid binnen einer Woche nach der Bekanntmachung bei der Verwaltungsbehörde, welche ihn erlassen, oder bei der, welche ihn bekanntgemacht hat, auf gerichtliche Entscheidung antragen könne.

Der Strafbescheid wirkt in betreff der Unterbrechung der Verjährung wie eine richterliche Handlung.

§ 420. Wird auf gerichtliche Entscheidung angetragen, so übersendet die Verwaltungsbehörde, falls sie nicht den Strafbescheid zurücknimmt, die Akten an die zuständige Staatsanwaltschaft, welche sie dem Gerichte vorlegt.

§ 421. Für die Wiedereinsetzung in den vorigen Stand finden die Bestimmungen des § 415 entsprechende Anwendung.

§ 422. Ist der Antrag rechtzeitig angebracht, so wird zur Hauptverhandlung geschritten, ohne daß es der Einreichung einer Anklageschrift oder einer Entscheidung über die Eröffnung des Hauptverfahrens bedarf.

Die Staatsanwaltschaft kann den im § 25 Abs. 1 Nr. 2c des Gerichtsverfassungsgesetzes vorgesehenen Antrag auch noch bei Vorlage der Akten an das Gericht stellen; auf Verlangen der Verwaltungsbehörde hat sie dies zu tun.

Bis zum Beginne der Hauptverhandlung kann der Antrag zurückgenommen werden.

§ 423. Ist die in einem vollstreckbaren Strafbescheide festgesetzte Geldstrafe von dem Beschuldigten nicht beizutreiben und deshalb ihre Umwandlung in eine Freiheitsstrafe erforderlich, so ist diese Umwandlung nach Anhörung der Staatsanwaltschaft und des Beschuldigten durch gerichtliche Entscheidung auszusprechen, ohne daß der Strafbescheid einer Prüfung des Gerichts unterliegt[1]).

Über die Umwandlung entscheidet der Amtsrichter.

Gegen die Entscheidung findet sofortige Beschwerde statt.

§ 424. Hat die Verwaltungsbehörde einen Strafbescheid nicht erlassen, und lehnt die Staatsanwaltschaft den an sie gerichteten Antrag auf Verfolgung ab, so ist die Verwaltungsbehörde befugt, selbst die Anklage zu erheben.

In einem solchen Falle hat sie einen Beamten ihres Verwaltungszweigs oder einen Rechtsanwalt als ihren Vertreter zu bestellen und in der Anklage namhaft zu machen.

§ 425. Die Staatsanwaltschaft ist zu einer Mitwirkung in jeder Lage des Verfahrens berechtigt.

Bei der Hauptverhandlung muß sie vertreten sein; auch hat sie die gerichtlich angeordneten Ladungen dazu zu bewirken.

Alle im Laufe des Verfahrens ergehenden Entscheidungen sind ihr bekanntzumachen.

---

[1]) Für Jugendliche vgl. § 40 Abs. 4 JGG.

§ 426. Im übrigen regelt sich das Verfahren auf die von der Verwaltungsbehörde erhobene Anklage nach den für die Privatklage gegebenen Bestimmungen.

§ 427. Hat der Beschuldigte gegen einen Strafbescheid auf gerichtliche Untersuchung angetragen, oder hat die Staatsanwaltschaft die Anklage erhoben, so kann die Verwaltungsbehörde sich der Verfolgung anschließen, und sie hat alsdann gleichwie bei einer von ihr erhobenen Anklage einen Vertreter zu bestellen.

In diesem Falle kommen die für den Anschluß des Verletzten als Nebenkläger gegebenen Bestimmungen zur Anwendung.

§ 428. Wenn die Verwaltungsbehörde die Anklage erhoben oder sich der Verfolgung angeschlossen hat, so sind ihr das Urteil und alle sonstigen Entscheidungen zuzustellen, auch wenn sie bei deren Verkündung vertreten gewesen ist.

§ 429. Die Fristen zur Einlegung von Rechtsmitteln beginnen für die Verwaltungsbehörde erst mit der Zustellung.

Zur Anbringung von Revisionsanträgen und zur Gegenerklärung auf solche steht der Verwaltungsbehörde eine Frist von einem Monat zu.

3a. Abschnitt[1]).

Sicherungsverfahren.

§ 429a. Liegen Anhaltspunkte dafür vor, daß der Beschuldigte eine mit Strafe bedrohte Handlung im Zustand der Zurechnungsunfähigkeit begangen hat, und führt die Staatsanwaltschaft das Strafverfahren wegen der Zurechnungsunfähigkeit des Beschuldigten nicht durch, so kann sie den Antrag stellen, die Unterbringung des Be-

[1]) Der 3a. Abschnitt ist durch das AusfGesetz zum Gewohnheitsverbrechergesetz vom 24. 11. 1933 (RGBl. I. 1000), Art. 2, eingefügt worden.

schuldigten in einer Heil- oder Pflegeanstalt selbständig anzuordnen (Sicherungsverfahren).

§ 429b. Für das Sicherungsverfahren gelten sinngemäß die Vorschriften über das Strafverfahren, soweit nichts anderes bestimmt ist.

Der Antrag steht der öffentlichen Klage gleich. An die Stelle der Anklageschrift tritt eine Antragsschrift, die den Erfordernissen der Anklageschrift[1]) entsprechen muß. Wird im Urteil die Unterbringung nicht angeordnet, so ist auf Ablehnung des Antrags zu erkennen.

Wäre für das Strafverfahren das Reichsgericht oder das Oberlandesgericht in erster Instanz oder das Schwurgericht zuständig, so tritt für das Sicherungsverfahren die große Strafkammer an ihre Stelle[2]).

§ 429c. Ist im Sicherungsverfahren das Erscheinen des Beschuldigten vor Gericht wegen seines Zustandes unmöglich oder aus Gründen der öffentlichen Sicherheit oder Ordnung unangebracht, so kann das Gericht die Hauptverhandlung durchführen, ohne daß der Beschuldigte zugegen ist.

In diesem Falle ist der Beschuldigte vor der Hauptverhandlung durch einen beauftragten Richter unter Zuziehung eines Sachverständigen zu vernehmen. Von dem Vernehmungstermin sind die Staatsanwaltschaft, der Beschuldigte, der Verteidiger und der gesetzliche Vertreter zu benachrichtigen. Ihrer Anwesenheit bei der Vernehmung bedarf es nicht.

Erfordert es die Rücksicht auf den Zustand des Beschuldigten oder ist eine ordnungsmäßige Durchführung der Hauptverhandlung sonst nicht möglich, so kann das Gericht im Sicherungsverfahren nach der Vernehmung

---

[1]) § 200 StPO.

[2]) Vgl. für die nachträgliche Anordnung der Sicherungsverwahrung oder der Entmannung die Übergangsvorschrift des Art. 14 des in Anm. [1]) zum 3a. Abschnitt bezeichneten Gesetzes.

des Beschuldigten zur Sache die Hauptverhandlung durchführen, auch wenn der Beschuldigte nicht oder nur zeitweise zugegen ist.

Soweit eine Hauptverhandlung ohne den Beschuldigten stattfindet, können seine früheren Erklärungen, die in einem richterlichen Protokoll enthalten sind, verlesen werden. Das Protokoll über die Vorvernehmung nach Abs. 2 Satz 1 ist zu verlesen.

§ 429d. Ergibt sich im Sicherungsverfahren nach der Eröffnung des Hauptverfahrens die Zurechnungsfähigkeit des Beschuldigten und ist das Gericht für das Strafverfahren nicht zuständig, so spricht es durch Beschluß seine Unzuständigkeit aus und verweist die Sache an das zuständige Gericht. § 270 Abs. 2, 3 gilt entsprechend.

Ergibt sich im Sicherungsverfahren nach der Eröffnung des Hauptverfahrens die Zurechnungsfähigkeit des Beschuldigten und ist das Gericht auch für das Strafverfahren zuständig, so ist der Beschuldigte auf die veränderte Rechtslage hinzuweisen und ihm Gelegenheit zur Verteidigung zu geben. Behauptet er, auf die Verteidigung nicht genügend vorbereitet zu sein, so ist auf seinen Antrag die Hauptverhandlung auszusetzen. Ist auf Grund des § 429c in Abwesenheit des Beschuldigten verhandelt worden, so sind diejenigen Teile der Hauptverhandlung zu wiederholen, bei denen der Beschuldigte nicht zugegen war.

§ 429e. Ist ein Deutscher im Ausland wegen eines Verbrechens oder vorsätzlichen Vergehens zu Freiheitsstrafe verurteilt worden und liegen bei ihm die Voraussetzungen vor, die bei seiner Verurteilung im Inland die Anordnung der Sicherungsverwahrung oder der Entmannung gerechtfertigt hätten, so kann die Staatsanwaltschaft den Antrag stellen, die Maßregel nachträglich anzuordnen (nachträgliches Sicherungsverfahren).

Auf das Verfahren findet § 429b entsprechende Anwendung.

Vierter Abschnitt.

Verfahren bei Einziehungen und Vermögensbeschlagnahmen.

§ 430. In den Fällen, in welchen nach § 42 des Strafgesetzbuchs oder nach anderweiten gesetzlichen Bestimmungen auf Einziehung, Vernichtung oder Unbrauchbarmachung von Gegenständen selbständig erkannt werden kann, ist der Antrag, sofern die Entscheidung nicht in Verbindung mit einem Urteil in der Hauptsache erfolgt, seitens der Staatsanwaltschaft oder des Privatklägers bei dem Gerichte zu stellen, welches für den Fall der Verfolgung einer bestimmten Person zuständig sein würde.

An die Stelle des Schwurgerichts tritt das Schöffengericht.

§ 431. Die Verhandlung und Entscheidung erfolgt in einem Termin, auf welchen die Bestimmungen über die Hauptverhandlung entsprechende Anwendung finden.

Personen, welche einen rechtlichen Anspruch auf den Gegenstand der Einziehung, Vernichtung oder Unbrauchbarmachung haben, sind, soweit dies ausführbar erscheint, zu dem Termine zu laden.

Sie können alle Befugnisse ausüben, welche einem Angeklagten zustehen, sich auch durch einen mit schriftlicher Vollmacht versehenen Verteidiger vertreten lassen. Durch ihr Nichterscheinen wird das Verfahren und die Urteilsfällung nicht aufgehalten.

§ 432. Die Rechtsmittel gegen das Urteil stehen der Staatsanwaltschaft, dem Privatkläger und den im § 431 bezeichneten Personen zu.

§ 433. Auf die im § 93 des Strafgesetzbuchs vorgesehene Beschlagnahme des Vermögens eines Angeschuldigten finden die Bestimmungen der §§ 291 bis 293 entsprechende Anwendung.

Fünfter Abschnitt.

Besondere Vorschriften über das Verfahren bei militärischen Straftaten, für Strafsachen gegen Angehörige der Reichswehr und für Militärstrafsachen.

§ 434. Eine Militärgerichtsbarkeit besteht nur für Strafverfahren in Kriegszeiten und gegen die Angehörigen der Reichsmarine, die an Bord von in Dienst gestellten Kriegsschiffen eingeschifft sind.

Soweit eine Militärgerichtsbarkeit nicht besteht, gelten für militärische Straftaten sowie für Strafsachen gegen Angehörige der Reichswehr und für Militärstrafsachen die folgenden besonderen Vorschriften:

Ergänzung zu § 434:

Nach §§ 1, 2 des Gesetzes über Wiedereinführung der Militärgerichtsbarkeit vom 12. Mai 1933 (RGBl. I, 264) in Verbindung mit § 1 des Einführungsgesetzes zur Militärstrafgerichtsordnung vom 4. November 1933 (RGBl. I, 921) wird die Militärgerichtsbarkeit am 1. Januar 1934 allgemein wieder eingeführt. Nach § 2 des Einführungsgesetzes treten mit diesem Zeitpunkt die §§ 434 bis 448 außer Kraft.

§ 2 des Einführungsgesetzes bestimmt:

„Überleitung.

(1) Die an diesem Tage (d. i. der 1. Januar 1934) bei den allgemeinen Strafverfolgungsbehörden und Gerichten anhängigen Strafverfahren, die unter die Militärstrafgerichtsordnung fallen, gehen in der Lage, in der sie sich befinden, auf die militärischen Strafverfolgungsbehörden und Gerichte über.

(2) Ist jedoch in einem solchen Strafverfahren bereits ein Urteil, ein amtsrichterlicher Strafbefehl oder eine polizeiliche Strafverfügung ergangen, so bleiben für das weitere Verfahren die Vorschriften des Gerichtsverfassungsgesetzes und der Strafprozeßordnung maßgebend. Dasselbe gilt für anhängige Privatklageverfahren, auch wenn noch kein Urteil ergangen ist.

(3) Ist in den nach Abs. 1 auf die militärischen Strafverfolgungsbehörden und Gerichte übergehenden Strafverfahren bereits ein Beschluß über die Eröffnung des Haupt-

verfahrens ergangen, so tritt er für das weitere militärgerichtliche Verfahren an die Stelle der Anklageverfügung."

Im Rahmen dieser Vorschrift bleiben die nachstehenden Bestimmungen für die Zeit der Überleitung noch in Kraft.

Erster Titel.

Vorschriften für militärische Straftaten.

§ 435. Aufgehoben durch Gesetz vom 30. April 1926 (RGBl. I, 197).

§ 436. Bei militärischen Vergehen finden die Vorschriften des § 153 Abs. 2, 3 über die Befugnis, von der Erhebung der öffentlichen Klage abzusehen oder das Verfahren einzustellen, keine Anwendung.

§ 437. Ein Abwesender, gegen den die öffentliche Klage wegen Fahnenflucht erhoben ist, kann durch Beschluß des Gerichts für fahnenflüchtig erklärt werden.

Für die Bekanntmachung und die Aufhebung des Beschlusses gelten die §§ 291, 293.

Zweiter Titel.

Vorschriften für Strafsachen gegen Angehörige der Reichswehr und für Militärstrafsachen.

§ 438. In Strafverfahren gegen Angehörige der Reichswehr gelten die besonderen Vorschriften der §§ 439 bis 441.

§ 439. Ein Gerichtsstand ist auch bei dem Gerichte begründet, in dessen Bezirke sich der Standort des Truppenteils befindet, dem der Beschuldigte angehört.

§ 440. Von der Festnahme ist der vorgesetzten Dienstbehörde unverzüglich Nachricht zu geben.

§ 441. Von der Einleitung der Strafverfolgung, der Eröffnung des Hauptverfahrens und der Anberaumung einer Hauptverhandlung ist der höheren Kommandobehörde des Beschuldigten Nachricht zu geben. Von dem Eingang der Nachricht über die Einleitung einer Strafverfolgung an ist eine Versetzung des Beschuldigten aus dem Bereiche der Strafverfolgungsbehörde nur noch mit deren Zustimmung zulässig.

Bei militärischen Verbrechen und Vergehen ist außerdem der höheren Kommandobehörde des Beschuldigten die Verfügung der Staatsanwaltschaft über die Ablehnung der Strafverfolgung oder die Einstellung des Verfahrens nebst den Gründen zuzustellen. Die Zustellung kann durch Vorlage der Akten erfolgen.

In den Fällen des Abs. 2 stehen die Rechte des Verletzten nach § 172 auch dem Befehlshaber der höheren Kommandobehörde zu. Der Antrag auf gerichtliche Entscheidung kann statt von einem Rechtsanwalte von einem Heeres- (Marine-) Anwalt unterzeichnet werden. Die §§ 176, 177 finden auf den von dem Befehlshaber gestellten Antrag keine Anwendung.

Was unter „höhere Kommandobehörde" zu verstehen ist, bestimmt der Reichswehrminister.

§ 442. In Militärstrafsachen gelten die besonderen Vorschriften der §§ 443 bis 448.

Militärstrafsachen sind Strafverfahren, die von Angehörigen der Reichswehr während ihrer Zugehörigkeit zur Reichswehr oder zum bisherigen aktiven Heere oder zur bisherigen aktiven Marine begangene Straftaten betreffen.

§ 443. Die militärischen Vorgesetzten haben die gleichen Rechte und Pflichten wie die Polizei- und Sicherheitsbeamten, welche als Hilfsbeamte der Staatsanwaltschaft deren Anordnungen Folge zu leisten haben. Sie sind insbesondere verpflichtet, die Ersuchen der Staatsanwaltschaft, des Untersuchungsrichters und der Gerichte auszuführen.

Untersuchungshandlungen dürfen sie ohne Ersuchen nur vornehmen, wenn diese keinen Aufschub gestatten.

§ 444. Anzeigen strafbarer Handlungen und Anträge auf Strafverfolgung können auch bei den Disziplinarvorgesetzten des Beschuldigten angebracht werden. Mündliche Anzeigen und Anträge sind zu Protokoll zu nehmen.

Der Disziplinarvorgesetzte hat von der Anzeige oder dem Antrag die Staatsanwaltschaft oder, wenn die schleunige Vornahme einer richterlichen Untersuchungshandlung erforderlich erscheint, den Amtsrichter sofort zu benachrichtigen. Das gleiche gilt, wenn sich sonst der Verdacht einer strafbaren Handlung ergibt[1]).

§ 445. Die Anordnung der Untersuchungshaft ist beim Vorliegen dringenden Tatverdachts auch dann zulässig, wenn die Aufrechterhaltung der militärischen Disziplin dies fordert.

In diesem Falle findet das Haftprüfungsverfahren (§ 115a) zum ersten Male bereits nach Ablauf eines Monats statt; die Dauer der Untersuchungshaft ist auf die Strafe voll anzurechnen[2]).

§ 446. Als Verteidiger können mit ihrer Zustimmung auch Offiziere und gewählte Vertreter der Soldaten gewählt oder auf Antrag des Beschuldigten bestellt werden.

Den im § 144 Abs. 2 bezeichneten Justizbeamten stehen die bei den Heeres- (Marine-) Anwälten beschäftigten Sekretäre gleich.

§ 447. Erklärungen über die Einlegung oder die Rechtfertigung von Rechtsmitteln, Gesuche auf Wiedereinsetzung in den vorigen Stand, Anträge auf Wiederaufnahme des Verfahrens, Einsprüche gegen Strafbefehle sowie Anträge auf gerichtliche Entscheidung gegenüber einer polizeilichen Strafverfügung kann der Beschuldigte oder Verurteilte auch zu Protokoll des nächsten mit Disziplinarstrafgewalt versehenen Vorgesetzten, eines Heeres- (Marine-) Anwalts oder eines bei einem solchen beschäftigten Sekretärs, ferner, wenn er sich in militärischem Gewahrsame befindet, zu Protokoll

---

[1]) Die Fassung des § 444 beruht auf dem Gesetz vom 30. 4. 1926 (RGBl. I, 197).

[2]) Die Fassung des § 445 Abs. 2 beruht auf dem Gesetz vom 27. 12. 1926 (RGBl. I, 529).

des mit der Aufsicht über das Gefängnis betrauten Offiziers oder Beamten anbringen. Revisionsanträge und deren Begründung können jedoch von dem Angeklagten außer in der Form des § 345 Abs. 2 nur zu Protokoll eines Heeres- (Marine-) Anwalts oder eines bei einem solchen beschäftigten Sekretärs angebracht werden.

In den Fällen des Abs. 1 genügt es zur Wahrung einer Frist, wenn innerhalb der Frist das Protokoll aufgenommen wird.

§ 448. Die Revision kann auch darauf gestützt werden, daß eine allgemeine militärische Dienstvorschrift nicht oder nicht richtig angewendet worden ist.

Siebentes Buch.

Strafvollstreckung und Kosten des Verfahrens.

Erster Abschnitt.

Strafvollstreckung.

§ 449. Strafurteile sind nicht vollstreckbar, bevor sie rechtskräftig geworden sind.

§ 450. Auf die zu vollstreckende Freiheitsstrafe ist unverkürzt die Untersuchungshaft anzurechnen, welche der Angeklagte erlitten hat, seit er auf Einlegung eines Rechtsmittels verzichtet oder das eingelegte Rechtsmittel zurückgenommen hat, oder seitdem die Einlegungsfrist abgelaufen ist, ohne daß er eine Erklärung abgegeben hat.

§ 451. Die Strafvollstreckung erfolgt durch die Staatsanwaltschaft auf Grund einer von dem Urkundsbeamten der Geschäftsstelle zu erteilenden, mit der Bescheinigung der Vollstreckbarkeit versehenen, beglaubigten Abschrift der Urteilsformel.

Den Amtsanwälten steht die Strafvollstreckung nur insoweit zu, als die Landesjustizverwaltung sie ihnen übertragen hat.

Für die zur Zuständigkeit der Amtsgerichte gehörigen Sachen kann durch Anordnung der Landesjustizverwaltung die Strafvollstreckung den Amtsrichtern übertragen werden.

§ 452. In Sachen, in denen das Reichsgericht in erster Instanz erkannt hat, steht das Begnadigungsrecht dem Reiche zu.

§ 453. Todesurteile bedürfen zu ihrer Vollstreckung keiner Bestätigung. Die Vollstreckung ist jedoch erst zulässig, wenn die Entschließung der zur Ausübung des Gnadenrechts berufenen Stelle ergangen ist, von dem Begnadigungsrechte keinen Gebrauch machen zu wollen.

An schwangeren oder geisteskranken Personen darf ein Todesurteil nicht vollstreckt werden.

§ 454. Die Vollstreckung der Todesstrafe erfolgt in einem umschlossenen Raume.

Bei der Vollstreckung müssen zwei Mitglieder des Gerichts erster Instanz, ein Beamter der Staatsanwaltschaft, ein Urkundsbeamter der Geschäftsstelle und ein Gefängnisbeamter zugegen sein. Der Gemeindevorstand des Orts, wo die Hinrichtung stattfindet, ist aufzufordern, zwölf Personen aus den Vertretern oder aus anderen achtbaren Mitgliedern der Gemeinde abzuordnen, um der Hinrichtung beizuwohnen. Außerdem ist einem Geistlichen von dem Religionsbekenntnisse des Verurteilten und dem Verteidiger und nach dem Ermessen des die Vollstreckung leitenden Beamten auch anderen Personen der Zutritt zu gestatten.

Über den Hergang ist ein Protokoll aufzunehmen, welches von dem Beamten der Staatsanwaltschaft und dem Urkundsbeamten der Geschäftsstelle zu unterzeichnen ist.

Der Leichnam des Hingerichteten ist seinen Angehörigen auf ihr Verlangen zur einfachen, ohne Feierlichkeiten vorzunehmenden Beerdigung zu verabfolgen.

Ergänzung zu § 454:

Gesetz über Verhängung und Vollzug der Todesstrafe vom 29. März 1933 (RGBl. I, 151), § 2:

Ist jemand wegen eines gegen die öffentliche Sicherheit gerichteten Verbrechens zum Tode verurteilt, so kann die Regierung des Reichs oder des Landes, durch deren Behörden das Urteil zu vollstrecken ist, anordnen, daß die Vollstreckung durch Erhängen erfolgt.

§ 455. Die Vollstreckung einer Freiheitsstrafe ist aufzuschieben, wenn der Verurteilte in Geisteskrankheit verfällt.

Dasselbe gilt bei anderen Krankheiten, wenn von der Vollstreckung eine nahe Lebensgefahr für den Verurteilten zu besorgen steht.

Die Strafvollstreckung kann auch dann aufgeschoben werden, wenn sich der Verurteilte in einem körperlichen Zustande befindet, bei welchem eine sofortige Vollstreckung mit der Einrichtung der Strafanstalt unverträglich ist.

§ 456. Auf Antrag des Verurteilten kann die Vollstreckung aufgeschoben werden, sofern durch die sofortige Vollstreckung dem Verurteilten oder seiner Familie erhebliche, außerhalb des Strafzwecks liegende Nachteile erwachsen.

Der Strafaufschub darf den Zeitraum von vier Monaten nicht übersteigen.

Seine Bewilligung kann an eine Sicherheitsleistung oder andere Bedingungen geknüpft werden.

§ 456a. Die Vollstreckungsbehörde kann von der Vollstreckung einer Freiheitsstrafe oder einer Maßregel der Sicherung und Besserung absehen, wenn der Verurteilte wegen einer anderen Tat einer ausländischen Regierung ausgeliefert oder wenn er auf Grund eines Strafurteils aus dem Reichsgebiet verwiesen wird.

Kehrt der Ausgelieferte oder der Ausgewiesene zurück, so kann die Vollstreckung nachgeholt werden. Für die Nachholung einer Maßregel der Sicherung und Besserung gilt § 42g des Strafgesetzbuchs entsprechend[1]).

[1]) Die Fassung des § 456a, der durch das Deutsche Auslieferungsgesetz vom 23. 12. 1929 (RGBl. I, 239) eingefügt worden ist, beruht auf dem AusfGesetz zum Gewohnheitsverbrechergesetz vom 24. 11. 1933 (RGBl. I, 1000), Art. 2.

§ 456b[1]). Eine mit Freiheitsentziehung verbundene Maßregel der Sicherung und Besserung, die neben einer Freiheitsstrafe angeordnet ist, wird erst vollzogen, wenn die Freiheitsstrafe verbüßt, bedingt ausgesetzt oder erlassen ist. Jedoch kann die Unterbringung in einer Heil- oder Pflegeanstalt, einer Trinkerheilanstalt oder einer Entziehungsanstalt ganz oder teilweise vor der Freiheitsstrafe vollzogen werden.

§ 456c. Der zur Entmannung notwendige ärztliche Eingriff wird in einer Krankenanstalt von einem für das Deutsche Reich approbierten Arzt ausgeführt. Die Landesjustizverwaltung bestimmt die Krankenanstalten und Ärzte, denen die Ausführung der Entmannung übertragen werden kann. Wenn der ausführende Arzt nicht beamteter Arzt ist, ist zur Ausführung ein beamteter Arzt zuzuziehen.

Die Anwendung unmittelbaren Zwanges ist zulässig, soweit andere Maßnahmen nicht ausreichen.

§ 456d. Das Gericht kann beim Erlassen des Urteils auf Antrag oder mit Einwilligung des Verurteilten das Inkrafttreten der Untersagung der Berufsausübung durch Beschluß aufschieben, wenn das sofortige Inkrafttreten des Verbots für den Verurteilten oder seine Angehörigen eine erhebliche, außerhalb seines Zwecks liegende, durch späteres Inkrafttreten vermeidbare Härte bedeuten würde. Hat der Verurteilte einen gesetzlichen Vertreter, so ist dessen Einwilligung erforderlich. § 462 Abs. 4 gilt entsprechend.

Die Vollstreckungsbehörde kann unter denselben Voraussetzungen die Untersagung der Berufsausübung aussetzen.

Der Aufschub und die Aussetzung können an die Leistung einer Sicherheit oder an andere Bedingungen geknüpft

---

[1]) Die §§ 456b bis d sind durch das AusfGesetz zum Gewohnheitsverbrechergesetz vom 24. 11. 1933 (RGBl. I, 1000), Art. 2, eingefügt worden.

werden. Aufschub und Aussetzung dürfen den Zeitraum von sechs Monaten nicht übersteigen.

Die Zeit des Aufschubs und der Aussetzung wird auf die für das Berufsverbot festgesetzte Frist nicht angerechnet.

§ 457. Die Staatsanwaltschaft ist befugt, behufs Vollstreckung einer Freiheitsstrafe einen Vorführungs- oder Haftbefehl zu erlassen, wenn der Verurteilte auf die an ihn ergangene Ladung zum Antritt der Strafe sich nicht gestellt hat oder der Flucht verdächtig ist.

Auch kann von der Staatsanwaltschaft zu demselben Zwecke ein Steckbrief erlassen werden, wenn der Verurteilte flüchtig ist oder sich verborgen hält.

Diese Befugnisse stehen im Falle des § 451 Abs. 3 auch dem Amtsrichter zu.

§ 458. Wenn über die Auslegung eines Strafurteils oder über die Berechnung der erkannten Strafe Zweifel entstehen, oder wenn Einwendungen gegen die Zulässigkeit der Strafvollstreckung erhoben werden, so ist die Entscheidung des Gerichts herbeizuführen.

Das Gericht entscheidet ferner, wenn in den Fällen der §§ 455, 456, 456d Abs. 2 Einwendungen gegen die Entscheidung der Vollstreckungsbehörde erhoben werden oder wenn die Vollstreckungsbehörde anordnet, daß an einem Ausgelieferten oder aus dem Reichsgebiet Verwiesenen die Vollstreckung einer Strafe oder einer Maßregel der Sicherung und Besserung nachgeholt werden soll, und Einwendungen gegen diese Anordnung erhoben werden.

Der Fortgang der Vollstreckung wird hierdurch nicht gehemmt; das Gericht kann jedoch einen Aufschub oder eine Unterbrechung der Vollstreckung anordnen. **In den Fällen des § 456d Abs. 2 kann das Gericht eine einstweilige Anordnung treffen**[1]).

---

[1]) Die Fassung des § 458 beruht auf dem AusfGesetz zum Gewohnheitsverbrechergesetz vom 24. 11. 1933 (RGBl. I, 1000), Art. 2.

§ 459. Kann eine verhängte Geldstrafe nicht beigetrieben werden und ist die Festsetzung der für diesen Fall eintretenden Freiheitsstrafe unterlassen worden, so ist die Geldstrafe nachträglich von dem Gericht in die entsprechende Freiheitsstrafe umzuwandeln.

§ 460. Ist jemand durch verschiedene rechtskräftige Urteile zu Strafen verurteilt worden, und sind dabei die Vorschriften über die Zuerkennung einer Gesamtstrafe (§ 79 des Strafgesetzbuchs) außer Betracht geblieben, so sind die erkannten Strafen durch eine nachträgliche gerichtliche Entscheidung auf eine Gesamtstrafe zurückzuführen.

§ 461. Ist der Verurteilte nach Beginn der Strafvollstreckung wegen Krankheit in eine von der Strafanstalt getrennte Krankenanstalt gebracht worden, so ist die Dauer des Aufenthalts in der Krankenanstalt in die Strafzeit einzurechnen, wenn nicht der Verurteilte mit der Absicht, die Strafvollstreckung zu unterbrechen, die Krankheit herbeigeführt hat.

Die Staatsanwaltschaft hat im letzteren Falle eine Entscheidung des Gerichts herbeizuführen.

§ 462. Die bei der Strafvollstreckung notwendig werdenden gerichtlichen Entscheidungen (§§ 458 bis 461) werden von dem Gericht erster Instanz ohne mündliche Verhandlung erlassen.

Vor der Entscheidung ist der Staatsanwaltschaft und dem Verurteilten Gelegenheit zu geben, Anträge zu stellen und zu begründen.

Kommt es auf die Festsetzung einer Gesamtstrafe an (§ 460), und waren die verschiedenen hierdurch abzuändernden Urteile von verschiedenen Gerichten erlassen, so steht die Entscheidung dem Gerichte zu, welches die schwerste Strafart oder bei Strafen gleicher Art die höchste Strafe erkannt hat, falls hiernach aber mehrere Gerichte zuständig sein würden, dem, dessen Urteil zuletzt ergangen ist. War das hiernach maßgebende Urteil von einem Gerichte höherer Instanz erlassen, so setzt das Gericht erster

Instanz, und war eines der Strafurteile von dem Reichsgericht oder einem Oberlandesgericht in erster Instanz erlassen, das Reichsgericht oder das Oberlandesgericht die Gesamtstrafe fest.

Gegen diese Entscheidungen findet, insofern sie nicht von dem Reichsgericht oder einem Oberlandesgericht erlassen sind, sofortige Beschwerde statt.

§ 463. Die Vollstreckung der über eine Vermögensstrafe oder eine Buße ergangenen Entscheidung erfolgt nach den Vorschriften über die Vollstreckung der Urteile der Zivilgerichte.

§ 463 a[1]). **Die Vorschriften über die Strafvollstreckung finden auf die Vollstreckung von Maßregeln der Sicherung und Besserung sinngemäß Anwendung, soweit nichts anderes bestimmt ist.**

Bei der Unterbringung in einer Heil- oder Pflegeanstalt ist der Aufschub der Vollstreckung auf Grund des § 455 Abs. 1, bei der Sicherungsverwahrung der Aufschub auf Grund des § 456 nicht zulässig.

§ 462 findet auch auf die nach den §§ 42f bis 42h des Strafgesetzbuchs zu treffenden Entscheidungen Anwendung.

Zweiter Abschnitt.

Kosten des Verfahrens.

§ 464. Jedes Urteil, jeder Strafbefehl und jede eine Untersuchung einstellende Entscheidung muß darüber Bestimmung treffen, von wem die Kosten des Verfahrens zu tragen sind.

Die Höhe der Kosten und Auslagen, die ein Beteiligter einem anderen Beteiligten zu erstatten hat, wird auf Antrag eines Beteiligten durch den Urkundsbeamten der Geschäftsstelle festgesetzt. Auf das Verfahren und auf die Voll-

[1]) § 463 a ist durch das AusfGesetz zum Gewohnheitsverbrechergesetz vom 24. 11. 1933 (RGBl. I, 1000), Art. 2, eingefügt worden.

streckung der Entscheidung finden die Vorschriften der Zivilprozeßordnung entsprechende Anwendung.

§ 465. **Die Kosten des Verfahrens hat der Angeklagte insoweit zu tragen, als sie durch das Verfahren wegen einer Tat entstanden sind, wegen deren er verurteilt oder eine Maßregel der Sicherung und Besserung gegen ihn angeordnet oder zugelassen wird. Zu den Kosten des Verfahrens gehören auch die durch die Vorbereitung der öffentlichen Klage entstandenen sowie die Kosten der Vollstreckung einer Strafe, Nebenstrafe oder Nebenfolge oder einer vom Gericht angeordneten oder zugelassenen Maßregel der Sicherung und Besserung**[1]).

Stirbt ein Verurteilter vor eingetretener Rechtskraft des Urteils, so haftet sein Nachlaß nicht für die Kosten.

§ 466. **Mitangeklagte, gegen die in bezug auf dieselbe Tat auf Strafe erkannt oder eine Maßregel der Sicherung und Besserung angeordnet oder zugelassen wird, haften für die Auslagen als Gesamtschuldner. Dies gilt nicht für die durch die Vollstreckung, die Untersuchungshaft oder die einstweilige Unterbringung entstandenen Kosten**[1]).

§ 467. Einem freigesprochenen oder außer Verfolgung gesetzten Angeschuldigten sind nur solche Kosten aufzuerlegen, welche er durch eine schuldbare Versäumnis verursacht hat.

Die dem Angeschuldigten erwachsenen notwendigen Auslagen können der Staatskasse auferlegt werden.

Diese Bestimmungen gelten nicht, wenn gegen den Angeschuldigten die Unterbringung in einer Heil- oder Pflegeanstalt angeordnet wird[2]).

§ 468. Bei wechselseitigen Beleidigungen oder Körper-

---

[1]) Die Fassung der §§ 465, 466 beruht auf dem AusfGesetz zum Gewohnheitsverbrechergesetz vom 24. 11. 1933 (RGBl. I, 1000), Art. 2.

[2]) § 467 Abs. 3 ist durch das AusfGesetz zum Gewohnheitsverbrechergesetz vom 24. 11. 1933 (RGBl. I, 1000), Art. 2, eingefügt worden.

verletzungen wird die Verurteilung eines oder beider Teile in die Kosten dadurch nicht ausgeschlossen, daß einer oder beide für straffrei erklärt werden.

§ 469. Ist ein, wenn auch nur außergerichtliches Verfahren durch eine wider besseres Wissen gemachte oder auf grober Fahrlässigkeit beruhende Anzeige veranlaßt worden, so kann das Gericht dem Anzeigenden, nachdem er gehört worden, die der Staatskasse und dem Beschuldigten erwachsenen Kosten auferlegen.

War noch kein Gericht mit der Sache befaßt, so erfolgt die Entscheidung auf den Antrag der Staatsanwaltschaft durch das Gericht, welches für die Eröffnung des Hauptverfahrens zuständig gewesen wäre.

Gegen die Entscheidung findet sofortige Beschwerde statt.

§ 470. Erfolgt eine Einstellung des Verfahrens wegen Zurücknahme des Antrags, durch welchen es bedingt war, so hat der Antragsteller die Kosten zu tragen.

§ 471[1]). In einem Verfahren auf erhobene Privatklage hat der Verurteilte auch die dem Privatkläger erwachsenen notwendigen Auslagen zu erstatten.

Das Gericht kann, wenn den Anträgen des Privatklägers nur zum Teil entsprochen ist, die im Verfahren entstandenen Auslagen sowie die dem Privatkläger und dem Beschuldigten erwachsenen notwendigen Auslagen angemessen verteilen.

Wird der Beschuldigte außer Verfolgung gesetzt oder freigesprochen, oder wird das Verfahren eingestellt, so fallen dem Privatkläger die Kosten des Verfahrens sowie die dem Beschuldigten erwachsenen notwendigen Auslagen zur Last.

Mehrere Privatkläger haften als Gesamtschuldner. Das gleiche gilt hinsichtlich der Haftung mehrerer Beschuldigter für die dem Privatkläger erwachsenen notwendigen Auslagen.

Die nach den Bestimmungen dieses Paragraphen zu erstattenden Auslagen umfassen auch die Entschädigung für die durch notwendige Reisen oder durch die notwendige

[1]) Vgl. Ergänzung zu § 383 StPO.

Wahrnehmung von Terminen entstandene Zeitversäumnis; die für die Entschädigung von Zeugen geltenden Vorschriften finden entsprechende Anwendung. Hat sich der Gegner der erstattungspflichtigen Partei eines Rechtsanwalts bedient, so sind die Gebühren und Auslagen des Anwalts insoweit inbegriffen, als solche nach der Bestimmung des § 91 der Zivilprozeßordnung die unterliegende Partei der obsiegenden zu erstatten hat.

§ 472. Wird in dem Falle des § 175 der Angeschuldigte außer Verfolgung gesetzt oder freigesprochen, oder das Verfahren eingestellt, so finden auf den Antragsteller die Bestimmungen des § 471 Abs. 2 bis 5 entsprechende Anwendung. Das Gericht kann jedoch nach Befinden der Umstände den Antragsteller von der Tragung der Kosten ganz oder teilweise entbinden.

Vor der Entscheidung über den Kostenpunkt ist der Antragsteller zu hören, sofern er nicht als Nebenkläger aufzutreten berechtigt war.

§ 473. Die Kosten eines zurückgenommenen oder erfolglos eingelegten Rechtsmittels treffen den, der es eingelegt hat. War das Rechtsmittel von der Staatsanwaltschaft eingelegt, so können die dem Beschuldigten erwachsenen notwendigen Auslagen der Staatskasse auferlegt werden. Hatte das Rechtsmittel teilweisen Erfolg, so kann das Gericht die Gebühr ermäßigen und die entstandenen Auslagen angemessen verteilen.

Dasselbe gilt von den Kosten, welche durch einen Antrag auf Wiederaufnahme des durch ein rechtskräftiges Urteil geschlossenen Verfahrens verursacht worden sind.

Die Kosten der Wiedereinsetzung in den vorigen Stand fallen dem Antragsteller zur Last, soweit sie nicht durch einen unbegründeten Widerspruch des Gegners entstanden sind.

§ 474. In den zur Zuständigkeit des Reichsgerichts in erster Instanz gehörigen Sachen sind die von der Staatskasse zu tragenden Kosten der Reichskasse aufzuerlegen.

V.

Gesetz über die Presse[1].

Vom 7. Mai 1874 (RGBl. S. 65) [auszugsweise].

§ 23. Eine Beschlagnahme von Druckschriften ohne richterliche Anordnung findet nur statt:

1. wenn eine Druckschrift den Vorschriften der §§ 6 und 7[2]) nicht entspricht, oder den Vorschriften des § 14 zuwider verbreitet wird;
2. [aufgehoben];
3. wenn der Inhalt einer Druckschrift den Tatbestand einer der in den §§ 85, 95, 111, 130 oder 184 des deutschen Strafgesetzbuchs mit Strafe bedrohten Handlungen begründet, in den Fällen der §§ 111 und 130 jedoch nur dann, wenn dringende Gefahr besteht, daß bei Verzögerung der Beschlagnahme die Aufforderung oder Anreizung ein Verbrechen oder Vergehen unmittelbar zur Folge haben werde.

§ 24. Über die Bestätigung oder Aufhebung der vorläufigen Beschlagnahme hat das zuständige Gericht zu entscheiden.

Diese Entscheidung muß von der Staatsanwaltschaft binnen vierundzwanzig Stunden nach Anordnung der Beschlagnahme beantragt und von dem Gericht binnen vierundzwanzig Stunden nach Empfang des Antrags erlassen werden.

Hat die Polizeibehörde die Beschlagnahme ohne Anordnung der Staatsanwaltschaft verfügt, so muß sie die

---

[1]) Vgl. auch das Schriftleitergesetz vom 4. 10. 1933 (RGBl. I, 713).

[2]) Bezeichnung des Druckers, Verlegers, Verfassers bzw. Redakteurs auf jeder Druckschrift.

Absendung der Verhandlungen an die letztere ohne Verzug und spätestens binnen zwölf Stunden bewirken. Die Staatsanwaltschaft hat entweder die Wiederaufhebung der Beschlagnahme mittels einer sofort vollstreckbaren Verfügung anzuordnen, oder die gerichtliche Bestätigung binnen zwölf Stunden nach Empfang der Verhandlungen zu beantragen.

Wenn nicht bis zum Ablaufe des fünften Tages nach Anordnung der Beschlagnahme der bestätigende Gerichtsbeschluß der Behörde, welche die Beschlagnahme angeordnet hat, zugegangen ist, erlischt die letztere und muß die Freigabe der einzelnen Stücke erfolgen.

§ 25. Gegen den Beschluß des Gerichts, welcher die vorläufige Beschlagnahme aufhebt, findet ein Rechtsmittel nicht statt.

§ 26. Die vom Gericht bestätigte, vorläufige Beschlagnahme ist wieder aufzuheben, wenn nicht binnen zwei Wochen nach der Bestätigung die Strafverfolgung in der Hauptsache eingeleitet worden ist.

§ 27. Die Beschlagnahme von Druckschriften trifft die Exemplare nur da, wo dergleichen zum Zwecke der Verbreitung sich befinden. Sie kann sich auf die zur Vervielfältigung dienenden Platten und Formen erstrecken; bei Druckschriften im engeren Sinne hat auf Antrag des Beteiligten statt Beschlagnahme des Satzes das Ablegen des letzteren zu geschehen.

Bei der Beschlagnahme sind die dieselbe veranlassenden Stellen der Schrift unter Anführung der verletzten Gesetze zu bezeichnen. Trennbare Teile der Druckschrift (Beilagen einer Zeitung usw.), welche nichts Strafbares enthalten, sind von der Beschlagnahme auszuschließen.

§ 28. Während der Dauer der Beschlagnahme ist die Verbreitung der von derselben betroffenen Druckschrift oder der Wiederabdruck der die Beschlagnahme veranlassenden Stellen unstatthaft.

Wer mit Kenntnis der verfügten Beschlagnahme dieser Bestimmung entgegenhandelt, wird mit Geldstrafe oder mit Gefängnis bis zu sechs Monaten bestraft.

Ergänzungen zu §§ 24 bis 28:

1. V. zum Schutze des Deutschen Volkes vom 4. Februar 1933 (RGBl. I, 35), § 8, vgl. unten XI.

2. V. gegen Verrat am Deutschen Volke und hochverräterische Umtriebe vom 28. Februar 1933 (RGBl. I, 85), § 9, vgl. unten XII.

VI.

Gesetz, betr. die Entschädigung der im Wiederaufnahmeverfahren freigesprochenen Personen.

Vom 20. Mai 1898 (RGBl. S. 345)[1].

§ 1. Personen, welche im Wiederaufnahmeverfahren freigesprochen oder in Anwendung eines milderen Strafgesetzes mit einer geringeren Strafe belegt werden, können Entschädigung aus der Staatskasse verlangen, wenn die früher erkannte Strafe ganz oder teilweise gegen sie vollstreckt worden ist. Das Wiederaufnahmeverfahren muß die Unschuld des Verurteilten bezüglich der ihm zur Last gelegten Tat oder bezüglich eines die Anwendung eines schwereren Strafgesetzes begründenden Umstandes ergeben oder doch dargetan haben, daß ein begründeter Verdacht gegen den Angeklagten nicht mehr vorliegt.

Wird im Wiederaufnahmeverfahren eine vom Gericht angeordnete Maßregel der Sicherung und Besserung, nachdem sie ganz oder teilweise vollstreckt worden oder wirksam geworden ist, aufgehoben, weil das Verfahren die Unschuld des Verurteilten bezüglich einer ihm zur Last gelegten Tat oder die Unrichtigkeit der Feststellung einer früheren Verurteilung ergeben oder doch dargetan hat, daß ein begründeter Verdacht gegen ihn nicht mehr vorliegt, so kann der Verurteilte eine Entschädigung aus der Staatskasse verlangen. Dies gilt nicht, wenn das Gemein-

[1]) Die Fassung der §§ 1 und 2 beruht auf dem AusfGesetz zum Gewohnheitsverbrechergesetz vom 24. 11. 1933 (RGBl. I, 1000), Art. 5.

wohl unabhängig von der Tat oder der Verurteilung die Maßregel erfordert hätte.

Außer dem Verurteilten haben diejenigen, denen gegenüber er kraft Gesetzes unterhaltspflichtig war, Anspruch auf Entschädigung.

Der Anspruch auf Entschädigung ist ausgeschlossen, wenn der Verurteilte die frühere Verurteilung vorsätzlich herbeigeführt oder durch grobe Fahrlässigkeit verschuldet hat.

Die Versäumung der Einlegung eines Rechtsmittels ist nicht als eine Fahrlässigkeit zu erachten.

§ 2. Gegenstand des dem Verurteilten zu leistenden Ersatzes ist der für ihn durch die Strafvollstreckung entstandene Vermögensschaden.

Unterhaltsberechtigten ist insoweit Ersatz zu leisten, als ihnen durch die Strafvollstreckung der Unterhalt entzogen worden ist.

Über einen Kapitalbetrag von fünfundsiebzigtausend Reichsmark oder einen Rentenbetrag von jährlich viertausendfünfhundert Reichsmark hinaus wird dem Verurteilten und den Unterhaltsberechtigten kein Ersatz geleistet. Reicht der Höchstbetrag für die Ersatzleistung an den Verurteilten und die Unterhaltsberechtigten nicht aus, so verringern sich die einzelnen Entschädigungen in dem Verhältnis, in welchem ihr Gesamtbetrag zu dem Höchstbetrag steht.

§ 3. Die Entschädigung wird aus der Kasse desjenigen Bundesstaats gezahlt, bei dessen Gerichte das Strafverfahren in erster Instanz anhängig war.

Bis zum Betrage der geleisteten Entschädigung tritt die Kasse in die Rechte ein, welche dem Entschädigten gegen Dritte um deswillen zustehen, weil durch deren rechtswidrige Handlungen seine Verurteilung herbeigeführt war.

§ 4. Über die Verpflichtung der Staatskasse zur Entschädigung wird durch besonderen Beschluß des im Wiederaufnahmeverfahren erkennenden Gerichts Bestimmung getroffen.

Der Beschluß ist von dem Gerichte gleichzeitig mit dem Urteile zu fassen, aber nicht zu verkünden, sondern durch Zustellung bekanntzumachen. Der Beschluß unterliegt nicht der Anfechtung durch Rechtsmittel. Er tritt außer Kraft, wenn das Urteil aufgehoben wird.

§ 5. Wer auf Grund des die Verpflichtung der Staatskasse zur Entschädigung aussprechenden Beschlusses einen Anspruch geltend macht, hat diesen Anspruch bei Vermeidung des Verlustes binnen drei Monaten nach Zustellung des Beschlusses durch Antrag bei der Staatsanwaltschaft zu verfolgen. Der Antrag ist bei der Staatsanwaltschaft desjenigen Landgerichts zu stellen, in dessen Bezirke das Urteil ergangen ist.

Über den Antrag entscheidet die oberste Behörde der Landesjustizverwaltung. Eine Ausfertigung der Entscheidung ist dem Antragsteller nach den Vorschriften der Zivilprozeßordnung zuzustellen.

Gegen die Entscheidung ist die Berufung auf den Rechtsweg zulässig. Die Klage ist binnen einer Ausschlußfrist von drei Monaten nach Zustellung der Entscheidung zu erheben. Für die Ansprüche auf Entschädigung sind die Zivilkammern der Landgerichte ohne Rücksicht auf den Wert des Streitgegenstandes ausschließlich zuständig.

Bis zur endgültigen Entscheidung über den Antrag ist der Anspruch weder übertragbar, noch der Pfändung unterworfen.

§ 6. In den zur Zuständigkeit des Reichsgerichts in erster Instanz gehörigen Sachen ist statt der Staatskasse die Reichskasse ersatzpflichtig.

In diesen Fällen tritt an die Stelle der Staatsanwaltschaft des Landgerichts die Staatsanwaltschaft bei dem Reichsgericht, an die Stelle der obersten Behörde der Landesjustizverwaltung der Reichskanzler[1]).

§ 7. Dieses Gesetz gilt für die im militärgerichtlichen Verfahren verurteilten Personen entsprechend. An die

[1]) Jetzt der Reichsminister der Justiz.

Stelle der Staatskasse tritt die Reichskasse, an die Stelle der Staatsanwaltschaft der Gerichtsherr, der im Wiederaufnahmeverfahren das Gericht erster Instanz oder in den Fällen des § 361 der Militärstrafgerichtsordnung das Oberkriegsgericht berufen hat, an die Stelle der obersten Behörde der Landesjustizverwaltung der Reichswehrminister[1]).

[1]) Eingefügt durch § 4 des EGMilStGO. vom 4. 11. 1933 (RGBl. I, 921).

VII.

Gesetz, betr. die Entschädigung für unschuldig erlittene Untersuchungshaft.

Vom 14. Juli 1904 (RGBl. S. 321)[1].

§ 1. Personen, die im Strafverfahren freigesprochen oder durch Beschluß des Gerichts außer Verfolgung gesetzt sind, können für erlittene Untersuchungshaft Entschädigung aus der Staatskasse verlangen, wenn das Verfahren ihre Unschuld ergeben oder dargetan hat, daß gegen sie ein begründeter Verdacht nicht vorliegt.

Außer dem Verhafteten haben diejenigen, denen gegenüber er kraft Gesetzes unterhaltspflichtig war, Anspruch auf Entschädigung.

Ein Anspruch auf Entschädigung besteht nicht, wenn im Urteil die Unterbringung in einer Heil- oder Pflegeanstalt angeordnet worden ist.

Im Sinne dieses Gesetzes steht der Verhaftung und der Untersuchungshaft die einstweilige Unterbringung, dem Verhafteten der einstweilig Untergebrachte, dem Haftbefehl der Unterbringungsbefehl gleich. Ein Entschädigungsanspruch besteht jedoch nicht, wenn das Gemeinwohl unabhängig von der Tat die einstweilige Unterbringung erfordert hätte.

§ 2. Der Anspruch auf Entschädigung ist ausgeschlossen, wenn der Verhaftete die Untersuchungshaft vorsätzlich herbeigeführt oder durch grobe Fahrlässigkeit verschuldet

---

[1]) Die Fassung der §§ 1—3 beruht auf dem AusfGesetz zum Gewohnheitsverbrechergesetz vom 24. 11. 1933 (RGBl. I, 1000), Art. 5.

hat. Die Versäumung der Einlegung eines Rechtsmittels ist nicht als eine Fahrlässigkeit zu erachten.

Der Anspruch kann ausgeschlossen werden, wenn die zur Untersuchung gezogene Tat des Verhafteten eine grobe Unredlichkeit oder Unsittlichkeit in sich geschlossen hat oder in einem **die Zurechnungsfähigkeit ausschließenden Rausch** begangen worden ist oder wenn aus den Tatumständen erhellt, daß der Verhaftete die Verübung eines Verbrechens oder Vergehens vorbereitet hatte.

Der Anspruch kann auch dann ausgeschlossen werden, wenn der Verhaftete zur Zeit der Verhaftung sich nicht im Besitze der bürgerlichen Ehrenrechte befand oder unter Polizeiaufsicht stand oder wenn gegen den Verhafteten **innerhalb der letzten zwei Jahre die Unterbringung in einem Arbeitshaus rechtskräftig angeordnet** worden ist. Das gleiche gilt, wenn der Verhaftete mit Zuchthaus bestraft worden ist und seit der Verbüßung der Strafe drei Jahre noch nicht verflossen sind.

§ 3. Gegenstand des dem Verhafteten zu leistenden Ersatzes ist der für ihn durch die Untersuchungshaft entstandene Vermögensschaden. Hat vor dem Erlasse des Haftbefehls eine Vorführung oder eine vorläufige Festnahme stattgefunden, so erstreckt sich der Entschädigungsanspruch auch auf die dem Haftbefehle vorausgegangene Zeit der Haft.

Unterhaltsberechtigten ist insoweit Ersatz zu leisten, als ihnen durch die Verhaftung der Unterhalt entzogen worden ist.

Über einen Kapitalbetrag von fünfundsiebzigtausend Reichsmark oder einen Rentenbetrag von jährlich viertausendfünfhundert Reichsmark hinaus wird dem Verhafteten und den Unterhaltsberechtigten kein Ersatz geleistet. Reicht der Höchstbetrag für die Ersatzleistung an den Verhafteten und die Unterhaltsberechtigten nicht aus, so verringern sich die einzelnen Entschädigungen in

dem Verhältnis, in dem ihr Gesamtbetrag zu dem Höchstbetrag steht.

§ 4. Über die Verpflichtung der Staatskasse zur Entschädigung wird von dem Gerichte gleichzeitig mit seinem den Verhafteten freisprechenden Urteile durch besonderen Beschluß Bestimmung getroffen.

Wird auf ein gegen das Urteil eingelegtes Rechtsmittel von neuem auf Freisprechung erkannt, so ist von dem erkennenden Gerichte nach Maßgabe des Abs. 1 von neuem Beschluß zu fassen.

Der Beschluß ist nicht zu verkünden, sondern durch Zustellung bekanntzumachen, sobald das freisprechende Urteil rechtskräftig geworden ist. Er unterliegt nicht der Anfechtung durch Rechtsmittel. Wird die Entschädigungsverpflichtung der Staatskasse ausgesprochen, so soll der Beschluß auch den Unterhaltsberechtigten, die nicht dem Hausstande des Verhafteten angehören, mitgeteilt werden, sofern ihr Aufenthalt dem Gerichte bekannt ist.

Diese Vorschriften finden entsprechende Anwendung, wenn der Verhaftete durch Beschluß des Gerichts außer Verfolgung gesetzt wird.

§ 5. Der die Entschädigungsverpflichtung der Staatskasse aussprechende Beschluß tritt außer Kraft, wenn zuungunsten des Freigesprochenen die Wiederaufnahme des Verfahrens angeordnet oder wenn gegen den außer Verfolgung Gesetzten nach Wiederaufnahme der Klage das Hauptverfahren eröffnet wird. War die Entschädigung schon gezahlt, so kann das Gezahlte zurückgefordert werden.

§ 6. Wer auf Grund des die Entschädigungsverpflichtung der Staatskasse aussprechenden Beschlusses einen Anspruch geltend macht, hat diesen Anspruch bei Vermeidung des Verlustes binnen sechs Monaten nach Zustellung des Beschlusses durch Antrag bei der Staatsanwaltschaft des Landgerichts zu verfolgen, in dessen Bezirke das Verfahren in erster Instanz anhängig war.

Über den Antrag entscheidet die oberste Behörde der Landesjustizverwaltung. Eine Ausfertigung der Entscheidung ist dem Antragsteller nach den Vorschriften der Zivilprozeßordnung zuzustellen.

Gegen die Entscheidung ist die Berufung auf den Rechtsweg zulässig. Die Klage ist binnen einer Ausschlußfrist von drei Monaten nach Zustellung der Entscheidung zu erheben. Für die Ansprüche auf Entschädigung sind die Zivilkammern der Landgerichte ohne Rücksicht auf den Wert des Streitgegenstandes ausschließlich zuständig.

Bis zur rechtskräftigen Entscheidung über den Antrag ist der Anspruch nicht übertragbar.

§ 7. Die Entschädigung wird aus der Kasse des Bundesstaats gezahlt, bei dessen Gerichte das Strafverfahren in erster Instanz anhängig war.

Bis zum Betrage der geleisteten Entschädigung tritt die Kasse in die Rechte ein, welche dem Entschädigten gegen Dritte um deswillen zustehen, weil durch deren rechtswidrige Handlungen die Untersuchungshaft herbeigeführt war.

§ 8. Ist zuungunsten des Freigesprochenen die Wiederaufnahme des Verfahrens beantragt oder gegen den außer Verfolgung Gesetzten die Klage wieder aufgenommen worden, so kann die Entscheidung der obersten Behörde der Landesjustizverwaltung (§ 6 Abs. 2) sowie die Zahlung der Entschädigung (§ 7 Abs. 1) ausgesetzt werden.

§ 9. In den zur Zuständigkeit des Reichsgerichts in erster Instanz gehörigen Sachen ist statt der Staatskasse die Reichskasse ersatzpflichtig.

In diesen Fällen tritt an die Stelle der Staatsanwaltschaft des Landgerichts die Staatsanwaltschaft bei dem Reichsgericht, an die Stelle der obersten Behörde der Landesjustizverwaltung der Reichskanzler[1]).

---

[1]) Jetzt der Reichsminister der Justiz.

§ 10. Dieses Gesetz gilt für die im militärgerichtlichen Verfahren freigesprochenen Personen entsprechend. An die Stelle der Staatskasse tritt die Reichskasse, an die Stelle der Staatsanwaltschaft der Gerichtsherr erster Instanz, an die Stelle der obersten Behörde der Landesjustizverwaltung der Reichswehrminister[1]).

§ 11. In den zur Zuständigkeit der Konsulargerichte gehörigen Sachen findet dieses Gesetz mit folgenden Maßgaben Anwendung:

An die Stelle der Staatsanwaltschaft des Landgerichts tritt der Konsul. Für die Ansprüche auf Entschädigung ist das Reichsgericht in erster und letzter Instanz zuständig.

§ 12. Die Vorschriften dieses Gesetzes finden auf Angehörige eines auswärtigen Staates nur insoweit Anwendung, als nach einer im Reichsgesetzblatt enthaltenen Bekanntmachung durch die Gesetzgebung dieses Staates oder durch Staatsvertrag die Gegenseitigkeit verbürgt ist.

[1]) Die Fassung des § 10 beruht auf § 4 Abs. 2 des EGMilStGO. vom 4. 11. 1933 (RGBl. I, 921).

VIII.
Gesetz über beschränkte Auskunft aus dem Strafregister und die Tilgung von Strafvermerken.

Vom 9. April 1920 (RGBl. S. 507) in der Fassung des Artikel X Abs. 1 der VO. über Vermögensstrafen und Bußen vom 6. Februar 1924 (RGBl. I, 44)[1].

§ 1. Über Verurteilungen, die in das Strafregister aufgenommen sind, ist nach Ablauf einer bestimmten Frist nur noch beschränkt Auskunft zu erteilen.

Ist nach Eintritt des Zeitpunkts, von dem ab nur beschränkt Auskunft zu erteilen ist, eine weitere Frist abgelaufen, so wird der Vermerk im Strafregister getilgt.

Diese Vorschriften gelten nicht für Verurteilungen zum Tode und zu Zuchthaus. Sie gelten ferner nicht für Urteile, durch die die Unterbringung in einer Heil- oder Pflegeanstalt, die Sicherungsverwahrung oder die Entmannung angeordnet wird. Die Vorschriften des § 8 bleiben unberührt.

§ 2. Bei mehreren Verurteilungen einer Person ist über alle Verurteilungen unbeschränkt Auskunft zu erteilen, solange über eine der Verurteilungen unbeschränkt Auskunft erteilt werden muß. Die Tilgung eines Vermerkes im Strafregister darf bei mehreren Verurteilungen einer Person erst erfolgen, wenn für alle Verurteilungen die Voraussetzungen der Tilgung vorliegen.

---

[1]) Die Fassung der §§ 1, 4, 6 und 7 beruht auf dem AusfGesetz zum Gewohnheitsverbrechergesetz vom 24. 11. 1933 (RGBl. I, 1000), Art. 6.

Lautet die Verurteilung, über die unbeschränkt Auskunft erteilt werden muß oder die im Strafregister noch nicht getilgt werden kann, nur auf Verweis oder auf Geldstrafe, allein oder in Verbindung miteinander oder mit Nebenstrafen, so finden die Vorschriften des Abs. 1 keine Anwendung.

§ 3. Hat der Verurteilte die bürgerlichen Ehrenrechte oder einzelne Rechte oder Fähigkeiten verloren, so kommen ihm die Vergünstigungen des § 1 nicht zugute, solange er diese Rechte und Fähigkeiten nicht wiedererlangt hat.

Das gleiche gilt, so lange über einen Verurteilten eine Steckbriefnachricht im Strafregister niedergelegt ist.

Die Vergünstigungen des § 1 kommen einem Verurteilten für eine Verurteilung so lange nicht zugute, als sich aus dem Inhalt des Strafregisters ergibt, daß die Vollstreckung noch nicht erledigt ist.

§ 4. **Über Verurteilungen, die der beschränkten Auskunft unterliegen, wird nur den Gerichten, den Behörden der Staatsanwaltschaft, auf ausdrückliches Ersuchen den obersten Reichs- und Landesbehörden und, soweit in einem Strafverfahren wegen Steuer- oder Monopolzuwiderhandlungen um Auskunft ersucht ist, auch den Finanzbehörden Auskunft erteilt.** Ist hiernach Auskunft zu erteilen, so ist darin besonders hervorzuheben, daß die Verurteilung der beschränkten Auskunft unterliegt.

Soweit über eine Verurteilung, die der beschränkten Auskunft unterliegt, keine Auskunft erteilt werden darf, sind Anfragen in gleicher Weise zu beantworten wie in den Fällen, in denen ein Vermerk nicht vorhanden ist.

Diese Vorschriften gelten entsprechend für die Auskunft aus den polizeilichen Listen; bei der Ausstellung polizeilicher Führungszeugnisse bleiben Verurteilungen, die der beschränkten Auskunft unterliegen, außer Betracht.

§ 5. Ein Vermerk, der im Strafregister zu tilgen ist, wird aus dem Register entfernt und vernichtet; enthält das Register außerdem Vermerke, die bestimmungsgemäß darin verbleiben müssen, so wird der zu tilgende Vermerk unkenntlich gemacht. Ebenso wird der Vermerk über die Verurteilung aus den polizeilichen Listen entfernt oder darin unkenntlich gemacht.

Ist der Vermerk über eine Verurteilung im Strafregister getilgt worden, so gilt die Verurteilung nicht mehr als Bestrafung im Sinne solcher Vorschriften, die für den Fall, daß der Täter bereits bestraft ist, eine schwerere Strafe oder andere Rechtsnachteile androhen.

§ 6. Die Frist, nach deren Ablauf beschränkt Auskunft zu erteilen ist, beträgt

1. **fünf Jahre, wenn auf Geldstrafe oder auf Freiheitsstrafe von höchstens drei Monaten, allein oder in Verbindung miteinander oder mit Nebenstrafen, erkannt worden ist, mit Ausnahme der Fälle, in denen eine Maßregel der Sicherung und Besserung angeordnet oder für zulässig erklärt oder auf die Zulässigkeit von Polizeiaufsicht erkannt worden ist,**
2. **zehn Jahre in allen übrigen Fällen.**

Die Frist der Nr. 1 beginnt mit dem im Strafregister vermerkten Tage der Verurteilung.

Die Frist der Nr. 2 beginnt mit dem Tage, an dem die Strafe vollstreckt, verjährt oder erlassen ist; ist auf eine mit Freiheitsentziehung verbundene Maßregel der Sicherung und Besserung oder auf die Zulässigkeit von Polizeiaufsicht erkannt worden, so beginnt die Frist erst, wenn diese Maßregeln erledigt sind. Ist nach Ablauf einer Probezeit dem Verurteilten die Strafe ganz oder teilweise erlassen worden oder die Maßregel erledigt, so wird die Probezeit auf die Frist der Nr. 2 angerechnet.

War der Verurteilte zur Zeit der Tat noch nicht achtzehn Jahre alt, so verkürzt sich die Frist von fünf Jahren auf drei Jahre und die Frist von zehn Jahren auf sechs Jahre.

§ 7. Die Frist, nach deren Ablauf ein Vermerk zu tilgen ist, beträgt

1. fünf Jahre, wenn auf Geldstrafe oder auf Haft oder auf Gefängnis oder Festungshaft von höchstens einer Woche, allein oder in Verbindung miteinander oder mit Nebenstrafen, erkannt worden ist, mit Ausnahme der Fälle, in denen eine Maßregel der Sicherung und Besserung angeordnet oder für zulässig erklärt oder auf die Zulässigkeit von Polizeiaufsicht erkannt worden ist;

2. zehn Jahre in allen übrigen Fällen.

Die Frist beginnt mit dem Tage, von dem ab nur noch beschränkt Auskunft zu erteilen ist.

War der Verurteilte zur Zeit der Tat noch nicht achtzehn Jahre alt, so verkürzt sich die Frist von fünf Jahren auf drei Jahre und die Frist von zehn Jahren auf sechs Jahre.

§ 8. Die Landesjustizverwaltung kann in Fällen, in denen die Voraussetzungen der beschränkten Auskunft oder der Tilgung nicht vorliegen, diese Maßnahmen anordnen, wenn dadurch staatliche Interessen nicht gefährdet werden.

Hat der Verurteilte die bürgerlichen Ehrenrechte oder einzelne Rechte oder Fähigkeiten verloren, so sollen die Maßnahmen nicht angeordnet werden, solange er diese Rechte und Fähigkeiten nicht wiedererlangt hat.

Zuständig für die Anordnung ist die oberste Justizverwaltungsbehörde des Landes, in dessen Bezirk das Strafregister geführt wird, und für das Register, das beim Reichsjustizministerium geführt wird, der Reichsminister der Justiz.

Wird angeordnet, daß eine Verurteilung der beschränkten Auskunft unterliegen soll, so beginnt die Frist für die Tilgung des Strafvermerkes mit dem Tage der Anordnung.

§ 9. Vermerke über Verurteilungen im Ausland sind im Sinne dieses Gesetzes Vermerken über Verurteilungen im Inland gleichzuachten.

§ 10. Bei der Verwertung von Auszügen aus ausländischen Strafregistern ist so zu verfahren, wie wenn die in dem Auszug enthaltenen Vermerke in einem inländischen

Strafregister enthalten wären. Die Vorschriften des § 11 Abs. 2 sind entsprechend anzuwenden.

§ 11. Das Gesetz tritt mit dem 1. Juli 1920 in Kraft.

Bei Verurteilungen, die schon vor dem Inkrafttreten dieses Gesetzes in das Strafregister aufgenommen worden sind, berechnen sich die Fristen so, wie wenn das Gesetz schon zur Zeit der Aufnahme des Vermerkes in das Register in Kraft gewesen wäre. Ist in den Fällen des § 6 Nr. 2 aus dem Register nicht zu ersehen, wann die Strafe vollstreckt worden ist, so ist die Frist vom Tage der Verurteilung an zu berechnen; sie verlängert sich jedoch in diesem Falle um die Dauer der erkannten Freiheitsstrafe. Das gleiche gilt in den Fällen des § 6 Nr. 2, wenn nach dem Inhalt des Registers anzunehmen ist, daß eine Strafe erst nach einer Probezeit erlassen worden ist, und die Dauer dieser Probezeit aus dem Register nicht zu ersehen ist. Ist aus dem Register nicht zu ersehen, ob der Verurteilte zur Zeit der Tat schon achtzehn Jahre alt war, so sind die kürzeren Fristen anzuwenden, wenn der Verurteilte zur Zeit der Verurteilung noch nicht neunzehn Jahre alt war; andernfalls greifen die längeren Fristen Platz.

Verurteilungen, die vor dem Inkrafttreten dieses Gesetzes im Strafregister gelöscht worden sind, unterliegen der beschränkten Auskunft. Die Frist für ihre Tilgung beginnt mit dem Tage, an dem die Löschung angeordnet worden ist.

IX.
Jugendgerichtsgesetz.

Vom 16. Februar 1923 (RGBl. I, 135, 252).

Erster Abschnitt.

§ 1. Ein Jugendlicher im Sinne dieses Gesetzes ist, wer über vierzehn, aber noch nicht achtzehn Jahre alt ist.

§ 2. Wer eine mit Strafe bedrohte Handlung begeht, ehe er vierzehn Jahre alt geworden ist, ist nicht strafbar.

§ 3. Ein Jugendlicher, der eine mit Strafe bedrohte Handlung begeht, ist nicht strafbar, wenn er zur Zeit der Tat nach seiner geistigen oder sittlichen Entwicklung unfähig war, das Ungesetzliche der Tat einzusehen oder seinen Willen dieser Einsicht gemäß zu bestimmen.

§ 4. Die Strafbarkeit des Anstifters und Gehilfen, des Begünstigers und Hehlers wird durch die Vorschriften der §§ 2, 3 nicht berührt.

§ 5. Hat ein Jugendlicher eine mit Strafe bedrohte Handlung begangen, so hat das Gericht zu prüfen, ob Erziehungsmaßregeln erforderlich sind.

Hält das Gericht Erziehungsmaßregeln für erforderlich, so hat es entweder selbst die Erziehungsmaßregeln anzuordnen oder auszusprechen, daß Erziehungsmaßregeln erforderlich sind, ihre Auswahl und Anordnung aber dem Vormundschaftsgericht überlassen bleibt. Das Vormundschaftsgericht muß alsdann eine Erziehungsmaßregel anordnen. Die Fürsorgeerziehung soll das Gericht nur dann selbst anordnen, wenn in erster Instanz die Zuständigkeit dafür auch außerhalb des Strafverfahrens begründet ist.

Die vorstehenden Bestimmungen finden auch Anwendung, wenn das Gericht den Täter nach § 3 freispricht.

§ 6. Hält das Gericht Erziehungsmaßregeln für ausreichend, so ist von Strafe abzusehen.

§ 7. Als Erziehungsmaßregeln sind zulässig:

1. Verwarnung,
2. Überweisung in die Zucht der Erziehungsberechtigten oder der Schule,
3. Auferlegung besonderer Verpflichtungen,
4. Unterbringung,
5. Schutzaufsicht,
6. Fürsorgeerziehung.

Die Reichsregierung kann mit Zustimmung des Reichsrats auch andere Erziehungsmaßregeln für zulässig erklären.

Die Voraussetzungen, die Ausführung und Aufhebung sowie das Erlöschen der Schutzaufsicht und der Fürsorgeerziehung bestimmen sich nach dem Reichsgesetze für Jugendwohlfahrt. Für die anderen Erziehungsmaßregeln bestimmt das Erforderliche die Reichsregierung mit Zustimmung des Reichsrats; sie dürfen auch nach Vollendung des achtzehnten Lebensjahrs bis zum Eintritt der Volljährigkeit ausgeführt werden.

§ 8. Vor dem Urteil kann das Gericht vorläufige Anordnungen über die Erziehung und Unterbringung treffen. Vor der Entscheidung ist das Jugendamt zu hören. Von der Anhörung kann abgesehen werden, wenn sie wegen Gefahr im Verzug untunlich ist; in diesem Falle ist das Jugendamt nachträglich zu hören.

Im Urteil hat sich das Gericht darüber auszusprechen, ob die vorläufige Anordnung wegfallen oder bis zur endgültigen Entscheidung über die Anordnung einer Erziehungsmaßregel bestehen bleiben soll.

§ 9. Hat ein Jugendlicher eine mit Strafe bedrohte Handlung begangen, so gelten für die Strafbemessung folgende Vorschriften:

Statt auf Todesstrafe oder auf lebenslanges Zuchthaus ist auf Gefängnis von einem bis zu zehn Jahren, statt auf lebenslange Festungshaft ist auf Festungshaft von einem bis zu zehn Jahren zu erkennen.

Sind andere Strafen angedroht, so ist die Strafe zwischen dem gesetzlichen Mindestbetrage der anzuwendenden Strafart und der Hälfte des Höchstbetrags der angedrohten Strafe zu bestimmen. Ist Zuchthausstrafe angedroht, so tritt an ihre Stelle Gefängnisstrafe.

Ist die Tat ein Vergehen oder eine Übertretung, so kann in besonders leichten Fällen von Strafe abgesehen werden.

Auf Verlust der bürgerlichen Ehrenrechte überhaupt oder einzelner bürgerlicher Ehrenrechte, auf Unterbringung in einem Arbeitshaus, Sicherungsverwahrung, Entmannung, Untersagung der Berufsausübung und auf Zulässigkeit von Polizeiaufsicht darf nicht erkannt werden[1]).

§ 10. Das Gericht kann die Vollstreckung einer Freiheitsstrafe im Urteil aussetzen, damit der Verurteilte sich durch gute Führung während einer Probezeit Straferlaß verdienen kann. Dies soll insbesondere dann geschehen, wenn der sofortige Strafvollzug eine Erziehungsmaßregel gefährden würde.

Wird die Vollstreckung der Strafe nicht ausgesetzt, so müssen die Urteilsgründe sich darüber aussprechen, ob die Strafe vollstreckt oder die Entscheidung über die Aussetzung vorbehalten werden soll.

§ 11. Werden nach Erlaß des Urteils Umstände bekannt, die eine Aussetzung der Vollstreckung der erkannten Freiheitsstrafe angezeigt erscheinen lassen, so kann die Vollstreckung nachträglich ausgesetzt werden. Die Strafaussetzung wird nicht dadurch ausgeschlossen, daß im Urteil die Aussetzung abgelehnt oder mit der Vollstreckung der Strafe bereits begonnen worden ist.

§ 12. Die Probezeit ist mindestens auf zwei und höchstens auf fünf Jahre zu bemessen. Ist sie auf weniger als

[1]) Die Fassung des § 9 Abs. 5 beruht auf dem AusfGesetz zum Gewohnheitsverbrechergesetz vom 24. 11. 1933 (RGBl. I,1000), Art. 3.

fünf Jahre bemessen, so kann sie nachträglich bis auf fünf Jahre verlängert werden.

Dem Verurteilten können für die Dauer der Probezeit, und zwar auch über den Eintritt der Volljährigkeit hinaus, besondere Pflichten auferlegt, auch kann er unter Schutzaufsicht gestellt werden. Die Anordnungen können auch nachträglich getroffen oder geändert werden. Für die Ausführung der Schutzaufsicht gelten die Vorschriften des Reichsgesetzes für Jugendwohlfahrt; für die Zeit nach erreichter Volljährigkeit gelten sie entsprechend.

Während der Probezeit ruht die Verjährung der Strafvollstreckung.

Führt sich der Verurteilte während der Probezeit schlecht, so kann die Vollstreckung der Strafe angeordnet werden. Das gleiche gilt, wenn nachträglich Umstände bekannt werden, die, wenn sie bereits zur Zeit der Aussetzung der Strafe bekannt gewesen wären, bei Würdigung des Wesens der Aussetzung zur Versagung dieser Vergünstigung geführt haben würden.

Zu den Ermittlungen über die Führung des Verurteilten während der Probezeit ist das Jugendamt nach Möglichkeit zuzuziehen.

§ 13. Wird der Verurteilte, bevor über seine Bewährung entschieden ist, von neuem zu Strafe verurteilt, so bestimmt das Gericht in dem neuen Urteil, ob die frühere Strafe vollstreckt werden oder ausgesetzt bleiben soll. Die neue Strafe kann auch dann ausgesetzt werden, wenn der Verurteilte, als er die neue Tat beging, nicht mehr jugendlich war.

Lautet das neue Urteil auf Freiheitsstrafe, so darf der Wegfall oder die Fortdauer der früheren Strafaussetzung nur bestimmt werden, wenn die gleiche Entscheidung auch für die neue Strafe ergeht.

Ordnet das Gericht an, daß die frühere Strafe ausgesetzt bleibt, so kann es bestimmen, daß die alte Probezeit nicht vor der neuen abläuft. Es kann auch eine der im § 12

Abs. 2 vorgesehenen Anordnungen treffen oder eine nach dieser Vorschrift getroffene Anordnung ändern.

Hat das Gericht in dem neuen Urteil nicht bestimmt, ob die frühere Strafe vollstreckt werden oder ausgesetzt bleiben soll, so wird darüber nachträglich entschieden; dabei kann die Entscheidung über die Aussetzung der neuen Strafe geändert werden.

Das Gericht kann sich, falls es nicht auf Freiheitsstrafe erkennt, der Entscheidung darüber enthalten, ob die frühere Strafe vollstreckt werden oder ausgesetzt bleiben soll; in diesem Falle gilt § 12 Abs. 4.

Ist die frühere Strafe nicht ausgesetzt worden, so kann die Aussetzung in dem neuen Urteil nachträglich bewilligt (§ 11) werden. Die Abs. 2, 4 gelten entsprechend.

Als Urteil im Sinne vorstehender Bestimmungen gilt auch der Strafbefehl.

§ 14. Ist auf Geldstrafe erkannt worden, so ist, sobald die Ersatzfreiheitsstrafe vollstreckt werden kann, darüber zu entscheiden, ob die Vollstreckung der Ersatzfreiheitsstrafe ausgesetzt werden soll. § 11 Satz 2 und die §§ 12 und 13 gelten entsprechend.

§ 15. Nach Ablauf der Probezeit wird die Strafe erlassen, wenn sich der Verurteilte bewährt hat.

Hat der Verurteilte sich nicht bewährt, so wird die Vollstreckung der Strafe angeordnet.

§ 16. Der Strafvollzug gegen einen Jugendlichen ist so zu bewirken, daß seine Erziehung gefördert wird.

Beim Vollzuge der Freiheitsstrafen werden Jugendliche von erwachsenen Gefangenen vollständig getrennt gehalten.

Freiheitsstrafen von einem Monat oder mehr sollen in besonderen, ausschließlich für Jugendliche bestimmten Anstalten oder Abteilungen von Anstalten vollstreckt werden.

Verbüßt ein Jugendlicher in einer besonderen Anstalt oder in einer besonderen Abteilung einer Anstalt eine Freiheitsstrafe, so kann er mit Genehmigung der Aufsichtsbehörde bis zur Vollendung des einundzwanzigsten Lebensjahrs in der Anstalt oder in der Abteilung verbleiben.

Das Weitere über den Strafvollzug bestimmt die Reichsregierung mit Zustimmung des Reichsrats; dabei ist auf eine Mitwirkung des Jugendamts bei dem Strafvollzuge Bedacht zu nehmen.

Zweiter Abschnitt.

§ 17. Straftaten von Personen, die zur Zeit der Erhebung der Anklage jugendlich sind, gehören zur Zuständigkeit der Jugendgerichte. Jugendgerichte sind die Schöffengerichte. Würde die Straftat nach den allgemeinen Vorschriften zur Zuständigkeit des Reichsgerichts oder der Schwurgerichte gehören, so besteht das Jugendgericht aus zwei Richtern und drei Schöffen.

Für Personen, die zur Zeit der Tat jugendlich waren, zur Zeit der Erhebung der Anklage aber nicht mehr jugendlich, jedoch noch jünger als einundzwanzig Jahre sind, kann die Staatsanwaltschaft die Zuständigkeit des Jugendgerichts dadurch begründen, daß sie bei ihm Anklage erhebt.

Ergänzung zu § 17:

V. über Maßnahmen auf dem Gebiete der Rechtspflege und Verwaltung vom 14. Juni 1932 (RGBl. I, 285), Erster Teil, Kapitel I, Artikel 9.

In Strafsachen, in denen nach dem Gerichtsverfassungsgesetz der Amtsrichter als Einzelrichter entscheidet, entscheidet in Jugendsachen der Jugendrichter ohne Zuziehung von Schöffen.

§ 18. Soweit nicht in diesem Gesetz Abweichendes bestimmt ist, gelten für die Sachen, die zur Zuständigkeit der Jugendgerichte gehören (Jugendsachen), die Vorschriften des Gerichtsverfassungsgesetzes und der Strafprozeßordnung.

Vollendet der Angeschuldigte während der Dauer des Verfahrens das einundzwanzigste Lebensjahr, so kann das Gericht die Sache zum ordentlichen Verfahren verweisen. Ist das Gericht im ordentlichen Verfahren nicht zuständig, so ist die Sache nach § 207 Abs. 2 der Strafprozeßordnung dem Landgerichte zur Entscheidung vorzulegen oder nach den §§ 270, 369 Abs. 3 der Strafprozeßordnung an das zuständige Gericht zu verweisen.

§ 19. Der Vorsitzende des Jugendgerichts (Jugendrichter) hat auch die Amtshandlungen vorzunehmen, die nach der Strafprozeßordnung der Amtsrichter zu erledigen hat.

Ist ein Amtsgericht mit mehreren Richtern besetzt, so sollen die Geschäfte des Jugendrichters und des Vormundschaftsrichters demselben Richter übertragen werden. Das Nähere bestimmt die oberste Landesbehörde.

Jugendsachen sollen besonderen Strafkammern zugewiesen werden.

§ 20. Die Schöffen (Jugendschöffen) werden auf Vorschlag des Jugendamts für die Dauer einer Wahlperiode (§ 42 des Gerichtsverfassungsgesetzes) von dem im § 40 des Gerichtsverfassungsgesetzes vorgesehenen Ausschuß gewählt und in eine besondere Jugendschöffenliste aufgenommen. Es sind soviel Schöffen zu wählen, daß jeder Hauptschöffe zu höchstens zehn ordentlichen Sitzungstagen im Jahre herangezogen wird.

Die oberste Landesbehörde kann bestimmen, daß von der Wahl besonderer Jugendschöffen abzusehen ist, wenn anzunehmen ist, daß ein Jugendgericht weniger als zehn Sitzungen jährlich abhalten wird[1]).

§ 21. Die Bearbeitung der Jugendsachen ist bei jeder Staatsanwaltschaft tunlichst in den Händen bestimmter Beamter zu vereinigen.

§ 22. In allen Abschnitten des Verfahrens in Jugendsachen sollen die Organe der Jugendgerichtshilfe zur Mitarbeit herangezogen werden.

---

[1]) Die Fassung des § 20 Abs. 1 beruht auf der V. über Maßnahmen auf dem Gebiete der Rechtspflege und Verwaltung vom 14. 6. 1932 (RGBl. I, 285), Erster Teil, Kapitel I, Art. 8 Abs. 3.

§ 23. Die Verhandlung vor dem erkennenden Gericht einschließlich der Verkündung der Entscheidungen ist nicht öffentlich.

Dem gesetzlichen Vertreter des Angeklagten, dem Verletzten und seinem gesetzlichen Vertreter sowie dem Jugendamt ist der Zutritt zu gestatten. Erwachsenen Angehörigen (§ 52 Abs. 2 des Strafgesetzbuchs) des Angeklagten und, falls der Jugendliche unter Schutzaufsicht steht, der bestellten Aufsichtsperson, ferner den Vertretern von Vereinigungen, die sich mit der Jugendfürsorge beschäftigen, soll in der Regel, anderen Personen kann der Zutritt gestattet werden.

Beamte der Justizverwaltung, welche die Dienstaufsicht führen, sind zur Anwesenheit berechtigt.

§ 24. Für das große Jugendgericht (§ 17 Abs. 1 Satz 3) gelten folgende besondere Vorschriften.

Die Schöffen stimmen vor den Richtern. Über die Ausschließung oder Ablehnung eines richterlichen Mitglieds entscheidet die Strafkammer, über die Ausschließung oder Ablehnung eines Schöffen der Vorsitzende. Das Protokoll über die Hauptverhandlung unterschreibt im Falle der Behinderung des Vorsitzenden für ihn das andere richterliche Mitglied.

§ 25. Für Jugendsachen ist auch das Jugendgericht örtlich zuständig, in dessen Bezirk die vormundschaftsgerichtliche Zuständigkeit für den Beschuldigten begründet ist oder sich der Angeschuldigte zur Zeit der Erhebung der Anklage aufhält.

Sind mehrere Jugendgerichte örtlich zuständig, so soll die Anklage bei einem der nach Abs. 1 zuständigen erhoben werden, wenn nicht besondere Gründe die Erhebung der Anklage bei einem anderen Jugendgerichte rechtfertigen.

§ 26. Mehrere Sachen gegen denselben Beschuldigten sollen verbunden werden.

Jugendsachen sollen mit Strafsachen gegen Erwachsene nicht verbunden werden; dies gilt insbesondere, wenn diese

Strafsachen zur Zuständigkeit des Reichsgerichts oder der Schwurgerichte gehören.

Nach Erhebung der Anklage können bis zum Erlasse des Urteils erster Instanz Jugendsachen von Strafsachen gegen Erwachsene durch Gerichtsbeschluß getrennt und an das Jugendgericht verwiesen werden.

§ 27. Die Staatsanwaltschaft hat dem Vormundschaftsgericht und dem Jugendamte Mitteilung zu machen, wenn gegen einen Jugendlichen die Voruntersuchung beantragt oder Anklage wegen eines Verbrechens, eines Vergehens oder einer Übertretung gegen § 361 Nr. 3 bis 8 des Strafgesetzbuchs erhoben wird, oder wenn die Staatsanwaltschaft es sonst für geboten erachtet. Über den weiteren Gang des Verfahrens sind Vormundschaftsgericht und Jugendamt zu unterrichten. Die oberste Landesbehörde kann weitergehende Vorschriften erlassen.

Das Vormundschaftsgericht und das Jugendamt haben der Staatsanwaltschaft Nachricht zu geben, wenn ihnen bekannt ist oder bekannt wird, daß gegen den Beschuldigten noch ein anderes Strafverfahren anhängig ist.

§ 28[1]). Untersuchungshaft ist nur zu vollziehen, wenn ihr Zweck nicht durch andere Maßregeln, insbesondere durch eine Anordnung nach § 8 erreicht werden kann. Darüber, ob die Untersuchungshaft zu vollziehen ist, sowie darüber, welche Maßregel an ihre Stelle tritt, entscheidet das Gericht, das den Haftbefehl erlassen hat; in dringenden Fällen kann der Jugendrichter, in dessen Bezirk die Untersuchungshaft vollzogen werden soll, die Entscheidung treffen.

Muß ein Jugendlicher in der Untersuchungshaft mit anderen Gefangenen in einem Raume untergebracht werden, so ist Vorsorge zu treffen, daß er nicht sittlich gefährdet wird. Mit Erwachsenen darf ein Jugendlicher in einem Raume nur untergebracht werden, wenn dies durch seinen körperlichen oder geistigen Zustand geboten ist.

---

[1]) § 28 Abs. 4 ist durch das Gesetz vom 27. 12. 1926 (RGBl. I, 529) gestrichen worden.

Dem Jugendamt und, falls der Verhaftete unter Schutzaufsicht steht, der bestellten Aufsichtsperson, ist der Verkehr mit dem Verhafteten in dem gleichen Umfang gestattet wie einem Verteidiger (§ 148 der Strafprozeßordnung).

§ 29. In den vor dem großen Jugendgerichte (§ 17 Abs. 1 Satz 3) zu verhandelnden Sachen hat der Jugendrichter dem Angeschuldigten, der keinen Verteidiger hat, einen Verteidiger zu bestellen, sobald die im § 199[1]) der Strafprozeßordnung vorgeschriebene Aufforderung stattgefunden hat.

Auch in anderen Fällen soll dem Beschuldigten, der keinen Verteidiger hat, ein Verteidiger bestellt werden, wenn dies aus besonderen Gründen, namentlich bei verwickelter Sach- oder Rechtslage, angemessen erscheint.

Das Gericht kann dem Beschuldigten in allen Fällen und in jeder Lage des Verfahrens einen Beistand bestellen; im Falle des Abs. 2 kann an Stelle des Verteidigers ein Beistand bestellt werden. Den Beistand bestellt der Vorsitzende, im vorbereitenden Verfahren der Jugendrichter. Das Jugendamt ist auf sein Verlangen zum Beistand zu bestellen; der gesetzliche Vertreter soll nur ausnahmsweise zum Beistand bestellt werden. Der Beistand hat die Rechte eines Verteidigers.

§ 30. Die Rechte des Beschuldigten zur Anwesenheit bei Amtshandlungen, auf Gehör und zur Vorlegung von Fragen stehen auch dem gesetzlichen Vertreter zu. Entscheidungen, die dem Beschuldigten bekanntzumachen sind, insbesondere Urteile, sollen auch dem gesetzlichen Vertreter bekanntgemacht werden; das gleiche gilt von Strafverfügungen und Strafbescheiden. In den Fällen, in denen dem Angeschuldigten die Anklageschrift mitzuteilen ist, soll sie auch dem gesetzlichen Vertreter mitgeteilt werden. Ort und Zeit der Hauptverhandlung sollen dem gesetzlichen Vertreter rechtzeitig bekanntgemacht werden.

---

[1]) Jetzt § 201 StPO.

§ 31. Bei den Ermittlungen sind möglichst frühzeitig die Lebensverhältnisse des Beschuldigten sowie alle Umstände zu erforschen, welche zur Beurteilung seiner körperlichen und geistigen Eigenart dienen können. In geeigneten Fällen soll eine ärztliche Untersuchung des Beschuldigten herbeigeführt werden.

Die Eltern des Beschuldigten sind, wenn es ohne erhebliche Schwierigkeiten geschehen kann, zu hören. In der Hauptverhandlung wird ihnen auf ihr Verlangen das Wort erteilt; ein Fragerecht steht ihnen nicht zu.

Zur Erforschung der im Abs. 1 bezeichneten Umstände ist das Jugendamt nach Möglichkeit zuzuziehen. Ort und Zeit der Hauptverhandlung sind ihm bekanntzumachen. In der Hauptverhandlung wird ihm auf Verlangen das Wort erteilt; ein Fragerecht steht ihm nicht zu.

Bei Fürsorgezöglingen ist der Fürsorgeerziehungsbehörde Gelegenheit zur Äußerung zu geben.

§ 32. Die Staatsanwaltschaft kann auf Grund des § 3 das Verfahren nur mit Zustimmung des Jugendrichters einstellen; vorher soll tunlichst das Jugendamt gehört werden.

Mit Zustimmung des Jugendrichters kann die Staatsanwaltschaft von der Erhebung der Klage absehen, wenn bereits eine Erziehungsmaßregel angeordnet worden ist und weitere Maßnahmen nicht erforderlich sind, oder wenn anzunehmen ist, daß das Gericht nach § 9 Abs. 4 von Strafe absehen wird. Ist die Klage bereits erhoben, so kann das Gericht mit Zustimmung der Staatsanwaltschaft die Einstellung des Verfahrens beschließen.

Die Verfügung der Staatsanwaltschaft (Abs. 1, Abs. 2 Satz 1) und der Beschluß des Gerichts (Abs. 2 Satz 2) sind auch dem Vormundschaftsgericht und dem Jugendamte sowie dem bekanntzumachen, der den Antrag auf Erhebung der öffentlichen Klage gestellt hat. Gegen den Beschluß des Gerichts steht der Staatsanwaltschaft kein Rechtsmittel, dem Beschuldigten und dem Antragsteller, wenn er zugleich der Verletzte ist, die sofortige Beschwerde zu.

Ist das Verfahren durch einen nicht mehr anfechtbaren Beschluß des Gerichts eingestellt worden, so kann die Klage nur auf Grund neuer Tatsachen oder Beweismittel wieder erhoben[1]) werden.

§ 33. Hauptverhandlungen in Jugendsachen sollen von anderen Hauptverhandlungen derart gesondert werden, daß eine Berührung des Angeklagten mit erwachsenen Angeklagten vermieden wird.

Ist von einzelnen Erörterungen ein nachteiliger Einfluß auf den Angeklagten zu befürchten, so kann das Gericht anordnen, daß der Angeklagte für die Dauer der Erörterungen das Sitzungszimmer verläßt. Sobald der Angeklagte wieder vorgelassen ist, soll ihn der Vorsitzende über den wesentlichen Inhalt des inzwischen Verhandelten unterrichten.

§ 34. Der Jugendrichter entscheidet über die Aussetzung der Ersatzfreiheitsstrafe, die nachträgliche Aussetzung und die Fortdauer der Aussetzung sowie über die Bewährung und trifft die Entscheidungen, die während einer Probezeit ergehen. Vor der Entscheidung ist, wenn dies ohne Verzögerung geschehen kann, auch das Jugendamt zu hören.

§ 35. Ein Urteil, in dem eine Erziehungsmaßregel angeordnet worden ist, kann nicht deshalb angefochten werden, weil eine andere oder eine weitere Erziehungsmaßregel hätte angeordnet werden sollen, oder weil die Auswahl und Anordnung der Erziehungsmaßregel dem Vormundschaftsgericht überlassen worden ist. Die Vorschrift gilt nicht, wenn die Fürsorgeerziehung angeordnet worden ist.

Gegen Entscheidungen, die eine Strafaussetzung betreffen (§§ 10 bis 15), findet, wenn sie für sich allein angefochten werden, die sofortige Beschwerde statt; das gleiche gilt, wenn ein Urteil nur deshalb angefochten wird, weil

---

[1]) Vgl. die Berichtigung vom 12. 4. 1923 (RGBl. I, 252).

die Vollstreckung der Strafe nicht ausgesetzt worden ist. Die Entscheidungen über die Dauer der Probezeit, die für ihre Dauer getroffenen besonderen Anordnungen (§ 12 Abs. 2) sowie die Entscheidung, daß sich das Gericht einer Entscheidung über die Fortdauer der Strafaussetzung enthalte (§ 13 Abs. 5), sind nicht anfechtbar.

§ 36. Die Strafvollstreckung steht dem Jugendrichter zu. Das gleiche gilt von der Ausführung einer Erziehungsmaßregel, die das Gericht angeordnet hat, sofern es sich nicht um Fürsorgeerziehung oder um Schutzaufsicht über einen Minderjährigen handelt.

Gegen die Entscheidungen des Jugendrichters findet sofortige Beschwerde nach den Vorschriften der Strafprozeßordnung statt.

§ 37. Gegen Fürsorgezöglinge sollen Freiheitsstrafen nur nach Anhörung der Fürsorgeerziehungsbehörde vollstreckt werden.

§ 38. Privatklage gegen ein Jugendlichen ist unzulässig. Dies steht der Erhebung einer Widerklage nicht entgegen. Wegen einer strafbaren Handlung, die nach den allgemeinen Vorschriften im Wege der Privatklage verfolgt werden könnte, wird gegen einen Jugendlichen die öffentliche Klage auch dann erhoben, wenn ein berechtigtes Interesse des Verletzten dies rechtfertigt.

§ 212 der Strafprozeßordnung findet gegenüber Jugendlichen keine Anwendung.

§ 39. In einem Strafbefehle darf gegen einen Jugendlichen nur Geldstrafe, die an Stelle der Geldstrafe tretende Freiheitsstrafe sowie Einziehung ausgesprochen weredn.

§ 40. In einer Strafverfügung darf gegen einen Jugendlichen nur Geldstrafe und Einziehung festgesetzt werden.

Darüber, wie die Geldstrafe in Haft umgewandelt werden soll, entscheidet auf Antrag der Polizeibehörde, welche die Strafe festgesetzt hat, der Jugendrichter, in dessen Bezirk ein Gerichtsstand für die Übertretung begründet gewesen wäre.

Die §§ 14 und 15 finden Anwendung. Vor der Entscheidung sind der Jugendliche und, wenn dies ohne Verzögerung geschehen kann, das Jugendamt zu hören. Gegen den Beschluß steht der Polizeibehörde und dem Jugendlichen die sofortige Beschwerde zu.

Ist eine durch Strafbescheid festgesetzte Geldstrafe in Freiheitsstrafe umzuwandeln, so finden die §§ 14 und 15 Anwendung.

§ 41. Ein Angeklagter, gegen den gemäß § 6 und § 9 Abs. 4 von Strafe abgesehen worden ist, steht für die Pflicht zur Tragung der Auslagen einem Angeklagten gleich, der zu Strafe verurteilt worden ist.

§ 42. Die Jugendämter haben die Tätigkeit, die ihnen dieses Gesetz zuweist (Jugendgerichtshilfe), im Benehmen mit den Vereinigungen auszuüben, die sich mit der Jugendfürsorge beschäftigen. Über das Zusammenwirken der Jugendämter mit diesen Vereinigungen können die Landesregierungen nähere Vorschriften erlassen.

Dritter Abschnitt.

§§ 43, 44. (Übergangsvorschriften.)

§ 45. Gegen Personen, die zur Zeit der Tat noch nicht vierzehn Jahre alt waren, dürfen Strafen nicht vollstreckt werden. Vermerke über Verurteilungen solcher Personen sind im Strafregister zu tilgen; soweit der Vermerk zu tilgen ist, findet § 5 des Gesetzes über beschränkte Auskunft aus dem Strafregister und die Tilgung von Strafvermerken vom 9. April 1920 (Reichsgesetzbl. S. 507) Anwendung.

Gegen Personen, die zur Zeit der Tat vierzehn, aber noch nicht achtzehn Jahre alt waren, darf die Landespolizeibehörde die Befugnisse aus der Überweisung an die Landespolizeibehörde nicht mehr ausüben. Ein gegen solche Personen vor dem Inkrafttreten dieses Gesetzes durch eine nicht mehr anfechtbare Entscheidung festgesetzter Verweis wird nach den bisherigen Vorschriften vollstreckt.

§ 46. Soweit im Strafregister die Strafe des Verweises vermerkt ist, ist der Strafvermerk zu tilgen. § 45 Abs. 1 Satz 2 Halbs. 2 findet Anwendung.

§§ 47 bis 51 (Übergangsvorschriften.)

X.

Deutsches Auslieferungsgesetz.

Vom 23. Dezember 1929 (RGBl. 1929, I, 239; 1930, I, 28)[1]).

Erster Abschnitt.

Auslieferung und Durchlieferung.

§ 1. Ein Ausländer, der von der Behörde eines ausländischen Staates wegen einer strafbaren Handlung verfolgt wird oder verurteilt worden ist, kann der Regierung dieses Staates auf Ersuchen einer zuständigen Behörde zur Strafverfolgung oder Strafvollstreckung ausgeliefert werden.

§ 2. (1) Die Auslieferung ist nur wegen einer Tat zulässig, die nach deutschem Rechte ein Verbrechen oder Vergehen ist.

(2) Die Auslieferung ist nicht zulässig, wenn die Tat nach deutschem Rechte nur nach den Militärstrafgesetzen strafbar ist oder nur mit einer Vermögensstrafe geahndet wird, die nicht in eine Freiheitsstrafe umgewandelt werden kann.

§ 3. (1) Die Auslieferung ist nicht zulässig, wenn die Tat, welche die Auslieferung veranlassen soll, eine politische ist oder mit einer politischen Tat derart im Zusammenhange steht, daß sie diese vorbereiten, sichern, decken oder abwehren sollte.

(2) Politische Taten sind die strafbaren Angriffe, die sich unmittelbar gegen den Bestand oder die Sicherheit

---

[1]) Die Fassung des § 18 Abs. 2 und 3 und die Einfügung des § 53 Abs. 2 beruhen auf dem Gesetz zur Änderung des Deutschen Auslieferungsgesetzes vom 12. September 1933 (RGBl. I, 618).

des Staates, gegen das Oberhaupt oder gegen ein Mitglied der Regierung des Staates als solches, gegen eine verfassungsmäßige Körperschaft, gegen die staatsbürgerlichen Rechte bei Wahlen oder Abstimmungen oder gegen die guten Beziehungen zum Ausland richten.

(3) Die Auslieferung ist zulässig, wenn sich die Tat als ein vorsätzliches Verbrechen gegen das Leben darstellt, es sei denn, daß sie im offenen Kampfe begangen ist.

§ 4. Die Auslieferung ist nicht zulässig:

1. wenn die Gegenseitigkeit nicht verbürgt ist;
2. wenn die Strafverfolgung oder Strafvollstreckung wegen der Tat nach deutschem Rechte infolge Verjährung oder Gnadenerlasses oder aus anderen Gründen unzulässig sein würde;
3. wenn für die Tat die deutsche Gerichtsbarkeit begründet und gegen den Verfolgten von deutschen Behörden ein Urteil erlassen oder die Eröffnung des Hauptverfahrens abgelehnt ist.

§ 5. Die Auslieferung ist nur zulässig, wenn ein Haftbefehl oder das vollstreckbare Straferkenntnis einer zuständigen Behörde des ausländischen Staates wegen der Tat vorgelegt ist.

§ 6. Die Auslieferung ist nur zulässig, wenn Gewähr dafür besteht, daß der Ausgelieferte in dem Staate, an den er ausgeliefert worden ist, ohne deutsche Zustimmung weder wegen einer vor der Auslieferung begangenen Tat, für welche die Auslieferung nicht bewilligt ist, zur Untersuchung gezogen, bestraft oder an einen dritten Staat weitergeliefert noch aus einem anderen, vor der Auslieferung eingetretenen Rechtsgrund in seiner persönlichen Freiheit beschränkt wird, es sei denn, daß er das Gebiet der ausländischen Regierung innerhalb eines Monats nach dem Tage seiner Freilassung nicht verläßt oder daß er, nachdem er es verlassen hat, zurückkehrt oder von einer dritten Regierung von neuem ausgeliefert wird.

§ 7. Die Auslieferung darf nur bewilligt werden, wenn das Gericht sie für zulässig oder der Verfolgte sich zu Protokoll eines Richters mit ihr einverstanden erklärt hat.

§ 8. (1) Der Staatsanwalt bei dem Oberlandesgerichte bereitet die Entscheidung über die Auslieferung vor und führt die bewilligte Auslieferung durch.

(2) Für die gerichtliche Entscheidung über die Zulässigkeit der Auslieferung ist das Oberlandesgericht zuständig.

§ 9. (1) Örtlich zuständig sind der Staatsanwalt und das Oberlandesgericht, in deren Bezirk der Verfolgte ergriffen oder, falls eine Ergreifung nicht erfolgt, ermittelt wird.

(2) Werden mehrere Personen, die wegen Täterschaft, Teilnahme, Begünstigung oder Hehlerei bei derselben Tat ausgeliefert werden sollen, in den Bezirken verschiedener Oberlandesgerichte ergriffen oder ermittelt, so haben der Staatsanwalt oder das Oberlandesgericht die Sache zu bearbeiten, die zuerst mit ihr befaßt werden.

(3) Ist der Aufenthalt des Verfolgten nicht bekannt, so bestimmt das Reichsgericht den Staatsanwalt und das Oberlandesgericht, welche die Sache zunächst zu bearbeiten haben. Wird der Verfolgte ergriffen oder ermittelt, so richtet sich die örtliche Zuständigkeit für das weitere Verfahren nach Abs. 1.

§ 10. (1) Ein Ausländer kann zum Zwecke der Auslieferung an eine ausländische Regierung nach dem Eingang des Ersuchens um Auslieferung in Haft genommen werden, wenn die Gefahr besteht, daß er sich dem Auslieferungsverfahren oder der Durchführung der Auslieferung entziehen werde, oder wenn Tatsachen vorliegen, aus denen zu schließen ist, daß er in dem gegen ihn schwebenden Strafverfahren die Wahrheitsermittlung erschweren werde; diese Tatsachen sind aktenkundig zu machen (Auslieferungshaft). Dies gilt nicht, wenn die Auslieferung von vornherein unzulässig erscheint.

(2) Die Auslieferungshaft kann unter den Voraussetzungen des Abs. 1 schon vor dem Eingang des Ersuchens um Auslieferung angeordnet werden, wenn eine zuständige Behörde des ausländischen Staates darum ersucht oder wenn ein Ausländer einer Tat, für welche die Auslieferung zulässig ist, dringend verdächtig erscheint (vorläufige Auslieferungshaft).

§ 11. Über die Anordnung, Aufrechterhaltung, Vollstreckung oder Aufhebung der Auslieferungshaft und der vorläufigen Auslieferungshaft entscheidet das Oberlandesgericht.

§ 12. (1) Die Auslieferungshaft und die vorläufige Auslieferungshaft werden durch schriftlichen Haftbefehl angeordnet.

(2) In dem Haftbefehl ist der Verfolgte und der Grund der Verhaftung zu bezeichnen. Auch ist anzugeben, an welchen Staat und wegen welcher Tat der Verfolgte ausgeliefert werden soll.

§ 13. (1) Der Haftbefehl ist dem Verfolgten, wenn möglich, bei der Verhaftung bekanntzumachen. Geschieht dies durch Verkündung, so ist der Verfolgte darauf hinzuweisen, daß ihm auf Verlangen eine Abschrift erteilt wird. Ist die Bekanntmachung bei der Verhaftung nicht erfolgt, so ist dem Verfolgten der Grund der Verhaftung vorläufig mitzuteilen. Die Bekanntmachung des Haftbefehls ist in diesem Falle unverzüglich nachzuholen.

(2) Dem Verfolgten ist Gelegenheit zu geben, Angehörige, und, soweit er daran ein wesentliches Interesse hat, andere Personen von der Verhaftung zu benachrichtigen, sofern der Zweck der Haft dadurch nicht gefährdet wird.

§ 14. Der Verfolgte ist unverzüglich, spätestens am Tage nach der Ergreifung, dem nächsten Amtsrichter vorzuführen. Der Richter hat ihn unverzüglich, spätestens am nächsten Tage, zu vernehmen.

§ 15. (1) Bei der Vernehmung sind die persönlichen Verhältnisse des Verfolgten, insbesondere seine Staatsangehörigkeit, zu ermitteln; es ist ihm Gelegenheit zu geben, sich zu der gegen ihn erhobenen Anschuldigung zu äußern.

(2) Bei der Vernehmung ist der Verfolgte ferner zu befragen, ob er Einwendungen gegen den Haftbefehl erhebe, und gegebenenfalls aufzufordern, die Tatsachen geltend zu machen, die gegen den Haftbefehl oder seine Vollstreckung sprechen.

(3) Ergibt sich bei der Vernehmung, daß der Haftbefehl aufgehoben oder der Ergriffene nicht der in dem Haftbefehle bezeichnete Verfolgte ist, so ist der Ergriffene unverzüglich freizulassen.

§ 16. (1) Über die Einwendungen des Verfolgten gegen den Haftbefehl entscheidet das Oberlandesgericht.

(2) Das Oberlandesgericht kann anordnen, daß die Vollstreckung des Haftbefehls unterbleibt, wenn der Verfolgte Sicherheit dafür geleistet hat, daß er sich dem Auslieferungsverfahren und der Durchführung der Auslieferung nicht entziehen werde.

(3) Die §§ 118 bis 121 und § 122 Abs. 1, Abs. 2 Satz 1 und Abs. 3 der Strafprozeßordnung gelten entsprechend.

(4) Die Entscheidungen sind dem Verfolgten bekanntzumachen.

§ 17. (1) Der Haftbefehl ist aufzuheben, wenn der angegebene Grund der Verhaftung weggefallen ist oder wenn die Auslieferung für unzulässig erklärt wird.

(2) Der Haftbefehl ist ferner aufzuheben, wenn der Staatsanwalt es beantragt. Gleichzeitig mit dem Antrag kann der Staatsanwalt die Freilassung des Verfolgten anordnen.

§ 18. (1) Befindet sich der Verfolgte in vorläufiger Auslieferungshaft, so hat das Oberlandesgericht nach Eingang des Ersuchens um Auslieferung unverzüglich über die Fortdauer der Auslieferungshaft zu beschließen.

(2) Der Staatsanwalt beantragt die Aufhebung des Haftbefehls, wenn der Verfolgte sich seit dem Tage der Verhaftung **zwei Monate** in vorläufiger Auslieferungshaft befunden hat, ohne daß ein Beschluß des Oberlandesgerichts über die Fortdauer der Haft ergangen ist.

(3) Das Oberlandesgericht kann auf Antrag des Staatsanwalts die Dauer der vorläufigen Auslieferungshaft um **zwei Monate** verlängern, soweit ein außereuropäischer Staat um die Festnahme ersucht hat.

(4) Die Entscheidungen sind dem Verfolgten bekanntzugeben.

§ 19. Ist die vorläufige Auslieferungshaft infolge Fristablaufs nach § 18 Abs. 2 und 3 aufgehoben worden, so darf sie nicht von neuem angeordnet werden.

§ 20. Befindet sich der Verfolgte in Auslieferungshaft, so hat das Oberlandesgericht vor Ablauf von je zwei Monaten seit dem Tage der Verhaftung oder seit dem Tage des letzten, die Fortdauer der Auslieferungshaft anordnenden Beschlusses von Amts wegen zu entscheiden, ob die Auslieferungshaft aufrecht zu erhalten ist.

§ 21. (1) Liegen die Voraussetzungen der vorläufigen Auslieferungshaft oder der Auslieferungshaft vor, so kann der Staatsanwalt und jeder Beamte des Polizei- und Sicherheitsdienstes einen Ausländer festnehmen oder festnehmen lassen; unter den Voraussetzungen des § 127 Abs. 1 der Strafprozeßordnung ist jedermann zur Festnahme berechtigt.

(2) Die §§ 14 und 15 Abs. 1 und 2 gelten entsprechend. Ergibt sich bei der Vernehmung, daß das Festnahmeersuchen zurückgenommen oder daß der Festgenommene nicht die in dem Ersuchen bezeichnete Person ist, so ist er unverzüglich freizulassen.

(3) Über die Anordnung der vorläufigen Auslieferungshaft oder der Auslieferungshaft entscheidet das Oberlandesgericht.

§ 22. (1) Für die vorläufige Auslieferungshaft und die Auslieferungshaft sowie für die Haft nach § 21 gelten die Vorschriften der Strafprozeßordnung über den Vollzug der Untersuchungshaft entsprechend.

(2) Der Staatsanwalt bei dem Oberlandesgericht bestimmt die Anstalt, in welcher der Verfolgte zu verwahren ist.

(3) Die erforderlichen richterlichen Verfügungen trifft der Vorsitzende des Gerichts.

§ 23. (1) Ist die vorläufige Auslieferungshaft oder die Auslieferungshaft angeordnet, der Aufenthalt des Verfolgten aber nicht bekannt, so kann der Staatsanwalt bei dem Oberlandesgericht einen Steckbrief erlassen.

(2) Der Steckbrief soll, soweit dies möglich ist, eine Beschreibung des Verfolgten enthalten und den Grund der Verhaftung angeben.

(3) Wird der Verfolgte auf Grund des Steckbriefs ergriffen, so richtet sich das weitere Verfahren nach den §§ 13 bis 15.

§ 24. Nach dem Eingang des Ersuchens um Auslieferung beantragt der Staatsanwalt bei dem nach § 162 der Strafprozeßordnung zuständigen Amtsrichter die Vernehmung des Verfolgten. Bei der Vernehmung ist dem Verfolgten Gelegenheit zu geben, sich zu dem Ersuchen zu äußern. Er ist auch zu befragen, ob er sich mit der Auslieferung einverstanden erklärt.

§ 25. (1) Hat sich der Verfolgte nicht zu Protokoll eines Richters mit der Auslieferung einverstanden erklärt, so beantragt der Staatsanwalt die Entscheidung des Oberlandesgerichts darüber, ob die Auslieferung zulässig ist.

(2) Der Staatsanwalt kann die Entscheidung des Oberlandesgerichts auch dann beantragen, wenn sich der Verfolgte mit der Auslieferung einverstanden erklärt hat.

§ 26. (1) Das Oberlandesgericht kann vor der Entscheidung den Verfolgten vernehmen und Beweise über die Zulässigkeit der Auslieferung erheben; es kann die Vernehmung und die Beweiserhebung durch einen beauftragten oder ersuchten Richter veranlassen. Es kann auch eine mündliche Verhandlung anordnen.

(2) Von Ort und Zeit der Beweiserhebung oder der mündlichen Verhandlung sind der Staatsanwalt, der Verfolgte und sein Rechtsbeistand zu benachrichtigen. Ist der Verfolgte nicht auf freiem Fuße, so ist er zu der Beweiserhebung oder der mündlichen Verhandlung vorzuführen, es sei denn, daß er auf die Anwesenheit verzichtet oder daß der Vorführung weite Entfernung oder Krankheit des Verfolgten oder andere nicht zu beseitigende Hindernisse entgegenstehen.

(3) Bei der mündlichen Verhandlung muß der Staatsanwalt anwesend sein. Wird der Verfolgte zur mündlichen Verhandlung nicht vorgeführt, so muß ein Rechtsbeistand seine Rechte wahrnehmen. Den Beteiligten ist in der Verhandlung Gelegenheit zu geben, sich zur Sache zu äußern. Der § 245 Abs. 1 der Strafprozeßordnung gilt entsprechend; im übrigen bestimmt das Gericht Art und Umfang der Beweisaufnahme, ohne durch Anträge, Verzichte oder frühere Beschlüsse gebunden zu sein. Über die Verhandlung ist ein Protokoll aufzunehmen.

§ 27. (1) Hält das Oberlandesgericht eine Entscheidung des Reichsgerichts für geboten, um eine Rechtsfrage von grundsätzlicher Bedeutung zu klären, oder will es von einer nach dem Inkrafttreten dieses Gesetzes ergangenen Entscheidung des Reichsgerichts über eine Rechtsfrage in Auslieferungssachen abweichen, so begründet es seine Auffassung und holt die Entscheidung des Reichsgerichts über die Rechtsfrage ein.

(2) Die Entscheidung des Reichsgerichts wird auch eingeholt, wenn der Oberreichsanwalt oder der Staatsanwalt sie zur Klärung einer Rechtsfrage beantragen.

(3) Die Entscheidung des Reichsgerichts ist in der Sache für das Oberlandesgericht bindend. Sie ergeht ohne mündliche Verhandlung.

§ 28. Der Beschluß über die Zulässigkeit der Auslieferung ist zu begründen. Er ist nicht anfechtbar. Er wird dem Staatsanwalt und dem Verfolgten bekanntgemacht.

§ 29. (1) Treten, nachdem das Gericht die Auslieferung für zulässig erklärt hat, Umstände ein, die es zweifelhaft erscheinen lassen, ob die Voraussetzungen der Zulässigkeit noch bestehen, so hat das Gericht auf Antrag des Staatsanwalts oder des Verfolgten über die Zulässigkeit der Auslieferung aufs neue zu beschließen.

(2) Das Gericht kann einen Aufschub der Durchführung der Auslieferung anordnen.

(3) Für das Verfahren gelten die §§ 26 bis 28.

§ 30. Ist der Verfolgte auf freiem Fuße, so kann der Staatsanwalt gegen ihn zum Zwecke der Durchführung der Auslieferung einen Vorführungs- oder Haftbefehl erlassen. Entzieht sich der Verfolgte der Durchführung der Auslieferung, so kann der Staatsanwalt auch einen Steckbrief erlassen.

§ 31. (1) Ist die Auslieferung durchgeführt und ersucht die ausländische Regierung um die Zustimmung zur Strafverfolgung, Strafvollstreckung oder Weiterlieferung wegen einer Tat, für welche die Auslieferung nicht bewilligt ist, so darf die Zustimmung nur erteilt werden, wenn die Auslieferung des Verfolgten wegen der Tat zulässig sein würde und der Ausgelieferte sich zu Protokoll eines Richters des ausländischen Staates mit der beabsichtigten Maßnahme einverstanden erklärt oder das Gericht entschieden hat, daß die Auslieferung zulässig sein würde.

(2) Der Antrag auf gerichtliche Entscheidung wird von dem Staatsanwalte gestellt, der mit der Auslieferung befaßt gewesen ist. Die gerichtliche Entscheidung kann auch dann herbeigeführt werden, wenn das Einverständnis des Ausgelieferten mit der beabsichtigten Maßnahme vorliegt.

(3) Für das Verfahren gelten die §§ 26 bis 29 entsprechend mit der Maßgabe, daß die Vernehmung oder

Vorführung des Ausgelieferten nur mit Zustimmung des Staatsanwalts angeordnet werden kann.

§ 32. (1) Der Verfolgte kann sich in jeder Lage des Verfahrens des Beistandes eines Rechtsanwalts oder eines Rechtslehrers an einer deutschen Hochschule bedienen. Die Wahl des Rechtsbeistandes ist dem Staatsanwalte bei dem Oberlandesgericht anzuzeigen.

(2) Hat das Oberlandesgericht nach § 26 Abs. 1 eine mündliche Verhandlung angeordnet, so hat der Vorsitzende des Gerichts gleichzeitig dem Verfolgten, der noch keinen Rechtsbeistand gewählt hat, für die Verhandlung einen Rechtsanwalt als Rechtsbeistand beizuordnen.

(3) Der Rechtsbeistand kann die dem Gerichte vorliegenden Akten über das Auslieferungsverfahren einsehen. Ihm ist schriftlicher und mündlicher Verkehr mit dem verhafteten Verfolgten gestattet. Der Vorsitzende des Gerichts kann bis zur Anordnung einer mündlichen Verhandlung schriftliche Mitteilungen zurückweisen, wenn deren Einsicht ihm nicht gewährt wird. Er kann bis zur Anordnung einer mündlichen Verhandlung anordnen, daß Unterredungen mit dem Rechtsbeistand in seiner Gegenwart oder in Gegenwart eines beauftragten oder ersuchten Richters stattfinden.

(4) Der beigeordnete Rechtsanwalt ist verpflichtet, die Beistandsleistung zu übernehmen.

§ 33. (1) Ein Ausländer, der von der Behörde eines ausländischen Staates wegen einer strafbaren Handlung verfolgt wird oder verurteilt worden ist, kann auf Ersuchen einer zuständigen Behörde dieses Staates durch das Gebiet des Deutschen Reichs durchgeliefert werden, wenn die Auslieferung des Verfolgten zulässig sein würde (§§ 1 bis 6).

(2) Für das Verfahren gelten die §§ 8, 32 Abs. 1 und 3 entsprechend mit folgender Maßgabe:

1. Einer gerichtlichen Entscheidung über die Zulässigkeit der Auslieferung bedarf es nicht. Auf Antrag des Staatsanwalts hat das Oberlandesgericht über die Zulässigkeit der Auslieferung zu beschließen. Die

§§ 26 bis 31 gelten entsprechend; die Vernehmung oder Vorführung des Verfolgten kann nur mit Zustimmung des Staatsanwalts angeordnet werden.

2. Die Reichsregierung regelt mit Zustimmung des Reichsrats die örtliche Zuständigkeit des Staatsanwalts und des Oberlandesgerichts[1]).

(3) Die Durchlieferung darf nicht bewilligt werden, wenn das Gericht erklärt hat, daß die Auslieferung unzulässig sein würde.

Zweiter Abschnitt.

Herausgabe von Gegenständen.

§ 34. (1) Auf Ersuchen einer zuständigen Behörde eines ausländischen Staates können der Regierung dieses Staates herausgegeben werden:

1. Gegenstände, die als Beweismittel für ein ausländisches Strafverfahren von Bedeutung sein können,
2. Gegenstände, die in einem ausländischen Strafverfahren der Einziehung oder Verfallerklärung unterliegen,
3. Gegenstände im Besitze des Verfolgten, die er oder ein Teilnehmer im Ausland durch die strafbare Handlung, wegen deren er verfolgt wird, oder als Entgelt für solche Gegenstände erlangt hat,
4. Gegenstände, die bei einer Durchlieferung mit dem Verfolgten übernommen werden.

(2) Die Herausgabe ist nur zulässig, wenn die Gegenseitigkeit verbürgt ist und in dem Strafverfahren, für das die Herausgabe geschehen soll, eine Auslieferung nach den §§ 2, 3 und 4 Nr. 2 und 3 zulässig sein würde.

§ 35. (1) Die Herausgabe ist nur zulässig, wenn die ausländische Regierung verpflichtet ist, die Rechte dritter Personen unberührt zu lassen und im Falle eines bei der Übergabe gemachten Vorbehalts die herausgegebenen Gegenstände auf Verlangen unverzüglich zurückzugeben.

---

[1]) Vgl. V. vom 6. 3. 1930 (RGBl. I. 33).

(2) Soll die Herausgabe ohne Zusammenhang mit der Auslieferung oder Durchlieferung eines Verfolgten geschehen, so ist sie nur zulässig, wenn ein Beschlagnahmebeschluß vorliegt, der von einer zuständigen Behörde des ausländischen Staates erlassen ist.

§ 36. Bei der Herausgabe ist Beteiligter, wer an dem Gegenstand ein Recht geltend macht.

§ 37. (1) Der Staatsanwalt bei dem Oberlandesgerichte bereitet die Entscheidung über die Herausgabe vor und führt die bewilligte Herausgabe durch.

(2) Das Oberlandesgericht entscheidet über die Zulässigkeit der Herausgabe, wenn der Staatsanwalt oder ein Beteiligter es beantragt.

(3) Erklärt das Gericht die Herausgabe für zulässig, so kann das Gericht dem Beteiligten, der die gerichtliche Entscheidung beantragt hat, die der Staatskasse erwachsenen Kosten auferlegen.

§ 38. (1) Örtlich zuständig sind, wenn die Herausgabe im Zusammenhange mit der Auslieferung oder Durchlieferung eines Verfolgten geschehen soll, der Staatsanwalt und das Oberlandesgericht, die in dem Verfahren über die Auslieferung oder Durchlieferung zuständig sind, wenn die Herausgabe ohne Zusammenhang mit einer Auslieferung oder Durchlieferung geschehen soll, der Staatsanwalt und das Gericht, in deren Bezirk sich die begehrten Gegenstände befinden. Wird die Herausgabe mehrerer Gegenstände begehrt, die sich in verschiedenen Bezirken befinden, so haben der Staatsanwalt und das Gericht die Sache zu bearbeiten, die zuerst mit der Sache befaßt werden.

(2) Die §§ 26 bis 29 und 32 Abs. 1 und 3 Satz 1 gelten entsprechend; an die Stelle des Verfolgten treten die Beteiligten.

§ 39. (1) Gegenstände, deren Herausgabe an eine ausländische Regierung zulässig ist, können nach Eingang des Ersuchens um Herausgabe sichergestellt oder beschlagnahmt werden.

(2) Die Entscheidungen nach § 159 des Gerichtsverfassungsgesetzes erfolgen auf Antrag des Staatsanwalts bei dem Oberlandesgerichte.

§ 40. Die Herausgabe darf nicht bewilligt werden, wenn das Gericht sie für unzulässig erklärt hat.

Dritter Abschnitt.

Sonstige Rechtshilfe in Strafsachen.

§ 41. (1) Rechtshilfe in Strafsachen ist auch in anderer Weise als durch Auslieferung, Durchlieferung oder Herausgabe von Gegenständen zulässig, wenn eine zuständige Behörde eines ausländischen Staates darum ersucht und die Gegenseitigkeit verbürgt ist.

(2) Auf Antrag des Staatsanwalts entscheidet das Oberlandesgericht darüber, ob diese Voraussetzungen vorliegen. Die Vorschriften der § 26 Abs. 1 Satz 1, §§ 27 bis 29 gelten entsprechend. Die Rechtshilfe darf nicht gewährt werden, wenn das Gericht sie für unzulässig erklärt hat.

(3) Rechtshilfe kann insbesondere dadurch gewährt werden, daß

1. behördliche Auskunft, namentlich Auskunft aus dem Strafregister, erteilt wird,
2. die ein Strafverfahren betreffenden Schriftstücke zugestellt und Ladungen bewirkt werden,
3. Untersuchungshandlungen vorgenommen werden, namentlich die Vernehmung von Beschuldigten, Zeugen und Sachverständigen, die Beschlagnahme und Durchsuchung und die Einnahme des richterlichen Augenscheins,
4. verhaftete Personen ausländischen Behörden zugeführt werden, damit sie als Zeugen vernommen oder anderen Personen gegenübergestellt werden.

§ 42. Die zur Leistung der Rechtshilfe berufene Behörde hat dem Ersuchen zu entsprechen, wenn die Voraussetzungen vorliegen, unter denen von ihr eine deutsche Behörde Rechtshilfe beanspruchen könnte. Die Entscheidungen nach § 159 des Gerichtsverfassungsgesetzes erfolgen auf Antrag des Staatsanwalts bei dem Oberlandesgerichte.

§ 43. (1) Die Ladung von Zeugen oder Sachverständigen zum Erscheinen vor ausländischen Behörden ist nur zulässig, wenn diese verpflichtet sind, die geladenen Personen ohne Rücksicht auf ihre Staatsangehörigkeit weder wegen Täterschaft, Teilnahme, Hehlerei oder Begünstigung bei der den Gegenstand der Untersuchung bildenden oder einer anderen vor der Ausreise aus dem Gebiete des Deutschen Reichs begangenen Straftat zu verfolgen oder zu bestrafen noch aus einem sonstigen vorher eingetretenen Rechtsgrund in ihrer persönlichen Freiheit zu beschränken, es sei denn, daß diese innerhalb einer Woche nach dem Tage, an dem sie entlassen werden und die Ausreise möglich ist, das Gebiet der ausländischen Regierung nicht verlassen.

(2) Die Zuführung einer verhafteten Person ist nur unter entsprechenden Bedingungen zulässig.

Vierter Abschnitt.

Schlußbestimmungen.

§ 44. (1) Zur Entscheidung über die Ersuchen der ausländischen Regierungen ist die Reichsregierung zuständig.

(2) Die Reichsregierung kann die Ausübung ihrer Befugnisse den Landesregierungen übertragen[1]). Diese haben das Recht der weiteren Übertragung.

§ 45. Kosten der Rechtshilfe in Strafsachen, die bei deutschen Behörden entstehen, können deutscherseits übernommen werden, wenn die Gegenseitigkeit verbürgt ist.

§ 46. (1) Vereinbarungen mit ausländischen Regierungen über die Rechtshilfe in Strafsachen bedürfen nicht der Zustimmung des Reichstags, wenn sie den Vorschriften dieses Gesetzes entsprechen.

[1]) Vgl. V. vom 11. 3. 1930 (RMinBl. S. 61).

(2) Die Vereinbarungen sind im Reichsgesetzblatt zu veröffentlichen und dem Reichstag bei seinem nächsten Zusammentritt zur Kenntnis zu bringen.

§ 47. Für das Verfahren nach diesem Gesetze gelten, soweit es nicht anderes bestimmt, die Vorschriften des Gerichtsverfassungsgesetzes und der Strafprozeßordnung.

§ 48. Die in diesem Gesetze dem Reichsgericht oder den Oberlandesgerichten zugewiesenen Geschäfte erledigt der Strafsenat, die dem Vorsitzenden des Gerichts zugewiesenen Geschäfte der Vorsitzende des Strafsenats.

§ 49. Durch die Gesetzgebung eines Landes, in dem mehrere Oberlandesgerichte errichtet sind, können die nach diesem Gesetze den Oberlandesgerichten und den bei diesen bestehenden Staatsanwaltschaften zugewiesenen Aufgaben ausschließlich einem der Oberlandesgerichte und der bei diesem bestehenden Staatsanwaltschaft oder an deren Stelle dem Obersten Landesgericht und der bei diesem bestehenden Staatsanwaltschaft übertragen werden.

§ 50. (Änderungen der StPO.)

§ 51. (Änderung der Gebührenordnung für Rechtsanwälte.)

§ 52. Die Bestimmungen des Gesetzes über vorübergehende Rechtspflegemaßnahmen im Hinblick auf das Saargebiet vom 10. März 1922 (Reichsgesetzbl. I S. 241) bleiben unberührt.

§ 53. (1) Der Reichsminister der Justiz kann bestimmen, daß die Zulässigkeit der Rechtshilfe im Verhältnis zu einzelnen ausländischen Regierungen von weiteren Voraussetzungen abhängig ist. Er kann auch für die Tätigkeit der Gerichtsbehörden Gebühren bestimmen.

(2) **Werden ausländische Dienststellen innerhalb des Deutschen Reichs zur Grenzabfertigung des Personen- oder Warenverkehrs zugelassen, so kann der Reichsminister der Justiz bestimmen, daß im Rahmen der durch die aus-**

ländischen Dienststellen erfolgenden Grenzabfertigung auf einzelne Voraussetzungen der Rechtshilfe verzichtet und ein von den gesetzlichen Vorschriften abweichendes Verfahren eingeschlagen wird. Darauf, daß die Auslieferung oder Durchlieferung auf Ausländer beschränkt ist, kann auch in diesem Falle nicht verzichtet werden.

§ 54. Hat eine ausländische Regierung bei der Bewilligung von Rechtshilfe in Strafsachen die Verwertung der Rechtshilfe an eine Bedingung geknüpft, so ist die Bedingung im inländischen Verfahren zu beachten.

XI.

Verordnung des Reichspräsidenten zum Schutze des deutschen Volkes.

Vom 4. Februar 1933 (RGBl. I, 35) (auszugsweise).

Abschnitt II.

Druckschriften.

§ 8. Die Vorschriften des Gesetzes über die Presse vom 7. Mai 1874 (Reichsgesetzbl. I S. 65) über die Beschlagnahme von Druckschriften ohne richterliche Anordnung (§§ 23ff. des Gesetzes) finden auf die in den §§ 81 bis 86, 92 Nr. 1 und 110 des Strafgesetzbuchs oder in den §§ 1 bis 4 des Gesetzes gegen den Verrat militärischer Geheimnisse bezeichneten strafbaren Handlungen mit der Maßgabe Anwendung, daß der Staatsanwaltschaft gegen den Beschluß des Gerichts, der die vorläufige Beschlagnahme aufhebt, die sofortige Beschwerde mit aufschiebender Wirkung zusteht.

Abschnitt IV.

Strafbestimmungen.

§ 22. (1) Wer in dem dringenden Verdacht einer nach den §§ 81 bis 86, 92 Nr. 1 des Strafgesetzbuchs oder den §§ 1 bis 4 des Gesetzes gegen den Verrat militärischer Geheimnisse strafbaren Handlung oder eines Verbrechens oder Vergehens steht, das mittels einer Waffe begangen ist oder dessen Strafbarkeit durch unbefugtes Führen einer Waffe oder unbefugtes Erscheinen mit einer Waffe begründet wird, kann im Interesse der öffentlichen Sicherheit in polizeiliche Haft genommen werden.

(2) Die polizeiliche Haft ist aufzuheben, wenn und solange gegen den Verhafteten die gerichtliche Untersuchungs-

haft verhängt ist, oder wenn drei Monate seit der Inhaftnahme vergangen sind.

(3) Gegen die Anordnung der polizeilichen Haft ist die Beschwerde im Dienstaufsichtswege zulässig.

(4) Bestreitet der Verhaftete die Begehung der ihm zur Last gelegten Tat, so hat auf seinen Antrag über die Frage, ob dringender Tatverdacht vorliegt, der Amtsrichter des Bezirks zu entscheiden, in dem die Haft vollstreckt wird. Verneint der Amtsrichter einen dringenden Tatverdacht, so ist die polizeiliche Haft aufzuheben. Das gleiche gilt, wenn eine einen dringenden Tatverdacht verneinende gerichtliche Entscheidung in dem Strafverfahren ergeht, das wegen der Tat eingeleitet worden ist. Bejaht der Amtsrichter den dringenden Tatverdacht, so kann der Verhaftete eine neue Entscheidung des Amtsrichters nur auf Grund neuer Tatsachen oder Beweismittel beantragen.

§ 24. (1) Zur Aburteilung der in dieser Verordnung mit Strafe bedrohten Handlungen ist das Verfahren nach § 212 der Strafprozeßordnung auch dann zulässig, wenn der Beschuldigte sich weder freiwillig stellt noch infolge einer vorläufigen Festnahme dem Gericht vorgeführt wird.

(2) Dasselbe gilt für alle übrigen zur Zuständigkeit der Amtsgerichte gehörenden strafbaren Handlungen, die an öffentlichen Orten, in Versammlungen oder durch Verbreitung oder Anschlag von Schriften, Abbildungen oder Darstellungen begangen worden sind.

XII.

Verordnung des Reichspräsidenten gegen Verrat am Deutschen Volke und hochverräterische Umtriebe.

Vom 28. Februar 1933 (RGBl. I, 85)

[auszugsweise].

3. Abschnitt.

Vorschriften über Zuständigkeit und Strafverfahren.

§ 7. (1) Für Verbrechen und Vergehen gegen die §§ 2, 3 dieser Verordnung gilt § 134 des Gerichtsverfassungsgesetzes.

(2) Für Vergehen gegen § 6 sind die Amtsgerichte zuständig. § 6 des Einführungsgesetzes zum Gerichtsverfassungsgesetz findet keine Anwendung.

§ 8. (1) In den zur Zuständigkeit des Reichsgerichts gehörenden Strafsachen können die nach den Vorschriften der Strafprozeßordnung im vorbereitenden Verfahren dem Amtsrichter obliegenden Geschäfte auch durch einen oder mehrere besondere Ermittlungsrichter des Reichsgerichts vorgenommen werden. Die Bestellung sowie die Verteilung der Geschäfte unter mehrere Ermittlungsrichter erfolgt durch den Reichsminister der Justiz auf die Dauer eines Geschäftsjahres. Zum Ermittlungsrichter kann jedes Mitglied eines deutschen Gerichts und jeder Amtsrichter bestellt werden.

(2) Über die Beschwerde gegen eine Verfügung des Ermittlungsrichters entscheidet das Reichsgericht.

(3) Die zur Durchführung erforderlichen Rechts- und Verwaltungsvorschriften erläßt der Reichsminister der Justiz.

§ 9. Ist eine Druckschrift nach § 23 des Gesetzes über die Presse vom 7. Mai 1874 (Reichsgesetzbl. S. 65) oder nach § 8 der Verordnung zum Schutze des Deutschen Volkes vom 4. Februar 1933 (Reichsgesetzbl. I S. 35) beschlagnahmt worden, weil der Inhalt der Schrift den Tatbestand einer zur Zuständigkeit des Reichsgerichts gehörenden strafbaren Handlung begründet, so gelten, wenn ein Ermittlungsrichter des Reichsgerichts bestellt ist, folgende Vorschriften:

1. Über die Bestätigung oder Aufhebung der vorläufigen Beschlagnahme hat an Stelle des Amtsrichters der Ermittlungsrichter des Reichsgerichts zu entscheiden.
2. Die Entscheidung muß unverzüglich herbeigeführt werden. Die Behörde, die eine Beschlagnahme ohne Anordnung des Oberreichsanwalts verfügt hat, muß die Absendung der Verhandlungen an den Oberreichsanwalt spätestens binnen zwölf Stunden bewirken. Der Oberreichsanwalt hat den Antrag auf gerichtliche Bestätigung, wenn er die Beschlagnahme selbst angeordnet hat, binnen vierundzwanzig Stunden nach der Anordnung der Beschlagnahme, andernfalls binnen vierundzwanzig Stunden nach dem Empfang der Verhandlungen an den Ermittlungsrichter abzusenden, sofern er nicht die Wiederaufhebung der Beschlagnahme mittels einer sofort vollstreckbaren Verfügung anordnet. Der Ermittlungsrichter hat die Entscheidung binnen vierundzwanzig Stunden nach Empfang des Antrags zu erlassen.
3. An die Stelle der im § 24 Abs. 4 des Gesetzes über die Presse bestimmten Frist tritt eine Frist von sieben Tagen.
4. Gegen den Beschluß des Ermittlungsrichters, der die vorläufige Beschlagnahme aufhebt, steht dem Ober-

reichsanwalt die sofortige Beschwerde zu. Die Beschwerde hat aufschiebende Wirkung.

5. Die Vorschrift des § 26 des Gesetzes über die Presse findet keine Anwendung.

§ 10. (1) In den zur Zuständigkeit des Reichsgerichts gehörenden Strafsachen entfällt die Voruntersuchung, wenn der Tatbestand einfach liegt und sie darum nach dem pflichtmäßigen Ermessen des Oberreichsanwalts für die Vorbereitung der Hauptverhandlung nicht erforderlich ist.

(2) Das Reichsgericht kann nach der Einreichung der Anklageschrift von Amts wegen oder auf Antrag des Angeschuldigten die nachträgliche Eröffnung einer Voruntersuchung beschließen, wenn ihm dies zur besseren Aufklärung des Sachverhalts oder für die Vorbereitung der Verteidigung des Angeschuldigten geboten erscheint.

XIII.

Verordnung des Reichspräsidenten zur Beschleunigung des Verfahrens in Hochverrats- und Landesverratssachen.

Vom 18. März 1933 (RGBl. I, 131[1]) (auszugsweise).

Artikel 1.

Überweisung von Hochverratssachen an die Oberlandesgerichte.

[Vgl. § 134 Abs. 2 GVG.]

Artikel 2.

Einschränkung der Voruntersuchung.

Die Vorschrift des § 10 der Verordnung des Reichspräsidenten gegen Verrat am Deutschen Volke und hochverräterische Umtriebe vom 28. Februar 1933 (Reichsgesetzbl. I S. 85) ist in den zur Zuständigkeit der Oberlandesgerichte gehörenden Strafsachen entsprechend anzuwenden.

Artikel 3.

Wegfall des Eröffnungsbeschlusses.

§ 1. (1) In den zur Zuständigkeit des Reichsgerichts oder der Oberlandesgerichte gehörenden Strafsachen bedarf es keines Beschlusses über die Eröffnung des Hauptverfahrens. An die Stelle des Antrags der Staatsanwaltschaft auf Eröffnung des Hauptverfahrens tritt der Antrag auf Anordnung der Hauptverhandlung.

(2) Nach Ablauf der gemäß § 201 der Strafprozeßordnung bestimmten Frist ordnet der Vorsitzende, wenn er

die gesetzlichen Voraussetzungen für gegeben erachtet, die Hauptverhandlung an. Er beschließt zugleich über die Anordnung oder Fortdauer der Untersuchungshaft. Trägt der Vorsitzende Bedenken gegen die Anordnung der Hauptverhandlung, erscheint ihm insbesondere die nachträgliche Eröffnung einer Voruntersuchung geboten oder hat der Angeschuldigte die nachträgliche Eröffnung einer Voruntersuchung beantragt, so ist eine Entscheidung des Gerichts herbeizuführen.

(3) Einer Entscheidung des Gerichts bedarf es, wenn der Oberreichsanwalt die Überweisung an ein Oberlandesgericht beantragt. Das Reichsgericht ordnet in diesem Falle zugleich mit der Überweisung die Hauptverhandlung vor dem Oberlandesgericht an.

(4) Die in der Strafprozeßordnung an die Eröffnung des Hauptverfahrens geknüpften Wirkungen treten mit der Einreichung der Anklageschrift ein. Die Wirkungen, die nach der Strafprozeßordnung an die Verlesung des Eröffnungsbeschlusses geknüpft sind, treten mit dem Beginn der Vernehmung des Angeklagten zur Sache ein.

§ 2. Für die Eröffnung des Hauptverfahrens vor einem Gericht niederer Ordnung behält es bei den Vorschriften der Strafprozeßordnung über den Eröffnungsbeschluß sein Bewenden.

§ 3. (Vgl. § 120 Abs. 1 und § 134 Abs. 3 GVG.

XIV.

Dritte Verordnung des Reichspräsidenten zur Sicherung von Wirtschaft und Finanzen und zur Bekämpfung politischer Ausschreitungen.

Vom 6. Oktober 1931 (RGBl. I, 537)

[auszugsweise].

Sechster Teil.

Kapitel II.

Sondergerichte.

(1) Die Reichsregierung wird ermächtigt, zur Aburteilung bestimmter strafbarer Handlungen in Bezirken, in denen ein Bedürfnis dafür hervortritt, Sondergerichte zu bilden.

(2) Die Sondergerichte sind als Gerichte der Länder zu bilden. Die Reichsregierung bestimmt im Benehmen mit den Landesregierungen die Bezirke und den Sitz der Sondergerichte.

(3) Die Reichsregierung wird ferner ermächtigt, Vorschriften über die Zusammensetzung der Sondergerichte, ihre Zuständigkeit und das Verfahren zu erlassen.

(4) Sie kann bestimmen, daß die Tätigkeit der Sondergerichte allgemein oder in bestimmten Bezirken endet und wie die anhängigen Verfahren in die ordentliche Gerichtsbarkeit überzuleiten sind.

Auf Grund dieser Ermächtigung erging die

Verordnung der Reichsregierung über die Bildung von Sondergerichten.

Vom 21. März 1933 (RGBl. I, 136).

§ 1. (1) Für den Bezirk jedes Oberlandesgerichts wird ein Sondergericht gebildet.

(2) Die Sondergerichte sind Gerichte des Landes.

(3) Die Landesjustizverwaltung bestimmt den Sitz der Sondergerichte.

§ 2. Die Sondergerichte sind zuständig für die in der Verordnung des Reichspräsidenten zum Schutz von Volk und Staat vom 28. Februar 1933 (Reichsgesetzbl. I S. 83) und der Verordnung zur Abwehr heimtückischer Angriffe gegen die Regierung der nationalen Erhebung vom 21. März 1933 (Reichsgesetzbl. I S. 135) bezeichneten Verbrechen und Vergehen, soweit nicht die Zuständigkeit des Reichsgerichts oder der Oberlandesgerichte begründet ist.

Ergänzungen zu §§ 2ff.

1. Gesetz zur Abwehr politischer Gewalttaten vom 4. April 1933 (RGBl. I, 162), § 2.

Für die im § 1 bezeichneten Verbrechen [das sind: Verbrechen gegen § 5 Abs. 1, 2 des Sprengstoffgesetzes, Inbrandsetzung oder Sprengung eines öffentlichen Zwecken dienenden Bauwerkes (§§ 306 bis 308, 311 StGB.), Inbrandsetzung oder Sprengung in der Absicht, in der Bevölkerung Angst oder Schrecken zu erregen, ferner Verbrechen gegen § 229 Abs. 2, §§ 312, 315 Abs. 2, § 324 StGB.] sowie für Verbrechen gegen § 5 Abs. 3, §§ 6 bis 8 des Gesetzes gegen den verbrecherischen und gemeingefährlichen Gebrauch von Sprengstoffen sind die nach der Verordnung der Reichsregierung vom 21. März 1933 (Reichsgesetzbl. I S. 136) gebildeten Sondergerichte zuständig, soweit nicht die Zuständigkeit des Reichsgerichts oder der Oberlandesgerichte begründet ist.

2. Gesetz gegen Verrat der Deutschen Volkswirtschaft vom 12. Juni 1933 (RGBl. I, 360), § 9 Abs. 1, 2.

Strafverfahren.

(1) Für die Aburteilung der im § 8 mit Strafe bedrohten Handlungen [Nichterfüllung der Pflicht zur Anzeige der im Auslande befindlichen Vermögensstücke] sind die Sondergerichte zuständig, die nach der Verordnung über die Bildung von Sondergerichten vom 21. März 1933 (Reichsgesetzbl. I S. 136) gebildet sind.

(2) Für das Verfahren gelten die Vorschriften der Verordnung vom 21. März 1933 (Reichsgesetzbl. I S. 136).

3. DurchführungsV. zum Gesetz gegen Verrat der Deutschen Volkswirtschaft vom 28. Juni 1933 (RGBl. I, 413), § 21 Abs. 2.

Strafverfahren.

(2) Für das Strafverfahren vor den Sondergerichten gelten die folgenden besonderen Bestimmungen:

1. Die Anklagebehörde kann das Finanzamt ersuchen, den Sachverhalt zu ermitteln. Dies gilt auch dann, wenn der Beschuldigte festgenommen und dem Richter vorgeführt worden ist. Das Finanzamt hat, sobald es die Ermittelungen für abgeschlossen hält, die Sache an die Anklagebehörde zurückzugeben;

2. In dem Verfahren vor dem Sondergericht hat das Finanzamt die Rechte eines Nebenklägers. Dies gilt auch dann, wenn die Anklagebehörde das Finanzamt nicht um Ermittelung des Sachverhalts ersucht hat;

3. Bei der Ermittelung des Sachverhalts (Ziffer 1) und als Nebenkläger (Ziffer 2) hat das Finanzamt die gleichen Befugnisse wie bei Steuerzuwiderhandlungen. Insoweit finden die in der Reichsabgabenordnung enthaltenen Vorschriften über das Strafverfahren entsprechende Anwendung. Jedoch ist die Bestätigung von Beschlagnahmen Sache des Richters;

4. Das Landesfinanzamt kann die Befugnisse, die das zuständige Finanzamt hat, einem anderen Finanzamt oder einem Beamten des Landesfinanzamts übertragen;

5. Bei Verbrechen gegen das Volksverratgesetz darf die Sache nicht zum ordentlichen Verfahren abgegeben oder verwiesen werden;

6. Soweit das Sondergericht Steuerhinterziehungen oder Steuergefährdungen abzuurteilen hat, findet der § 468 der Reichsabgabenordnung keine Anwendung.

4. Gesetz zur Gewährleistung des Rechtsfriedens vom 13. Oktober 1933 (RGBl. I, 723), § 3.

Für die in den §§ 1 und 2 bezeichneten Straftaten [Angriffe auf das Leben von Richtern, Staatsanwälten, Polizeibeamten, SA.- und SS.-Leuten, Schöffen und Geschworenen, Verbreitung hochverräterischer Druckschriften] sind die nach der Verordnung der Reichsregierung vom 21. März 1933 (Reichsgesetzbl. I S. 136) gebildeten Sondergerichte zuständig, soweit nicht die Zuständigkeit des Reichsgerichts oder der Oberlandesgerichte begründet ist.

§ 3. (1) Die Sondergerichte sind auch dann zuständig, wenn ein zu ihrer Zuständigkeit gehörendes Verbrechen oder Vergehen zugleich den Tatbestand einer anderen strafbaren Handlung erfüllt.

(2) Steht mit einem Verbrechen oder Vergehen, das zur Zuständigkeit der Sondergerichte gehört, eine andere strafbare Handlung in tatsächlichem Zusammenhang, so kann das Verfahren wegen der anderen strafbaren Handlung gegen Täter und Teilnehmer im Wege der Verbindung bei dem Sondergericht anhängig gemacht werden.

(3) Die Erstreckung der Zuständigkeit nach Abs. 1, 2 gilt nicht für Handlungen, die zur Zuständigkeit des Reichsgerichts oder der Oberlandesgerichte gehören.

§ 3a. Ist die alsbaldige Aburteilung der Tat für die Aufrechterhaltung der öffentlichen Ordnung oder für die Staatssicherheit von minderer Bedeutung, oder ist der Täter ein Jugendlicher, so kann die Anklagebehörde die Untersuchung an die Staatsanwaltschaft zur Behandlung im ordentlichen Verfahren abgeben. Ist das Verfahren bereits bei dem Sondergericht anhängig, so kann dieses die Sache auf Antrag der Anklagebehörde zum ordentlichen Verfahren verweisen. In den zum ordentlichen Verfahren verwiesenen Sachen bedarf es der Einreichung einer neuen Anklageschrift; die nach den Vorschriften der Verordnung eingereichte Anklageschrift verliert ihre Wirkung[1]).

[1]) § 3a ist durch die V. über die Zuständigkeit der Sondergerichte vom 6. Mai 1933 (RGBl. I, 259) eingefügt worden. Vgl. zu § 3a auch die 3. Ergänzung zu §§ 2ff. Abs. 2 Nr. 5.

§ 4. (1) Die Sondergerichte entscheiden in der Besetzung mit einem Vorsitzenden und zwei Beisitzern. Für jedes Mitglied ist für den Fall seiner Behinderung ein Vertreter zu bestellen.

(2) Die Mitglieder und ihre Vertreter müssen ständig angestellte Richter des Bezirks sein, für den das Sondergericht berufen ist.

(3) Die Berufung der Mitglieder und die Geschäftsverteilung erfolgt durch das Präsidium des Landgerichts, in dessen Bezirk das Sondergericht seinen Sitz hat.

§ 5. Die Vertreter der Anklagebehörde werden von der Landesjustizverwaltung aus der Zahl der zum Richteramt befähigten Beamten der Staatsanwaltschaft berufen.

§ 6. Auf das Verfahren finden, soweit nicht etwas anderes bestimmt ist, die Vorschriften der Strafprozeßordnung und des Gerichtsverfassungsgesetzes entsprechende Anwendung[1]).

§ 7. Ein Gerichtsstand ist auch bei dem Sondergericht begründet, in dessen Bezirk der Beschuldigte ergriffen wird oder sich in Haft befindet. Die einmal begründete Zuständigkeit wird durch die Freilassung des Beschuldigten nicht berührt.

§ 8. Über die Ablehnung eines Richters entscheidet das Sondergericht, dem der Abgelehnte angehört; für die Entscheidung tritt an die Stelle des abgelehnten Richters sein Vertreter. Eine Ablehnung des Vertreters ist unzulässig.

§ 9. (1) Eine mündliche Verhandlung über den Haftbefehl findet nicht statt.

(2) Die auf die Untersuchungshaft bezüglichen Entscheidungen werden von dem Vorsitzenden des Sondergerichts erlassen. Für die nach §§ 125, 128 der Strafprozeßordnung dem Amtsrichter zustehenden Entscheidungen ist unbeschadet der Zuständigkeit des Amtsrichters auch der

[1]) Vgl. jedoch 3. Ergänzung zu §§ 2 ff. Abs. 2 Nr. 1 bis 3.

Vorsitzende des Sondergerichts zuständig. Über Beschwerden gegen die Entscheidungen des Vorsitzenden und des Amtsrichters entscheidet das Sondergericht.

(3) Der Vorsitzende des Sondergerichts kann mit seiner Vertretung bei der Vernehmung des Beschuldigten und bei der Entscheidung über den Erlaß des Haftbefehls einen Beisitzer beauftragen. Das gleiche gilt für die nach §§ 116, 148 der Strafprozeßordnung zu treffenden Entscheidungen.

§ 10. Dem Angeschuldigten, der noch keinen Verteidiger gewählt hat, ist ein Verteidiger von Amts wegen bei der Anordnung der Hauptverhandlung zu bestellen.

§ 11. Eine gerichtliche Voruntersuchung findet nicht statt. Ist eine Voruntersuchung beim Inkrafttreten dieser Verordnung anhängig, so sind die Akten alsbald der Anklagebehörde bei dem Sondergericht zuzuleiten.

§ 12. (1) In die Anklageschrift sind die wesentlichen Ergebnisse der stattgehabten Ermittelungen aufzunehmen.

(2) Eines Beschlusses über die Eröffnung des Hauptverfahrens bedarf es nicht. An die Stelle des Antrags der Staatsanwaltschaft auf Eröffnung des Hauptverfahrens tritt der Antrag der Anklagebehörde auf Anordnung der Hauptverhandlung. Nach Eingang der Anklageschrift ordnet der Vorsitzende, wenn er die gesetzlichen Voraussetzungen für gegeben erachtet, die Hauptverhandlung an. Andernfalls führt er einen gerichtlichen Beschluß herbei. Der Vorsitzende beschließt bei der Anordnung der Hauptverhandlung zugleich über die Anordnung oder Fortdauer der Untersuchungshaft.

(3) Die Landesjustizverwaltung kann anordnen, daß die zur Hauptverhandlung erforderlichen Ladungen und die Herbeischaffung der als Beweismittel dienenden Gegenstände (§ 214 Abs. 1 der Strafprozeßordnung) durch die Geschäftsstelle des Sondergerichts bewirkt werden. Die Landesjustizverwaltung kann diese Befugnis weiter übertragen.

(4) Die Ladungsfrist (§ 217 der Strafprozeßordnung) beträgt drei Tage. Sie kann auf 24 Stunden herabgesetzt werden.

(5) Die in der Strafprozeßordnung an die Eröffnung des Hauptverfahrens geknüpften Wirkungen treten mit der Einreichung der Anklageschrift ein. Die Wirkungen, die nach der Strafprozeßordnung an die Verlesung des Eröffnungsbeschlusses geknüpft sind, treten mit dem Beginn der Vernehmung des Angeklagten zur Sache ein.

§ 13. Das Sondergericht kann eine Beweiserhebung ablehnen, wenn es die Überzeugung gewonnen hat, daß die Beweiserhebung für die Aufklärung der Sache nicht erforderlich ist.

§ 14. Das Sondergericht hat in der Sache auch dann zu erkennen, wenn sich nach dem Ergebnis der Hauptverhandlung die dem Angeklagten zur Last gelegte Tat als eine solche darstellt, für die seine Zuständigkeit nicht begründet ist. Dies gilt nicht, wenn sich die Tat als ein Verbrechen oder Vergehen darstellt, das zur Zuständigkeit des Reichsgerichts oder der Oberlandesgerichte gehört; das Sondergericht hat in diesem Falle nach § 270 Abs. 1, 2 der Strafprozeßordnung zu verfahren.

§ 15. Die Ergebnisse der Vernehmungen (§ 273 Abs. 2 der Strafprozeßordnung) brauchen in das Protokoll über die Hauptverhandlung nicht aufgenommen zu werden.

§ 16. (1) Gegen Entscheidungen der Sondergerichte ist kein Rechtsmittel zulässig.

(2) Über Anträge auf Wiederaufnahme des Verfahrens entscheidet die Strafkammer. Die Wiederaufnahme zugunsten des Verurteilten findet auch dann statt, wenn Umstände vorliegen, die es notwendig erscheinen lassen, die Sache im ordentlichen Verfahren nachzuprüfen. Die Vorschrift des § 363 der Strafprozeßordnung bleibt unberührt. Ist der Antrag auf Wiederaufnahme begründet, so ist die Hauptverhandlung vor dem zuständigen ordentlichen Gericht anzuordnen.

§ 17. Verfahren, die beim Inkrafttreten dieser Verordnung wegen einer strafbaren Handlung anhängig sind, die zur Zuständigkeit der Sondergerichte gehört, werden, wenn die Hauptverhandlung bereits begonnen hat, nach den allgemeinen Vorschriften weitergeführt. Andernfalls gehen sie in das in der Verordnung geregelte Verfahren über.

§ 18. (1) Endet die Tätigkeit des Sondergerichts, so gehen die bei ihm anhängigen Sachen in das ordentliche Verfahren über; die nach den Vorschriften der Verordnung eingereichte Anklageschrift verliert ihre Wirkung.

(2) Eine bereits begonnene Hauptverhandlung ist von dem Sondergericht nach den Vorschriften der Verordnung weiterzuführen.

(3) Die Strafvollstreckung geht auf die Strafvollstreckungsbehörde über, in deren Bezirk das Sondergericht seinen Sitz gehabt hat; die bei der Strafvollstreckung notwendig werdenden gerichtlichen Entscheidungen werden von der Strafkammer des Landgerichtes ohne mündliche Verhandlung erlassen.

XV.

Gesetz über die Zuständigkeit der Gerichte bei Änderungen der Gerichtseinteilung.

Vom 6. Dezember 1933 (RGBl. I, 1037).

Artikel 1.

Für die Erledigung von bürgerlichen Rechtsstreitigkeiten einschließlich des Konkurses und des Vergleichsverfahrens sowie von Strafsachen gelten bei Aufhebung von Gerichten der Länder und bei Änderung ihrer Bezirke folgende Vorschriften:

§ 1. Wird der Bezirk eines Gerichts geändert, so wird dadurch die Zuständigkeit des Gerichts für die bei ihm anhängigen Sachen nicht berührt. Das Gericht bleibt auch weiterhin für die Angelegenheiten zuständig, bei denen sich die Zuständigkeit nach einem bei ihm anhängigen oder anhängig gewesenen Verfahren bestimmt (Kostenfestsetzungsverfahren, Verfahren nach Zurückverweisung, Wiederaufnahme des Verfahrens, Vollstreckungsgegenklage, Entscheidungen über die Strafvollstreckung u. dgl.).

§ 2. Wird ein Gericht aufgehoben und sein gesamter Bezirk dem Bezirk eines anderen Gerichts zugelegt, so tritt dieses Gericht in jeder Hinsicht an die Stelle des aufgehobenen Gerichts.

§ 3. Wird ein Gericht aufgehoben und sein Bezirk auf die Bezirke mehrerer Gerichte aufgeteilt, so bestimmt die Landesjustizverwaltung im Wege allgemeiner Anordnung, welches Gericht oder welche Gerichte die anhängigen Sachen zu erledigen haben und für die im § 1 Satz 2 bezeichneten Angelegenheiten zuständig sind. Ist eine solche Anordnung nicht getroffen, so geht die Zuständigkeit auf das Gericht über, zu dessen Bezirk der Sitz des aufgehobenen Gerichts gelegt ist.

§ 4. Ist im Zeitpunkte der Aufhebung eines Gerichts die Hauptverhandlung in einer Strafsache noch nicht beendet, so kann sie vor dem nach §§ 2, 3 zuständigen Gericht fortgesetzt werden, wenn dieselben Richter weiterhin an ihr teilnehmen.

§ 5. Wird ein Gericht einem anderen übergeordneten Gericht unterstellt, so ist für die Entscheidung über Rechtsmittel, die sich gegen eine vor Inkrafttreten der Änderung erlassene Entscheidung richten, das Gericht zuständig, das dem erkennenden Gericht vor dem Inkrafttreten der Änderung übergeordnet war. Ebenso ist für die Entscheidung über Rechtsmittel, die sich gegen die Entscheidung eines aufgehobenen Gerichts richten, das Gericht zuständig, das dem aufgehobenen Gericht übergeordnet war.

Ist das übergeordnete Gericht, das für die Entscheidung über die Rechtsmittel nach Abs. 1 zuständig sein würde, aufgehoben, so gilt folgendes:

1. Ist der gesamte Bezirk des übergeordneten Gerichts dem Bezirk eines anderen Gerichts zugelegt, so tritt dieses Gericht an die Stelle des aufgehobenen Gerichts.

2. Ist der Bezirk des aufgehobenen übergeordneten Gerichts auf die Bezirke mehrerer Gerichte aufgeteilt, so bestimmt die Landesjustizverwaltung im Wege allgemeiner Anordnung, welches Gericht oder welche Gerichte für die Entscheidung über die Rechtsmittel zuständig sind. Ist eine solche Anordnung nicht getroffen, so ist für die Entscheidung das Gericht zuständig, dessen Bezirk der Sitz des aufgehobenen übergeordneten Gerichts zugeteilt ist.

§ 6. Ist im Falle des § 5 ein Rechtsmittel bei einem nach dieser Vorschrift nicht zuständigen Gericht eingelegt, so wird dadurch die Zulässigkeit des Rechtsmittels nicht berührt. Die Sache ist von Amts wegen an das zuständige

Gericht abzugeben; der Abgabebeschluß ist für das in dem Beschluß bezeichnete Gericht bindend.

§ 7. Die Landesjustizverwaltung kann bei der Aufhebung einzelner Gerichte oder der Änderung ihrer Bezirke im Wege allgemeiner Anordnung eine von den Vorschriften des § 1 und des § 5 Abs. 1 abweichende Regelung treffen.

§ 8. Geht auf Grund des § 2 oder des § 3 ein Rechtsstreit auf ein anderes Oberlandesgericht oder Landgericht über, so bleiben die zu Prozeßbevollmächtigten bestellten Rechtsanwälte zur Fortführung der Vertretung befugt, wenn sie bei einem anderen Gericht als Rechtsanwälte zugelassen bleiben oder neu zugelassen werden.

Wird ein Oberlandesgericht aufgehoben, so sind die Landgerichtsanwälte, die zugleich bei diesem Oberlandesgericht zugelassen waren, auf Antrag zugleich bei dem Oberlandesgericht zuzulassen, dem das Landgericht nunmehr unterstellt wird. Die Vorschriften der §§ 14a, 15 der Rechtsanwaltsordnung und des § 2 Satz 2 des Gesetzes über die Zulassung zur Rechtsanwaltschaft vom 7. April 1933 (Reichsgesetzbl. I S. 188) bleiben unberührt.

Artikel 2.

Die bei der Aufhebung von Gerichten oder der Änderung von Gerichtsbezirken erforderlichen Vorschriften auf dem Gebiete der freiwilligen Gerichtsbarkeit und der den Gerichten sonst zugewiesenen Aufgaben werden von der Landesjustizverwaltung erlassen, soweit nicht Reichs- oder Landesgesetze bereits eine Regelung enthalten. Für die Rechtsmittel gilt die Vorschrift des Artikels 1 § 6 entsprechend.

Artikel 3.

Die Landesjustizverwaltung kann ferner Handelsrichter, Schöffen und Geschworene, Arbeitsrichter und Landesarbeitsrichter sowie sonstige nichtrichterliche Gerichtsbeisitzer, die bei den aufgehobenen oder bei den von der Änderung betroffenen Gerichten vorhanden sind, für den Rest ihrer Amtszeit anderen Gerichten zuweisen.

Artikel 4.

Vorschriften, die die Landesjustizverwaltungen über die Zuständigkeit der Gerichte bei Änderungen der Gerichtseinteilung vor Inkrafttreten dieses Gesetzes erlassen haben, bleiben wirksam.

Die Vorschriften der Verordnung über Maßnahmen bei Aufhebung oder Zusammenlegung von Gerichten vom 29. Februar 1932 (Reichsgesetzbl. I S. 99) werden aufgehoben.

Artikel 5.

Wird ein Gericht des Reichs aufgehoben oder sein Bezirk geändert, so erläßt der zuständige Reichsminister die erforderlichen Vorschriften.

Sachregister.

Die arabischen Ziffern bedeuten die Paragraphen oder Artikel. Ist ihnen nichts beigefügt, so bezeichnen sie die Paragraphen der Strafprozeßordnung.

Im übrigen bedeutet:
- I. Einführungsgesetz zum Gerichtsverfassungsgesetz,
- G. Gerichtsverfassungsgesetz,
- III. Einführungsgesetz zur Strafprozeßordnung,
- V. Gesetz über die Presse,
- VI. Gesetz betr. die Entschädigung der im Wiederaufnahmeverfahren freigesprochenen Personen,
- VII. Gesetz betr. die Entschädigung für unschuldig erlittene Untersuchungshaft,
- VIII. Straftilgungsgesetz,
- IX. Jugendgerichtsgesetz,
- X. Auslieferungsgesetz,
- XI. Verordnung zum Schutze des deutschen Volkes,
- XII. V. gegen Verrat am Deutschen Volke und hochverräterische Umtriebe,
- XIII. V. zur Beschleunigung des Verfahrens in Hochverrats- und Landesverratssachen,
- XIV. Sondergerichtsverordnung,
- XV. Gesetz über die Zuständigkeit der Gerichte bei Änderungen der Gerichtseinteilung.

A.

F.

G.

J.

K.

M.

P.

T.

U.

W.

Gedruckt bei A. W. Hayn's Erben, Potsdam

Nachweis wichtiger Gesetzesausgaben

mit und ohne Erläuterungen, größere und kleinere Kommentare, Lehrbücher, Sammelwerke, Entscheidungssammlungen, Zeitschriften

Verlag Walter de Gruyter & Co., Berlin W 10 Genthiner Str. 38

November 1933

Inhaltsübersicht

I. Allgemeines, Sammelwerke.

Handwörterbuch der Rechtswissenschaft. Unter Mitberatung von Reichsgerichtspräsident Dr. Dr. E. Bumke, Reichsgerichtsrat Dr. L. Busch, Oberreichsanwalt Prof. Dr. Dr. L. Ebermayer, Geh. Rat Professor Dr. Dr. Fr. Endemann, Geh. Justizrat Professor Dr. Dr. E. Heymann, Senatspräsident am Reichsgericht Dr. O. Strecker, Präsident des Bayerischen Obersten Landesgerichts Staatsrat Dr. K. v. Unzner †, herausgegeben von Dr. jur. **Fritz Stier-Somlo,** o. Professor an der Universität Köln, und Dr. jur. **Alexander Elster,** Berlin. 6 Bände. Lexikon-Oktav. 1926/29. 1 Ergänzungsband 1931.
In Halbleder geb. RM. 312.—

„Es zeigt sich doch jetzt immer mehr, daß Ihr Handwörterbuch ein ganz großer Wurf war. Wie ich höre, wird es auch in der Praxis in steigendem Maße benutzt." Professor Dr. Nipperdey, Köln.

Die Reichsgerichtspraxis im deutschen Rechtsleben. Festgabe der juristischen Fakultäten zum 50jährigen Bestehen des Reichsgerichts (1. Oktober 1929), unter Mitwirkung der Professoren Gerhard Anschütz, Heidelberg, Ernst Heymann, Berlin, Theodor Kipp, Berlin, Wilhelm Kisch, München, Alfred Schultze, Leipzig, Heinrich Siber, Leipzig, herausgegeben von Otto Schreiber, weiland Professor in Königsberg i. Pr. 6 Bde. Groß-Oktav. 1929.
Geh. RM. 110.—, in Halbfranz geb. RM. 134.—

I. Band: Öffentliches Recht. II. Band: Zivil- und Handelsrecht. III. Band: Zivil- und Handelsrecht (Fortsetzung). IV. Band: Handels- und Wirtschaftsrecht. V. Band: Strafrecht und Strafprozeß. VI. Band: Zivilprozeßrecht.
Die Bände werden einzeln abgegeben.

Fünfzig Jahre Reichsgericht am 1. Oktober 1929. Von Dr. **Adolf Lobe,** Senatspräsident am Reichsgericht i. R., M. d. R. unter Mitarbeit von Mitgliedern und Beamten des Reichsgerichts, der Reichsanwaltschaft und der Rechtsanwaltschaft am Reichsgericht. Mit 14 Porträts und 15 Abbildungen. Lexikon-Oktav. VI, 436 Seiten. 1929.
RM. 20.—, in Halbfranz RM. 24.—

Fehr, Hans, **Das kommende Recht.** Groß-Oktav. 28 Seiten. 1933.
RM. 1.—

Die kleine lesenswerte Schrift des bekannten Rechtslehrers enthält viele Gedanken und Anregungen für die kommende Rechtsreform und gibt auf realer Grundlage an der Hand von Beispielen eine interessante Skizze der neuen Rechtslehre.

Flügge, Ludwig, **Erbbiologisches Denken in Justiz und Verwaltung.** Oktav. 58 Seiten. 1933 . . . . RM. 2.50

Inhalt: Einleitung. — I. Die Bedeutung der Erbmasse und der Umwelt. — II. Die kritische Zeitlage. — III. Praktischer Teil: Erbbiologische Gesichtspunkte bei Verteilung von Ämtern und Arbeitsposten. — Zubilligung und Versagung öffentlicher Ehren und Beeinflussung der Volkssitte. — IV. Rassenhygiene. — V. Das Durchdringen in der gesamten öffentlichen Verwaltung. — VI. Überwindung von Hemmungen.

Bürgerliches Rechtslexikon. (Nach dem Bürgerlichen Gesetzbuch, dem Handelsgesetzbuch und sonstigen Reichs- und Landesgesetzen.) Von **E. Christiani,** weil. Amtsgerichtsrat. Vierte, durchgearbeitete und verbesserte Auflage von Dr. Alexander **Elster,** Rechtsanwalt Dr. Hugo **Hoormann,** Amtsgerichtsrat Georg **Krause,** Lexikon-Oktav. IV, 474 Seiten. 1930 . . . . Geb. RM. 15.—

„Das ist ein Werk, nebenbei bemerkt in schlichter, vornehmer Aufmachung, wie ihm heute wohl kaum ein zweites in seiner gediegenen Fülle zur Seite steht.“

Der Rechtsanwalts- und Notariatsbeamte v. 1. IV. 1930.

Crisolli, Karl-August, **Verordnung des Reichspräsidenten über Maßnahmen auf dem Gebiete der Rechtspflege und Verwaltung vom 14. Juni 1932.** Textausgabe mit Einleitung, Vorbemerkungen und Sachregister. Taschenformat. 84 Seiten. 1932. (Guttentagsche Sammlung Deutscher Reichsgesetze Bd. 181.) . . . . RM. 2.15

Die Ausgabe enthält einen zuverlässigen Textabdruck, ferner eine Einleitung und eingehende Vorbemerkungen zu den einzelnen Abschnitten der neuen Verordnung. In Anbetracht der einschneidenden Bedeutung besonders der Bestimmungen über die Rechtspflege und bei der Verschiedenartigkeit der durch die neuen Vorschriften geregelten Gebiete wird die schnelle Ausgabe des neuen Guttentagbandes der Rechts- und Verwaltungspraxis willkommen sein.

Die Vierte Notverordnung. (Vierte Notverordnung des Reichspräsidenten zur Sicherung von Wirtschaft und Finanzen und zum Schutze des inneren Friedens. Vom 8. XII. 1931.) Erläuterte Textausgabe mit Durchführungsverordnungen. Taschenformat. XVI, 364 Seiten. 1932. Mit Nachträgen enthaltend die Änderungen bis April 1932. (Guttentagsche Sammlung Dtsch. Reichsgesetze, Bd. 180.) . . . Geb. RM. 5.40

Hedemann, J. W., **Einführung in die Rechtswissenschaft. Zweite, erweiterte und umgestaltete Auflage. Oktav. XXII, 566 Seiten. 1927. (Lehrbücher und Grundrisse der Rechtswissenschaft Bd. IX.)**
RM. 12.60, geb. RM. 14.40

„. . . Die glänzende Darstellungsweise macht das Studium des Werkes zu einem Vergnügen. Beneidenswert der Student, der an der Hand dieses erlesenen Führers in das weite Gebiet unserer Wissenschaft eingeführt wird. Aber auch der Praktiker wird dieses Buch, das ihm einen Ausblick von hoher Warte bietet, nicht ohne Nutzen lesen.“ Juristische Blätter Nr. 13, v. 2. VII. 1927.

Wegner, Arthur, **Einführung in die Rechtswissenschaft.**
I. Band: Aufbau des Rechtes, geschichtlich und systematisch. Rechtswissenschaftliche Arbeitsweise. Bürgerliches Recht. Handelsrecht. Arbeitsrecht. 144 Seiten. 1931. (Sammlung Göschen Bd. 1047.)
Geb. RM. 1.62
II. Band: Drei Bücher Öffentliches Recht: Staat, Völkergemeinschaft, Kirche. 140 Seiten. 1931. (Sammlung Göschen Bd. 1048.)
Geb. RM. 1.62

Schröder, Richard, und **Künßberg,** F., **Lehrbuch der deutschen Rechtsgeschichte.** Siebente Auflage. Groß-Oktav. Mit einer Abbildung im Text und einem Bildnis. IV, 1083 Seiten. 1932 . Geb. RM. 33.30

Dieses bekannte Lehrbuch hat sich seit langen Jahren bestens bewährt.

Fehr, Hans, **Deutsche Rechtsgeschichte. Zweite, verbesserte und ergänzte Auflage.** Oktav. 416 Seiten. 1925. (Lehrbücher und Grundrisse der Rechtswissenschaft Bd. X.) . . RM. 11.70, geb. RM. 13.—

Das Buch gibt eine plastische Darstellung der deutschen Rechtsgeschichte, die eine Anhäufung von Stoff ausdrücklich vermeidet, vielmehr das Schwergewicht auf eine mehr ideengeschichtliche Behandlung des Gegenstandes legt.

Schröder, Richard, und **Glitsch,** Heinrich, **Deutsche Rechtsgeschichte. Zweite Auflage. Neudruck.**
I. Bis zum Ende des Mittelalters. 160 Seiten. 1929. (Sammlung Göschen Bd. 621.) . . . . Geb. RM. 1.62
II. Die Neuzeit. 90 Seiten. 1929. (Sammlung Göschen Bd. 664.)
Geb. RM. 1.62

Maas, Georg, und **Magnus,** Julius, **Abkürzungsverzeichnis der Rechtssprache.** Abkürzungen der Bezeichnungen von Rechtsquellen, Behörden, Entscheidungen usw. des deutschen und österreichischen Rechts. Oktav. IV, 131 Seiten. 1929 . . . . RM. 4.—, geb. RM. 5.—

„Bis jetzt fehlte eine Zusammenstellung, die in zuverlässiger Weise die gebräuchlichsten Abkürzungen wiedergab. Diese Lücke füllt das neue Buch in glücklicher Weise aus."

Der junge Rechtsgelehrte Nr. 5, v. 1. III. 1929.

Endemann, Friedrich, **Grundriß des römischen Privatrechts.** Oktav. X, 256 und 30 Seiten. 1925. (Lehrbücher und Grundrisse der Rechtswissenschaft Bd. XII.) . . . . RM. 8.10, geb. RM. 9.50

„. . . Die Sprache ist einfach, klar, leicht und verständlich. Anmerkungen, die so oft in anderen Werken stören, sind ganz vermieden. . . So hat Endemann ein nach jeder Richtung hochstehendes Werk geschaffen."

Der junge Rechtsgelehrte Nr. 16, v. 1. VIII. 1925.

Stammler, Rudolf, **Aufgaben aus dem römischen Recht.** Der „Institutionenübungen für Anfänger" vierte Auflage. Oktav. IV, 92 Seiten. Mit Figuren im Text. 1919 . . . . Geb. RM. 5.—

Zum selbständigen Einarbeiten in das System des römischen Privatrechts.

II. Bürgerliches Recht

1. Bürgerliches Gesetzbuch

Lehmann, Heinrich, **Allgemeiner Teil des Bürgerlichen Gesetzbuches.** Vierte, vermehrte und verbesserte Auflage. Oktav. XVI, 512 Seiten. 1933. (Lehrbücher und Grundrisse der Rechtswissenschaft Bd. I.) Geb. RM. 14.—

Die 4. Auflage des bewährten Grundrisses des Allgemeinen Teiles hat die gesetzlichen Neuerungen überall berücksichtigt. Im übrigen erschien ein Hinausschieben der Neuauflage in Hinsicht auf mögliche Gesetzesreformen nicht angebracht. Das Bürgerliche Recht und namentlich der Allgemeine Teil des BGB dürften einer Gesetzesreform am wenigsten bedürfen; ihnen ist eine größere Elastizität eigen als den öffentlichrechtlichen Teilen der Rechtsordnung, z. B. dem Strafrecht. Lebendiges Recht zu bieten, war die Aufgabe dieses Grundrisses stets.

Leonhard, R., **Der Allgemeine Teil des Bürgerlichen Gesetzbuches** in seinem Einflusse auf die Fortentwicklung der Rechtswissenschaft. Groß-Oktav. XVI, 537 Seiten. 1900. (Recht des Bürgerlichen Gesetzbuches in Einzeldarstellungen Nr. X.) . . . . RM. 10.—

Die Sammlung „Recht des Bürgerlichen Gesetzbuches" umfaßt systematische Darstellungen des BGB. aus der Feder erster Juristen der Wissenschaft und Praxis.

Oertmann, Paul, **Allgemeiner Teil des Bürgerlichen Gesetzbuches.**
I. Einleitung. Lehre von den Personen und von den Sachen. Dritte, verbesserte Auflage. 136 Seiten. 1926. (Sammlung Göschen Bd. 447.) Geb. RM. 1.62
II. Erwerb und Verlust, Geltendmachung und Schutz der Rechte. Dritte, verbesserte Auflage. 147 Seiten. 1928. (Sammlung Göschen Bd. 448.) . . . . Geb. RM. 1.62

Plancks Kommentar zum Bürgerlichen Gesetzbuch nebst Einführungsgesetz. Bisher herausgegeben von E. Strohal. Bearbeitet von E. Brodmann, L. Busch, J. Ebbecke, F. Flad, M. Greiff, K. Gunkel, P. Knoke, M. Landois, A. Lobe, Fr. Oegg, H. Siber, O. Strecker, K. von Unzner. Vierte, völlig neubearbeitete Auflage. Lexikon-Oktav. Bisher sind erschienen:

I. Band: Allgemeiner Teil. 606 Seiten. 1913. RM. 15.—, geb. RM. 17.—
II. Band, 1. Hälfte: Recht der Schuldverhältnisse. (Allgemeiner Teil.) 640 Seiten. 1914 . . . . RM. 15.—, geb. RM. 17.—
II. Band, 2. Hälfte: Recht der Schuldverhältnisse. (Besonderer Teil.) 1296 Seiten. 1928 . . . . RM. 49.—, geb. RM. 52.—
III. Band: Sachenrecht. 5. Auflage. 1. Lieferung: Einleitung und §§ 854 bis 902. 321 Seiten. 1931 . . . . RM. 14.—
2. Lieferung: §§ 903—1017 und Verordnung über das Erbbaurecht. Seite 321—729. 1933 . . . . RM. 17.—
3. Lieferung: §§ 1018—1112. Seite XII, 729—941. 1933 . . RM. 12.—
IV. Band: Familienrecht. 1. Hälfte §§ 1297—1588. 701 Seiten. 1928. RM. 26.—, geb. RM. 28.—
V. Band: Erbrecht. Vierte, völlig neubearbeitete Auflage. Groß-Oktav. XII, 1136 Seiten. 1930 . . RM. 51.—, geb. RM. 54.—
Sonderprospekt kostenlos.

Das Bürgerliche Gesetzbuch mit besonderer Berücksichtigung der Rechtsprechung des Reichsgerichts. Erläutert von Dr. Busch, Erler, Dr. Lobe, Michaelis, Oegg, Sayn, Schliewen und Seyffarth, Reichsgerichtsräten und Senatspräsidenten am Reichsgericht. Siebente, unveränderte Auflage. 5 Bände. §§ 1—2385. Lexikon-Oktav. 3182 Seiten. 1928 . . . . In Halbleder geb. RM. 135.—
I. Band: Allgemeiner Teil. Recht der Schuldverhältnisse I. (Allgemeiner Teil.) — II. Band: Recht der Schuldverhältnisse II. (Einzelne Schuldverhältnisse.) — III. Band: Sachenrecht. — IV. Band: Familienrecht. — V. Band: Erbrecht. Alphabetisches Sachverzeichnis.

(Das Werk wird nur komplett abgegeben.)

„Die neue Auflage, die eine ganz wesentliche Erweiterung und Vertiefung des RGR.-Kommentars darstellt, ist damit abgeschlossen, und die Praxis um eines der wertvollsten juristischen Werke bereichert."
Blätter f. Rechtspflege im Bezirk des Kammergerichts Nr. 6, 1928.

Achilles-Greiff, Bürgerliches Gesetzbuch nebst Einführungsgesetz. Mit Einleitung, Anmerkungen und Sachregister. Nach dem Tode des ersten Herausgebers Dr. A. Achilles in Verbindung mit J. Altstötter, Oberamtsrichter in München, O. Meyer, Oberlandesgerichtspräsident in Celle, Dr. J. Kieckebusch, Land- und Amtsgerichtsrat in Kassel, Dr. O. Strecker, Senatspräsident am Reichsgericht i. R. in Leipzig, herausgegeben von Dr. M. Greiff, Wirkl. Geh. Oberjustizrat, Oberlandesgerichtspräsident i. R. in Berlin. Dreizehnte, vermehrte und verbesserte Auflage. Mit Erläuterungen der Verordnung über das Erbbaurecht, des Gesetzes über die religiöse Kindererziehung und des Gesetzes für Jugendwohlfahrt. Groß-Oktav. XXIII, 1304 Seiten. 1930. (Guttentagsche Sammlung Deutscher Reichsgesetze Bd. 38/39.) . . . . Geb. RM. 21.60

„Das angesehene Werk bedarf keines Wortes der Empfehlung. Es gehört zu denjenigen Handkommentaren, die sich in der juristischen Praxis unangefochtenes Bürgerrecht erworben haben . . ."
Berliner Tageblatt v. 22. VII. 1930.

Bürgerliches Gesetzbuch nebst Einführungsgesetz. Vom 18. August 1896 mit Berücksichtigung der bis zum 1. Januar 1928 ergangenen Abänderungen. Textausgabe mit ausführlichem Sachregister. Sechzehnte Auflage. (61. bis 66. Tausend). Taschenformat. 758 Seiten. 1928. (Guttentagsche Sammlung von Textausgaben ohne Anmerkungen mit Sachregister.) . . . . Geb. RM. 2.50

Schulz, F. H., Bürgerliches Gesetzbuch und Einführungsgesetz. Taschenformat. Zweite, unveränderte Auflage. XI, 664 Seiten. 1931. (Lehrausgaben Deutscher Gesetze, Bd. I.) Geb. RM. 5.—

Lindemann, Otto, **Ausführungsgesetz zum Bürgerlichen Gesetzbuche vom 20. September 1899 nebst einem Anhang:** Verordnung zur Ausführung des Bürgerlichen Gesetzbuchs vom 16. November 1899. Nach dem Tode des früheren Herausgebers Kammergerichtsrat Dr. P. Siméon, erläutert von Geh. Oberjustizrat Otto Lindemann, Ministerialdirektor im Pr. Justizministerium. Vierte Auflage. Taschenformat. 208 Seiten. 1930. (Guttentagsche Sammlung Preußischer Gesetze Bd. 23.) Geb. RM. 4.50

„... Der Praxis ist aber mit einer solchen Ausgabe besonders gedient ... die sich Aufklärung über die Tragweite und die Bedeutung einer Vorschrift des Preuß. AGBGB. verschaffen wollen, finden in Lindemanns Ausführungen einen nie versagenden Führer."
Der junge Rechtsgelehrte Nr. 10, v. 15. V. 1930.

Juristischer Anschauungsstoff. Herausgegeben von Helmut Rühl, o. Prof. d. Rechte a. d. Univ. Göttingen.
Heft 1:
Rühl, H., **Bürgerliches Recht und Arbeitsrecht.** Groß-Oktav. VIII, 148 Seiten. 1931 . . . . RM. 4.—

In der Sammlung „Juristischer Anschauungsstoff" werden für den Gebrauch im akademischen Unterricht Urkunden aus der Rechtspraxis zusammengestellt. So bringt das erste Heft 140 typische Beispiele für fast jedes Rechtsinstitut des BGB. und des Arbeitsrechts (Registereintragungen, Geschäftsbedingungen, Tarifverträge, Satzungen usf.). Die Anordnung folgt dem Gang des Gesetzes.

Schück, Richard, **Zivilrechtspraktikum.** Zum Selbststudium und zum Lehrgebrauch. Vierte, vermehrte Auflage. Herausgegeben von Gustav Schreiber. Groß-Oktav. 160 Seiten. 1930.
Geb. RM. 6.—

Das „Schücksche Zivilrechtspraktikum" bringt in einem billigen Band über 600 Fälle aus allen fünf Büchern des BGB. und dem Einführungsgesetz.

von der Mosel, Heinrich, **Lösungen** zu dem von Kammergerichtsrat Dr. Richard Schück herausgegebenen **Zivilrechtspraktikum.** Nach dem Bürgerlichen Gesetzbuch bearbeitet für Studierende und Referendare. Fünfte Auflage. Oktav. 227 Seiten. 1931.
RM. 6.—, kart. RM. 6.50

Die Lösungen behandeln fast alle in dem Praktikum enthaltenen Fälle.

v. Schwerin, Cl., Frhr., **Grundzüge des deutschen Privatrechts.** Zweite Auflage. Oktav. XII, 342 Seiten. 1928. (Lehrbücher und Grundrisse der Rechtswissenschaft Bd. XIII.) . . RM. 8.50, geb. RM. 9.90

„... bei seiner gedrängten, aber klaren Darstellung bringt das Buch trotz meisterhafter Beschränkung auf das Wesentliche eine erstaunliche Fülle des Inhaltes. Es kann jedem Rechtsbeflissenen, der es mit seiner wissenschaftlichen Ausbildung ernst meint, bestens empfohlen werden." Deutsche Richterzeitung v. 15. VI. 1928.

Melchior, Georg, **Die Grundlagen des deutschen internationalen Privatrechts.** Oktav. XXXII, 558 Seiten. 1932 . . RM. 24.—, geb. RM. 26.—

Die bisher eingehendste Darstellung des allgemeinen Teils des deutschen internationalen Privatrechts auf positivrechtlicher Grundlage.

Wegner, Arthur, **Jugendrecht.** Ein Lehrbuch zur Einführung. Oktav. IX, 219 Seiten. 1929 . . . . RM. 5.40, geb. RM. 6.75

Schuldverhältnisse insbesondere

Hedemann, Justus Wilh., **Schuldrecht des Bürgerlichen Gesetzbuches.** Zweite Auflage. Oktav. XXIV, 503 Seiten. 1931. (Lehrbücher und Grundrisse der Rechtswissenschaft Bd. II.)
RM. 13.—, geb. RM. 14.40

„Es ist sehr zu begrüßen, daß das ausgezeichnete und inhaltsreiche Werk des hervorragenden Rechtslehrers in der zweiten Auflage eine Umarbeitung erfahren hat. Alles in allem gesehen, ein außerordentlich wertvolles Werk, auf das insbesondere die Studierenden nicht genug hingewiesen werden können."

Der Referendar Nr. 4, v. 15. IV. 1932.

Oertmann, Paul, **Schuldrecht.** (BGB. II.)
I. Allgemeine Lehren. Dritte, verbesserte Auflage. 142 Seiten. 1927. (Sammlung Göschen Bd. 323.) . . . . Geb. RM. 1.62
II. Die einzelnen Schuldverhältnisse. Dritte, verbesserte Auflage. 159 Seiten. 1929. (Sammlung Göschen Bd. 324.) . . . Geb. RM. 1.62

Meyer, Georg, **Das Recht der Beschlagnahme von Lohn, Gehalt und Diensteinkommen.** Auf Grund des Reichsgesetzes vom 21. Juni 1869, der Verordnung über Lohnpfändung vom 25. Juni 1919 nebst Abänderungen und der Zivilprozeßordnung dargestellt. Siebente, vermehrte Auflage. Taschenformat. 174 Seiten. 1930. (Guttentagsche Sammlung Deutscher Reichsgesetze Bd. 55.) . . . Geb. RM. 4.—

Seligsohn, Franz, **Kommentar zum Haftpflichtgesetz.** Zweite Auflage. Groß-Oktav. 360 Seiten. 1930 . . . . . RM. 12.—, geb. RM. 13.50

„Ein Kommentar von erfreulicher Gründlichkeit und Gediegenheit, wertvoll durch klare rechtliche Durchdringung des Stoffes wie durch Sorgsamkeit in der Sammlung, namentlich auch der auf diesem Gebiet besonders ergiebigen und wichtigen Rechtsprechung. Den Erläuterungen der einzelnen Vorschriften sind vortreffliche Übersichten vorangestellt, die den Inhalt der gesetzlichen Regelung scharf und eindringlich disponieren. Das Werk ist für die praktische Rechtsanwendung bestens zu empfehlen."

Juristische Rundschau Nr. 22, v. 15. XI. 1931.

Krieg, O., **Mietrecht und Wohnungsmangelgesetzgebung** im Reiche, in **Preußen und in Berlin, einschließlich Hauszinssteuer, Kostenwesen und Rechtsentscheiden des Kammergerichts und des Obersten Landesgerichts. Zusammengestellt und mit ausführlichem Schlagwortregister versehen.** Vierte Auflage. Taschenformat. XII, 594 Seiten. 1928. (Guttentagsche Sammlung Deutscher Reichsgesetze Bd. 156.) . . Geb. RM. 9.—

„Das Werk ist ein zuverlässiger Führer nicht nur durch das zur Zeit geltende Mietnotrecht, sondern auch durch die häufig noch in Rechtsstreitigkeiten zur Anwendung kommenden älteren Bestimmungen. Es ist jedem Mietrechtler völlig unentbehrlich."

Juristische Rundschau v. 1. IV. 1930.

Nachtrag: **Gesetz über Mieterschutz und Mieteinigungsämter.** Änderungen seit der Bekanntmachung vom 17. Februar 1928 (Reichsgesetzblatt I S. 25). 1933 . . . . RM. 0.50

Stölzle, Hans, **Viehkauf nach Bürgerlichem Gesetzbuch und ausländischem Recht. Verordnung, betreffend die Hauptmängel und Gewährfristen beim Viehhandel. Von Eugen Fröhner. Sechste, vermehrte und wesentlich verbesserte Auflage. Taschenformat. 699 Seiten. 1926. (Guttentagsche Sammlung Deutscher Reichsgesetze Bd. 50.)** Geb. RM. 13.50

Crisolli, Karl-August, Das Reichsgesetz, betreffend die **Abzahlungsgeschäfte** vom 16. Mai 1894. **Mit Einleitung, Anmerkungen und Sachregister.** Unter Mitwirkung von Julius Crisolli. Vierte, völlig umgearbeitete Auflage des Werkes von Hoffmann-Wilke. Taschenformat. 413 Seiten. 1931. (Guttentagsche Sammlung Deutscher Reichsgesetze Bd. 34.) . . . . Geb. RM. 7.20

„...Man kann wohl sagen, daß alle Streit- und Zweifelsfragen erschöpfend erörtert sind, so daß jeder, der sich mit diesem zu ungeahnter Bedeutung gekommenen Gesetz zu befassen hat, einen kaum versagenden Führer in diesem ausgezeichneten Kommentar finden wird.“ *Badische Rechtspraxis Nr. 12, v. 15. XII. 1931.*

Göppert, H., **Gesetz, betreffend die gemeinsamen Rechte der Besitzer von Schuldverschreibungen.** Zweite Auflage, bearbeitet von E. Trendelenburg. Taschenformat. 156 Seiten. 1915. (Guttentagsche Sammlung Deutscher Reichsgesetze Bd. 52.) . . . . . Geb. RM. 1.35

Kruse, Fr. Vinding, **Das Eigentumsrecht.** Aus dem Dänischen übersetzt von Knud Larsen. Groß-Oktav. XXIII, 881 Seiten. 1931. Geb. RM. 25.—

„Das gewaltige Werk will eine allgemeine Rechtslehre und überhaupt Gesellschaftslehre unter Ausnützung des geltenden Rechts und der Rechtsgeschichte geben... Die glückliche Verbindung juristischer und ökonomischer Betrachtung, die Fülle des Tatsachenmaterials und Rechtsstoffes lassen das Buch als wertvolle Bereicherung der Literatur gelten...“ *Prager juristische Zeitschrift Nr. 2, Januar 1932.*

Beiträge zum ausländischen und internationalen Privatrecht, herausgegeben vom Institut für ausländisches und internationales Privatrecht.

Heft 1:
Nußbaum, Arthur, **Vertraglicher Schutz gegen Schwankungen des Geldwertes.** Goldklauseln und andere Abreden zur Minderung des Valutarisikos. Groß-Oktav. 95 Seiten. 1928 . . . . RM. 5.—

Heft 2:
Wolff, John, **Die Haftung des Verkäufers einer fremden beweglichen Sache** in den Vereinigten Staaten von Amerika in Vergleichung mit dem deutschen bürgerlichen Recht. Groß-Oktav. 84 Seiten. 1930. RM. 4.—

Heft 3:
Friedmann, Wolfgang, **Die Bereicherungshaftung** im anglo-amerikanischen Rechtskreis in Vergleichung mit dem deutschen bürgerlichen Recht. Groß-Oktav. 148 Seiten. 1930 . . . . RM. 7.—

Heft 4:
Raiser, Ludwig, **Die Wirkungen der Wechselerklärungen im internationalen Privatrecht.** Groß-Oktav. 124 Seiten. 1931 . . RM. 9.—

Heft 5:
Rheinstein, Max, **Die Struktur des vertraglichen Schuldverhältnisses** im anglo-amerikanischen Recht. Groß-Oktav. 256 Seiten. 1932. RM. 15.30

Heft 6:
Kessler, Friedrich, **Die Fahrlässigkeit im nordamerikanischen Deliktsrecht** unter vergleichender Berücksichtigung des englischen und des deutschen Rechts. Groß-Oktav. 183 Seiten. 1932 . . . . RM. 9.—

Heft 7:
Arndt, Karl, **Zessionsrecht.** I. Teil: Rechtsvergleichung. Groß-Oktav 175 Seiten. 1932. . . . . RM. 6.—

Sachenrecht insbesondere

Hedemann, Justus Wilh., **Sachenrecht des Bürgerlichen Gesetzbuches.** Oktav. XXXII, 507 Seiten. 1924. (Lehrbücher und Grundrisse der Rechtswissenschaft Bd. III.) . . . . RM. 10.80, geb. RM. 12.10

„Ein trotz seiner Kürze ausgezeichnetes und inhaltreiches Lehrbuch, nicht nur für den Studierenden, sondern auch für ältere Juristen. Die Arbeit ist wissenschaftlich tiefgründig und doch gemeinverständlich geschrieben." *Zeitschrift des Deutschen Notarvereins Nr. 6. 1924.*

Kretzschmar, F., **Sachenrecht.**
I. Allgemeine Lehren. Besitz und Eigentum. Zweite, verbesserte Auflage. 142 Seiten. 1922. (Sammlung Göschen Bd. 480.) Geb. RM. 1.62
II. Begrenzte Rechte. 144 Seiten. 1923. (Sammlung Göschen Bd. 481.) Geb. RM. 1.62

Der Eigentumsvorbehalt in Wirtschaft und Recht. Herausgegeben von der Industrie- und Handelskammer zu Berlin. Oktav. 280 Seiten. 1931 . . . . RM. 4.—, geb. RM. 5.—

„. . . Kurzum in jeder Beziehung eine umfassende Darstellung, das Handbuch des Eigentumsvorbehalts, gleich wertvoll für Wirtschaft, Rechtsprechung und Rechtslehre."
Juristische Rundschau Nr. 21, v. 1. XI. 1931.

Lenzen, Georg, **Das Deutsche Pfandleihrecht.** Kommentar zum preußischen Pfandleihgesetz unter Berücksichtigung der außerpreußischen Gesetze. Oktav. XXVI, 266 Seiten. 1929 . . . Geb. RM. 20.—

„Diese zusammenfassende Darstellung ist die erste ihrer Art und sehr verdienstlich. Das Buch regt zu allerhand Fragen an."
Juristische Wochenschrift Nr. 11, 1929.

Güntner, Hermann, **Erbbaurecht.** Taschenformat. 167 Seiten. 1919. (Guttentagsche Sammlung Deutscher Reichsgesetze Bd. 135.) Geb. RM. 1.80

Arnheim, Hugo, **Grundbuchordnung.** Kommentar zur Grundbuchordnung für das Deutsche Reich nebst den für Preußen erlassenen Ausführungsbestimmungen. Zweite, völlig neubearbeitete Auflage. Lexikon-Oktav. 959 Seiten. 1913 . . . . RM. 15.—

Fischer, Otto, und **Fischer,** Norbert, **Grundbuchordnung für das Deutsche Reich** nebst den preußischen Ausführungsbestimmungen. Neunte, durchgearbeitete und ergänzte Auflage. Taschenformat. 322 Seiten. 1927. (Guttentagsche Sammlung Deutscher Reichsgesetze Bd. 42.) Geb. RM. 4.50

„Eine der vortrefflichen alteingeführten Handausgaben der Guttentagschen Sammlung, bei der schon die Auflagenziffer für die Brauchbarkeit in der Praxis spricht. Nach wie vor ist das Buch ein vortrefflicher Wegweiser und Berater."
Juristische Wochenschrift Nr. 44, v. 29. XI. 1927.

Ricks, Gerhard, **Die Grundbuchpraxis.** Ein Handbuch für den täglichen Gebrauch in Grundbuchsachen. Achte Auflage. Mit Nachtrag. Groß-Oktav. XII, 412 Seiten. 1929 . . . RM. 12.—, geb. RM. 14.—

„Das Buch hat einen Anspruch darauf, in der Praxis geradezu verschlungen zu werden. Es ist aus der täglichen Praxis heraus für die Praxis lebensfrisch und unterhaltend geschrieben."
Mitteilg. a. d. Württemb. Notariats-Praxis Nr. 2, 1929.

Friedlaender, Martin, **Hypothekenbeschaffung für Wohn- und Geschäftshäuser.** Handbuch für die Praxis der Grundstückswirtschaft. Groß-Oktav. VIII, 151 Seiten. 1929 . . . . RM. 6.—, geb. RM. 7.50

„Das Buch gibt einen außerordentlich praktischen Überblick über alle Fragen der Hypothekenbeschaffung."
Deutsche Sparkassen-Zeitung v. 5. I. 1929.

Familienrecht, Erbrecht

Lehmann, Heinrich, **Familienrecht** des Bürgerlichen Gesetzbuches einschließlich Jugendfürsorgerecht. Oktav. XII, 352 Seiten. 1926. (Lehrbücher und Grundrisse der Rechtswissenschaft Bd. IV.) RM. 9.90, geb. RM. 11.25

„Die Schilderung Lehmanns ist überall anregend und fesselnd. Das Werk kann allen Rechtsstudenten und Referendaren zur Anschaffung dringend empfohlen werden." Der junge Rechtsgelehrte v. 1. X. 1927.

Titze, Heinrich, **Familienrecht** (BGB. IV.) 169 Seiten. Neudruck. 1924. (Sammlung Göschen Bd. 305.) . . . . Geb. RM. 1.62

Tunica, Gustav, **Goldschmidt,** Ernst, **Ehescheidungsrecht.** Die Ehescheidungsgründe des Bürgerlichen Gesetzbuches durch die Rechtsprechung erläutert. Eine Sammlung grundlegender Entscheidungen des Reichsgerichts, der Oberlandesgerichte usw. 2., umgearbeitete und ergänzte Auflage. Oktav. XXIII, 217 Seiten. 1926 . . RM. 7.50, geb. RM. 9.—

Hildebrandt, Heinz, **Mitschuldklage** zugleich ein Beitrag zur Lehre von der Rechtskraft und dem Einheitsgrundsatz in Scheidungs- und Anfechtungssachen. Oktav. 80 Seiten. 1933 . . . . RM. 4.50

Endemann, H., **Erbrecht.** Oktav. XII, 166 Seiten. 1923. (Lehrbücher und Grundrisse der Rechtswissenschaft Bd. V.) RM. 2.70, geb. RM. 4.—

„Dieser Leitfaden behandelt den spröden Stoff des schwierigen Erbrechts in meisterhafter, fesselnder Darstellung."
Zeitschrift des Bundes Deutscher Justizamtmänner v. 15. III. 1924

v. Blume, Wilh., **Erbrecht.** (BGB. V.)
I. Einleitung. Die Grundlagen des Erbrechts. 75 Seiten. 1913. (Sammlung Göschen Bd. 659.) . . . . Geb. RM. 1.62
II. Die Nachlaßbeteiligten. Mit 23 Figuren. 131 Seiten. 1913 (Sammlung Göschen Bd. 660.) . . . . Geb. RM. 1.62

Riesenfeld, S., Die Erbenhaftung nach dem Bürgerlichen Gesetzbuch. Groß-Oktav. 2 Bände. 1916 . . . . . RM. 15.—, geb. RM. 18 —
I. Band: Die Grundsätze der Haftung. XII, 461 Seiten.
II. Band: Das Inventar und die Mittel der Haftungsbeschränkung. VIII, 455 Seiten.

Wagemann, Gustav, und **Hopp,** Karl, **Reichserbhofgesetz** vom 29. September 1933. Erläuterungsbuch. 2. Auflage von Wagemann, Bäuerliches Erbhofrecht. Taschenformat. 216 Seiten. 1933. (Guttentagsche Sammlung Deutscher Reichsgesetze Bd. 185.) Geb RM. 4.50

Durch die Schaffung des Reichserbhofgesetzes ist das preußische Erbhofgesetz vom 15. Mai 1933 aufgehoben worden. Die 2. Auflage dieser Erläuterung, der bereits das Reichserbhofgesetz vom 29. 9. mit den Ausführungsbestimmungen zu Grunde liegt, ist deshalb sowohl für die Beteiligten in Preußen wie im ganzen Reiche unentbehrlich.

Hopp, Karl, **Der Geschäftsgang in Erbhofsachen.** Erscheint im November 1933 . . . . Etwa RM. 4.—

Das Buch schließt sich eng an die vorliegende Ausgabe des Reichserbhofgesetzes an. Es ist ein Handbuch für die Praxis der Anerbengerichte, das neben Entwürfen für alle in Betracht kommenden Verfügungen und Entscheidungen gleichzeitig eine eingehende Erörterung aller bei den Einzelfällen möglichen Zweifelsfragen enthält. Die in der Praxis der Preußischen Anerbengerichte bei der Anlegung der Erbhöferolle nach dem Preußischen Bäuerlichen Erbhofrecht v. 15. 5. 1933 bereits gesammelten Erfahrungen werden mit verwertet.

Aufwertung

Michaelis, Richard, **Das Aufwertungsrecht** nach den Aufwertungsgesetzen und nach allgemeinem bürgerlichem Rechte. Kommentar zu den Gesetzen vom 16. Juli 1925 über die Aufwertung von Hypotheken und anderen Ansprüchen und über die Ablösung öffentlicher Anleihen sowie systematische Darstellung des Aufwertungsrechts außerhalb dieser Gesetze. Zweite, gänzlich umgearbeitete Auflage des Kommentars zur Dritten Steuernotverordnung vom 14. Februar 1924 (Aufwertung). Mit einer Fristentabelle von H. Hoormann. Groß-Oktav. X, 516 Seiten. 1926. Mit Nachtrag 1927. (de Gruytersche Sammlung Deutscher Gesetze. Handkommentare.) . . . . Geb. RM. 14.40

Michaelis, Richard, Die beiden **Aufwertungsnovellen** vom 18. Juli 1930. (Hypotheken-Fälligkeits- und Verzinsungsgesetz: Grundbuchbereinigungsgesetz.) Taschenformat. VI, 202 Seiten. 1930. (Guttentagsche Sammlung Deutscher Reichsgesetze Bd. 178.) . . . . Geb. RM. 3.60

Berliner, Ludwig, und **Pfaffenberger**, Ernst, **Aufwertung von Versicherungsansprüchen** mit Durchführungsbestimmungen.
I. Teil. Oktav. 235 Seiten. 1925. (Guttentagsche Sammlung Deutscher Reichsgesetze Bd. 164.) . . . . Geb. RM. 5.85
II. Teil: Sach- und Transportversicherung; Unfall- und Haftpflichtversicherung. Oktav. 112 Seiten. 1926. Mit Nachtrag. (Guttentagsche Sammlung Deutscher Reichsgesetze Bd. 164a.) . . . Geb. RM. 3.15

2. Handelsrecht.

v. Gierke, Jul., **Handelsrecht und Schiffahrtsrecht.** Vierte, vollständig neubearbeitete Auflage. XV, 865 Seiten. 1933. (Lehrbücher und Grundrisse der Rechtswissenschaft, Band VI.) . . . Geb. RM. 20.—

„Wer das Buch kennt, wird sich über diesen durchschlagenden Erfolg kaum wundern. Es verdient durchaus die führende Stellung, die es sich unter den Kurzlehrbüchern des Handelsrechts erworben hat. Das pädagogische Geschick, die meisterhafte Konzentrierung des gewaltigen Stoffes auf das praktisch Wesentliche ohne darunter die wissenschaftliche Gründlichkeit leiden zu lassen, die klare methodische Behandlung von Streitfragen — alles das ist schon an früheren Auflagen gerühmt worden und gilt in gleicher Weise für die jetzige vierte Auflage.

Die vierte Auflage hat aber gleichwohl ihre besondere Note erhalten. Der Verfasser weist selbst in seinem Vorwort darauf hin, wie erstaunlich viel sich in Deutschland in der kurzen Spanne seit der dritten Auflage auf dem Gebiet des Handels und Wirtschaftsrechts geändert und verschoben hat. Alles das einzufangen und wissenschaftlich zu verarbeiten, bedeutete gewiß keine leichte Aufgabe, zumal es im Hinblick auf die umfangreiche Notgesetzgebung zu erkennen galt, was dauernden und was ephemeren Charakter hat. Gerade in letzterer Hinsicht scheint mir v. Gierke im allgemeinen das Richtige getroffen zu haben.

Eine völlige Neubearbeitung ist dem Aktienrecht zuteil geworden."
Jurist. Wochenschrift Nr. 15/16 v. 15./22. IV. 1933.

Lehmann, K., und **Hoeniger**, H., **Lehrbuch des Handelsrechts.** Dritte Auflage. Erster Halbband, enthaltend die Lehre vom Handelsstand und von den Handelsgesellschaften. Groß-Oktav. 432 Seiten. 1921 RM. 10.—
Ein großangelegtes Lehrbuch des Handels- und Schiffahrtsrechts.

Lehmann, K., und **Hoeniger**, H., **Deutsches Handelsrecht.**
I. Einleitung. Der Kaufmann und seine Hilfspersonen. Offene Handelsgesellschaft, Kommandit- und stille Gesellschaft. 117 Seiten. 1921. (Sammlung Göschen Bd. 457.) . . . . Geb. RM. 1.62

II. Aktiengesellschaften, Gesellschaften mit beschränkter Haftung, eingetragene Genossenschaften. Handelsgeschäft, 126 Seiten. 1924. (Sammlung Göschen Bd. 458.) . . . . Geb. RM. 1.62

Hein, Joh., **Die Zusammenhänge zwischen Steuerrecht und Handelsrecht und ihre Entwicklung,** untersucht an dem Gewinn und an der Bewertung. Eine bilanzrechtliche und bilanzkritische Darstellung mit praktischen Beispielen. Groß-Oktav. X, 280 Seiten. 1928. RM. 10.—, geb. RM. 12.—

„Das Buch führt in klarer Gestaltung in die Probleme des Bilanzrechts ein. Eine übersichtliche Gliederung ermöglicht eine schnelle und doch gründliche Einführung. Darüber hinaus stellt das Buch eine wesentliche Förderung für die dringend notwendige wissenschaftliche Behandlung des Steuerbilanzrechts und seiner Zusammenhänge mit den verwandten Rechtsmaterien dar."
Zeitschrift für Handelsrecht 1928 Bd. 93 Nr. 1/2.

Die Vierte Notverordnung. (Vierte Notverordnung des Reichspräsidenten zur Sicherung von Wirtschaft und Finanzen und zum Schutze des inneren Friedens. Vom 8. XII. 1931.) Erläuterte Textausgabe mit Durchführungsverordnungen. Taschenformat. XVI, 364 Seiten. 1932. Mit Nachträgen enthaltend die Änderungen bis April 1932. (Guttentagsche Sammlung Dtsch. Reichsgesetze, Bd. 180.). . . Geb. RM. 5.40

Staubs Kommentar zum Handelsgesetzbuch. Vierzehnte Auflage. Bearbeitet von Albert Pinner, Felix Bondi, Wilhelm Gadow, Eduard Heinichen. Vier Bände. Lexikon-Oktav. 1932/33. In Halbleder RM. 140.—

„Alles in allem genommen haben die Bearbeiter der Neuauflage es verstanden, das berühmte Werk auf der ragenden Höhe zu halten, auf die es sein genialer Erstherausgeber gestellt hat. In schwierigen Zweifelsfragen wird der Praktiker niemals ohne Erfolg nach seinem 'Staub' greifen." Deutsche Richterzeitung Nr. 2, 1933.

v. Gierke, Jul., **Handelsgesetzbuch** nebst Wechselordnung und Scheckgesetz. Mit systematischen Paragraphenüberschriften und ausführlichem Sachregister. Oktav. VIII, 295 Seiten. 1931. (Lehrausgaben Deutscher Gesetze, Bd. IV.) . . . . Geb. RM. 5.—

Nicht nur dem Lernenden, auch dem Kaufmann, der ohne ermüdende Durcharbeitung des ganzen Gesetzwerkes seine wesentlichen Bestimmungen schnell und sicher kennenlernen und von Fall zu Fall nachlesen will, wird diese Lehrausgabe willkommen sein.

Mosse, Albert, und **Heymann,** Ernst, **Handelsgesetzbuch** (ohne Seerecht). Mit den ergänzenden Vorschriften des Bürgerlichen Gesetzbuchs und einem Anhang, enthaltend das Einführungsgesetz, das Depotgesetz, die Bestimmungen über Börsentermin- und Differenzgeschäfte u. a. Nebst Erläuterungen. Im Anschluß an die Textausgabe von F. Litthauer. Achtzehnte Auflage. (Guttentagsche Sammlung Deutscher Reichsgesetze Bd. 4.) . . . . Erscheint im Herbst 1933.

„Der suchende Geschäftsmann und Jurist findet hier alles, was er in Handelsrechtsachen braucht. Diese Kommentierung ist in Wirklichkeit eine Fundgrube — das Gebotene ist vollkommen und vermöge der Autorität der Bearbeitung ganz zuverlässig."
Ztsch. f. Aktiengesellschaften Nr. 3—4, 1927.

Handelsgesetzbuch nebst Einführungsgesetz vom 10. Mai 1897, unter Berücksichtigung der bis 15. Juni 1930 ergangenen Novellen. Textausgabe mit Sachregister. Zwölfte Auflage. 370 Seiten. 1930. (Guttentagsche Sammlung von Textausgaben ohne Anmerkungen mit Sachregister.) . . . . Geb. RM. 3.15
Diese Ausgabe wurde durch einen Nachtrag ergänzt.

Baum, G., **Das vertragliche Wettbewerbsverbot** (Konkurrenzklausel). Nebst Kommentar zum Gesetze vom 10. Juni 1914. Taschenformat. XII, 231 Seiten. 1914. (Guttentagsche Sammlung Deutscher Reichsgesetze Bd. 115.) . . . . Geb. RM. 2.70

Gesellschaften

Brodmann, Erich, **Aktienrecht.** Kommentar. Groß-Oktav. XII, 580 Seiten. 1928. (Gewerbe- und Industrie-Kommentar Bd. IV.)
RM. 28.—, geb. RM. 30.—

„Mit unvergleichlichem Geschick hat der Verfasser Großartiges geleistet — Brodmann ist Trumpf!"
Zeitschrift für Aktiengesellschaften Nr. 9/10, 1928.

Brodmann, Erich, **Die Sanierung unseres Aktienwesens.** Groß-Oktav. 46 Seiten. 1931 . . . . RM. 3.—

Pinner, Albert, **Aktiennovelle und Bankenaufsicht.** Verordnung vom 19. 9. 1931. Textausgabe mit Einführung in die Aktiennovelle. Taschenformat. 101 Seiten. 1931. (Guttentagsche Sammlung Deutscher Reichsgesetze Bd. 179.) . . . . Geb. RM. 1.60

Hachenburg, Max, **Kommentar zum Gesetz, betr. die Gesellschaften mit beschränkter Haftung.** (Früher **Staub-Hachenburg.**) Fünfte Auflage unter Mitarbeit von Fritz Bing und Walter Schmidt. 2 Bände . . . . RM. 43.—, geb. RM. 47.—
I. Band: §§ 1—34. Groß-Oktav. VI, 527 Seiten. 1926.
II. Band: §§ 35—84. Groß-Oktav. II, 452 Seiten. 1927.

„Das Buch ist als Nachschlagewerk unübertrefflich. Es wird wenig Fälle geben, in denen es den Lesern nicht die gewünschte Belehrung geben wird; es wird aber auch die Grundlage bieten zur rechtlichen Beurteilung neuer Gestaltungen des stets sich ändernden Wirtschaftslebens." Deutsche Richterzeitung v. 15. II. 1927.

Brodmann, Erich, **Gesetz, betr. die Gesellschaften mit beschränkter Haftung.** Kommentar. Zweite Auflage. Groß-Oktav. VIII, 304 Seiten. 1930. (Gewerbe- und Industrie-Kommentar Bd. I.)
RM. 16.—, geb. RM. 18.—

„Die Ausführungen sind, wie man es bei diesem Autor gewohnt ist, tief durchdacht und lassen bei Bekämpfung gegenteiliger Ansichten erkennen, daß das Für und Wider an der Hand voll ausgeschöpfter Rechtsprechung und Literatur überall zu seinem Recht kommt." Leipziger Ztsch. f. dtsch. Recht v. 1. VI. 1931.

Parisius, Ludolf, und **Crüger,** Hans, **Das Reichsgesetz, betr. die Gesellschaften mit beschränkter Haftung.** Textausgabe mit Anmerkungen und Sachregister. Achtzehnte Auflage, bearbeitet von Adolf Crecelius und Fritz Citron. Taschenformat. 244 Seiten. 1929. (Guttentagsche Sammlung Deutscher Reichsgesetze Bd. 32.)
Geb. RM. 3.15

„Wer kennt nicht die altbewährte Ausgabe des GmbH.-Gesetzes von Parisius-Crüger, die in immer verbesserter und erweiterter Auflage der Juristen- und Geschäftswelt nützt? Nicht wenige ziehen diese Ausgabe einer größeren Kommentierung dieses Gesetzes vor, wenn der tägliche Gebrauch in Frage steht. Und das mit Recht."
Ztsch. f. Aktiengesellschaft Nr. 3, März 1929.

Starke, Arthur, **Offene Handelsgesellschaften, Kommanditgesellschaften und stille Gesellschaften** von der Errichtung bis zur Auflösung. Nebst Vertrags- und Anmeldeformularen und mit Berücksichtigung des Steuerrechts. Oktav. XIV, 167 Seiten. 1928 . . . . RM. 5.—

Eine systematische Darstellung für Studium und Praxis.

Wechselordnung und Scheckrecht

Staubs Kommentar zur Wechselordnung. Fortgesetzt von J. Stranz und M. Stranz. Zwölfte Auflage, bearbeitet von M. Stranz und Martin Stranz. Groß-Oktav. 432 Seiten. 1929. RM. 16.—, geb. RM. 18.—

„... Ein Urteil über die Güte des Werkes erübrigt sich, denn der Staubsche Kommentar ist und bleibt der Wechselkommentar." *Bankwissenschaft v. 5. VII. 1929.*

Stranz, J., und Stranz, M., Wechselordnung in der Fassung der Bekanntmachung vom 3. Juni 1908. Kommentar. Dreizehnte, der Neubearbeitung sechste Auflage. Taschenformat. 419 Seiten. 1930. (Guttentagsche Sammlung Deutscher Reichsgesetze Bd. 5.) Geb. RM. 6.30

Diese Ausgabe enthält nicht etwa nur Hinweise und kurze Erläuterungen, sondern ist ihrer ganzen Anlage nach ein verkürzter Kommentar; außer der Wechselordnung bringt sie auch die bekannten Nebengesetze: sie umfaßt also das gesamte Wechselrecht.

Wechselordnung in neuester Fassung. Taschenformat. 1933. (Guttentagsche Sammlung von Textausgaben ohne Anmerkungen.) Im Druck.

Michaelis, Richard, **Wechselrecht.** Kommentar auf der Grundlage der Deutschen Wechselordnung unter vergleichsweiser Heranziehung der hauptsächlichsten ausländischen Wechselgesetze und des künftigen einheitlichen Wechselrechts. Groß-Oktav. VIII, 553 und 29* Seiten. 1932, und Nachtrag 1933 enthaltend den Text des neuen Wechselgesetzes vom 21. Juni 1933 mit Verweisungen zu jedem Artikel auf die dazugehörigen Erläuterungen im Hauptband. (Gewerbe- und Industrie-Kommentar Bd. VI.) . . . . Geb. RM. 24.—

„... Die Herausgabe dieses Kommentars entspricht einem praktischen Bedürfnis... Es dürfte nicht zuviel gesagt sein, wenn man den Michaelisschen Kommentar als den Kommentar für die gesamte Materie des Wechselrechts bezeichnet." *Mitteilungen d. Industrie- und Handelskammer, Berlin. Nr. 14, v. 25. VII. 1932.*

Michaelis, Richard, **Scheckgesetz** mit allen einschlägigen Nebengesetzen, den ausländischen Gesetzen und dem Deutschen Postscheckgesetz mit Postscheckordnung. Kommentar. Groß-Oktav. VII, 339 Seiten. 1927. (Gewerbe- und Industrie-Kommentar Bd. II.) RM. 16.—, geb. RM. 18.—

„Zusammenfassend muß man das Werk von Michaelis als eine sehr erfreuliche Bereicherung der Schecklehre bezeichnen, als eine Arbeit, die sich würdig in die großen Kommentare der Reichsgerichtsräte einreiht." *Juristische Wochenschrift Nr. 10/11, 1927.*

Schiffahrtsrecht

Schaps, Georg, **Das deutsche Seerecht.** Kommentar zum vierten Buche des Handelsgesetzbuches (als Ergänzung zu Staub's Kommentar) nebst Erläuterungen zu den seerechtlichen Nebengesetzen. Zweite, vollständig umgearbeitete Auflage herausgegeben von Max Mittelstein † und Julius Sebba.

I. Band. (Handelsgesetzbuch: Viertes Buch.) Groß-Oktav. VIII, 1041 Seiten. 1921 . . . . RM. 25.—, geb. RM. 28.—

II. Band. (Seerechtliche Nebengesetze mit Nachtrag zur Ergänzung des I. Bandes nach dem Stand von 1929.) Bearbeitet von J. Sebba. XVI, 1108 Seiten. 1929 . . . . RM. 52.—, geb. RM. 55.—

„Mit dem vorliegenden Band ist somit „Schaps' Seerecht" auf den neuesten Stand der Gesetzgebung und Rechtsprechung gebracht.

Sebba hat es meisterhaft verstanden, den umfangreichen Stoff übersichtlich zu formen und ihn in allen seinen Einzelheiten zu zergliedern. Jeder Interessent, der nach den einschlägigen Gesetzen, Verordnungen, Bekanntmachungen usw. Umschau halten muß, wird seine Freude darüber haben, einen solchen Schatz seerechtlichen Wissens zu besitzen." Verkehrsrechtliche Rundschau Nr. 11, 1929.

Brandis, Otto, **Das deutsche Seerecht** (mit Ausschluß des Seeversicherungsrechts.) I. Allgem. Lehren: Personen und Sachen des Seerechts. 130 Seiten. 1908. II. Die einzelnen seerechtlichen Schuldverhältnisse: Verträge des Seerechts und außervertragliche Haftung. 156 Seiten. 1908. (Sammlung Göschen Bd. 386/87.) . . . . . Geb. je RM. 1.62

Sebba, I., Das öffentliche Seerecht. Taschenformat. XVII, 597 Seiten. 1932. (Guttentagsche Sammlung Deutscher Reichsgesetze Bd. 19.) Geb. RM. 11.70

Sieveking, Gustav, **Das deutsche Seeversicherungsrecht.** Kommentar zum zehnten Abschnitt des vierten Buches des Handelsgesetzbuches. Lexikon-Oktav. 218 Seiten. 1912 . . . . RM. 5.—, geb. RM. 6.80

Allgemeine Deutsche Seeversicherungs-Bedingungen. Im Jahre 1919 herausgegeben von den deutschen Seeversicherern nach Beratung mit deutschen Handelskammern und Fachverbänden unter Vorsitz der Handelskammer Hamburg. 16.—20. Tausend. 50 Seiten. 1925 . RM. 2.—

General Rules of Marine. Insurance 1919 adopted by the German Underwriters. Authorised Translation by Dr. Alfred Sieveking, larger in Hamburg. 64 Seiten. 1920 . . . . RM. 3.—

Materialien zu den Allgemeinen Deutschen Seeversicherungs-Bedingungen. Im Auftrag der vereinigten Handelskammern herausgegeben von Prof. Dr. E. Bruck. Groß-Oktav. 2 Bände. 678 Seiten. 1920 . . RM. 10.—

v. Liebig, Eugen, **Die Transportversicherung.** Teil I: Die Seeversicherung. Systematische Darstellung des Seeversicherungswesens. Groß-Oktav. VIII, 226 Seiten. 1914 . . . . RM. 5.—

Bene, F., **Der Begriff des Versicherungsfalles in der Seeversicherung.** (Hamburger Rechtsstudien, herausgegeben von Mitgliedern der Rechts- und Staatswissenschaftlichen Fakultät der Hamburgischen Universität, Heft 1.) Groß-Oktav. 75 Seiten. 1928 . . . . RM. 4.50

Elkan, H. H., **Die Bedeutung des Interesses für die Veräußerung der versicherten Sache.** (Hamburger Rechtsstudien, herausgegeben von Mitgliedern der Rechts- und Staatswissenschaftlichen Fakultät der Hamburgischen Universität, Heft 2.) Oktav. 58 Seiten. 1928 . . RM. 4.—

Makower, H., **Gesetze, betreffend die privatrechtlichen Verhältnisse der Binnenschiffahrt und der Flößerei.** Nach den Materialien erläutert. Sechste, vermehrte Auflage, bearbeitet von E. Loewe. Taschenformat. 458 Seiten. 1923. (Guttentagsche Sammlung Deutscher Reichsgesetze Bd. 36.) . . . . Geb. RM. 3.60

Sebba, Jul., **Seewasserstraßenordnung.** (Polizeiverordnung zur Regelung des Verkehrs auf den deutschen Seewasserstraßen vom 31. März 1927.) Mit Nachtrag, enthaltend die Änderungen vom 31. März 1928 und vom 20. März 1930. Taschenformat. 493 Seiten. 1928. (Guttentagsche Sammlung Deutscher Reichsgesetze Nr. 171.) . . Geb. RM. 7.65

Die vorliegende Ausgabe ist für die an dem Gesetz interessierten beiden Fachgruppen, die der Nautiker und der Juristen, von gleich großer Bedeutung. Diese Verbindung zweier Kenntnisgebiete gibt dem vorliegenden Kommentar seine besondere Note und seinen großen Wert.

Genossenschaften

Parisius, Ludolf, **Crüger,** Hans, Crecelius, Adolf, und **Citron,** Fritz, **Das Reichsgesetz, betreffend die Erwerbs- und Wirtschaftsgenossenschaften.** Kommentar zum praktischen Gebrauch für Juristen, Genossenschaften und ihre Mitglieder. Zwölfte, neubearbeitete Auflage Groß-Oktav. XVI, 605 Seiten 1932 . RM. 25.20, geb. RM. 27.—
Der große Parisius-Crüger ist nach wie vor das unentbehrliche Nachschlagewerk für jeden auf dem Gebiete des Genossenschaftsrechtes tätigen Juristen und praktischen Genossenschaftsleiters

Parisius, Ludolf, und **Crüger,** Hans, **Crecelius,** Adolf, **Das Reichsgesetz, betreffend die Erwerbs- und Wirtschaftsgenossenschaften.** Textausgabe mit Anmerkungen und Sachregister. Einundzwanzigste, neubearbeitete und erweiterte Auflage (93.—98. Tausend) von Oberverwaltungsgerichtsrat Fritz Citron. Taschenformat. 299 Seiten. 1933. (Guttentagsche Sammlung Deutscher Reichsgesetze Bd. 29.) . Geb. RM. 3.60
Die Handausgabe für den täglichen Gebrauch. Auch für die kleinste Genossenschaft unentbehrlich.

Verschiedenes

Schreiber, Otto, **Handelsrechtliche Nebengesetze.** Taschenformat. VIII, 1002 Seiten. 1926 (Guttentagsche Sammlung Deutscher Reichsgesetze Bd. 162.) . .. . Geb. RM. 12.60
„Die Sammlung ist ein unentbehrliches Hilfsmittel für den Praktiker. Die Zusammenstellung ist sehr zuverlässig; auch das Sachregister von Kleffel verdient volle Anerkennung."
Zentralblatt für Handelsrecht Nr. 5. Mai 1926

Staffel, W., Verordnung gegen Mißbrauch wirtschaftlicher Machtstellungen vom 2. November 1923. Kommentar. Oktav. 108 Seiten. 1927. (Guttentagsche Sammlung Deutscher Reichsgesetze Bd. 167.) . Geb. RM. 3.15

Lusensky, F., Gesetz über die Handelskammern. Taschenformat. (Guttentagsche Sammlung Preußischer Gesetze Bd. 21.)
Neue Auflage in Vorbereitung.

Behlert, Heinz, **Der Konnossement-Teilschein.** Groß-Oktav. 79 Seiten. 1930.
(Hamburger Rechtsstudien, Heft 5.) RM. 5.—
Die Schrift löst die Frage, ob ein Konnossement-Teilschein dem Konnossement gleichzusetzen ist, unter Zugrundelegung der Hamburger Verhältnisse und unter Berücksichtigung der Rechtsprechung, der Lehre und des ausländischen Rechtes.

Lion, Robert, **Reine Konnossemente gegen Revers.** Groß-Oktav. 78 Seiten. 1930.
(Hamburger Rechtsstudien, Heft 7.) RM. 5.—
Die Abhandlung beginnt mit einer ausführlichen Darstellung der Entwicklung, Anwendung und Funktion des Konnossementsreverses. Es folgt eine Untersuchung der rechtlichen Probleme, die sich bemüht, die wirtschaftlichen Interessen aller Beteiligten gegeneinander abzuwägen; eine eingehende Übersicht über die Rechtsprechung ist mit ihr verbunden. Den Abschluß bildet eine Darstellung und Würdigung der zahlreichen Reformvorschläge. Wirtschaft und Recht des Auslandes sind in weitestgehendem Umfange berücksichtigt.

Bank und Börse

Koch, R., und **Schacht,** Hjalmar, **Die Reichsgesetzgebung über das Münz- und Notenbankwesen.** Textausgabe mit Anmerkungen und Sachregister Siebente, völlig neubearbeitete Auflage. Taschenformat. XVIII, 617 Seiten. 1925. (Guttentagsche Sammlung Deutscher Reichsgesetze Bd. 26.) . . . . Geb. RM. 12.60

Hierzu erschien im August 1932 ein Ergänzungsband. Umfang 144 Seiten. RM. 3.—. (Guttentagsche Sammlung Deutscher Reichsgesetze Nr. 26a.)

Das Devisennotrecht in Rechtspflege und Wirtschaft. Herausgegeben von der Verwaltungs-Akademie Berlin. Groß-Oktav. 87 Seiten. 1933. RM. 2.—

Inhalt: Die Einwirkung des Devisennotrechts auf Zivilprozeß und Zwangsvollstreckung. — Die Einwirkung des Devisennotrechts auf das Grundbuch- und Notariatsrecht. — Die Auswirkungen der Praxis der Devisenbewirtschaftungsstellen in Fragen des Devisennotrechts auf die Wirtschaft.

Schultze, Fritz, **Devisennotrecht.** Textausgabe mit Einleitung, Verweisungen und Sachregister sowie Literaturverzeichnis und systematischer Übersicht über die einschlägige Rechtsprechung. Taschenformat. XXX, 181 Seiten. 1932. (Guttentagsche Sammlung Deutscher Reichsgesetze Nr. 182.) . . . . Geb. RM. 5.40

Göppert-Seydel, Hypothekenbankgesetz vom 13. Juli 1899 (mit den Änderungen durch die Gesetze vom 14. Juli 1923, vom 26. Januar 1926 und 21. Dezember 1927). Textausgabe mit Einleitung, Anmerkungen und Sachregister. Dritte Auflage bearbeitet von Dr. **Martin Friedlaender.** Taschenformat. VIII, 202 Seiten. 1929. (Guttentagsche Sammlung Deutscher Reichsgesetze Nr. 51.) . . . . Geb. RM. 4.50

„. . . . In seiner neuen Gestalt ist der Kommentar eine vollständige, bis ins einzelne gehende, auf den neuesten Stand geführte Bearbeitung und Erläuterung des Gesetzes, die über alle einschlägigen Fragen erschöpfende Auskunft gibt."

Berliner Tageblatt v. 8. XII. 1929.

Nußbaum, Arthur, **Bank- und Börsenrecht.** Eine Sammlung von Gesetzen und Geschäftsbedingungen. Taschenformat. XII, 622 Seiten. 1927. (Guttentagsche Sammlung Deutscher Reichsgesetze Bd. 169) Geb. RM. 9.90

Die vorliegende Sammlung der verstreuten bank- und börsenrechtlichen Vorschriften fehlte bisher in der kaufmännischen und juristischen Bankpraxis ebenso wie im handelsrechtlichen und betriebswirtschaftlichen Unterricht. Ihr Erscheinen wurde daher vielseitig begrüßt. Die Sammlung berücksichtigt auch die dem freien Verkehr entstammenden Rechtsbildungen.

Kommentar zum Börsengesetz. Im Auftrage des Centralverbandes des Deutschen Bank- und Bankiergewerbes (E. V.) bearbeitet von H. Rehm, H. Trumpler, Heinrich Dove, Ernst Neukamp, R. Schmidt-Ernsthausen, James Breit. Mit einem Vorwort von J. Rießer. Lexikon-Oktav. VIII, 464 Seiten. 1909. RM. 12.—, geb. RM. 13.50

Hemptenmacher, Th., **Börsengesetz.** Dritte Auflage von O. Meyer. Taschenformat. XXIII, 373 Seiten. 1915. (Guttentagsche Sammlung Deutscher Reichsgesetze Bd. 41.) . . . . Geb. RM. 3.15

Lusensky, F., **Gesetz, betreffend die Pflichten der Kaufleute bei Aufbewahrung fremder Wertpapiere (Depotgesetz).** Neue Auflage in Bearbeitung. (Guttentagsche Sammlung Deutscher Reichsgesetze Bd. 40.)

Frohner, G., **Aktiensonderdepot und Legitimationsübertragung.** (Hamburger Rechtsstudien, herausgegeben von Mitgliedern der Rechts- und Staatswissenschaftlichen Fakultät der Hamburgischen Universität, Heft 3.) Groß-Oktav. VII, 114 Seiten. 1929 . . . . RM. 7.—

Schwerin, Frh. Cl. von, **Recht der Wertpapiere** (einschließlich Wechsel- und Scheckverkehr). Oktav. X, 234 Seiten. 1924. (Lehrbücher und Grundrisse der Rechtswissenschaft Bd. 7.) RM. 6.30, geb. RM. 7.65

„Das Buch löst seine Aufgabe, den Studierenden eine Einführung in die Materie des Wertpapierrechts zu geben, ausgezeichnet, vor allem deshalb, weil es eine gute theoretische Fundierung mit einer dem Lehrzweck entsprechenden Darstellung des praktischen Rechts und der Rechtstatsachen verbindet."

Deutsche Juristenzeitung Nr. 4, 1925.

Verhandlungen des VII. allgemeinen deutschen Bankiertages. Köln 9.—11. September 1928 auf Grund stenographischer Berichte. Groß-Oktav. 436 Seiten. 1928 . . . . RM. 10.—

III. Grenzgebiete des Bürgerlichen Rechts

1. Privat- und Sozialversicherung

Koenige, Heinrich, und **Petersen,** A., **Gesetz über die privaten Versicherungsunternehmungen** vom 12. Mai 1901. Textausgabe mit Anmerkungen und Sachregister. Dritte, umgearbeitete Auflage. Taschenformat. 856 Seiten. 1927. (Guttentagsche Sammlung Deutscher Reichsgesetze Bd. 62.) . . . . Geb. RM. 18.—

Ein für Theorie und Praxis der Privatversicherung unentbehrliches Hilfsmittel.

Ergänzt durch:

Koenige, Heinrich, **Petersen,** A. und **Wirth,** K., **Gesetz über die Beaufsichtigung der privaten Versicherungsunternehmungen und Bausparkassen** vom 6. Juni 1931. Textausgabe, enthaltend den vollständigen, geltenden Gesetzestext sowie Erläuterungen zu den neuen, auf dem Gesetz vom 30. März 1931 beruhenden Vorschriften. Nachtrag zu Koenige-Petersen, Private Versicherungsunternehmungen, dritte Auflage (Bd. 62 der Sammlung). Taschenformat. 238 Seiten. 1931. (Guttentagsche Sammlung Deutscher Reichsgesetze Bd. 62a.) . . . . Geb. RM. 5.40

Die vorliegende Ausgabe enthält den vollständigen Gesetzestext, nicht nur die geänderten und zugefügten Paragraphen. Sie erläutert jedoch nur die in der Neuschöpfung des Gesetzes geänderten Bestimmungen, während hinsichtlich der unverändert gebliebenen gesetzlichen Vorschriften auf den Kommentar von Koenige-Petersen verwiesen wird.

Bruck, E., **Reichsgesetz über den Versicherungsvertrag** nebst dem zugehörigen **Einführungsgesetz** vom 30. Mai 1908. Siebente, neubearbeitete **Auflage.** Taschenformat. 576 Seiten. 1932. (Guttentagsche Sammlung Deutscher Reichsgesetze Bd. 83.) Geb. RM. 12.60

„Der vormals Hager-Brucksche Kommentar ist seit langem der führende Kommentar und wird sich in der Neufassung weiter steigender Beliebtheit erfreuen."

Deutsche Richterzeitung Nr. 11, v. 15. XI. 1930.

Moldenhauer, Paul, **Das Versicherungswesen.**

I. Allgemeine Versicherungslehre. Vierte Auflage. 152 Seiten. 1925. (Sammlung Göschen Bd. 262.) . . . . Geb. RM. 1.62

II. Die einzelnen Versicherungszweige. Zweite Auflage. 130 Seiten. 1923. (Sammlung Göschen Bd. 636.) . . . . Geb. RM. 1.62

„Das Buch ist für jeden, der sich mit dem Versicherungswesen und seinen Zweigen vertraut machen will, ein trefflicher Führer."

Versicherungspost.

Die Entwicklung des privaten Versicherungswesens in dem Jahrfünft 1902—1906. Groß-Oktav. 53 Seiten. Mit 3 Tafeln. 1909. RM. 2.—

— **in dem Jahrfünft 1907—1911.** Groß-Oktav. 61 Seiten. 1912. RM. 2.50

Veröffentlichungen des Reichs-Aufsichtsamts für Privatversicherung. Groß-Oktav. 30. Jahrgang. 1931. 1932 . . . . RM. 25.50
31. Jahrgang. 1932. Nr. 1 bis 4. 1932 . . . . RM. 25.25
32. Jahrgang. 1933. 1. Heft. 1933 . . . . RM. 2.75
2. Heft. 1933 . . . . RM. 4.50
3. Heft. 1933 . . . . RM. 12.—

Gesamtregister zu den Veröffentlichungen des Reichs-Aufsichtsamts für Privatversicherung. 1912—26. 184 Seiten. 1928 . . . . . RM. 14.—

Versicherungsstatistik für 1902 über die unter Reichsaufsicht stehenden Unternehmungen. Herausgegeben vom Reichsaufsichtsamt für Privatversicherung. Lexikon-Oktav. LXXVII, 384 Seiten. 1905. RM. 10.—
— für 1902 bis 1917 . . . . Je Jahrgang RM. 10.—
— für 1928 bis 1929. 1930 . . . . RM. 24.—
— für 1930. 1931 . . . . RM. 13.—

v. Liebig, Eugen, **Das deutsche Feuerversicherungswesen.** Groß-Oktav. 211 Seiten. 1911 . . . . RM. 5.—

Weygand, J., **Die Grundzüge der Kundenversicherung.** (Generalversicherung der Speditions- und Lagergüter.) Mit einer Einleitung über das Interesse als Element der Sachversicherung. Groß-Oktav. 162 Seiten. 1914 . . . . RM. 4.—

Das interessante Werk bietet namentlich für Juristen wertvolle Hinweise zur Rechtsbehandlung der Kundenversicherungsfrage.
Archiv für Gewerbepolitik und Volkswirtschaft.

Berliner, Ludwig, und **Pfaffenberger,** Ernst, **Aufwertung von Versicherungsansprüchen** mit Durchführungsbestimmungen.
I. Teil. Oktav. 235 Seiten. 1926. Mit Nachtrag. (Guttentagsche Sammlung Deutscher Reichsgesetze Bd. 164.) . . . . . Geb. RM. 5.85
II. Teil: Sach- und Transportversicherung; Unfall- und Haftpflichtversicherung. Oktav. 112 Seiten. 1926. (Guttentagsche Sammlung Deutscher Reichsgesetze Bd. 164a.) . . . . Geb. RM. 3.15

Haymann, Franz, **Leistung und Gegenleistung im Versicherungsvertrag.** Eine Grundfrage des Privatversicherungsrechts. Oktav. 104 Seiten. 1932 . . . . RM. 6.—

Aus dem Inhalt: Leistung und Gegenleistung. Die Leistung des Versicherers. Die Anwendung der Regeln über den gegenseitigen Vertrag auf das Versicherungsgeschäft. Der Einfluß des Rücktritts und der Anfechtung auf die Prämienleistung. Leistung und Gegenleistung der Parteien im Konkurs- und Vergleichsverfahren zur Abwendung des Konkurses.

Tsirintanis, Alexander, **Die Order-Polize.** Groß-Oktav. 95 Seiten. 1930. (Hamburger Rechtsstudien, Heft 6.) RM. 6.—

Lippmann, Karl, **Die Reichsversicherungsordnung** nebst dem Einführungsgesetze, den wichtigsten Ausführungsvorschriften, den ergänzenden Gesetzen und Verordnungen sowie den Verordnungen über das Verfahren. **Nach dem Stande vom 8. Dezember 1931.** Textausgabe mit Anmerkungen, Einleitung (Übersicht über den Inhalt der Reichsversicherungsordnung) und Sachregister. Taschenformat. XVI, 767 Seiten. 1932. (Guttentagsche Sammlung Deutscher Reichsgesetze, Bd. 161.) . . . . Geb. RM. 16.20
Die Ausgabe wird durch Nachträge auf dem laufenden gehalten.

„Einer ziemlich eingehenden Übersicht über den Inhalt der Reichsversicherungsordnung folgt der Text in der jetzt gültigen Fassung.

Ein gründlich bearbeitetes Sachregister erleichtert die Brauchbarkeit des Buches in der täglichen Praxis. Gleich ihrer Vorgängerin kann auch diese Auflage nur wärmstens empfohlen werden.“
Deutsche Invaliden-Versicherung Nr. 3, 1932.

Reuß, Max, und **Hense,** Fritz. **Das Reichsknappschaftsgesetz** vom 1. Juli 1926 nebst Einführungsgesetz. 2. Aufl. Taschenformat. XVI, 640 Seiten. 1926. (Guttentagsche Sammlung Deutscher Reichsgesetze Bd. 155.) Mit Nachtrag 1931. . . . . Geb. RM. 10.80

Embden, Helmuth, **Versicherung für Rechnung wen es angeht.** Groß-Oktav. VIII, 39 Seiten. 1930 . . . . RM. 3.—
(Hamburger Rechtsstudien, Heft 8.)

Im ersten Teil wird der versicherungsrechtliche Interessenbegriff im streng individualistischen Sinne präzisiert. Im Hauptteil versucht dann der Verfasser, die universelle Vertragsform der Versicherung für Rechnung wen es angeht in Einklang mit einer so engen Auffassung des Interessenbegriffs zu bringen.

Angestelltenversicherungsgesetz vom 28. Mai 1924. **Zweite Auflage.** Taschenformat. 143 Seiten. 1927. Mit Nachtrag. (Guttentagsche Sammlung Deutscher Reichsgesetze. Textausgaben ohne Anmerkungen.) Geb. RM. 2.25

Manes, Alfred, **Sozialversicherung.** 7., ergänzte Aufl. 1928. Kl.-Oktav. 139 Seiten. (Sammlung Göschen Bd. 267.) . . . . Geb. RM. 1.62

„Es gibt keine andere Darstellung der geltenden Sozialversicherung, die in solch erfreulicher Kürze und Sachlichkeit durch die annähernd 2400 Paragraphen führt.“
Hanseatische Rechts- und Gerichts-Zeitschrift.

Schmeißer, Herbert, **Das Gesetz über Arbeitsvermittlung und Arbeitslosenversicherung** in der Fassung der Notverordnung vom 1. Dezember 1930. 2 Bände. Taschenformat. Band I: XVI, 639 Seiten. 1931 Geb. RM. 13.50
Band II. 792 Seiten. 1932. Geb. RM. 20.—. (Guttentagsche Sammlung Deutscher Reichsgesetze Bd. 165/165 a.)

Der Kommentar enthält das gesamte einschlägige Gesetzes- und Rechtsmaterial bis in die neueste Zeit. Er wird für die Rechtsanwendung auf diesem Gebiete unentbehrlich sein und ist durch die neue Einführung der Lose-Blatt-Form vor dem Veralten geschützt.

2. Arbeitsrecht

Depène, Hans, **Rohlfing,** Theodor, **Heinitz,** Ernst, **Arbeitsgerichtsgesetz. Kommentar.** Zweite, völlig neubearbeitete Auflage. Taschenformat. 884 Seiten. 1932. (Guttentagsche Sammlung Deutscher Reichsgesetze Bd. 168.) . . . . Geb. RM. 15.—

„. . . Das Buch ist ein zuverlässiger Führer durch das weite und unübersichtliche Gebiet der arbeitszeitrechtlichen Gesetzgebung.“
Württemberg Ztschr. f. Rechtspflege, April 1928.

Arbeitsrechtliche Spruchsammlung. Beilage zum Deutschen Handwerksblatt. Herausgegeben von Amtsgerichtsrat Dr. Theodor Rohlfing, hauptamtlicher Vorsitzender beim Arbeitsgericht Berlin.
Pro Quartal RM. 0.90

Die Sammlung berichtet fortlaufend über die obergerichtliche Rechtsprechung auf dem Gebiete des Arbeitsrechts. Sie bildet eine wertvolle Ergänzung der amtlichen Sammlung.

Günther, Adolf, und **Schneider**, Richard, **Arbeiterschutz und Arbeitsrecht.** Zweite Auflage. Taschenformat.

I. Teil: **Arbeitszeitschutz.** Das Arbeitszeitnotgesetz und die übrige arbeitszeitrechtliche Gesetzgebung des Reichs seit dem 9. November 1918. 386 Seiten. 1927 . . . . Geb. RM. 6.75

„. . . Doch nicht nur ein praktisches Buch. Unter reichster Benutzung der Rspr. und des Schrifttums wird ein Überblick über den gegenwärtigen Stand der Wissenschaft gegeben. Mit erfreulicher Eindringlichkeit gehen die Verfasser den Problemen nach, in strenger, wissenschaftlicher Sachlichkeit setzen sie sich mit ihnen auseinander, anregend und belehrend. Das Buch verdient die Aufmerksamkeit aller am Arbeitsrecht Beteiligten.“

Juristische Wochenschrift Nr. 47, 1932.

II. Teil: Gesetz über die **Beschäftigung Schwerbeschädigter** nebst den einschlägigen gesetzlichen Bestimmungen. 404 Seiten. 1928. (Guttentagsche Sammlung Deutscher Reichsgesetze Bd. 138a/138c.)

Geb. RM. 7.20

„Das Buch stellt nicht nur beim Studium des Gesetzes ein wertvolles Hilfsmittel dar, sondern ist auch für den Handgebrauch des Arbeitsrechtspraktikers unentbehrlich.“

Berliner Wohlfahrtsblatt v. 9. XII. 1928.

IV. Teil: **Betriebsstillegungsverordnung.** 240 Seiten. 1929. (Guttentagsche Sammlung Deutscher Reichsgesetze. Bd. 138 d.) Geb. RM. 5.85

„Die Guttentagsche Sammlung ist durch das Buch um ein neues zuverlässiges Hilfsmittel für die Gesetzanwendung bereichert.“

Reichsarbeitsblatt Nr. 30, 1929

Warneyer, Otto, **Betriebsrätegesetz** vom 4. Februar 1920 nebst der Wahlordnung zum Betriebsrätegesetz, dem Aufsichtsratsgesetz samt Wahlordnung und den Ausführungsverordnungen des Reichs und der Länder Auf der Grundlage der Güntherschen Textausgabe mit Anmerkungen erläutert unter besonderer Berücksichtigung der Rechtsprechung des Reichsgerichts und des Reichsarbeitsgerichts. Zweite Auflage Taschenformat 235 Seiten. 1931 (Guttentagsche Sammlung Deutscher Reichsgesetze Bd. 138 b.) . . . . . . Geb. RM. 4.50

Diese Handausgabe ist ihrer Anlage nach ein verkürzter Kommentar, der die Entwicklung des Gesetzes, der Rechtsprechung — vor allem des Reichsarbeitsgerichts! — und der einschlägigen Literatur bis Ende 1930 berücksichtigt.

Tilly, Dr Helmuth Tczerclas von, **Internationales Arbeitsrecht.** Unter besonderer Berücksichtigung der Internationalen Arbeitsorganisation. 120 Seiten. 1924. (Sammlung Göschen Bd. 882.) . . . . Geb. RM. 1.62

Es ist das erste Werk, das in klarer, kurzer und allen leicht verständlicher Weise das gesamte grundlegende Tatsachenmaterial — und zwar nur dieses — auf dem umfassenden Gebiete des internationalen Arbeiterschutzes von dessen ersten Anfängen bis in die neueste Zeit bietet

v. **Ungern-Sternberg, Die Auflösung und Fusion von Berufsvereinen** und ihre arbeitsrechtliche Bedeutung. Oktav. IV, 52 Seiten. 1931.

RM. 3.50

Für laufende Tarifverträge ebenso wie für Schlichtungsverfahren haben Auflösung und Fusion von Gewerkschaften bzw. Arbeitgeberverbänden erhebliche Bedeutung. Deshalb lohnt eine zusammenfassende Durchforschung und Darstellung der Materie wohl. An Hand von Literatur und Rechtsprechung werden alle Zweifelsfragen hier geklärt. Die Schrift bringt den Beteiligten wertvolle Unterlagen für die Praxis.

3. Gewerberecht

Hiller, Fr., und **Luppe,** H., **Gewerbeordnung für das Deutsche Reich nebst Kinderschutzgesetz und Hausarbeitsgesetz** sowie den für das Reich und Preußen erlassenen Ausführungsbestimmungen. Einundzwanzigste, veränderte Auflage. (143. bis 148. Tausend.) Taschenformat. 931 Seiten. 1928. Mit Nachtrag vom 11. 2. 1929. (Guttentagsche Sammlung Deutscher Reichsgesetze Bd. 6.) . . . . Geb. RM. 9.90

„Ein Wort der Empfehlung für dieses Buch zu sagen, erübrigt sich. Hervorgehoben sei, daß diese Auflage alle Vorzüge der früheren Auflagen in sich schließt. Die zahlreichen neuen Gesetze sind erschöpfend berücksichtigt." *Zeitschrift des Deutschen Notarvereins.*

Gewerbeordnung für das Deutsche Reich nebst **Gaststättengesetz, Kinderschutzgesetz und Hausarbeitsgesetz.** Textausgabe mit Einleitung und Sachregister. Taschenformat. IV, 200 Seiten. 1932. (Guttentagsche Sammlung von Textausgaben ohne Anmerkungen mit Sachregister.) . . . . Geb. RM. 3.—

Brassert, H., **Allgemeines Berggesetz** für die preußischen Staaten mit Kommentar. Zweite Auflage, bearbeitet von Hans Gottschalk. Groß-Oktav. XXIX, 1291 Seiten. 1914. RM. 27.—, geb. RM. 30.—

Sonnenfeld, Hugo, **Die reichsrechtlichen Bestimmungen, betreffend den Handel mit Drogen und Giften.** Dritte, veränderte Auflage. Taschenformat. 435 Seiten. 1926. (Guttentagsche Sammlung Deutscher Reichsgesetze Bd. 64.) . . . . Geb. RM. 10.80

Friedrichs, Karl, **Gaststättengesetz** vom 28. April 1930 mit den Durchführungs- und Ausführungsverordnungen des Reichs und Preußens. Taschenformat. VIII, 144 Seiten. 1930. (Guttentagsche Sammlung Deutscher Reichsgesetze Bd. 176.) . . . . RM. 3.15

Lebbin, Georg, **Nahrungsmittelgesetze** mit Erläuterungen. **Zweite, stark** vermehrte Auflage in zwei Bänden.
I. **Band: Das Lebensmittelgesetz vom 5. Juli 1927 mit Nebengesetzen (Margarine, Fleisch, Milch, Süßstoff, Essigsäure usw.).** Erläutert von G. Lebbin und R. Gießner. Taschenformat. XVI. 419 Seiten. 1928. (Guttentagsche Sammlung Deutscher Reichsgesetze Bd. 54a.) Geb. RM. 7.65
II. **Band:** Getränkegesetze und Getränkesteuergesetze (Wein, Bier, Branntwein, Mineralwasser). Unter Mitarbeit von Rechtsanwalt Dr. Kniebe. Taschenformat. XII, 400 Seiten. 1926. (Guttentagsche Sammlung Deutscher Reichsgesetze Bd. 54b.) . . . . Geb. RM. 9.—

Voß, Werner, **Die reichs- und landesrechtlichen Bestimmungen auf dem Gebiete des Gesundheitswesens.** Taschenformat. 608 Seiten. 1929. (Guttentagsche Sammlung Deutscher Reichsgesetze Bd. 172.) Geb. RM. 9.90

„Das Buch wird seiner Aufgabe, fast den gesamten Gesetzesstoff in einem einzigen kleinen Bande in die Hand zu geben, gewiß gerecht und wird sich schnell als unentbehrliches Hilfsmittel für jeden erweisen, der öfter mit dem Gesundheitswesen zu tun hat." *Reichsverwaltungsblatt Nr. 23, v. 8. VI. 1929.*

4. Geistig-gewerblicher Rechtsschutz.

Elster, Alexander, **Urheber- und Erfinder-, Warenzeichen- und Wettbewerbsrecht.** (Gewerblicher Rechtsschutz.) **Zweite, stark erweiterte** und völlig umgearbeitete Auflage. Mit Abdruck der Gesetzestexte. Oktav. XII, 611 Seiten. 1928. Mit Nachtrag 1931. (Lehrbücher und Grundrisse der Rechtswissenschaft Bd. VIII.) RM. 16.20, geb. RM. 17.50

„Seit Kohler und Osterrieth endlich wieder das lang entbehrte Lehrbuch. Hier unternimmt ein wahrhaft selbständiger und ideenreicher Kopf den Versuch, eine wirkliche Synthese zu schaffen."
Juristische Rundschau Nr 1, v. 1. I 1929.

Neuberg, J., **Der internationale gewerbliche Rechtsschutz**. 2. Auflage. 128 Seiten. 1923. (Sammlung Göschen Bd. 271.) . . . . Geb. RM. 1.62

Daude, Paul, **Die Reichsgesetze über das Urheberrecht an Werken der Literatur und der Tonkunst und das Verlagsrecht** vom 19. Juni 1901 in der Fassung des Gesetzes vom 22. Mai 1910 zur Ausführung der revidierten Berner Übereinkunft. Oktav. VIII, 293 Seiten. 1910. RM. 6.—

Lindemann, O., **Gesetz, betr. das Urheberrecht** an Werken der Literatur und der Tonkunst. Vierte Auflage. Taschenformat. 171 Seiten. 1921. (Guttentagsche Sammlung Deutscher Reichsgesetze Bd. 60.) Geb. RM. 1.60

Fuld, Ludwig, **Gesetz, betr. das Urheberrecht an Werken der bildenden Künste und der Photographie.** Zweite Auflage. Taschenformat. 192 Seiten. 1925. (Guttentagsche Sammlung Deutscher Reichsgesetze Bd. 81.) . . . . Geb. RM. 5.40

Andritzky, Christoph, **Die Rechtsstellung des Drehbuchautors.** Oktav. XI, 80 Seiten. 1931 . . . . RM. 3.50

Andritzky äußert sich zu den Streitfragen um die Urheberschaft am Film. Er trennt scharf zwischen künstlerischer Leistung und künstlerisch-urheberischer Schöpfung und kommt zu der These: Der Filmurheber ist der Urheber des kurbelfertigen Drehbuches — Die Verhältnisse beim Tonfilm sind, soweit dies möglich erschien, berücksichtigt.

Reininger, G., **Der Schutz des Urheberrechts im deutschen Rundfunk.** Oktav 88 Seiten. 1929 . . . . RM. 4.—

„Eine interessante, zeitgemäße, namentlich auch für geistige Neuschöpfer wichtige Studie." *Badische Rechtspraxis Nr 3, 1929*

Giesecke, Hans, **Die juristischen Probleme des Bildfunks.** Oktav 90 Seiten. 1932 . . . . RM 3.60

Die interessanten urheberrechtlichen Fragen, die mit der neuen technischen Errungenschaft eines „Bildfunks" zusammenhängen und teilweise schon jetzt, insbesondere aber für die Zukunft sehr aktuell sind, werden in dieser Arbeit nach allen Seiten hin sorgfältig untersucht.

Heinitz, Ernst, und **Marwitz**, Bruno, **Das Reichsgesetz über das Verlagsrecht.** Textausgabe mit Einleitung, Anmerkungen und Sachregister Dritte Auflage Taschenformat. 136 Seiten. 1922. (Guttentagsche Sammlung Deutscher Reichsgesetze Bd. 61.) . . . . Geb. RM. 1.45

Elster, A., **Das deutsche Urheber- und Verlagsrecht.** 128 Seiten. 1923. (Sammlung Göschen Bd. 863.) . . . . Geb. RM. 1.62

„Erstaunlich ist, wie Elster diese beiden so viel umstrittenen Gesetze auf so engem Raum in vortrefflicher Weise zur Darstellung gebracht hat " *Deutscher Journalistenspiegel Nr 17, v 5 VI 1927*

Heymann, E., **Die zeitliche Begrenzung des Urheberrechts.** Oktav 74 Seiten. 1927 (Sitzungsberichte der Preußischen Akademie der Wissenschaften zu Berlin.) . . . . RM. 5.—

Pietzcker, Eduard, **Patentgesetz und Gebrauchsmusterschutzgesetz.** Kommentar unter Berücksichtigung der vorgeschlagenen und weiter beantragten Abänderungen des Patentgesetzes. Erster Halbband:

§§ 1—12 PatG. Groß-Oktav. 427 Seiten. 1929. (Gewerbe- und Industrie-Kommentar Bd. V, 1.) Der zweite, das Werk abschließende Band, wird 1933 erscheinen . . . . RM. 26.—, geb. RM. 28.—

„Die überall zutage tretende geistige Leistung macht Pietzckers Kommentar für jeden, der sich mit diesem Rechtsgebiet zu beschäftigen hat, zum unentbehrlichen Rüstzeug."
Markenschutz und Wettbewerb Nr. 4, April 1929.

Seligsohn, Arnold, **Patentgesetz und Gesetz, betr. den Schutz von Gebrauchsmustern.** Siebente Auflage Groß-Oktav VIII, 622 Seiten 1932 . . . . RM. 22.50, geb. RM. 24.30

Der Patentkommentar von Seligsohn ist seit seiner ersten Auflage als ein führendes Werk dieses schwierigen und wichtigen Rechtsgebietes bekannt.

Lutter, R., **Patentgesetz.** Nebst Ausführungsbestimmungen, völkerrechtlichen Verträgen und Patentanwaltsgesetz, unter eingehender Berücksichtigung der Rechtsprechung des Reichsgerichts und der Praxis des Reichspatentamts. Neunte Auflage. Taschenformat. XV, 467 Seiten. 1928. (Guttentagsche Sammlung Deutscher Reichsgesetze Bd. 22.) Geb. RM. 9 —

„Jedem, der eines kurzgefaßten zuverlässigen Kommentars für den Augenblicksgebrauch bedarf, sei diese vorzügliche Taschenausgabe des Patentgesetzes von Lutter dringend empfohlen Jede neue Ausgabe verbessert das Buch. Es ist nicht leicht, kurz zu kommentieren Möge dieses Buch, das bei aller Knappheit stets in Fühlung mit der Entwicklung des Rechtsgebiets bleibt, sich seine Kürze erhalten." *Markenschutz und Wettbewerb Nr 14, November 1928*

Elster, A., **Das deutsche Erfinderrecht.** (Patent- und Musterschutzrecht). 118 Seiten. 1924. (Sammlung Göschen Bd. 891.) . . Geb. RM. 1.62

Seligsohn, Jul., **Geheimnis und Erfindungsbesitz.** Groß-Oktav. 147 Seiten. 1921 . . . . RM. 3.—

Elster, A., **Gesetz gegen den unlauteren Wettbewerb** vom 7 Juni 1909. In der Fassung vom 9. März 1932. Kurzer Kommentar für Praxis und Studium. Neunte, durchgearbeitete und wesentlich ergänzte Auflage der erläuterten Textausgabe von Justizrat Dr Albert Pinner und Dr. Alexander Elster. Taschenformat. 392 Seiten. 1932. (Guttentagsche Sammlung Deutscher Reichsgesetze Bd. 37) Geb. RM. 6.75

„Der Umfang der erläuterten Textausgabe ist wieder sehr gestiegen, so daß sie nun mit Recht die Bezeichnung kurzer Kommentar führt Obwohl für die Praxis bestimmt und im wesentlichen auf den Ergebnissen der Rechtsprechung fußend, zeigt das Werk — besonders in der Einleitung, aber auch in den einzelnen Ausführungen — die grundsätzliche Einstellung des Verfassers zu der Rechtsnatur des Wettbewerbsrechts. Für das Studium sowie als erstes Nachschlagewerk für die Praxis ist das Werk hervorragend geeignet"
Juristische Wochenschrift Nr 18, v 26. VI 1932

Elster, A., **Gesetz über das Zugabewesen** vom 12. V 1933. Ergänzung zu Elster, Unlauterer Wettbewerb, und Elster, Zugaben-Verordnung. 1933 . . . . RM. 0.20

Elster, A., Zugaben-Verordnung. (Erster Teil der Verordnung des Reichspräsidenten zum Schutze der Wirtschaft vom 9. März 1932.) Taschenformat. 80 Seiten. 1932. (Guttentagsche Sammlung Deutscher Reichsgesetze Nr. 37a.) . . . . RM. 1.80

Wassermann, Martin, **Der unlautere Wettbewerb nach deutschem Recht.** I. Generalklausel, Reklameauswüchse, Ausverkaufswesen, Angestelltenbestechung. 160 Seiten. 1911. II. Kreditschädigung, Firmen- und Namenmißbrauch, Verrat von Geheimnissen, Ausländerschutz. 151 Seiten. 1911. (Sammlung Göschen Bd. 339 u. 535.) . . . . Geb. je RM. 1.62

Wolff, F., und Crisolli, K.-A., Das Recht der Reklame. Lexikon-Oktav. 424 Seiten. 1929 . . . . RM. 9.—, geb. RM. 10.—

Hagens, Alfred, Warenzeichenrecht. Kommentar. Groß-Oktav. VIII, 408 Seiten. 1927. (Gewerbe- und Industrie-Kommentar Bd. III.) RM. 22.—, geb. RM. 24.—

„Eine ausführliche Darstellung, die zeigt, daß der Verfasser das gesamte Fachschrifttum und die reichhaltige Rechtsprechung restlos beherrscht. Ich habe gefunden, daß nicht ein einziger Fall von Bedeutung fehlt." *Markenschutz und Wettbewerb Nr. 12, 1927.*

Seligsohn, Arnold, Gesetz zum Schutz der Warenbezeichnungen. Dritte Auflage, bearbeitet in Gemeinschaft mit Martin Seligsohn in Berlin. Groß-Oktav. IV, 416 Seiten. 1925. RM. 15.—, geb. RM. 16.50

Freund, G. S., Magnus, Julius, und Jüngel, Friedrich, Das deutsche Warenzeichenrecht. Sechste, neubearbeitete Auflage. Teil I: Die internationalen Verträge. Oktav. VI, 247 Seiten. Mit 4 Tafeln. 1924. (Guttentagsche Sammlung Deutscher Reichsgesetze Bd. 87a.) Geb. RM. 8.10

Das deutsche Warenzeichenrecht.
Teil II: Oktav. XV, 804 Seiten. 1933. (Guttentagsche Sammlung Deutscher Reichsgesetze Bd. 87b.) . . . . Geb. RM. 25.—

„Die Zusammenarbeit dieser beiden hervorragenden Sach- und Fachkenner hat ein Werk geschaffen, dessen I. Teil sich in den seit seinem Erscheinen verflossenen neun Jahren oft bewährt hat. Es bedarf daher keiner Prophetengabe, auch dem II. Teil einen gleichen Erfolg vorauszusagen. Schon ein flüchtiges Durchblättern hat mich darüber belehrt, daß dieser strenge Wissenschaftlichkeit mit praktischer Brauchbarkeit vereint und sich durch eine kaum zu überbietende Kürze im Ausdruck auszeichnet. Die unendliche Fülle der angeführten Fälle aus der Praxis zeigen eine Beherrschung des Schrifttums und Ausschöpfung der Entscheidungssammlungen, die Staunen erregt. Musterhaft erscheint mir die Übersichtlichkeit der Anordnung und Knappheit im Ausdruck. Diese hat indessen die Verfasser nicht gehindert, einige Fragen mit besonderer Liebe und Ausführlichkeit zu behandeln."
(Markenschutz und Wettbewerb, Oktober 1933.)

Born, A., Reichspreßgesetz vom 7. Mai 1874 in der jetzt geltenden Fassung nebst den einschlägigen Bestimmungen der Reichsverfassung, des Reichsstrafgesetzbuches, der Gewerbeordnung usw. Mit Kommentar und Sachregister. Vierte, veränderte Auflage. Taschenformat. 234 Seiten. 1931. (Guttentagsche Sammlung Deutscher Reichsgesetze Bd. 53.) . . . . Geb. RM. 5.40

IV. Zivilprozeß

Fischer, Otto, Lehrbuch des deutschen Zivilprozeß- und Konkursrechts. Groß-Oktav. XII, 488 Seiten. 1918 . . . RM. 8.—, geb. RM. 10.—

Kisch, Wilh., Deutsches Zivilprozeßrecht.
I. Band. Vierte, verbesserte Auflage. 115 Seiten. 1929. (Sammlung Göschen Bd. 428.) . . . . Geb. RM. 1.62
II. Band. Vierte, verbesserte Auflage. 168 Seiten. 1929. (Sammlung Göschen Bd. 430.) . . . . Geb. RM. 1.62
III. Band Vierte, verbesserte Auflage. 148 Seiten. 1929. (Sammlung Göschen Bd. 430.) . . . . Geb. RM. 1.62

Sydow, R., Busch, L., und Krantz, W., Zivilprozeßordnung und Gerichtsverfassungsgesetz nebst Anhang, enthaltend Entlastungsgesetze und

die Notverordnung vom 1. Dezember 1930. Handkommentar unter besonderer Berücksichtigung der Entscheidungen oberster Gerichte. Neubearbeitete, zwanzigste Auflage. Zwei Bände. Groß-Oktav. VIII, VIII und 1540 Seiten. 1930. Mit Nachtrag 1932. Geb. RM. 32.— (de Gruytersche Sammlung Deutscher Gesetze, Handkommentare.)
Nachtrag, enthaltend die durch den VI. Abschnitt der Dritten Verordnung des Reichspräsidenten vom 6. Oktober 1931 eingetretenen Änderungen und die Fortsetzung der Erläuterungen der ZPO. und des GVG. Groß-Oktav. 94 Seiten. 1932. . . . . RM. 2.25

„Auch innerlich ist der ausgezeichnete Handkommentar von Sydow-Busch-Krantz verändert. Es sind viele veraltete Entscheidungen ausgemerzt und dafür die Erläuterungen durch eingehendere Darlegungen zweckmäßig erweitert worden. An der Grundanlage des Buches wurde nichts geändert, die Druckanordnung ist noch übersichtlicher als bisher. So wird das Buch seine alten Freunde behalten und ohne Zweifel viele neue hinzuerwerben."

Leipziger Zeitschrift für deutsches Recht Nr. 20, v. 15. X. 1930

Rosenberg, L., Zivilprozeßgesetzgebung. Taschenformat. 580 Seiten. 1930. Geb. RM. 8.— (Lehrausgaben Deutscher Gesetze, Bd. II.)

„Diese neuartige Ausgabe der ZPO. der ‚Lehrausgaben Deutscher Gesetze' ist ein Beispiel für die besondere Nützlichkeit einer solchen Ausgabe. Die Besonderheiten dieser handlichen und ershöpfenden Ausgabe der Zivilprozeßgesetzgebung bestehen in der sachlichen Ordnung des umfassenden Stoffes, in der Hervorhebung von besonders Wesentlichem durch Sperrdruck und vor allem aber darin, daß den einzelnen Paragraphen in systematischer Weise Überschriften vorausgeschickt sind, die die hier besonders wichtige Aufgabe erfüllen. den Aufbau des Gesetzes und den Zusammenhang der einzelnen Vorschriften klar erkennen zu lassen."

Juristische Wochenschrift Nr. 47, v. 22. XI. 1930.

Zivilprozeßordnung mit Gerichtsverfassungsgesetz und Einführungsgesetzen in der Fassung der Bekanntmachung vom 13. Mai 1924 mit den bis 1. April 1929 ergangenen Abänderungen. Textausgabe mit Sachregister. Taschenformat. 440 Seiten. 1929. (Guttentagsche Sammlung von Textausgaben ohne Anmerkungen.) . . . . Geb. RM. 3.15

Die handliche Ausgabe enthält den gesamten Gesetzestext mit einem das Zurechtfinden sehr erleichternden Sachregister.

Der neue Entwurf einer Zivilprozeßordnung. Veröffentlicht durch das Reichsjustizministerium. Lexikon-Oktav. 561 Seiten mit 2 Paragraphen-Verzeichnissen. 1931 . . . . RM. 10.—, geb. RM. 12.—

Sydow, R., Busch, L., und Krantz, W., Gerichtsverfassungsgesetz mit Einführungsgesetz. Unter besonderer Berücksichtigung der Entscheidungen des Reichsgerichts. Zehnte Auflage. Taschenformat. 347 Seiten. 1925. (Guttentagsche Sammlung Deutscher Reichsgesetze Bd. 14.) Geb. RM. 5.40

„Das Buch bedarf keiner Empfehlung, es empfiehlt sich selbst durch die Fülle dessen, was es bietet. Gesetzgebung und Rechtsprechung sind bis in die neueste Zeit berücksichtigt."

Leipziger Zeitschrift für Deutsches Recht Nr. 14, v. 15. VII. 1926.

Rausnitz, Julius, Gebührenordnung für Notare vom 28. Oktober 1922 (GS. 404) nebst den einschlägigen Vorschriften des Preußischen Gerichtskostengesetzes vom 28. Oktober 1922 (GS. 363), beide in der Fassung der Gesetze vom 12. April 1923 (GS. 107), 18. Dezember 1923 (GS. 556) und der Verordnung vom 28. Juni 1924 (GS. 573). Sechste, umgearbeitete Auflage. Oktav. 158 Seiten. 1925. (Guttentagsche Sammlung Preußischer Gesetze Bd. 4.) . . . Geb. RM. 6.30

Sydow, R., Busch, L., und Krieg, O., Die Deutsche Gebührenordnung für Rechtsanwälte, das Gesetz, betreffend die Erstattung von Rechtsanwaltsgebühren in Armensachen, und die Preußische Landesgebührenordnung mit Erläuterungen. Auf der Grundlage der Sydow-Busch'schen Textausgabe mit Anmerkungen in dreizehnter Auflage unter Mitaufnahme des Gesetzes über die Erstattung in Armensachen neubearbeitet. Taschenformat 496 Seiten. 1929. (Guttentagsche Sammlung Deutscher Reichsgesetze Bd. 17.) . . . . Geb. RM. 8.10

„... Die Guttentagschen Handkommentare haben sich auf allen Gebieten einen so guten Namen erworben, daß eine Empfehlung nicht notwendig ist ..." Juristische Wochenschrift Nr. 45/46, 1929.

Isaac, Martin, Leitfaden für Handelsrichter. Oktav. 132 Seiten. 1932. RM. 3.60

Der Handelsrichter hat Rechte und Pflichten eines gelehrten Richters, ohne, wie es das Gesetz vorschreibt, geringste juristische Ausbildung. Die sich bei der Tätigkeit ergebenden Schwierigkeiten soll dieses Bändchen klären. Alles, was aus dem Prozeßrecht, vornehmlich aber der Prozeßtechnik von Interesse ist, wird in klarer Briefform dargestellt.

Sydow, R., Busch, L., und Krieg, O., Deutsches Gerichtskostengesetz nebst Gebührenordnung für Gerichtsvollzieher und für Zeugen und Sachverständige in den neuesten Fassungen. Auf der Grundlage der Sydow-Busch'schen Textausgabe mit Anmerkungen neubearbeitet in elfter Auflage. Taschenformat. XI, 433 Seiten. 1928. (Guttentagsche Sammlung Deutscher Reichsgesetze Bd. 15.) . . . . . . Geb. RM. 6.75

Lindemann, Otto, **Preußisches Gerichtskostengesetz** (neueste Fassung). Nach dem Tode des früheren Herausgebers P. Siméon erläutert. Achte, völlig umgearbeitete Auflage. Taschenformat. 439 Seiten. 1928. (Guttentagsche Sammlung Preußischer Gesetze Bd. 17.) Geb. RM. 7.20

Freiwillige Gerichtsbarkeit

Jastrow, Hermann, und **Günther,** Hermann, **Die Gesetze des Reiches und Preußens über die freiwillige Gerichtsbarkeit.** Textausgabe mit Einleitung, Anmerkungen und Sachregister. Siebente, vermehrte Auflage. Taschenformat. 548 Seiten. 1928. (Guttentagsche Sammlung Deutscher Reichsgesetze Bd. 46.) . . . . Geb. RM. 8.10

„Die Anmerkungen sind übersichtlich und bringen in treffender Kürze alles für die Praxis Wesentliche. Der Preis ist für das Gebotene mäßig." Ztschr. f. freiwillige Gerichtsbarkeit Nr. 2, 1929.

Die Gesetze des Reiches und Preußens über die freiwillige Gerichtsbarkeit. Textausgabe mit Sachregister. Taschenformat. 168 Seiten. 1930. (Guttentagsche Sammlung von Textausgaben ohne Anmerkungen mit Sachregister.) . . . . RM. 2.70

Das Buch enthält in der bekannten Art der Guttentagschen Gesetzesausgaben außer dem „Gesetz über die Angelegenheiten der freiwilligen Gerichtsbarkeit" alle in dieses Gebiet fallenden sonstigen Gesetze, Ausführungsbestimmungen, Abkommen, Verordnungen usw. in absolut zuverlässigem Abdruck und ein das Zurechtfinden sehr erleichterndes Sachregister.

Szkolny, Felix, und **Kober,** Leopold, **Das Notariatrecht,** unter besonderer Berücksichtigung des materiellen Rechts und des Steuer- und Stempelrechts erläutert. Oktav. 236 Seiten. 1926. (Guttentagsche Sammlung Deutscher Reichsgesetze Bd. 163.) . . . . Geb. RM. 7.65

Szkolny, Felix, **Die Belehrungspflicht des Notars.** Oktav. 52 Seiten. 1927. . . . . RM. 2.—

„Ein trotz seines geringen Umfanges sehr nützliches Buch, für das wir dem Verfasser Dank wissen müssen."
Zeitschrift des Deutschen Notarvereins, 1927.

Konkursordnung und Zwangsvollstreckung

Jaeger, Ernst, **Kommentar zur Konkursordnung** und den Einführungsgesetzen. Mit einem Anhang, enthaltend das Anfechtungsgesetz, die Vergleichsordnung, Auszüge aus den Kostengesetzen, Ausführungsgesetze und Geschäftsordnungen. Sechste und siebente, neubearbeitete Auflage. Lexikon-Oktav. Der Umfang des Gesamtwerkes umfaßt etwa 100 Bogen. Die Ausgabe erfolgt in Lieferungen.
Erster Band: §§ 1—46. XXVIII, 828 Seiten. 1928—1931. RM. 49.—, geb. RM. 54.—
Zweiter Band: 1. Lieferung (Lieferung 5 des Gesamtwerkes). §§ 47—70. 1933 . . . . RM. 9.—
(Der Kauf des ersten Bandes verpflichtet zum Bezug des ganzen Werkes (2 Bände). Das Gesamtwerk soll in Jahresfrist fertig vorliegen.
„. . . Kurz gesagt: das Buch ist das unübertreffliche Standardwerk.
Deutsche Richterzeitung Nr. 1, v. 15. 1. 1929.

Jaeger, Ernst, **Lehrbuch des Konkursrechts.** Achte, erweiterte Auflage des Grundrisses zur Vorlesung über Konkursrecht. Groß-Oktav. 253 Seiten. 1932 . . . . Geb. RM. 13.50
„. . . Jedes Wort des Lobes über dieses Werk erscheint mir überflüssig. Der anerkannt beste Kenner und Förderer des Konkursrechts, ein ausgezeichneter Pädagoge, ein Meister der deutschen Sprache hat uns ein Lehrbuch geschenkt, das nicht nur den Studierenden in unvergleichlicher Weise in das schwierige Gebiet des deutschen Konkursrechts einführt, sondern das auch dem gereiften Juristen durch häufige geschichtliche und rechtsvergleichende Hinweise und durch die Art, wie es die systematischen Zusammenhänge hervortreten läßt, die treibenden Kräfte der Rechtsgestaltung aufdeckt und zu den zahlreichen Streitfragen des Konkursrechts in stets klarer und belehrender Weise Stellung nimmt, eine überaus reizvolle, anregende und genußreiche Lektüre gewährt." *Deutsche Juristen-Zeitung Nr. 22, 1922.*

Entwurf einer Vergleichsordnung nebst Einführungsgesetz und Begründung. Veröffentl. durch das Reichsjustizministerium. Groß-Oktav. 94 Seiten. 1933. C. H. Beck'sche Verlagsbuchhandlung (Oskar Beck), München, J. Bensheimer in Mannheim, Walter de Gruyter & Co. in Berlin, Carl Heymanns Verlag, Otto Liebmann, J. C. B. Mohr (Paul Siebeck) in Tübingen, W. Moeser Buchhandlung in Leipzig, J. Schweitzer Verlag in München, Julius Springer in Berlin, Georg Stilke in Berlin, Franz Vahlen in Berlin . . . . RM. 2.—
Auslieferung bei: Walter de Gruyter & Co., Berlin und Leipzig.
Inhalt: 1. Entwurf einer Vergleichsordnung. 2. Entwurf eines Einführungsgesetzes zur Vergleichsordnung. 3. Begründung zum Entwurf einer Vergleichsordnung. A) Allgemeine Begründung. B) Besondere Begründung. 4. Begründung zum Entwurf eines Einführungsgesetzes zur Vergleichsordnung.

Sydow, R., **Busch,** L., und **Krieg,** O., **Konkursordnung,** Vergleichsordnung und Anfechtungsgesetz mit Erläuterungen. Auf der Grundlage der **Sydow-Buschschen Textausgabe mit Anmerkungen in sechzehnter Auflage.** V, 870 Seiten. 1932. (Guttentagsche Sammlung Deutscher Reichsgesetze Bd. 13.) . . . . Geb. RM. 10.80
„. . . erfüllt alle Anforderungen, die man an einen Handkommentar stellen kann, der rasch und zuverlässig über alle Rechtsfragen unterrichtet, ohne bis ins kleinste den einzelnen Streitfragen wie ein großer Kommentar nachzugehen. Für den praktischen Gebrauch ist das Werk ausgezeichnet . . ." *Juristische Wochenschrift Nr. 18/19, 1933.*

Krech, J., und Fischer, O., Die Gesetzgebung, betr. die Zwangsvollstreckung in das unbewegliche Vermögen im Reiche und in Preußen. Textausgabe mit Einleitung, Anmerkungen und Sachregister. Zehnte Auflage, bearbeitet von O. Fischer. Taschenformat. 266 Seiten. 1929. (Guttentagsche Sammlung Deutscher Reichsgesetze Bd. 43.) Geb. RM. 4.50

„Die Ausgabe ist zu schneller Unterrichtung, vor allem zum Gebrauch im Termin ein vortreffliches Hilfsmittel. Ihre Anschaffung kann auch außerhalb Preußens nur empfohlen werden."
Archiv für Rechtspflege in Sachsen Nr. 4, 1929.

Blomeyer, Karl, **Zwangsvollstreckung.** Oktav. XII, 187 Seiten. 1932. Geb. RM. 4.50
(Lehrbücher und Grundrisse der Rechtswissenschaft, Bd. XV.)

Der Band behandelt das Zwangsvollstreckungsrecht gesondert und enthält die letzten einschneidenden Neuerungen des Zwangsvollstreckungsnotrechts, die noch in keiner systematischen Darstellung berücksichtigt sind. Mit der Herausgabe wird einem in Dozentenkreisen oft geäußerten dringenden Bedürfnis entsprochen. Die Bearbeitung ist so angelegt, daß sie nicht nur dem Studierenden das einschlägige Recht aufschließt, sondern auch dem Referendar ein brauchbares Mittel zur Unterrichtung in die Hand gibt.

Kretzschmar, F., Die Zwangsversteigerung und die Zwangsverwaltung. 110 Seiten. 1911. (Sammlung Göschen Bd. 523.) . . Geb. RM. 1.62

Schultze, Fritz und **Seifert,** Fritz, **Der gesamte neue Vollstreckungsschutz.** Textausgabe mit Erläuterungen. Taschenformat. Etwa 350 Seiten. 1933. (Guttentagsche Sammlung Deutscher Reichsgesetze Bd. 184.) Etwa RM. 7.—

Huyke, W., Offenbarungseid und Haft im Zivilprozeß. Taschenformat. 173 Seiten. 1930. (Guttentagsche Sammlung Deutscher Reichsgesetze, Bd. 177.) . . . . Geb. RM. 3.60

Dieser Band bietet eine ganz auf die Praxis zugeschnittene Erläuterung der das Offenbarungseidsverfahren betreffenden Paragraphen der ZPO. und gibt in einem allgemeinen Teil zuverlässig Auskunft über die sich auf diesem Gebiete ergebenden Streit- und Zweifelsfragen.

V. Strafrecht und Strafprozeß

Strafgesetzbuch

Ebermayer, Ludwig, **Lobe,** Adolf und **Rosenberg,** Werner, **Das Reichsstrafgesetzbuch,** Leipziger Kommentar mit besonderer Berücksichtigung der Rechtsprechung des Reichsgerichts. Fünfte, vermehrte und verbesserte Auflage. Lexikon-Oktav.
Band I: Allgemeiner Teil nebst systematischer Einführung von Dr. Adolf Lobe, Senatspräsident am Reichsgericht i. R. Lexikon-Oktav. III, 469 Seiten. 1933 . . . . Geb. RM. 20.—

In der Neuausgabe des „Allgemeinen Teils" des „Leipziger Kommentars" sind die bis jetzt getroffenen, zum Teil einschneidenden Gesetzesänderungen vollständig berücksichtigt. Daß gerade hier das künftige Gesetzbuch noch weitere wesentliche Änderungen bringen wird, ist kaum zu erwarten. Jedenfalls könnten diese in einem Nachtrag bei Herausgabe des II. Bandes mit Leichtigkeit ergänzt werden. Der II. Band mit dem „Besonderen Teil" wird voraussichtlich bereits auf der Grundlage des neuen StGB. erscheinen.

Die Erläuterungen dieses Kommentars stehen durchweg auf dem vom neuen Recht eingenommenen Standpunkt der Vergeltungsstrafe; sie haben also besonderes Gewicht und sind heute für die strafrechtliche Praxis wichtiger denn je.

Lobe, Adolf, **Einführung in den Allgemeinen Teil des Strafgesetzbuches.** (Zugleich Einleitung zu dem StGB-Kommentar v. Ebermayer-Lobe-Rosenberg.) Oktav. II, 201 Seiten. 1933 . . . . Geb. RM. 6.—

Die lehrbuchartige „Einführung in den Allgemeinen Teil des Strafgesetzbuches" von Senatspräsident A. Lobe war bisher nur als Bestandteil des Leipziger Kommentars zum StGB (von Ebermayer-Lobe-Rosenberg) erhältlich. Von den Kritiken des Kommentars wird sie wegen ihrer Vollständigkeit und Tiefgründigkeit und wegen der Klarheit und Knappheit in der Darstellung gerühmt und von Praktikern und Studierenden wurde verschiedentlich der Wunsch ausgesprochen, diese Einführung gesondert erhalten zu können. Der Verlag legt sie jetzt in einer durchgearbeiteten und erweiterten Sonderausgabe vor, vor allem um damit den Studierenden die Möglichkeit zu geben, sich für das Studium des Strafrechts dieser Darstellung zu bedienen.

Kohlrausch, Eduard, **Strafgesetzbuch für das Deutsche Reich mit Nebengesetzen,** Anmerkungen und Sachregister. Früher von Dr. Fr. v. Liszt † u. Dr. E. Delaquis. Dreißigste Auflage. Taschenformat. XII, 520, *48 Seiten. 1932. (Guttentagsche Sammlung Deutscher Reichsgesetze Bd. 2.) Geb. RM. 7.20

In der Neuauflage, die nur anderthalb Jahr nach Erscheinen der letzten ausgegeben wurde, sind die Erläuterungen bis in die letzte Zeit ergänzt. Trotz aller Kürze und Prägnanz der Anmerkungen hat sich deren Umfang vergrößert. Die Reichsgerichtsentscheidungen wurden in Hinsicht auf die wachsende Bedeutung der Rechtsprechung für das geltende Strafrecht in erster Linie berücksichtigt. Auf den Entwurf eines neuen Strafgesetzes ist, soweit angängig, hingewiesen. Wie bisher enthält die Ausgabe im Anhang zahlreiche Texte strafrechtlicher Nebengesetze und Verordnungen.

„Juristische Wochenschrift".

Hoormann, Hugo, **Strafgesetzbuch** für das Deutsche Reich mit wichtigen Nebengesetzen. Textausgabe mit Einleitung und Sachregister. Zwölfter Abdruck. Taschenformat. 200 Seiten. 1933. (Guttentagsche Sammlung von Textausgaben ohne Anmerkungen mit Sachregister.) Geb. RM. 2.20

Die neue Auflage dieser weitverbreiteten Ausgabe entspricht in allen Teilen der neuen Fassung des Strafgesetzbuches. Sie enthält das Gesetz vom 26. Mai 1933, das in den Text eingearbeitet ist, und im Anfang eine Anzahl Nebengesetze, darunter die wichtigsten Verordnungen zur Sicherung der nationalen Erhebung und die neuen Bestimmungen zur Gewährleistung des Rechtsfriedens. Zur raschen Orientierung über den Inhalt des Strafgesetzbuches wird das handliche Bändchen besonders gute Dienste leisten.

v. Liszt, Fr., **Lehrbuch des deutschen Strafrechts.** Sechsundzwanzigste, vollkommen neubearbeitete Auflage (49.—51. Tausend), von Dr. E. Schmidt, Professor der Rechte in Hamburg.
I. Band: Einleitung und Allgemeiner Teil. Oktav. 496 Seiten. 1932. RM. 11.70, geb. RM. 13.50
II. Band: Im Druck.

Gerland, H. B., **Deutsches Reichsstrafrecht.** Ein Lehrbuch. Zweite, völlig umgearbeitete Auflage. Oktav. XX, 732 Seiten. 1932. (Lehrbücher und Grundrisse der Rechtswissenschaft Bd. XVI.) RM. 15.—, geb. RM. 16.50

„Durch knappe, geradezu klassische Kürze zeigende Darstellung gelang es Gerland, auf engem Raume eine ungeheure Fülle des Stoffes zu bieten und auf jede Frage Antwort zu geben."

Juristische Wochenschrift v. 11. X. 1925.

Gerland, H. B., **Der Entwurf 1925.** Allgemeiner Teil. Kritische Bemerkungen. Oktav. 96 Seiten. 1925 . . . . RM. 5.—

„Eine außerordentlich interessante Abhandlung. Die Schrift stellt ein fast unentbehrliches Hilfsmittel für jeden dar, der sich mit den einschlägigen Fragen zu beschäftigen hat.“

Mitteilungen des Preußischen Richtervereins v. 11. X. 1925

Aschrott, P. F., u. Kohlrausch, Ed., Reform des Strafrechts. Kritische Besprechung des Amtlichen Entwurfs eines Allgemeinen Deutschen Strafgesetzbuchs. Auf Veranlassung der Deutschen Landesgruppe der Internationalen Kriminalistischen Vereinigung unter Mitwirkung erster Fachgenossen herausgegeben. Gr.-Oktav. V, 415 S. 1926. RM. 18.—

Sammlung außerdeutscher Strafgesetzbücher in deutscher Übersetzung. Herausgegeben von den Schriftleitungen der Zeitschrift für die ges. Strafrechtswissenschaft u. d. Mitteilungen der Internationalen Kriminalistischen Vereinigung. Nr 1—43. 1881—1914 . . Preise auf Anfrage.

Nr. 44:

Japanische Strafgesetze. I. Schwurgerichtsordnung vom 18. April 1923 und strafrechtliche Nebengesetze. Übersetzt von Hyoichiro Kusano, Reichsgerichtsrat in Tokio, Tadao Sugiura, Oberlandesgerichtsrat in Sapporo, und Dr. jur. Fritz Bartelt in Berlin. II. Strafvollzugsgesetz vom 28. März 1908 nebst Ausführungsverordnung vom 16. Juni 1908. Übersetzt von Dr. jur. Toshita Tokiwa, Gerichtsassessor in Tokio, und Dr. jur. Werner Gentz, Justizrat beim Strafvollzugsamt in Kiel. Groß-Oktav. 55 Seiten. 1927. RM. 3.—

Nr. 45:

Die Auslieferungsgesetze Norwegens, Schwedens und Finnlands. Mit einer systematischen Darstellung der Grundzüge des nordischen Auslieferungsrechts im Hinblick auf den Erlaß eines deutschen Auslieferungsgesetzes Von Dr jur. Ernst Wolgast, Privatdozent in Königsberg i. Pr. Groß-Oktav. VIII, 487 Seiten. 1928. . . RM. 20.—

Nr. 46:

Das Türkische Strafgesetzbuch vom 1. März 1926. Gesetz Nr. 765. (Türkisches Gesetzblatt Nr. 320 vom 13. März 1926.) Das Ausführungsgesetz zum Türkischen Strafgesetzbuch vom 26. April 1926. Deutsche Übersetzung von Dr. K. Ziemke. Groß-Oktav. 138 Seiten. 1927 . . . . RM. 5.—

Nr. 47:

Entwurf eines griechischen Strafgesetzbuches. Übersetzt und eingeleitet von Demetrius G. Venturas, Rechtsanwalt in Korfu, Griechenland. Groß-Oktav. 123 Seiten. 1928 . . . . RM. 7.—

Nr. 48:

Italienischer Vorentwurf zu einem neuen Strafgesetzbuch. (Progetto di un nuovo codice penale.) In deutscher Übersetzung von Dr. K. Bunge, Landgerichtsrat in Berlin. Groß-Oktav. XXXII, 244 Seiten. 1928 . . . . RM. 10.—

Nr. 49:

Strafgesetzbuch (Ugolownyj Kodex) **der Russischen Sozialistischen Föderativen Sowjet-Republik** (R.S.F.S.R.) vom 22. November 1926, übersetzt von Dr. Wilhelm Gallas, Gerichtsassessor in Berlin. Groß-Oktav. 68 Seiten. 1930 . . . . RM. 4.—

Nr. 50:

Das Italienische Strafgesetzbuch vom 19. Oktober 1930. In deutscher Übersetzung von Dr K Bunge, Landgerichtsdirektor in Berlin Groß-Oktav. 227 Seiten 1933 . . RM 7 —

Nebengesetze

Lindemann, Otto, **Sammlung der wichtigsten preußischen Strafgesetze.** Zweite Auflage Taschenformat. 372 Seiten. 1912. (Guttentagsche Sammlung Preußischer Gesetze Bd. 34.) . . . . . Geb. RM. 3.15

Fraustädter, Werner, **Deutsches Auslieferungsgesetz** vom 23. Dezember 1929 und andere neuere Vorschriften der Rechtshilfe in Strafsachen, einschließlich der Auslieferung. Textausgabe mit Einleitung, Erläuterungen und Sachregister. Taschenformat. 143 Seiten. 1930. (Guttentagsche Sammlung Deutscher Reichsgesetze Bd. 86.) . Geb. RM. 3.60

Lindemann, Otto, **Polizeiverordnungen in Preußen.** Zweite Auflage. Taschenformat. 189 Seiten. 1912. (Guttentagsche Sammlung Preußischer Gesetze Bd. 36.) . . . . Geb. RM. 2.25

Handwörterbuch der Kriminologie und der anderen strafrechtlichen Hilfswissenschaften. Unter Mitberatung von Justizrat Dr. Drucker, Leipzig, Professor Dr. Graf Gleispach, Wien, Generalstaatsanwalt Dr. Hafner, Karlsruhe, Oberverwaltungsgerichtsrat Dr. Hagemann, Berlin, Reichsgerichtsrat Dr. Hartung, Leipzig, Professor Dr. Kohlrausch, Berlin, Professor Dr. Müller-Heß, Berlin, herausgegeben von Dr. jur. Alexander **Elster** in Berlin und Oberstaatsanwalt Heinrich **Lingemann** in Essen. Lexikon-Oktav.

Das „Handwörterbuch der Kriminologie" wird zwei Bände umfassen und erscheint in etwa 12—15 Lieferungen von je 7 Druckbogen zum Preise von je RM. 6.—. Es soll Ende 1933 abgeschlossen vorliegen. I. Band: Aberglaube bis Kriminalpsychologie. Mit Sachregister zu Band I . . . . RM. 50.—, geb. RM. 55.—

„Zu diesem Handwörterbuch der Kriminologie muß ich nach eingehender Durchsicht bekennen, daß mit der vorliegenden 1. Lieferung zweifellos der Anfang zu einem wohl beispiellosen Handbuch geschaffen ist. Durch die Einzelartikel namhafter Gelehrter, praktischer Kriminalisten und Juristen usw., wird dieses Buch dem Leser die einzelnen Probleme der Kriminalpraxis in ihrem ganzen Umfange vor Augen führen. In klarer Form unter reichster Literaturangabe verspricht die erste Lieferung ein vortreffliches Nachschlagewerk zu werden. Die Beschaffung dieses Buches kann wärmstens empfohlen werden." *Deutsches Polizei-Archiv Nr. 12, v. 25. VI. 1932.*

Abhandlungen des Kriminalistischen Instituts an der Universität Berlin. Herausgegeben von Dr. Franz von Liszt, o. Professor der Rechte. Sonderverzeichnis kostenlos. Vierte Folge. I. Band.

Heft 1:

Dannenberg, Herbert, **Liberalismus und Strafrecht im 19. Jahrhundert unter Zugrundelegung der Lehren Karl Georg von Waechters.** Oktav. IV, 66 Seiten. 1925 . . . . RM. 3.—

Heft 2:

Tarnowski, Hans, **Die systematische Bedeutung der adäquaten Kausalitätstheorie für den Aufbau des Verbrecherbegriffs.** Oktav. X, 340 Seiten. 1927 . . . . RM. 18.—

Heft 3:

Ehrlich, Lore, **Der Verrat von Betriebsgeheimnissen nach englischem und nordamerikanischem Recht.** Oktav. VIII, 75 Seiten. 1930. RM. 4.—

Heft 4:

Kuttner, Stephan, **Die juristische Natur der falschen Beweisaussage.** Ein Beitrag zur Geschichte und Systematik der Eidesdelikte, zugleich zur Frage einer Beschränkung der Strafbarkeit auf erhebliche falsche Aussagen. Oktav. VI, 76 Seiten. 1931 . RM. 6.—

Vierte Folge II. Band.

Heft 1:

Gallas, Wilhelm, **Kriminalpolitik und Strafrechtssystematik** unter besonderer Berücksichtigung des sowjetrussischen Rechts. Oktav. VIII, 88 Seiten. 1931 . . . . RM. 5.—

Heft 2:

Goldschmidt, Werner, **Das Bewußtsein der Rechtswidrigkeit** entwickelt an der Lehre vom Hausfriedensbruch. Oktav XI, 51 Seiten. 1931. RM. 4.—

Heft 3:
Hoefer, Friedrich, **Bewährungsfrist vor dem Urteil.** Oktav. 90 Seiten. 1931 . . . . RM. 4.—

Heindl, Robert, **System und Praxis der Daktyloskopie** und der sonstigen technischen Methoden der Kriminalpolizei. Dritte, neubearbeitete und vermehrte Auflage. 900 Abbildungen im Text und 21 Bildertafeln. 780 Seiten. Groß-Oktav. 1927 . . . . . RM. 36.—, geb. RM. 40.—

„. . . behandelt das ganze Gebiet in erschöpfender Ausführlichkeit, ist glänzend ausgestattet und mit einer überwältigenden Fülle von Abbildungsmaterial versehen. Heindls Darstellung der Daktyloskopie hat sich schon früher den Ruf des klassischen Lehrbuchs des Faches erworben und bedarf einer Empfehlung wohl nicht mehr . . .“

Juristische Wochenschrift Nr. 36, 1928.

Kleine kriminalistische Bücherei.

Band 1:
Schneickert, Hans, **Die strafrechtlichen Aufgaben der Polizei.** Für den Polizeiunterricht und die Polizeipraxis. Taschenformat. 182 Seiten. 1921. RM. 2.—

Band 2:
Philipp, Lothar, **Beobachtungs- und Ermittlungspraxis im Polizei- und Detektivdienst.** Taschenformat. 180 Seiten. 1923 . . . RM. 2.—

Band 3:
Manteuffel, H. v., **Falschspieler.** Formen und Technik des Spielbetruges, nebst einem Anhange: Der Spielprofessor und sein angeblich sicheres System beim Spiele gegen eine öffentliche Roulettebank. Taschenformat 90 Seiten. 1923 . . . . RM. 2.—

Band 4:
Schneickert, Hans, **Kriminalistische Spurensicherung.** Sammlung dienstlicher Anweisungen und sachverständiger Ratschläge für den Dienstgebrauch und für Polizeischulen. Zweite, vermehrte und verbesserte Auflage. Taschenformat. 96 Seiten. Mit 2 Abbildungen. 1925. Geb. RM. 3.—

Band 5:
Rehfeld, P., **Gerichtsärztliche Tatbestandsfeststellungen im Dienste der Polizei.** Ein Leitfaden für Polizei- und Kriminalbeamte. Taschenformat. 133 Seiten. 1927 . . . . Geb. RM. 3.50

Strafprozeßordnung

Kohlrausch, Eduard, **Strafprozeßordnung** und Gerichtsverfassungsgesetz. Textausgabe mit Einleitung, Anmerkungen und Nebengesetzen. In Verbindung mit Dr. Hermann Mannheim, Kammergerichtsrat und Professor in Berlin. Dreiundzwanzigste Auflage (105. bis 108. Tausend). Taschenformat. VIII, 506 Seiten. 1933. (Guttentagsche Sammlung Deutscher Reichsgesetze Bd. 12.) . . . . RM. 6.75

„Diese allgemein bekannte und verbreitete Textausgabe mit Anmerkungen hat nunmehr eine Auflageziffer von 100000 Exemplaren überschritten, sicherlich doch wohl der beste Beweis für die Beliebtheit, Wertschätzung und Anerkennung, deren sie sich in weitesten Kreisen erfreut. Die schon oft anerkannten Vorzüge dieser Erläuterungsausgabe lassen sie für jeden Juristen, mag er in der Praxis stehen oder sich erst noch im Studium oder in der Ausbildung befinden, von gleich großem Wert erscheinen.“

Mitteilungen d. Preuß. Richtervereins Nr. 6, v. 20. VI. 1930.

Feisenberger, Albert, **Strafprozeßordnung und Gerichtsverfassungsgesetz.** Handkommentar. Groß-Oktav. IX, 517 Seiten. 1926. Mit Nachtrag. 1927. (de Gruytersche Sammlung Deutscher Gesetze. Handkommentare.) . . . . Geb. RM. 15.30

Beling, E., **Deutsches Reichsstrafprozeßrecht** mit Einschluß des Strafgerichtsverfassungsrechts. Oktav. XIV, 568 Seiten. 1928. (Lehrbücher und Grundrisse der Rechtswissenschaft Bd. XVII.)
RM. 13.50, geb. RM. 14.80

„. . . Der Doppelzweck, den B. verfolgte, ist in hervorragender Weise erfüllt. Es liegt vor uns ein nicht nur für den jungen Juristen wertvolles Lernbuch, sondern auch für den Praktiker ein gehaltvolles Lehrbuch, das mit seinen scharfsinnigen Erörterungen das Verständnis des Prozeßrechts vertieft und neue Anregungen in Fülle gibt."
Leipziger Zeitschrift für deutsches Recht Nr. 24, v. 15. XII. 1928.

Rosenfeld, E. H., **Deutsches Strafprozeßrecht.** 2 Bände. 128 und 148 Seiten. 1926. (Sammlung Göschen Bd. 938/939.) . . Geb. je RM. 1.62
„Eine wissenschaftlich hochstehende, auf einem knappen Raum zusammengedrängte, klar und originell geschriebene Einführung in den deutschen Strafprozeß." Schweizer. Zeitschrift für Strafrecht.

Löwe, F., und Rosenberg, Werner, **Die Strafprozeßordnung für das Deutsche Reich** vom 22. März 1924 nebst dem Gerichtsverfassungsgesetz. Kommentar. Neunzehnte, völlig umgearbeitete Auflage.
Von Hans Gündel, Senatspräsident am Reichsgericht, Heinrich Lingemann, Oberstaatsanwalt, Dr. jur. h. c. Fritz Hartung, Reichsgerichtsrat, Emil Niethammer, Reichsgerichtsrat. Lexikon-Oktav. Die neue Auflage erscheint in drei Lieferungen und soll im Herbst 1933 abgeschlossen vorliegen.
1. Lieferung: Einleitung, Einführungsgesetz. §§ 1—150 der StPO. 496 Seiten. 1933 . . . . RM. 18.—
2. Lieferung: §§ 151—332 der StPO. Seiten 497—904. 1933. RM. 15.—
Der Loewe-Rosenberg'sche Kommentar zur Strafprozeßordnung ist für Richter, Staatsanwälte und Verteidiger längst dadurch unentbehrlich geworden, daß er die Ansichten der Rechtsprechung und der Rechtslehre zu jeder einzelnen verfahrensrechtlichen Frage erschöpfend kundgibt. Die Neubearbeitung hat diese Eigenart des Werkes durchweg bewahrt. Auch jetzt ist jede Entscheidung des Reichsgerichts von allgemeiner Bedeutung angeführt. Alle irgendwie beachtlichen Entscheidungen der Oberlandesgerichte sind herangezogen. Die Äußerungen der Rechtslehre haben insbesondere insoweit Berücksichtigung erfahren, als sie sich gegen die höchstrichterliche Rechtsprechung wenden. Auch haben die Verfasser sich keineswegs damit begnügt, Meinung und Gegenmeinung einander gegenüberzustellen, sondern überall der eigenen Auffassung Ausdruck verliehen.

Feisenberger, Albert, **Strafprozeßordnung und Gerichtsverfassungsgesetz,** in alter und neuer Fassung synoptisch gegenübergestellt. Mit ausführlichem Sachregister. Taschenformat. 265 Seiten. 1924. Mit Nachtrag. 1927. (Guttentagsche Sammlung Deutscher Reichsgesetze Bd. 158.) . . . . Geb. RM. 4.05

Aschrott, P. F., **Die Reform des Strafprozesses.** Kritische Besprechungen der von der Kommission für die Reform des Strafprozesses gemachten Vorschläge. Auf Veranlassung der Internationalen Kriminalistischen Vereinigung, Gruppe Deutsches Reich. Groß-Oktav. XII, 120 und 784 Seiten. 1906 . . . . RM. 12.—

Beiträge zur Reform des Strafprozesses. Herausgegeben von Dr. Franz **Adickes,** Dr. P. F. **Aschrott,** Dr. K. von **Lilienthal,** Dr. Fr. von **Liszt.** 2 Bände. Groß-Oktav. I. Bd. Heft 1—6. 1908. RM. 9.70. — II. Bd. Heft 1—5. 1909. RM. 15.10.

Boehringer, Margrit, **Die Eidesreform im Strafprozeß und Strafrecht.** Oktav. 203 Seiten. 1931 . . . . RM. 10.—
In der vorliegenden Arbeit wird versucht, einen möglichst vollständigen Überblick über die Grundfragen und die komplizierten Einzelfragen der Reform des Strafprozesses im Beeidigungsverfahren und dem damit unmittelbar zusammenhängenden Teil der Eidesreform im Strafrecht zu geben.

Frede, L., u. Grünhut, M., Reform des Strafvollzugs. Kritische Beiträge zu dem Amtlichen Entwurf eines Strafvollzugsgesetzes. Oktav. VII, 264 Seiten. 1927 . . . . RM. 10.–

VI. Öffentliches Recht.

1. Staats- und Völkerrecht.

Fischbach, O. G., Allgemeine Staatslehre. Zweite Auflage. 136 Seiten. 1928. (Sammlung Göschen Bd. 358.) . . . . . Geb. RM. 1.62

Fischbach, O. G., Allgemeines Staatsrecht.
1. Teil. 139 Seiten. 1923. (Sammlung Göschen Bd. 415.) Geb. RM. 1.62
2. Teil. 151 Seiten. 1923. (Sammlung Göschen Bd. 416.) Geb. RM. 1.62

Bühler, Ottmar, Staatsrechtliche Gesetze des Reiches und Preußens nebst **Gewerbeordnung und Gaststättengesetz.** Textausgabe mit einführenden Bemerkungen, Paragraphenüberschriften und Sachregister. Taschenformat. XI, 748 Seiten. 1931. (Lehrausgaben Deutscher Gesetze, Bd. 3a.) . . . . Geb. RM. 7.—

Bühler, Ottmar, Staatsrechtliche Gesetze des Reiches und Preußens nebst **Gewerbeordnung und Gaststättengesetz.** Textausgabe mit einführenden Bemerkungen, Paragraphenüberschriften und Sachregister. Taschenformat. XII, 1430 Seiten. 1931. (Lehrausgaben Deutscher Gesetze. Bd. III u. IIIa.) . . . . Geb. RM. 14.—

„. . . Die sehr reichhaltige Sammlung wird beim akademischen Unterricht ausgezeichnete Dienste leisten.“

Leipziger Ztsch. f. Deutsches Recht Nr. 11, v. 1. VI. 1932.

Bühler, Ottmar, Ergänzungsband zu Staats- und verwaltungsrechtliche Gesetze des Reiches und Preußens nebst **Gewerbeordnung und Gaststättengesetz.** Textausgabe mit einführenden Bemerkungen, Paragraphenüberschriften und Sachregister. Taschenformat. Etwa 130 Seiten. 1933. (Lehrausgaben Deutscher Gesetze.) . . . Etwa RM. 3.—

Dieser Band dient als Ergänzung zu den Bänden 3 und 3a der Lehrausgaben Deutscher Gesetze. Er bringt die gesamten Texte zu den Staatsrechtsgesetzen, die die nationale Revolution seit Februar 1933 gebracht hat, einschl. der evangelischen Kirchenverfassung und des Reichskonkordats, in der bewährten Art der Lehrausgaben mit Stichworten zu jedem Artikel. Die wichtigsten neuen Verwaltungsgesetze Preußens sind angefügt.

Stier-Somlo, Fritz, Deutsches Reichs- und Landesstaatsrecht I. Oktav. XVI, 726 Seiten. 1924. (Lehrbücher und Grundrisse der Rechtswissenschaft Bd. XVIII.) . . . . RM. 14.80, geb. RM. 16.20

Stier-Somlo, Fritz. Reichsstaatsrecht. I. Grundbegriffe des Staatsrechts. Verfassungsgeschichte vom Ende des 18. Jahrhunderts bis zur Reichsverfassung vom 11. August 1919. 108 Seiten. 1927. (Sammlung Göschen Bd. 967.) . . . . Geb. RM. 1.62
II. Das geltende Reichsstaatsrecht. 114 Seiten. 1927. (Sammlung Göschen Bd. 968.) . . . . Geb. RM. 1.62

Stier-Somlo, Fritz. Preußisches Staatsrecht. Zweite Auflage. 136 Seiten. 1927. (Sammlung Göschen Bd. 298.) . . . . Geb. RM. 1.62

Die Verfassung des Deutschen Reichs vom 11. August 1919 **mit den wichtigsten Nebengesetzen.** Textausgabe mit Einleitung und Sachregister. Dritte Auflage. Taschenformat. 104 Seiten. 1931. (Guttentagsche Sammlung von Textausgaben ohne Anmerkungen mit Sachregister.) . . . . RM. 0.90

Paterna, E., Neuerungen zur Reichsverfassung. Textausgabe mit Einleitung und Sachregister. (Zugleich Nachtrag zu den Ausgaben der Reichsverfassung in der Guttentagschen Sammlung Deutscher Reichsgesetze.) Abgeschlossen am 31. Juli 1933. Taschenformat. II u. 78 Seiten . . . . RM. 1.80

„Mit Stolz kann die deutsche Völkerrechtswissenschaft auf dieses Nachschlagewerk schauen. Die neuesten Probleme des Völkerrechts — und deren sind nicht wenige — die bedeutsamsten Rechtsvorgänge und Präjudizien, die Herausbildung ganz neuer Rechtsinstitute und die völkerrechtliche wie diplomatisch-politische Geschichte haben mit bis in die jüngste Zeit reichenden ausführlichen Literaturangaben im Struppschen Wörterbuch ihren Niederschlag gefunden."

Niemeyers Ztsch. f. internat. Recht Band 33, Heft 5—6, 1925

Anzilotti, D., **Lehrbuch des Völkerrechts.** Übersetzt und herausgegeben vom Institut für ausländisches öffentliches Recht und Völkerrecht, Berlin. I. Band. Groß-Oktav. 444 Seiten. 1829. RM. 17.—, geb. RM. 18.—

Das Buch ist nicht schlechthin eine Übersetzung der italienischen Originalausgabe, sondern berücksichtigt auch die gesamte Rechtsprechung und Literatur der letzten Zeit und stellt somit das zurzeit modernste Lehrbuch des Völkerrechts überhaupt dar.

Niemeyer, Theodor, **Völkerrecht.** 168 Seiten. 1925. (Sammlung Göschen Bd. 865.) . . . . Geb. RM. 1.62

Dieses Bändchen gibt in gedrängter Form eine vollständige Übersicht über das Völkerrecht.

Edmunds, Sterling, E., **Das Völkerrecht — ein Pseudorecht.** Autorisierte Übersetzung des amerikanischen Werkes The Lawless Law of Nations (1925) von Cornelia Bruns. Oktav. VI, 465 Seiten. 1932 . . . . Geb. RM. 6.—

Beiträge zum ausländischen öffentlichen Recht und Völkerrecht. Herausgegeben im Auftrage des Instituts für ausländisches öffentliches Recht und Völkerrecht in Berlin in Gemeinschaft mit Friedrich Glum, **Ludwig Kaas**, Rudolf Smend, Heinrich **Triepel** von Viktor **Bruns.** Groß-Oktav.

Eine Sammlung einschlägiger wissenschaftlicher Abhandlungen, Materialsammlungen, Übersetzungen besonders wertvoller ausländischer Werke u. a.

Heft 1:

Triepel, H., **Staatsrecht und Politik.** Rede beim Antritt des Rektorats der Friedrich-Wilhelms-Universität zu Berlin am 15. Oktober 1926. 40 Seiten. 1927 . . . . RM. 2.—

Heft 2:

Schmitt, Carl, **Volksentscheid und Volksbegehren.** Ein Beitrag zur Auslegung der Weimarer Verfassung und zur Lehre von der unmittelbaren Demokratie. 54 Seiten. 1927 . . . . RM. 2.60

Heft 3:

Heck, K., **Der Aufbau des britischen Reiches.** (Der Verhandlungsbericht der Reichskonferenz von 1926.) 152 Seiten. 1927. RM. 6.—

Heft 4:

Heller, H., **Die Souveränität.** Ein Beitrag zur Theorie des Staats- und Völkerrechts. 177 Seiten. 1927. . . . . RM. 8.50

Heft 5:

Grentrup, Theodor, **Die Missionsfreiheit** nach den Bestimmungen des geltenden Völkerrechts. 112 Seiten. 1928 . . . . RM. 5.50

Heft 6:

Robinson, Jakob, **Das Minoritätenproblem** und seine Literatur. Kritische Einführung in die Quellen und die Literatur der europäischen Nationalitätenfrage der Nachkriegszeit, unter besonderer Berücksichtigung des völkerrechtlichen Minderheitenschutzes.

Allgemeiner Teil. 265 Seiten. 1928 . . . . RM. 9.—

Heft 7:

Bilfinger, Karl, **Der Reichssparkommissar.** 68 Seiten. 1928. RM. 3.60

Heft 8:

Bumiller, J. M., **Die völkerrechtliche Stellung der fremden Truppen im Saargebiet.** 156 Seiten. 1928 . . . . RM. 9.—

Heft 9:
Das Recht des Ausnahmezustands im Auslande (Frankreich, Belgien, Niederlande, Italien, England, Irland). 296 Seiten. 1928. RM. 14.—

Heft 10:
Gerland, B., **Die Beziehungen zwischen dem Parlament und den Gerichten in England.** Eine rechtsvergleichende Studie. 137 Seiten. 1928. RM. 8.—

Heft 11:
Leibholz, Gerhard, **Zu den Problemen des fascistischen Verfassungsrechts.** Akademische Antrittsvorlesung. 112 Seiten. 1928. RM. 5.—

Heft 12:
Glum, Friedrich, **Der deutsche und der französische Reichswirtschaftsrat.** Ein Beitrag zu dem Problem der Repräsentation der Wirtschaft im Staat. 188 Seiten. 1929 . . . . RM. 9.—

Heft 13:
Leibholz, Gerhard, **Das Wesen der Repräsentation** unter besonderer Berücksichtigung des Repräsentativsystems. Ein Beitrag zur allgemeinen Staats- und Verfassungslehre. Groß-Oktav. 214 Seiten. 1929. RM. 14.—

Heft 14:
Schenk, v. Stauffenberg, G., **Das Recht der russischen Handelsvertretungen.** Oktav. 95 Seiten. 1930 . . . . RM. 6.—

Heft 15:
Hsü Dau-Lin, Die Verfassungswandlung. Oktav. 182 Seiten. 1932. RM. 5.40

Heft 16:
Menzel, Kurt, **Das deutsche Vorkriegs-Vermögen in Rußland und der deutsche Entschädigungsvorbehalt.** Eine Übersicht, zugleich über die Entschädigungsbemühungen der anderen Staaten. Oktav. IV, 236 Seiten. 1931 . . . . RM. 9.—

Heft 17:
Kaufmann, Erich, **Zur Problematik des Volkswillens.** Oktav. 19 Seiten. 1931 . . . . RM. 1.50

Heft 18:
Braunias, Karl, **Das parlamentarische Wahlrecht.** Ein Handbuch über die Bildung der gesetzgebenden Körperschaften in Europa. I. Band: Das Wahlrecht in den einzelnen Staaten. XVIII, 640 Seiten. 1932. RM. 22.50, geb. RM. 24.30

II. Band: Allgemeiner Teil. XII, 332 Seiten. 1932. RM. 15.—, geb. RM. 17.—

Kraus, H., **Internationale Schiedssprechung.** Eine Sammlung der für das Deutsche Reich verbindlichen Verträge und Vertragsbestimmungen, die sich auf internationale Gerichtsbarkeit, Schiedsgerichtsbarkeit, sowie Vergleichsverfahren beziehen, nebst den dazugehörigen deutschen Regierungsdenkschriften. Taschenformat. XXXVI, 348 Seiten. 1929. (Guttentagsche Sammlung Deutscher Reichsgesetze Bd. 174.) . . . . Geb. RM. 9.—

„Die vorliegende Dokumentensammlung füllt eine Lücke aus, da es bisher schwer war, alle schiedsrichterlichen Verpflichtungen des Deutschen Reiches auf einmal einzusehen.“ Friedenswarte. 1929.

Strupp, Karl, **Das Werk von Locarno.** Eine völkerrechtlich-politische Studie. Oktav. 180 Seiten. 1926 . . . . RM. 10.—

Sering, Max, **Deutschland unter dem Dawes-Plan.** Entstehung, Rechtsgrundlagen, wirtschaftliche Wirkungen der Reparationslasten. Oktav. VIII, 237 Seiten. 1928 . . . . RM. 10.—

„Nicht nur dem Juristen und Volkswirtschaftler, sondern auch dem Laien verständlich, gibt das Werk einem jeden wertvollen Einblick in Deutschlands wirtschaftspolitische Abhängigkeit, die sich bis in die kleinsten Betriebe hineinzieht, die jedes einzelne Glied des deutschen Volkes betrifft.“ Prakt. Rundschau v. 25. III. 1929.

2. Verwaltungsrecht.

a) Reichsrecht

Fischbach, O. G., Das Reichsbeamtengesetz vom 31. März 1873 in der Fassung der Bekanntmachung vom 18. Mai 1907 mit allen Abänderungen und Ergänzungen. Taschenformat. 311 Seiten. 1930. (Guttentagsche Sammlung Deutscher Reichsgesetze, Bd. 82.) Geb. RM. 5.40

Die vorliegende Erläuterung des Beamtengesetzes entspricht den neuesten Fortschritten der Wissenschaft und Rechtsprechung. Bemerkenswert ist, daß auch verwandte Gesetze und Verordnungen der einheitlichen Erläuterung unterzogen wurden, so daß dieses Buch für die Praxis ein der Sache wie der Erläuterungsart wichtiges Hilfsmittel darstellt.

Fischbach, O. G., Das Reichsgesetz zur Wiederherstellung des Berufsbeamtentums vom 7. April 1933 in der Fassung des Reichsgesetzes vom 23. Juni 1933 nebst allen Durchführungsverordnungen. Taschenformat. VIII, 134 Seiten. 1933. (Guttentagsche Sammlung Deutscher Reichsgesetze, Bd. 82a.) . . . . Geb. RM. 3.—

Der neue Band der Guttentagschen Sammlung bringt eine ausführliche und sachkundige Erläuterung des „Gesetzes zur Wiederherstellung des Berufsbeamtentums" vom 7. 4. 1933 und der dazu erlassenen Durchführungsverordnungen Er bietet als selbständiger Erläuterungsband allen Dienststellen der Behörden und der Beamtenschaft die notwendige Unterrichtung über Inhalt und Tragweite jeder einzelnen einschlägigen Bestimmung. Darüber hinaus dient die Ausgabe als Ergänzung der in fast allen Behördenbüchereien vorhandenen Handausgabe des Reichsbeamtengesetzes von Fischbach aus dem Jahre 1930.

Fischbach, O. G., Änderung von Vorschriften auf dem Gebiete des allgemeinen Beamten-, Besoldungs- und Versorgungsrechts. Reichsgesetz vom 30. Juni 1933. Taschenformat. 276 Seiten. 1933. (Guttentagsche Sammlung Deutscher Reichsgesetze, Nr. 82b.) . . . . . . RM. 6.—

Das Gesetz vom 30. 6 d. J enthält nicht nur eine Sammlung von Nachträgen und Verbesserungen, sondern darüber hinaus eine grundlegende Neuordnung von beamtenpolitisch wie finanziell wichtigen Materien des Beamtenrechts

Durch eingehende und sachkundige Erläuterungen, die u. a. die amtliche Begründung berücksichtigen, ferner durch Abdruck von einschlägigen Gesetzen, Verordnungen und Durchführungsbestimmungen und durch Anfügung eines Sachregisters wird die Ausgabe zu einem in das Gesetz einführenden und jede Zweifelsfrage zuverlässig beantwortenden Berater der Behördenpraxis.

Delius, H, Die Beamtenhaftpflichtgesetze des Reiches und der Länder Vierte, vermehrte und vollkommen neubearbeitete Auflage. Taschenformat. 384 Seiten. 1929. (Guttentagsche Sammlung Deutscher Reichsgesetze Bd. 94.) . . . . Geb. RM. 9.—

Blume, E., und Weirauch, W., Die Eisenbahn-Verkehrsordnung vom 16. Mai 1928 mit Allgemeinen Ausführungsbestimmungen sowie dem Internationalen Übereinkommen über den Eisenbahnfrachtverkehr vom 30. Mai 1925 und dem Internationalen Übereinkommen über den Eisenbahn-Personen- und Gepäckverkehr vom 12. Juni 1925. Textausgabe mit Anmerkungen. Vierte Auflage. Taschenformat. X, 482 Seiten. 1928. (Guttentagsche Sammlung Deutscher Reichsgesetze Bd. 91.) Geb. RM. 8.10

Fischer, D., und Staedler, E., Die deutsche Post- und Telegraphengesetzgebung. Teil I: Postrecht (mit Ausschluß des internationalen Rechts). Siebente Auflage. 47*, 586 Seiten. 1929. Mit Nachtrag 1932. (Guttentagsche Sammlung Deutscher Reichsgesetze Bd. 7.) Geb. RM. 13.50

Teil II: **Telegraphen- und Fernsprechrecht** (mit Ausschluß des internationalen Rechts). Taschenformat. 495 Seiten. 1930. (Guttentagsche Sammlung Deutscher Reichsgesetze Band 7a.) . . RM. 11 70

Sebba, Julius, **Seewasserstraßenordnung.** (Polizeiverordnung zur Regelung des Verkehrs auf den deutschen Seewasserstraßen vom 31. März 1927.) Taschenformat. 493 Seiten. 1928. (Guttentagsche Sammlung Deutscher Reichsgesetze Bd. 171.) . . . . Geb. RM. 7.65

Busse, Rudolf, **Luftrecht einschließlich Luftverkehrsgesetz und Pariser Luftverkehrsabkommen.** Taschenformat. XVIII, 448 Seiten. 1928. (Guttentagsche Sammlung Deutscher Reichsgesetze Bd. 170.)
Geb. RM. 9.—

Volkmann, Kurt, **Die Straßenverkehrsordnungen nebst den einschlägigen Nebenbestimmungen.** Taschenformat. 312 Seiten. 1929. (Guttentagsche Sammlung Deutscher Reichsgesetze Bd. 175.) . . . . Geb. RM. 6.30

„Das übersichtliche Werkchen, das uns eine schnelle Information über auftauchende Rechtsfragen auf diesem besonderen Verkehrgebiete verschafft, kann Polizeibeamten, Gerichten, Anwälten, Fuhrwerksbesitzern, Kraftfahrern und Radfahrern zur Anschaffung empfohlen werden."
Verkehrsrechtl Rundschau Nr. 5, 1929.

Holzapfel, W., **Die Siedlungsgesetzgebung** im Reich und in Preußen. 347 Seiten. 1920. (Guttentagsche Sammlung Deutscher Reichsgesetze Bd. 140.) . . . . Geb. RM. 2.70

Behrend, Ernst, und **Stranz-Hurwitz,** Helene, **Sammlung von Wohlfahrtsgesetzen** des Deutschen Reichs und Preußens nebst den allgemeinen Wohlfahrtsgesetzen von Sachsen, Thüringen, Hamburg, Mecklenburg-Schwerin und -Strelitz, Oldenburg, Lippe und Lübeck.
Teil I: Taschenformat. 560 Seiten. 1923 . . . . . Geb. RM. 4.50
Teil II: Nebst Ausführungsgesetzen sämtlicher Länder zum Reichsjugendwohlfahrtsgesetz. Taschenformat. XVI, 551 Seiten. 1925. (Guttentagsche Sammlung Deutscher Reichsgesetze Bd. 152 und 152a.)
Geb. RM. 8.10
Teil I und II zus. RM. 10.80

Wegner, Arthur, **Jugendrecht.** Ein Lehrbuch zur Einführung Oktav IX, 219 Seiten. 1929 . . . . RM. 5.40, geb. RM. 6.75

Drewes, Paul, und **Sandré,** Emil, **Das Reichsgesetz für Jugendwohlfahrt vom 9. Juli 1922 und Jugendgerichtsgesetz vom 16. Februar 1923 nebst Nebengesetzen.** Zweite Auflage. Taschenformat. XVI, 496 Seiten. 1928. (Guttentagsche Sammlung Deutscher Reichsgesetze Bd. 154.)
Geb. RM. 9.90

„Eine für die Praxis vorzüglich geeignete handliche Ausgabe mit reichem Inhalte, die einen Kommentar in der Regel ersetzen kann Die reichlichen geschichtlichen Darlegungen vermögen ein gründliches Verständnis der vorgelegten Bestimmungen zu vermitteln."
Blätter für öffentliche Fürsorge Nr. 2, v. 15. I. 1929.

Sandré, Emil **Verordnung über die Fürsorgepflicht.** Vom 14. Februar 1924. Mit Einschluß der für die Durchführung dieser Verordnung in Frage kommenden reichs- und landesgesetzlichen Bestimmungen. Taschenformat. 342 Seiten. 1925. (Guttentagsche Sammlung Deutscher Reichsgesetze Bd. 160.) . . . . Geb. RM. 5.40

Szczesny, Viktor. **Das Lichtspielgesetz** vom 12. Mai 1920 mit der. Ausführungsverordnung Einleitung, Gebührenordnung und Sachregister. Taschenformat. 106 Seiten. 1920. (Guttentagsche Sammlung Deutscher Reichsgesetze Bd. 147.) . . . . Geb RM. 1.35

Wündisch, Ernst, **Das Gesetz über Schußwaffen und Munition** vom 12. April 1928 (RGBl. I S. 143) nebst der Ausführungsverordnung der Reichsregierung vom 13. Juli 1928 (RGBl. I S. 198) und dem Preußischen Erlaß zur Durchführung des Gesetzes vom 7. September 1928

(MBliV. S. 925). Taschenformat. 139 Seiten. 1928. (Guttentagsche Sammlung Deutscher Reichsgesetze Bd. 173.) . . . . Geb. RM. 4.50
Ein klares zuverlässiges Erläuterungsbuch für den praktischen Gebrauch.

Fraustädter, W., und Kreutzberger, M., Das deutsche Ausländerrecht. Die Bestimmungen des Reichsrechts und preußischen Landesrechts. Textausgabe mit Erläuterungen und Sachregister. Taschenformat. 396 Seiten. 1927. (Guttentagsche Sammlung Deutscher Reichsgesetze Bd. 166.) Geb. RM. 8.10

„Eine höchst begrüßenswerte Veranstaltung, aus dem Bedürfnis der Praxis hervorgegangen und mit vollendetem Sachverständnis unternommen. Sowohl die Vollständigkeit der mannigfach verstreuten gesetzlichen Bestimmungen als deren Anordnung, Registrierung und Erläuterung durch Ausführungsbestimmungen, Gerichtsentscheidungen, Verwaltungspraxis ist vortrefflich."
Niemeyers Zeitschrift für internationales Recht, Bd. 37, 1927.

Voß, Werner, Die reichs- und landesrechtlichen Bestimmungen auf dem Gebiete des Gesundheitswesens. Zusammengestellt und mit Anmerkungen versehen. Taschenformat. 608 Seiten. 1929. (Guttentagsche Sammlung Deutscher Reichsgesetze Bd. 172.) . . . . . . Geb. RM. 9.90

„Das Buch wird seiner Aufgabe, fast den gesamten Gesetzesstoff in einem einzigen kleinen Bande in die Hand zu geben, gewiß gerecht, und wird sich schnell als unentbehrliches Hilfsmittel für jeden erweisen, der öfter mit dem Gesundheitswesen zu tun hat."
Reichsverwaltungsblatt Nr. 23, v. 8. VI. 1929.

Hippel, W. von, Reichsviehseuchengesetz vom 26. Juni 1909 nebst Ausführungsvorschriften und dem preußischen Ausführungsgesetz. Zweite Auflage. Taschenformat. 486 Seiten. 1913. (Guttentagsche Sammlung Deutscher Reichsgesetze Bd. 103.) . . . . Geb. RM. 3.60

Boxberger, L. von, Vogelschutzgesetz vom 30. Mai 1908 nebst den das Flugwild betreffenden Bestimmungen der Preußischen Jagdordnung. Taschenformat. 57 Seiten. 1909. (Guttentagsche Sammlung Deutscher Reichsgesetze Bd. 89.) . . . . Geb. RM. 0.90

b) Landesrecht

Bitter, von, Handwörterbuch der Preußischen Verwaltung. Dritte, vollständig umgearbeitete Auflage. Unter Mitwirkung zahlreicher hoher Reichs- und preußischer Staatsbeamten herausgegeben von Dr. Bill Drews, Staatsminister a. D., Präsident des Pr. Oberverwaltungsgerichts, und Dr. Franz Hoffmann, Wirklicher Geheimer Oberregierungsrat, Berlin. Lexikon-Oktav. 1928.
RM. 30.—, in Halbleder geb. RM. 36.—

Erster Band, 1. Halbband: Abbaugerechtigkeiten—Fleisch- und Viehagenten. 552 Seiten.
2. Halbband: Fleischvergiftung—Kyffhäuserbund. Seite 553 bis 1134 und IX Seiten.
Zweiter Band: Lackfabriken—Zwischenkredit. VII, 1220 Seiten.
(Im Verlage der Firmen: Walter de Gruyter & Co., Berlin; Carl Heymanns Verlag, Berlin; Roßberg'sche Verlagsbuchhandlung, Leipzig.)

Das zentrale Werk der Praxis des Verwaltungsrechts.

Reichelt, H., Verwaltungsgesetzbuch für Preußen. Systematische Zusammenstellung der wichtigsten Verwaltungsgesetze und Verordnungen für Praxis und Unterrichtszwecke. Lexikon-Oktav. VII, 1302 Seiten. 1914 . . . . Geb. RM. 7.60

„Das Buch ist sehr wertvoll, dem Praktiker unentbehrlich und leistet demjenigen, der sich auf eine Prüfung vorbereitet, vorzügliche Dienste. Allen Verwaltungsbehörden wird das Buch warm empfohlen."
Preußische Verwaltungs- und Finanz-Zeitung.

Friedrichs, K., Die Gesetzgebung über die allgemeine Landesverwaltung und Zuständigkeit der Verwaltungs- und Verwaltungsgerichtsbehörden. Dritte, durchgesehene Auflage. Taschenformat. XXIII, 295 Seiten. 1927. (Guttentagsche Sammlung Preußischer Gesetze Bd. 42.) Geb. RM. 4.50

„Soweit sich dies übersehen und beurteilen läßt, ist ihm die Lösung dieser sehr schwierigen, objektiven und kritischen Blick sowie peinlichste Aufmerksamkeit und Sorgfalt erfordernden Aufgabe in hervorragender Weise gelungen und damit ein Werk geschaffen worden, dessen Wert von allen, die dieses Recht täglich anwenden müssen, den Behörden, Beamten Rechtsanwälten und auch den Parlamentariern, mit Dank anerkannt werden wird."

Ztsch. f. Verwaltungsrecht, Bd. 62, Heft 1/3, 1928.

Pfafferoth, Carl, **Preußische Beamtengesetzgebung.** Fünfte Auflage. XIV, 280 Seiten. 1916. (Guttentagsche Sammlung Preußischer Gesetze Bd. 2.) . . . . Geb. RM. 2.15

Hagemann, Rudolf, **Hinterlegungsordnung** vom 21. April 1913. Taschenformat. 175 Seiten. 1914. (Guttentagsche Sammlung Preußischer Gesetze Bd. 53.) . . . . Geb. RM. 2.—

Aschrott, P. F., Gesetz über die Fürsorgeerziehung Minderjähriger. Vom 2. Juli 1900. Nebst Ausführungsanweisungen. Dritte Auflage. Taschenformat. 374 Seiten. 1917. (Guttentagsche Sammlung Preußischer Gesetze Bd. 28.) . . . . Geb. RM. 2.50

Marcks, A., Gesetz, betr. die Unterhaltung der öffentlichen Volksschulen. Taschenformat. 194 Seiten. 1906. (Guttentagsche Sammlung Preußischer Gesetze Bd. 39.) . . . . Geb. RM. 1.60

Ledermann, W., und Brühl, L., Die Städteordnung für die sechs östlichen Provinzen Preußens. Zweite Auflage. Taschenformat. 593 Seiten. 1913. (Guttentagsche Sammlung Preußischer Gesetze Bd. 32.) Geb. RM. 5.40

Der Kommentar, eine hervorragende Arbeit, ist von der Kritik und der Praxis so einmütig günstig aufgenommen worden, daß er auch in seiner zweiten durch Gesetzgebung, Literatur und Rechtsprechung der letzten zehn Jahre bereicherten Ausgabe keiner weiteren Empfehlung bedarf.

Wölbling, P., Bildung der neuen Stadtgemeinde Berlin. Zweite Auflage. Taschenformat. 114 Seiten. 1920. (Guttentagsche Sammlung Preußischer Gesetze Bd. 59.) . . . . Geb. RM. 1.15

Caro, H., Gesetz, betr. Austritt aus der Landeskirche, vom 14. Mai 1873. Taschenformat. 190 Seiten. 1911. (Guttentagsche Sammlung Preußischer Gesetze Bd. 46.) . . . . Geb. RM. 2.15

Meyer, O., Gesetz, betr. die Anlegung und Veränderung von Straßen und Plätzen in Städten und ländlichen Ortschaften. Taschenformat. 211 Seiten. 1913. (Guttentagsche Sammlung Preußischer Gesetze Bd. 50.) RM. 2.70

Strauß-Torney, Hugo von und **Saß,** Carl, früher **Friedrichs,** R., **Gesetz, betr. Anlegung und Veränderung von Straßen und Plätzen** in Städten und ländlichen Ortschaften. (Straßen- und Baufluchtengesetz.) Kommentar. Sechste Auflage. Groß-Oktav. 211 Seiten. 1920. Mit Nachtrag 1932 . . . . RM. 8.—, geb. RM. 9.50

Das Werk zeigt eine Reichhaltigkeit und Vollständigkeit, die sonst wenigen Kommentaren eigen ist, und übertrifft hierin noch weit die früheren Auflagen. Besonders erwähnenswert ist die geschickte Anordnung der Erläuterungen und das praktische Inhaltsverzeichnis.

Saß, Enteignung auf dem Gebiete des Städtebaues nach der dritten Notverordnung Kapitel III (zweite Verordnung des Reichspräsidenten zur Sicherung von Wirtschaft und Finanzen) vom 5. Juni 1931.

Nachtrag zum Straßen- und Baufluchtengesetz von v. Strauß und Torney und Saß. 6. Aufl. . . . . RM. 0.90

Meyer, O., Gesetz, betr. Enteignung von Grundeigentum. Dritte Auflage. Taschenformat. 249 Seiten. 1927 . . . . Geb. RM. 4.95

Heine, H., Die preußischen Baupolizeigesetze nebst den sonstigen einschlägigen Reichs- und Landesgesetzen. Taschenformat. 404 Seiten. 1928. (Guttentagsche Sammlung Preußischer Gesetze Bd. 64.)

Goldschmidt, O., Gesetze gegen die Verunstaltung landschaftlich hervorragender Gegenden mit Ausführungsanweisungen. Taschenformat. 152 Seiten. 1912. (Guttentagsche Sammlung Preußischer Gesetze Bd. 49.) Geb. RM. 2.15

Stier-Somlo, Fritz, **Polizeiverwaltungsgesetz** vom 1. Juni 1931 und **Gesetz zur Aufhebung veralteter Polizei- und Strafgesetze** vom 23. Mai 1931. Mit den **Ausführungsbestimmungen** vom 1. Oktober 1931 und einschlägigen Gesetzen. Taschenformat. 447 Seiten. 1932. (Guttentagsche Sammlung Preußischer Gesetze, Nr. 65.) . . . . Geb. RM. 7.65

„. . . Diese Ausgabe ist bei weitem die beste und umfassendste von allen Kommentierungen des Gesetzes, und wir können sie dringend empfehlen."

Vierteljahrsschrift f. angew. Kriminalistik, Juni 1932.

Wulff, O., und Herold, F., Wassergesetz vom 7. April 1913. Mit Einleitung, Erläuterungen und Sachregister. **Zweite, umgearbeite Auflage** von O. Wulff. Taschenformat. XVI, 665 Seiten. 1928. (Guttentagsche Sammlung Preußischer Gesetze Bd. 52.) . . Geb. RM. 10.80

„Gründlichkeit und treffsichere Kürze bilden einen besonderen Vorzug des Werkes."

Ministerialblatt f. d. preuß. innere Verwaltung v. 22. V. 1929.

Skopnik, H. von, **Großmann,** L., **Kuhlwein von Rathenow,** H., **Tier- und Pflanzenschutzverordnung** vom 10. März 1933. (Gesetzsammlung S. 71) mit Einführungserlaß vom 15. Mai 1933. Taschenformat. 64 Seiten. 1933. (Guttentagsche Sammlung Preußischer Gesetze Nr. 66, Kommentare und erläuterte Textausgaben.) . . . . RM. 1.40

Holtgreven, A., und **Wolff,** Th., **Das Wildschadengesetz** vom 11. Juli 1891. Kommentar. **Vierte,** vermehrte und verbesserte **Auflage.** Oktav. VIII, 216 Seiten. 1902 . . . . RM. 4.—

Born, A., **Das preußische Fischereigesetz** vom 11. Mai 1916 in der geltenden Fassung. Taschenformat. 428 Seiten. 1928. (Guttentagsche Sammlung Preußischer Gesetze Nr. 62.) . . . . Geb. RM. 6.75

Born, A., **Die preußischen Jagdgesetze** in ihrer geltenden Fassung. Mit Erläuterungen versehen. Taschenformat. 433 Seiten. 1928. (Guttentagsche Sammlung Preußischer Gesetze Nr. 63.) . . . Geb. RM. 7.20

„Das Buch kann zur Belehrung und zum Handgebrauch den Gerichten, Landratsämtern, Gemeinden und Forstbehörden sowie allen jagdlich interessierten Personen warm empfohlen werden."

Leipziger Ztsch. f. dtsch. Recht v. 15. V. 1929.

Holzapfel, W., **Umlegungsordnung.** Taschenformat. 144 Seiten. 1921. (Guttentagsche Sammlung Preußischer Gesetze Bd. 60.) . . RM. 1.60

Holzapfel, W., **Gesetz über Landeskulturbehörden.** Taschenformat. 176 Seiten. 1919. (Guttentagsche Sammlung Preußischer Gesetze Bd. 57.) Geb. RM. 1.80

3. Steuerrecht

Nieberl, A., **Die Reichsabgabenordnung.** Dritte, neubearbeitete Auflage. Taschenformat. 642 Seiten. 1932. (Guttentagsche Sammlung Deutscher Reichsgesetze Bd. 143.) . . . . Geb. RM. 12.—

Das Buch enthält die Gesetzgebung vom Dezember 1930 und die seitdem noch mehrfach umgestaltete Abgabenordnung unter Verwertung alles grundsätzlichen Rechtsprechungsmaterials.

Hollaender, Adolf, **Einkommensteuergesetz und Körperschaftsteuergesetz** nebst den zugehörigen Aus- und Durchführungsbestimmungen, Verordnungen und Erlassen. Taschenformat. XXXIX, 697 Seiten. 1926. Mit Nachtrag. 1928. (Guttentagsche Sammlung Deutscher Reichsgesetze Bd. 151.) . . . . Geb. RM. 21.60

Schachian, Herbert, **Erbschaftsteuergesetz,** Fassung vom 5. Juni 1931, mit Anmerkungen. Fünfte Auflage. Oktav. 77 Seiten. 1931. RM. 2.50

Eine vollständige Darstellung des Erbschaftssteuerrechts und der zugrunde liegenden bürgerlich-rechtlichen Vorschriften des Erbrechts.

Lindemann, Otto, **Umsatzsteuergesetz** (neueste Fassung) mit Ausführungsbestimmungen. Vierte, vermehrte und verbesserte Auflage. Taschenformat. 518 Seiten. 1926. (Guttentagsche Sammlung Deutscher Reichsgesetze Bd. 132.) . . . . Geb. RM. 9.—

„Es handelt sich um einen ausführlichen, gediegenen und klar abgefaßten Kommentar, der den weiteren Vorzug besitzt, auf dem laufenden zu sein. Das Werk kann allen Interessenten nur warm empfohlen werden." Industrie- und Handelszeitung 1926.

Lindemann, Otto, **Grunderwerbsteuergesetz** (neueste Fassung) mit den Ausführungsbestimmungen. Zweite, völlig umgearbeitete Auflage. Taschenformat. 186 Seiten. 1926. Mit Nachtrag 1927. (Guttentagsche Sammlung Deutscher Reichsgesetze Bd. 139.) . . . . . Geb. RM. 3.60

Hagelberg, E., und **Krämer,** L., **Grunderwerbsteuergesetz** vom 12. September 1919 (RGBl. S. 1617) in der Fassung des Gesetzes vom 11. März 1927 (RGBl. I S. 72) nebst Einleitung, Sachregister und Ausführungsbestimmungen und der einschlägigen Vorschriften des Finanzausgleichs-Steuermilderungsgesetzes und Steuerstrafrechts. Für die Praxis erläutert. Zweite, völlig umgearbeitete und erweiterte Auflage. Groß-Oktav. 355 Seiten. 1928 . . . . Geb. RM. 15.—

„Der maßgebende Kommentar des Grunderwerbsteuergesetzes mit den Ausführungsbestimmungen und den einschlägigen Vorschriften des Finanzausgleichs-Steuermilderungsgesetzes und Steuerstrafrechts. . ." Der Referendar Nr. 4, v. 15. IV. 1931.

Hagelberg, E., und **Krämer,** L., **Wertzuwachssteuerrecht.** Kommentar. Groß-Oktav. 256 Seiten. 1929 . . . . . . RM. 12.—, geb. RM. 13.50

Ein Leitfaden für die Steuerpflichtigen und ihre Rechtsberater und die mit der Wertzuwachssteuer befaßten Behörden. Es stellt die rechtliche und wirtschaftliche Bedeutung der Bestimmungen klar. Die Rechtsprechung des Preußischen Oberverwaltungsgerichts wurde erschöpfend berücksichtigt. Auch Spezialfragen wie die Aufwertung und das Schwarzkaufwesen wurden behandelt.

Mattern, Gerhard, **Beitreibungsordnung.** Mit Verordnung über die Kosten des Mahn- und Zwangsverfahrens nach der Abgabenordnung. Oktav. 435 Seiten. 1933. (Guttentagsche Sammlung Deutscher Reichsgesetze, Nr. 186.) . . . . Geb. RM. 7.80

Das Werk will gerade in der heutigen schweren Zeit ein Helfer und Wegweiser auf dem schwierigen Gebiete des Steuervollstreckungsrechts und der Beitreibungsordnung sein. Es berücksichtigt nicht nur das, was die Vollstreckungsdienststellen brauchen, sondern bringt auch das für die Veranlagungsstellen auf Gebieten, die mit der Vollstreckung zusammenhängen, notwendige Rüstzeug.

Hoepker, Heinrich, **Die Industriebelastungsgesetze** vom 30. August 1924 nebst den Durchführungsbestimmungen zum Gesetz über die Industriebelastung. Taschenformat. XV, 200 Seiten. 1925. Mit Nachträgen. (Guttentagsche Sammlung Deutscher Reichsgesetze Bd. 159.) Geb. RM. 3.60

von Lympius, W., von Elbe, K., Das Kommunalabgabengesetz und das Kreis- und Provinzialabgabengesetz. Dargestellt in der Rechtsprechung des Oberverwaltungsgerichts. Groß-Oktav. X, 440 Seiten. 1930. RM. 22.50, geb. 24.—

„Man muß es als einen besonders glücklichen Gedanken bezeichnen, wenn die Verfasser die gesamte Rechtsprechung des OVG., ja auch die nichtveröffentlichten Entscheidungen auszugsweise in einer Form wiedergegeben haben, die in hohem Grade die Arbeit der Praxis wie auch der Wissenschaft erleichtert. Wenn dieses Werk in hervorragendem Maße geglückt ist, so ist es wohl in erster Linie darauf zurückzuführen, daß beide Verfasser als Mitglieder des OVG. zu den Berufensten in der Abfassung einer solchen Arbeit gehören."
Reichsverwaltungsblatt v. 3. 1. 1931.

Loeck, P., und **Eiffler,** K., **Preußisches Stempelsteuergesetz** mit den gesamten Ausführungsbestimmungen. Unter besonderer Berücksichtigung der Entscheidungen der Verwaltungsbehörden und der Gerichte. Elfte, neubearbeitete Auflage. Taschenformat. (Guttentagsche Sammlung Preußischer Gesetze Bd. 18.) . . . . . . Geb. etwa RM. 10.—

Die früher von Geh. Regierungsrat P. Loeck, in den letzten Auflagen von Dr. K. Eiffler, Ministerialrat im Preußischen Finanzministerium, bearbeitete Ausgabe des „Preußischen Stempelsteuergesetzes" erscheint jetzt neu, nachdem sie längere Zeit vergriffen war und von der Praxis als die besteingeführte dringend erwartet wird. Sie ist völlig neu bearbeitet und berücksichtigt alle in das Gebiet der Stempelsteuer fallenden Gerichts- und Verwaltungsentscheidungen bis in die neueste Zeit. Ein ausführliches Sachregister erleichtert die Benutzung.

Eiffler, Kurt, **Staatliche Verwaltungsgebühren.** Gesetz über staatliche Verwaltungsgebühren vom 29. September 1923 nebst Gebührenordnungen und Ausführungsbestimmungen. Taschenformat. 192 Seiten. Mit Nachtrag. 1925. (Guttentagsche Sammlung Preußischer Gesetze Bd. 61.) Geb. RM. 5.40

„Das Buch ist für alle preußischen, staatlichen und kommunalen Behörden unentbehrlich." *Deutsches Beamtenarchiv Nr. 12, 1925.*

Lebbin, Georg, **Nahrungsmittelgesetze** mit Erläuterungen. Zweite, stark vermehrte Auflage in zwei Bänden.
Zweiter Band: **Getränkegesetze und Getränkesteuergesetze** (Wein, Bier, Branntwein, Mineralwasser). Unter Mitarbeit von Rechtsanwalt Dr. Kniebe. Taschenformat. XII, 400 Seiten. 1926. (Guttentagsche Sammlung Deutscher Reichsgesetze Bd. 54 b.) . . . . Geb. RM. 9.—

Wündisch, Friedrich, **Das Tabaksteuergesetz** vom 12. September 1919 nebst den Ausführungsbestimmungen vom 26. Februar 1920. Taschenformat. 286 Seiten. 1920. Mit Nachtrag 1925. (Guttentagsche Sammlung Deutscher Reichsgesetze Bd. 146.) . . . . Geb. RM. 3.60

VII. Entscheidungs-Sammlungen und Zeitschriften.

Entscheidungen des Reichsarbeitsgerichts. Herausgegeben von den Mitgliedern des Reichsarbeitsgerichts. Oktav.
Band I—XII . . . . Je RM. 6.50, geb. RM. 8.—

Entscheidungen des Reichsgerichts. Herausgegeben von den Mitgliedern des Gerichtshofes u. d. Reichsanwaltschaft. Oktav. (2 Sammlungen.)

1. **Entscheidungen in Zivilsachen.** (Werden in Heften im Umfange von etwa 5 bis 6 Bogen sowie in vollständigen Bänden, geheftet und gebunden, ausgegeben. Jährlich 4 Bände.) 1.—141. Band.
Je RM. 6.50, geb. RM. 8.—

Generalregister zum 111.—120. Bande der von den Mitgliedern des Gerichtshofes und der Reichsanwaltschaft herausgegebenen **Entscheidungen des Reichsgerichts in Zivilsachen.** Bearbeitet von **Hans Triebel.** Oktav. XXIII, 509 Seiten. 1929. . RM. 15.—, in Halbleder RM. 18.—

— Zum 121.—130. Bande. Oktav. XXIV, 755 Seiten. 1931.
Geb. RM. 22.—

— Zum 131.—140. Bande. Oktav. 504 Seiten. 1933. Geb. RM. 16.—

2. **Entscheidungen in Strafsachen.** (Werden in Heften im Umfange von 5 bis 6 Bogen sowie in vollständigen Bänden, geheftet und gebunden, ausgegeben. Jährlich 1 Band.) 1.—67. Band. Je RM. 6.50, geb. RM. 8.—

Generalregister zum sechsundfünfzigsten bis fünfundsechzigsten Bande der von den Mitgliedern des Reichsgerichts und der Reichsanwaltschaft herausgegebenen **Entscheidungen des Reichsgerichts in Strafsachen.** Bearbeitet von Hans Gündel. Oktav. 458 Seiten. 1932.
In Halbleder geb. RM. 16.—

Arbeitsrechtliche Spruchsammlung. Beilage zum Deutschen Handwerksblatt. Herausgegeben von Amtsgerichtsrat Dr. Theodor Rohlfing, hauptamtlicher Vorsitzender beim Arbeitsgericht Berlin.
Pro Quartal RM. 0.90

Die Sammlung berichtet fortlaufend über die obergerichtliche Rechtsprechung auf dem Gebiete des Arbeitsrechts. Sie bildet eine wertvolle Ergänzung der amtlichen Sammlung.

Schiedsgericht für Oberschlesien. Trybunal Rozjemczy dla Górnego Slaska. Amtliche Sammlung von Entscheidungen des Schiedsgerichts für Oberschlesien, veröffentlicht gemäß der Bestimmung des Art. 592 des Genfer Abkommens vom 15. Mai 1922. Zbiór urzedowy orzeczeń Trybunalu Rozjemczego dla Górnego Ślaska ogloszony wedle postanowienia art. 592 Konwencji Genewskiej z dnia 15 maja 1922r. Oktav. Band I und II. 1930. 1931 . . . . . . Pro Band RM. 12.—
Band III. Nr. 1 pro komplett. 1932 . . . . RM. 12.—

Zeitschrift für die gesamte Strafrechtswissenschaft. Gegründet von Fr. von **Liszt** und **A. Dochow.** Unter ständiger Mitarbeiterschaft hervorragender Fachmänner herausgegeben von Prof. Dr. **Ed. Kohlrausch,** Prof. Dr. **M. Grünhut** und Prof. Dr. **W. Gleispach.** Schriftleiter: Dr. **W. Gallas.** Der Jahrgang besteht aus 6 Heften. Quart.
Bd. 1—43. 1881—1922. Je RM. 15.—. Bd. 44. 1922. RM. 25.—. Bd. 45. 1924. RM. 21.—. Bd. 46—49. 1925—1929. Je RM. 30.—. Bd. 50. 1929/30. Bd. 51. 1931. Je RM. 36.—. Bd. 52. 1932. RM. 32.—.

Juristische Rundschau. Herausgegeben von Otto **Lindemann,** Ministerialdirektor, Geh. Oberjustizrat, Berlin, Dr. Friedrich **Flad,** Senatspräsident beim Reichsgericht, Leipzig, **Fritz Hartung,** Reichsgerichtsrat, Leipzig und

Höchstrichterliche Rechtsprechung. Herausgegeben von Eugen **Friedrichs,** Senatspräsident, Breslau. Hans **Gündel,** Senatspräsident am Reichsgericht. — Erscheint am 1. und 15. jeden Monats.
Jahrgang 1933. Vierteljährlich RM. 7.50, Einzelheft RM. 1.50
Beilage „Höchstrichterliche Rechtsprechung" einzeln vierteljährlich 5.—

Zeitschrift für ausländisches öffentliches Recht und Völkerrecht. Im Auftrage des Instituts für ausländisches öffentliches Recht und Völkerrecht herausgegeben von Dr. Viktor **Bruns,** Professor an der Universität Berlin, Leiter des Instituts. Lexikon-Oktav.

Kolibri 360 GmbH
Ferdinand-Jühlke-Straße 7
99095 Erfurt, Deutschland
produktsicherheit@kolibri360.de